問水

中國國家圖書館藏川圖集珍

饒　權　李孝聰
主　編

張志清　鍾　翀
副主編

上海書畫出版社

序

中國傳統的江山勝迹歷來是以標志性的山河湖海等自然風貌來體現的，這些極具形象的景觀最便於用輿圖來展現，因此歷代傳世的輿圖中都不缺描繪名山大川、名勝古迹風貌的内容。『山川之美，古來共談』，在中國傳統文化的語境中，山川名勝不僅是供人游覽的風光勝境，更被賦予了豐富的文化意藴，從而被納入强大的人文地理傳統。五嶽、四瀆等標志性山川，作爲華夏大地空間格局中的代表性地標，成爲凝結華夏民族的重要紐帶。山川名勝的文化意義不斷延伸，催生出品類豐富的山川名勝輿圖，形成了歷史悠久、特色鮮明、源遠流長的山川名勝測繪傳統。『仁者樂山，智者樂水』，山川名勝輿圖於咫尺之内囊括萬里河山，讀者亦可在方寸之間飽覽卧游之趣，富含人文氣息。

中國的山水畫有寫實性的描繪與創意性的繪畫之别，并不是所有的山水畫作都反映真實的地理場景，更有一些帶有思想文化意念的山水畫，作者有意渲染縹緲、深邃、虚實相間的意境，所以畫面上表現的内容并非人眼真的能够全部看到。中國傳統形象畫法繪製的輿圖，由於繪製地圖的畫工可能本身就是畫家，譬如明代或清朝前期某些輿圖的繪製者就來自江南一帶，繪製筆法屬於『吴門畫派』，所以從繪製風格分析這些山川名勝輿圖往往與山水畫頗爲一致。也可以説中國傳統平立面結合的采用形象畫法的山川名勝輿圖與山水畫有着不解之緣。那麽，怎樣區别山水畫和山川輿圖呢？作爲地圖，應向讀者提供地名、方位、位置、距離，即使眼睛難以看到遠方或被山巒遮擋的城池、樓塔、亭閣，也一定要在圖上標記出名稱。因此，如果畫面上有比較多的地名或建築物名稱的注記，則一般可將之視爲山川輿圖，而不再是山水畫了。

中國國家圖書館是國内古地圖收藏的代表單位之一。迄今爲止，館藏一九四九年以前編制的中文地圖近八千種，無論是數量還是品質，在海内外均首屈一指。其中的山川名勝一類，涵蓋了大量背景各異、題材豐富、繪畫細緻、設色古雅，并使用傳統測量法繪製的輿圖文獻，其中更有許多珍本、孤本，極具學術與文獻價值，是研究我國古代輿圖、歷史、地理、藝術寶貴的一手材料。通過研究這些内涵豐富的地圖，可以瞭解中國古代山川名勝輿圖的發展進程，探究自然和歷史的滄桑變遷。可以説，它們共同形成了中國古代歷史悠久、特色鮮明、源遠流長的山川名勝測繪傳統。這一地圖文化傳統，在世界地圖學史中都是非常獨特的現象，值得重點關注和研究。

爲使這批資料公諸學界，本書編委會從中國國家圖書館所藏山川名勝輿圖中，精選了最珍貴、有代表性的七十四種一〇〇幅册彙集成帙。這些輿圖的時間跨度上起金代，下迄民國，内容囊括名山大川、風景名勝，較爲系統和完整地展現了中國傳統山川名勝輿圖的發展源流和題材類型。全書按主題分類編纂，分爲川圖卷、山圖卷和名勝卷。其中川圖卷包括長江、黄河、運河、湖泊及其他川圖，共計二十五種三十一幅册；山圖卷以五嶽、佛教名山、道教名山及其他山嶽爲主，共計二十七種二十九幅册；名勝卷收録皇家園林與私家園林以及具有重要歷史意義的名勝古迹，共計二十二種四〇幅册。

輿圖是中國古籍遺珍中特別重要的一個版塊，對每一件輿圖的學術研究也必須嚴謹而全面。本圖册爲力求真切反映所有輿圖的原始信息，厘清輿圖全貌，對七十四種山川名勝輿圖所有信息都進行了完整著録，包括圖名、作者、年代、類型、顔色、載體形態、尺寸、簡介、館藏號等。同時爲更好地瞭解輿圖的圖像價值與文獻價值，每幅册後均附有研究性文章，内容涉及圖像的解讀分析以及相關内容的考證，涵蓋歷史地理學、考古學、藝術史等多學科，這些提要的作者是各研究領域的專家、學者，從而保證了整個輿圖整理編選工作的專業性與科學性。

一、國家圖書館藏山川名勝輿圖概覽

川圖卷。分爲長江、黄河、運河、湖泊及其他川圖等五大類别。中國古代曾以江、淮、河、濟爲『四瀆』，代表全國四條獨流入海的水系，歷代曾經分别繪製表現這四條江河的輿圖，可是很少能够流傳下來。其中長江、黄河不僅是中國最重要的江河水道，在歷史進程中承擔過重要的角色，而且因其下游河道屢有變遷，水患頻仍，故而無論在河工水利工程方面，還是軍事上的防守，均有極其重要的社會意義。中國也是世界上最早開鑿人工運河的國家，京杭大運河是古代中國貫穿南北的重要人工河道，對維護國家統一、南北水運交通、經濟互補、文化交流做出了巨大貢獻。這些重要的江河運道不僅有經濟意義、社會意義，更成爲有象徵意義的政治文化符號。中國古代爲展現這些河流的河道流程、水利設施、沿岸風光，曾繪製了許多輿圖，《川圖卷》遴選了館藏《長江大觀全圖》《長江名勝圖》《黄河發源歸海全圖》《八省運河泉源水利情形圖》等描繪長江、黄河、運河的長卷輿圖。除了江河之外，我國還有衆多的湖泊，以其風光秀美、烟雨浩渺引來文人墨客競相圖繪，集成選出館藏《西湖勝景圖》《西子湖圖》《江浙太湖全圖》《洞庭全圖》以反映西湖、太湖、洞庭湖等湖泊的全貌。除了上述這些大江大湖之外，在中國廣袤的土地上還有許多區域性河流水系潤澤一方，成爲重要的自然資源，孕育着獨具特色的人文景觀，同時也有相關的輿圖傳世，集成所選中國國家圖書館藏《永定河圖》《衛河全覽》《韓江八景圖》《湖南西路常辰沅靖河圖》《湯泉全圖》等，或爲讀者留下深刻的印象。

山圖卷。分爲五嶽、佛教名山、道教名山、其他山嶽等四大類别，其中前三類分别對應中國傳統的儒、釋、道三大人文傳統。東嶽泰山、西嶽華山、南嶽衡山、北嶽恒山、中嶽嵩山并稱『五嶽』，中國歷代王朝均以名山大川作爲王朝疆域地理的標志，『五嶽』作爲華夏地域空間正統的象徵，被列入歷代國家的祀典，泰山封禪更表示歷代帝王對正統性的認同，在傳統禮樂文明中扮演了重要角色，歷朝歷代都曾以輿圖等形式描繪五嶽和祀典的場所嶽廟。集成選收館藏五嶽類輿圖主要有《泰山圖》《太華山全圖》《古南嶽圖》等。山西五臺山、浙江普陀山、四川峨眉山、安徽九華山并稱佛教四大名山，分别是文殊菩薩、觀音菩薩、普賢菩薩、地藏菩薩的道場。這些佛教名山香火繁盛，信衆不絶，催生了許多兼具實用性與宗教性的佛教名山輿圖，其中主要有《五臺山名勝圖》《四川大峨眉山全圖》《敕建南海普陀山境全圖》《大九華天臺勝境全圖》等佛教名山輿圖。此外，源自中國本土的道教也在各地名山廣設道場，形成了獨特的道教山嶽文化，道教徒將五嶽納入理論體系，并繪製了《五嶽真形之圖》等，而中國國家圖書館藏《武當山圖》《武當山全圖》等，即展現了道教四大名山之一武當山的獨特風貌。除了儒、釋、道這三類名山圖繪外，還有許多受到帝王巡幸駐蹕或有獨特人文傳統的名山，如醫巫閭山、太白山、武夷山、天台山、盤山等，這些名山勝景，多成爲我國傳統山嶽輿圖描繪的素材。

名勝卷。中國古代素有景觀叙事之傳統，人們或將某一風景名勝的歷史源流、四時變遷、相關詩文加以融會，或將某地最具代表性的風光景致提煉爲『八景』『十景』，用名勝古迹記録歷史以留住鄉情，涵育文化底藴以深化審美意境，由此形成獨特的地域文化和景觀文化。各具特色的地域景觀、文化勝迹衍生了大量輿圖畫作，它們往往將地理要素與藝術呈現相融合，兼具輿圖的實用功能和藝術創作的審美特性，更有些詩畫相配，體現出濃郁的人文氣息。從名勝圖卷選出的《江山勝迹圖》《關中八景圖》《廣陵名勝全圖》《桂林十二景模本》《韓江八景圖》等，讀者均能從畫面與詩文之中體會到濃烈的地域文化氛圍。另外，還有一種名勝景觀圖以表現帝王行止的行宫别苑爲主要内容，例如選入的《避暑山莊全圖》《南巡臨幸勝迹圖》《行宫坐落圖説》《五園三山及外三營圖》均屬此類。這類輿圖因表現的内容常常是宏偉的殿宇式建築，兼與周圍山水相配，所以表現形式與手法吸收了許多傳統中國畫的技法，其中之一就是『界畫』。『界畫』一詞最早見於北宋郭若虚所撰《圖畫聞見志》，是從北宋李誡奉旨重修的《營造法式》中的『界劃』一詞演化而來。『界』指建築繪圖上一種專供引筆劃綫的工具『界筆直尺』『界劃』就是指運用界筆直尺劃綫條的技法。『界畫』套用了建築繪圖中『界劃』的意思，專指使用界筆直尺繪畫直綫的一種畫技，常用來表現宫室、樓臺、屋宇等建築物，而附屬於山水畫中，後來成爲中國畫的畫種之一。中國的建築特别强調與周圍自然環境的和諧統一，兼具高超的木構藝術與深厚的文化内涵，在總體形式上顯得平穩而對稱，風格上則藏而不露。因此，當建築體作爲繪畫的物件，被引入平面的繪畫藝術中，『界畫』是使兩者很好結合的手法。『界畫』與其他畫種相比的一個顯著的特點，就是要求所畫物件的細緻性和繪畫技法的準確性，使用『界畫』的技法能够真實形象地記録古代建築，保留被描繪物件的原形，這樣一來『界畫』的技法自然突破了繪畫的範疇，而被運用於表現古代宫殿、園林、寺廟等建築圖像的輿圖中來。元代，陶宗儀的《輟耕録》將以宫室、樓臺、亭閣等建築爲題材，以山水、林泉爲背景而用界筆直尺畫綫的繪畫稱作『界畫樓臺』，列於畫種第十，正式確立了『界畫』的畫種地位，使其内在涵義得到了豐富和提陞。明清時期，『界畫』常常用於表現皇家殿宇、宫苑、亭臺樓閣、寺廟等題材，也恰恰適用於描繪清朝皇帝南巡沿途駐蹕的行宫建築。集成所選的這幾種行宫圖就是采用『界畫』

的技法，用平面和立面相結合的方式形象描繪皇帝駐蹕的行宮建築，細膩而準確地畫出地圖要表現的建築物件以及周圍的環境。

二、國家圖書館藏山川名勝輿圖之特性及選圖標準

第一，豐富性。地圖因其形制特異，保存和傳承比書籍更爲不易，因此傳世的古代地圖十分難得。國家圖書館藏有豐富的山川名勝輿圖，在數量和種類上都非常可觀，以黄河爲例，館藏黄河輿圖就有逾四〇〇種，這些輿圖産生於人們生産生活實踐，是一個研究黄河文明歷史的文獻寶庫，本圖册從這些輿圖中精心挑選了《黄河全圖》《黄河發源歸海全圖》《大河南北兩岸輿地（圖）》《山東黄河全圖》四種，其中《黄河全圖》繪製精美，内容詳細，圖文對照，是研究清康熙年間黄淮治理、運河疏浚的非常重要的參考資料。《黄河發源歸海全圖》繪製内容非常詳盡，其所繪的黄河河渠水利工程及沿河流域的自然環境與人文景觀，對於研究清代中葉水利工程及人文歷史，具有非常重要的史料價值。《大河南北兩岸輿地（圖）》所繪範圍西起陝西潼關，東至河南陝州，係清同治四年（一八六五）爲防太平軍、捻軍西入河南北犯山西，命山西代理巡撫布政使王榕吉派員勘查呈報之黄河兩岸應添設炮位之防務圖，顯示清後期晋豫兩省之交的黄河河岸形勢。《山東黄河全圖》描繪了光緒年間山東境内黄河下游河段的新舊河道和堤防，以及黄河穿過運河的情形，是瞭解清晚期黄、運體系變遷的重要圖像史料，同時也反映了清後期繪製黄河圖在表現形式和繪製技法上的特點，具有豐富的歷史與藝術價值。

第二，系統性。不管是從縱向的時間脉絡，還是横向的專題收藏來看，國家圖書館藏山川名勝輿圖都具有較强的綜合性和系統性，爲同行業之翹楚。從内容上看，涵蓋了大量重要的名山大川；從載體形態來看，包含長卷、竪軸及册頁等多種形式；從文本形態來看，包含了繪本、刻本、拓本等等；從作者身份上看，包括了宫廷畫師、文人藝匠和民間畫工等；從地圖繪製方法上，既有工筆界畫，也有渲染寫意畫，分景圖與全景畫皆備。其中的内容涉及自然與人文景觀、詩文頌贊、圖繪藝術等多個方面的歷史信息，能够較爲全面地反映中國古代山川名勝輿圖的發展脉絡，可以説是一個内容豐富、種類繁多的文獻寶庫，值得我們進行深入的文獻挖掘和專題研究。

第三，珍貴性。國家圖書館館藏山川名勝輿圖中，有許多珍品、孤品，極具學術與藝術價值，是研究我國古代山川名勝寶貴的第一手材料。這些輿圖文獻本身具有不可再生性，而且年代較遠、數量稀少，非常脆弱和珍貴，以往很少有機會向大衆展示。爲使這批兼具歷史、地理、語言、藝術價值，曾經深藏於圖書館内的輿圖更好地爲公衆服務，使之更好地體現其研究價值與文物、文化價值，開展高品質的出版工作顯得尤爲重要。因此，本次選圖力求精品，圖册中許多珍貴的輿圖都是首次出版。

本書還遴選了幾幅政區輿圖，如《陝西輿圖》《山西山水圖》，讀者從中一定能够發現這些輿圖與一般僅僅描繪山川分布、注記府州縣治的政區輿圖有顯著的差别，虽然繪製手法與山水畫極其相近，可以説就是源自山水畫工之手，但是輿圖要表現的主要内容却是地方行政建置。這正是本書選擇這幾幅政區圖的初衷。

山川園林圖爲儘量表現所描繪物件的整體面貌，輿圖形式和繪製手法都比較多樣化，既有横向鋪展式的長卷，也有縱挂的畫軸；既有彩繪，也有拓刻；既有平立面結合式的形象畫，也有多點透視的界畫式地盤燙樣；更多的是鳥瞰式畫面，這種從高視點的透視法可以將建築群和山水景觀一覽無餘，比單純的平面輿圖更具真實感。

三、山川名勝輿圖之解讀維度

表現山川名勝的輿圖，是中國古代輿圖中非常獨特的一類，對這些輿圖的解讀和欣賞可從地理、藝術、人文等多個維度出發。

第一，從地理層面看，山川名勝輿圖的基本功能就是展現空間信息，爲人們登山朝謁、憑水行舟、觀覽勝迹等指示路徑。然而，山嶽高遠，川流洄旋，名勝往往散布其間，使得山川名勝輿圖對於空間的標繪相比起政區圖等類型來説，更需要兼顧山脉、水文等特有的地貌地勢。西晋裴秀曾總結『製圖六體』，分别爲分率、準望、道里、高下、方邪、迂直，這説明地勢的高低起伏、迂曲迴環始終是輿圖測繪的重要考量因素。在長期的繪圖實踐中，古人也總結出了不少獨特的測繪方式，例如河流圖采用傳統繪畫的『對景法』，兩岸的地物均以觀察者爲中心加以展現。與此同時，爲體現地圖的實用功能，在特殊河段以文字標注，説明其水文特徵和軍事要地。再如山嶽圖往往采用山水畫法，『竪畫三寸，當千仞之高；横墨數尺，體百里之遠』。在山水畫的基礎上標注各處景點道路，使讀者能够如臨其境地判斷各地點間的方位關係和距離。山嶽圖往往氣勢宏大，奇峰聳立，雲氣環繞，層巒起伏，富有層次感，在以大筆觸勾勒山體的同時，圖中細膩地描繪了山中的各類樹木、奇石、瀑布、房屋等，使全圖凸顯靈動高遠、疏密有致的特點，令人覽之生欲身臨其境之感。山嶽名勝圖受表現空間的約限，則往往采用分景圖繪的方式，繪製方式靈活，能全面地展示不同季節、不同時辰、不同氣候、不同區域的景物情況，這就是古代常以『八景圖』『十景圖』來表現某地景觀的用意。

第二，從藝術風格看，中國古地圖，可以説是中國山水畫的一個重要分支，在山川輿圖中，我們可以發現古人慣用『對景寫意與寫實』相互結合的方法描繪各種地物景觀。對景寫實法受到中國古代傳統宫廷繪畫所追求的高度『寫實』性的影響，即將實際觀測到的層巒叠嶂以及具有標志意義的地物建築均按其特徵寫實繪製。祇要把地圖與實地一一對應，便可判斷出當前所處位置與前後左右的關係，因而具有很好的藝術表現力和實用效果。中國傳統山川名勝輿圖繼承了中國獨有的山水畫藝術的特點，擅長使用青緑、水墨、點彩、白描等多種繪圖技法，古代繪畫的用色、構圖、用筆等等方面都在輿圖中有充分的表現。皴法是我國歷代山水畫家在師法自然造化的實踐中逐步提煉出來的一種繪畫技法，多用於表現山石、峰巒和樹身表皮的紋理脉絡，同樣也被移植於山川輿圖之中。根據各種山石地質結構的不同，各類樹木表皮狀態的差異，用墨之深淺濃淡加以形象化地表現，在歷代畫論中多有講述。山川圖通過對景物的透視，立體展現實物的位置，再通過墨色濃淡的調和渲染，將古代青緑山水所特有的韻味表現得栩栩如生。輿圖無論采用長卷、挂軸，還是册頁，横向與縱向的伸展均能使人置身於中國山川美景之中，尤其是在自然風景中點綴以歷史古迹名勝，賞圖者通過地圖既能帶來賞心悦目的感受，也能唤起對曾涉足於此的古今人物事迹的追念和遐想，山川名勝圖或許也爲調和現代地圖科學性與人文藝術性之間的平衡提供了可資借鑒的繪圖模式。

第三，從人文意藴看，山水在中國人的精神世界中占有獨特的地位，中國古代能够留存這麽多表現山川名勝的輿圖并非偶然現象，而有其深層次的文化原因。縱覽這些輿圖，在表現山川地理之餘，也傳達出人們寄托於山水的精神和品格。許多圖繪結合詩作、題識、鈐印，書法與繪畫融爲一體，頗具文人意趣。繪圖時有意在畫面留空白，鎸刻或墨書歷代文人題咏的詩篇，碑文、詩作與畫面相輔相成，使得輿圖在實用功能之外，更兼具了教化的意義，在一些描繪佛教、道教名山的輿圖之中尤所施用，此與一般表現地方行政區劃的輿圖有着明顯的差異，也令山川輿圖更顯出藝術與文化價值。

四、山川名勝輿圖出版的意義

這次山川名勝輿圖能够如此大批量、高清晰度的印製出版，有以下幾個層面的意義值得思考。

第一，推動珍貴地圖古籍資料文獻的整理和利用。中文古地圖具有文字資料無法取代的學術價值，但因其收藏分散、解讀困難，尚未在國内學術研究中得到普遍的運用。中國國家圖書館所藏地圖以原清廷收藏的明清地圖爲主，以此爲基礎，民國以來又購入了大量地圖或珍貴地圖的複製件，就藏圖數量和所藏地圖的系統性而言，其他藏圖機構遠遠無法與之相比。本書以中國國家圖書館所藏山川名勝輿圖爲主要對象，對這一專題館藏進行全面地整理。在展示館藏輿圖圖像的基礎上，梳理相關文獻的淵源與流變，對作者生平、版本流傳、圖面内容、繪製方式進行了全方位的介紹，以期集中呈現傳統山川名勝輿圖的發展脉絡。相信本書的出版可以爲中國地圖史、歷史學、考古學、地理學、歷史地理學以及美術史等相關領域的研究，提供極其珍貴的第一手圖文并茂的資料。

第二，推動中國古代地圖的研究。山川名勝輿圖是中國古代地圖中一個別具特色的門類，這些輿圖脱胎於中國獨特的山水畫文化傳統，產生於人們長期的生產、生活實踐，在地理表現和空間信息之外，還有獨特的文化涵義，這在世界地圖史上是一個獨具特色的現象。以往的地圖史研究往往對全國總圖、政區地圖等疆域政區類型關注較多，而對於此類輿圖關注相對較少。而學界對於黃河圖的研究，往往集中於河道變遷、水利工程等歷史地理或水利史的角度，鮮少將其放進山川名勝輿圖的發展脉絡中予以觀察。總的來説，對於山川名勝圖繪發展脉絡的系統性、綜合性、文化性研究還有較大空間。因此，集成擬按類型、時間對中國古代山川名勝輿圖進行系統展示，以期對中國古代地圖的發展脉絡進行較爲全面地勾勒，對中國古代地圖史進行更爲全面地展示和研究，這將會極大地推動國内外對於中國古代地圖的學術研究。中國地圖（學）史在我國學科體系中往往歸屬於歷史地理文獻學或科學技術史中的地理學史，處於相對邊緣的地位，從事這一領域研究的學者數量也較少。而實際上，古地圖中折射出大量歷史、地理、藝術、文學、政治、思想信息，是思想史、藝術史、歷史地理等學科研究的重要素材，相信集成的出版，也能爲相關領域的研究提供更多寶貴材料，吸引更多優秀人才加入古代地圖的認識和研究中來。

第三，向全社會介紹和推廣山川名勝輿圖。國家圖書館所藏山川名勝輿圖文獻，其珍貴性、豐富性、系統性皆爲全國少有。這些輿圖反映了中國古代歷史悠久、源遠流長、特色鮮明的輿圖繪製傳統，是中華民族歷史文化寶庫中的絢麗瑰寶。通過十卷本《中國國家圖書館藏山川名勝輿圖集成》的出版，會使更多人關注、瞭解中國傳統山川名勝輿圖，去回顧和領略山川名勝輿圖的魅力，也讓更多人瞭解其價值與意義。優秀的國寶不應該再藏於秘府，更應該向全社會介紹和展示，讓其中的寶貴遺産在當代『活起來』，從而發揚傳統山川名勝輿圖的文化意義，弘揚其中凝結的中華民族的傳統智慧，爲堅定文化自信貢獻力量。

千里江山，萬里圖卷，《中國國家圖書館藏山川名勝輿圖集成》是首次大規模以山川名勝輿圖爲主題的集成性彙編圖録，我國古代流傳下來的輿圖數量非常有限，尤其是彩繪輿圖，更加無比珍貴，而如此將大體量的山川名勝輿圖篩選彙集編輯、撰寫提要、録入圖説，更是一項有難度、有價值的工作，某種程度上講也是一項具有開創意義且填補空白的工作。

樂爲之序。

李孝聰

二〇二一年四月於北京

凡例

一、本書爲《中國國家圖書館藏山川名勝輿圖集成》（共十卷）的集珍版，所收圖版、文字未做删減。《中國國家圖書館藏山川名勝輿圖集珍》收録七十四種一〇〇幅册，按主題分類編纂，分爲問水、尋山和游勝。其中問水包括長江、黄河、運河、湖泊及其他川圖五大類别，共計二十五種三十一幅册；尋山以五嶽、佛教名山、道教名山及其他山嶽四大類别，共計二十七種二十九幅册；游勝收録皇家園林與私家園林以及具有重要歷史意義的名勝古迹，共計二十二種四〇幅册。

二、全書收録輿圖的時間跨度上起金代，下迄民國，每種類型下均按照繪製年代或地圖表現的年代進行排序。

三、每種主圖均有文字介紹，一般由基本信息與内容提要兩部分組成。每幅地圖給出中文圖名，凡原圖具有編繪人姓名，一律給出作者名稱；多位作者，以取主要的兩人爲限。凡尚難確定者概以『不詳』標示。

四、每幅地圖一律給出繪製年代或地圖表現的年代，凡尚難確定繪製時間者，僅提供一個大致相當的時段，或説明地圖内容所表現的時代。凡時代有出入者，按照較晚的時代著録，不取較早的時代，避免將晚近摹繪本誤以爲早期作品。

五、凡確知印（繪）製地者，皆予以著録。

六、按絹本、紙本、石刻、拓本、木板等地圖載體詳細著録，凡繪本、刻印本、拓印本、石印本、刊印本及地圖之設色，均如實著録。

七、每幅地圖以内廓縱横尺寸計量，計量單位均以厘米計。

八、中國古代大部分輿圖并無比例尺，因此除計里畫方地圖之外，其餘地圖均不注明比例尺。

九、每件輿圖均詳細著録其原始收藏號、當前圖籍分類。

十、書中簡要介紹著録地圖的形式、覆蓋範圍、内容、淵源關係、學術價值、錯訛，以及地圖繪製的時代、作者、繪製技術和所反映的重要歷史信息。

十一、輿圖中除版刻文字題跋不予著録外，其他文字均予以釋文著録，其中闕字不識者以『□』標示，脱字以『[ ]』標示。

十二、本書基本信息與内容提要部分的文字整理采用通用規範繁體字；釋文題跋部分的文字著録，爲避免失去真實性，依原圖皆保持原字，不做規範統一。

晓霞峰

目録

長江圖　二
長江名勝圖　一二
峽江圖考　三八
長江圖　七四
長江大觀全圖　八〇
黃河全圖　九八
黃河發源歸海全圖　一一四
大河南北兩岸輿地（圖）　一二〇
山東黃河全圖　一三四
山東十七州縣運河泉源總圖　一四〇
八省運河泉源水利情形圖（湖南、湖北、江西、安徽、浙江、江蘇、山東、直隸）　一五九
運河圖　一七四

西湖全圖　一八〇
西子湖圖　一九〇
西湖全景圖　一九四
西湖勝景圖　二〇二
西子湖圖　二〇八
江浙太湖全圖　二一六
洞庭全圖　二二〇
薊門湯泉全圖　二二六
衛河全覽　二三〇
則靈潭圖　二四〇
湖南西路常辰沅靖河圖　二四四
高要縣屬基圍全圖　二四七
永定河圖　二五〇

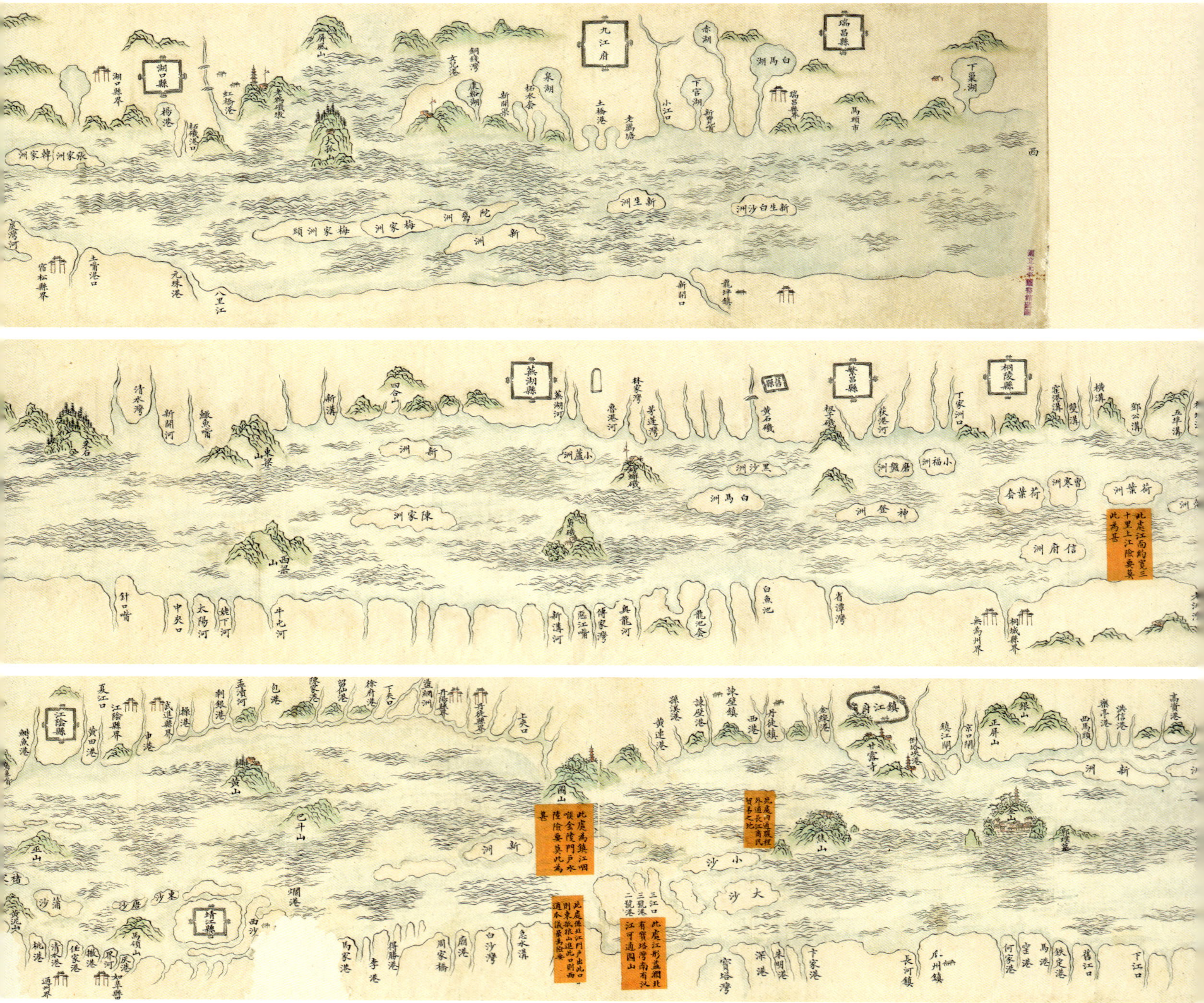

長江圖

作　者　不詳

年　代　約清中葉

類　型　紙本彩繪

載體形態　一幅長卷

尺　寸　縱二〇點五厘米，橫四三二點五厘米

索書號　222.002/034.311/1909

全圖沿長江水路自西向東依次展開，方位『西』標在右卷首，方位『東』標在左卷尾。繪製範圍西起江西九江府瑞昌縣，東達長江口崇明島入海處，沿途流經江西省瑞昌縣、九江府、湖口縣、彭澤縣，安徽省東流縣、安慶府、銅陵縣、繁昌縣、蕪湖縣，江蘇省江寧府、儀徵縣、鎮江府、江陰縣、靖江縣、通州、蘇州府、太倉州、嘉定縣、崇明縣、上海縣、松江府、寶山縣等。整幅長卷以長江右岸爲上，采用山水形象畫法，沿江山脉施以淡緑色，江中水道塗以淡青色，沙洲江岸則用淺黄色，府州縣城用方形或圓形符號，著力展現長江下游水域的山川城邑、沙洲港汊，縣界畫牌坊標記，是一幅較爲精美的彩繪長江水道輿圖。

與另一幅佚名《長江圖》相比，此圖重在刻畫長江下游的水道形勢，但相對方位與距離有誤差。圖中還以貼簽詳細注明九江至海口段的水文特徵，如記荷葉洲『此處江面約寬三十里，上江險要，莫此爲甚』；黄天蕩『江形獨闊，兩岸相去四十里，老鴉夾居江之中，其間地形甚廣，港汊甚雜，村落甚衆』；焦山附近『此

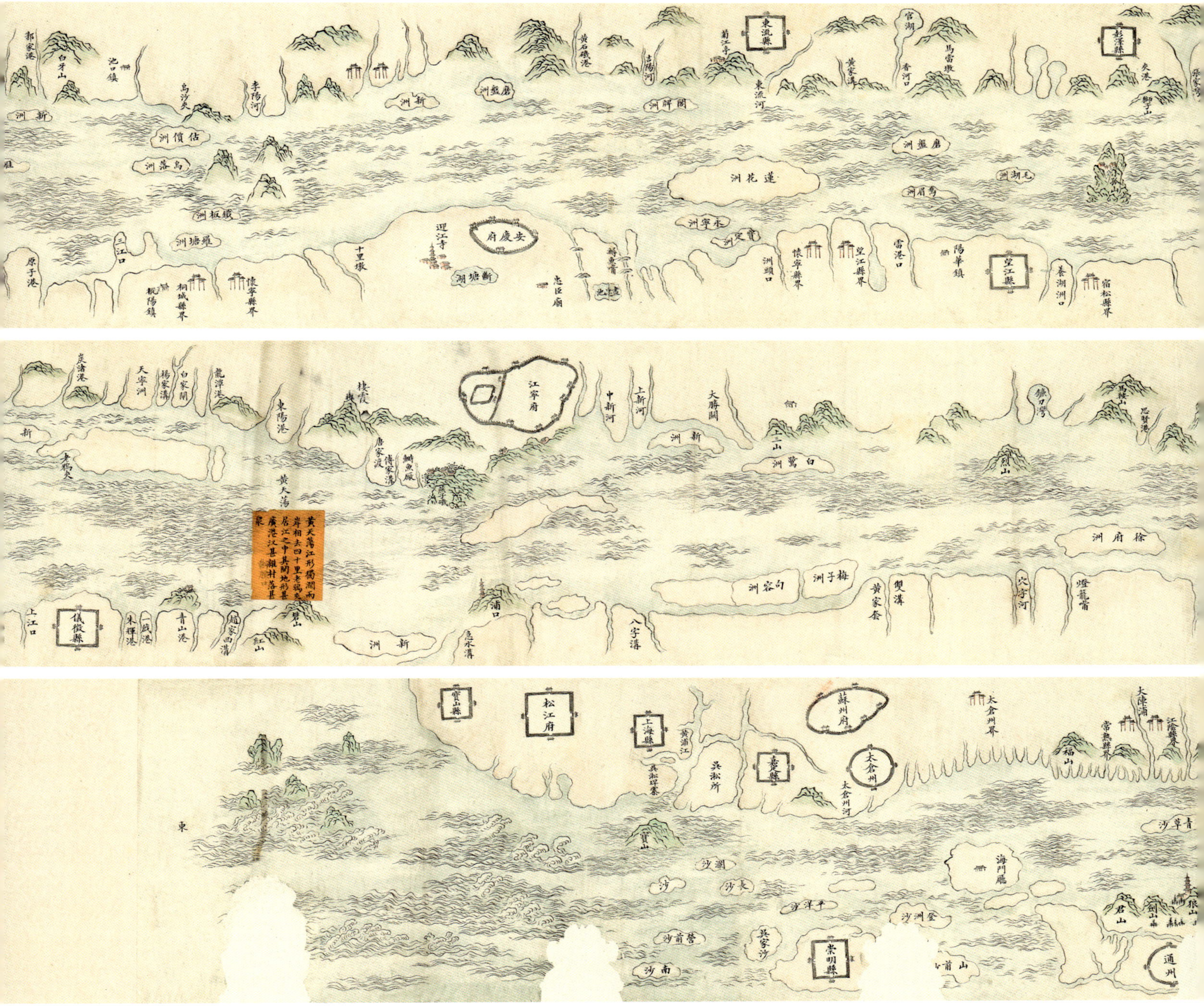

處内通腹裏，外通長江，商民貿易之地』；圖山附近『此處爲鎮江咽喉，金陵門户，水陸險要，莫此爲甚』；三江口附近『此處江形益闊，北有寶塔灣，南有汊江，可通圌山』，『此處係北江門户，出此口則東抵狼山，進此口則西通瓜儀，最爲險要』。本圖之中，行政建制的表現以乾隆三十三年（一七六八）所置海門廳爲最晚見者；又，圖中鎮江金山尚未與江岸相連（金山於同治年間并岸），而三江營附近鎮揚河段的北汊有一處貼簽提及『此處江形益闊，北有寶塔灣，南有汊江可通圌山』，則顯示此時南汊與北汊間沙洲群内還有從北汊至圌山的航道，反映的是十九世紀中期鎮揚河段南、北兩汊間沙洲群合并之前的形態，因此，判斷本圖約成於清代中葉。

根據《輿圖要録》的著録，中國國家圖書館所藏的長江輿圖中，還有清末丁應門彩繪《長江圖》，此圖采用山水形象畫法繪出長江中下游武昌黃鶴樓至長江口的山川形勢，并詳細標注長江沿江地名、險要與路程。另一幅清末佚名彩繪《長江圖》，重點繪出長江中下游洞庭湖至運河間的水道形勢，但在性質上仍屬於分段江圖。描繪出長江水域的全程大勢，僅有光緒年間的《江源圖》與《東西漢水圖及江水全圖》，以及民國初年周友勝繪製的《長江形勢一覽圖》等。應該看到，上述長江輿圖與本幅《長江圖》圖題相似、繪法相同，多以山水長卷的形式表現長江兩岸的山水景觀，是中國古代認識、利用、治理長江的珍貴圖像史料，具有較高的學術價值、文物價值與藝術價值。

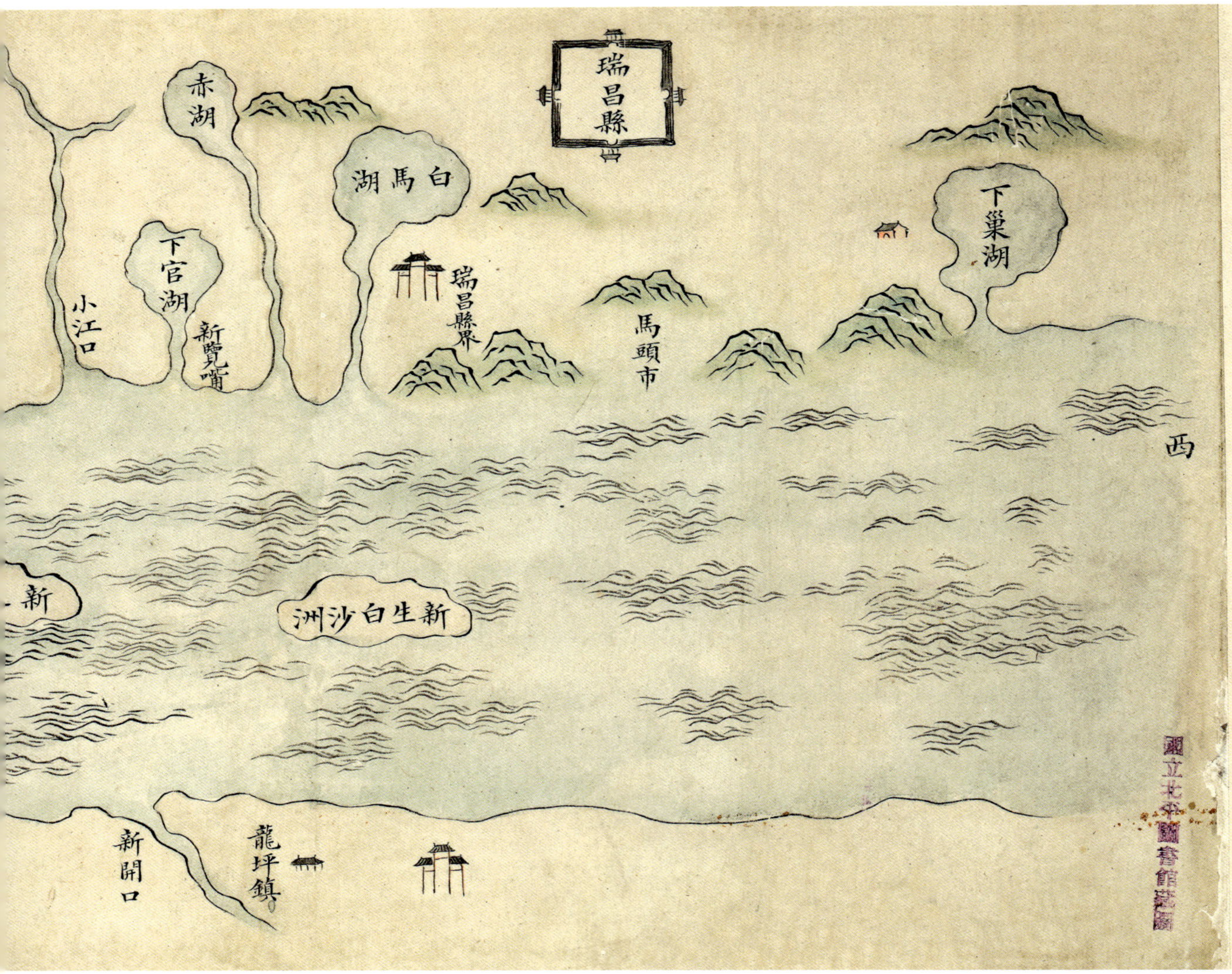
瑞昌縣
赤湖
白馬湖
下巢湖
下官湖
小江口
新覽嘴
瑞昌縣界
馬頭市
西
新
新生白沙洲
新開口
龍坪鎮

彭澤縣
夾港
張家灣
獅子山
湖口縣界
湖口縣
楊港
柘磯港口
張家洲
韓家洲
毛湖洲
孤山
炭灣河
陽華鎮
望江縣
養湖洲口
宿松縣界
宿松縣界
土嘴港口
元珠港

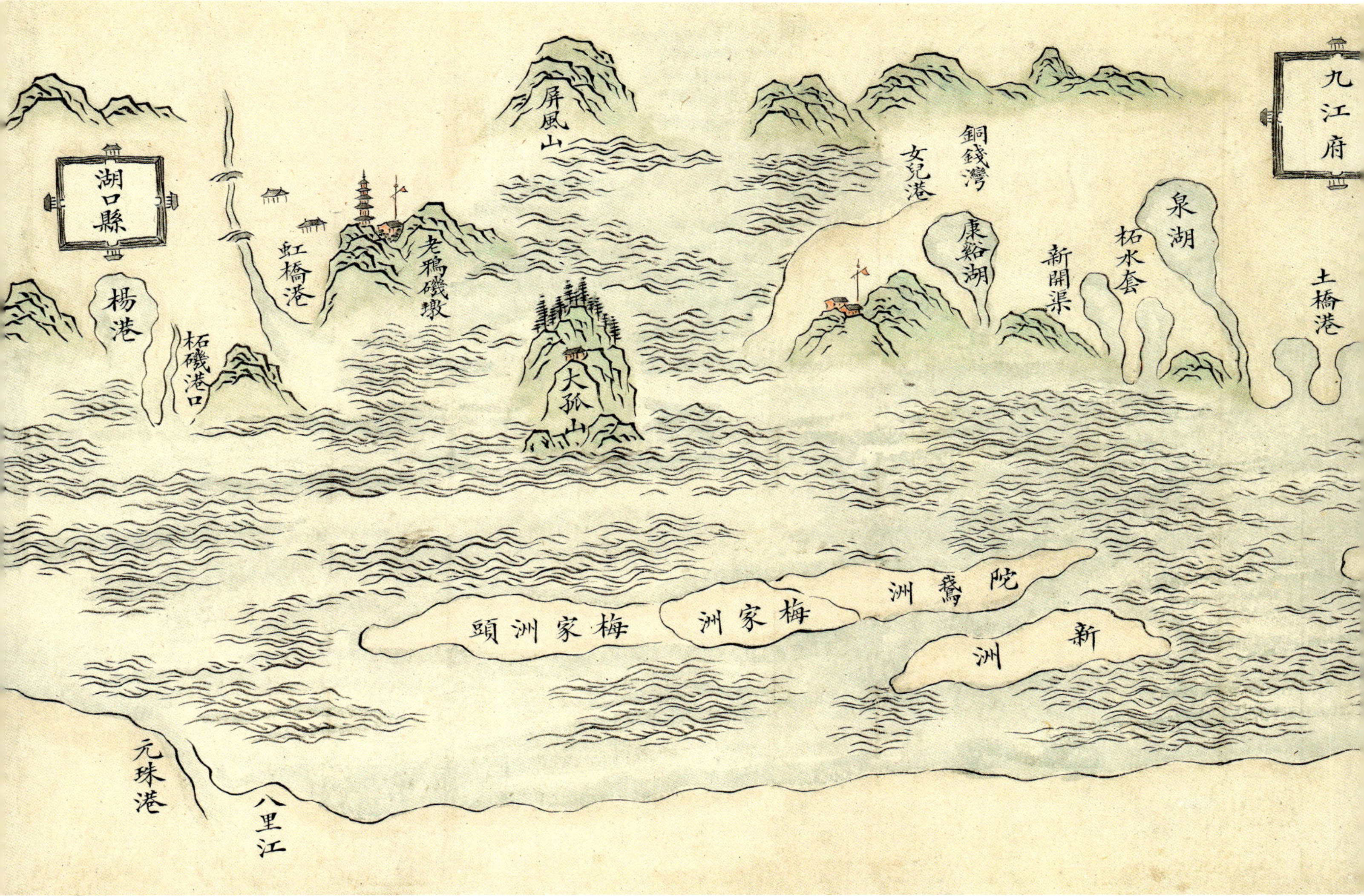
九江府
湖口縣
楊港
柘磯港口
虹橋港
老鴉磯墩
屏風山
大孤山
女兒港
銅錢灣
康郎湖
新開渠
柘水套
泉湖
土橋港
梅家洲頭
梅家洲
陀鵞洲
新洲
元珠港
八里江

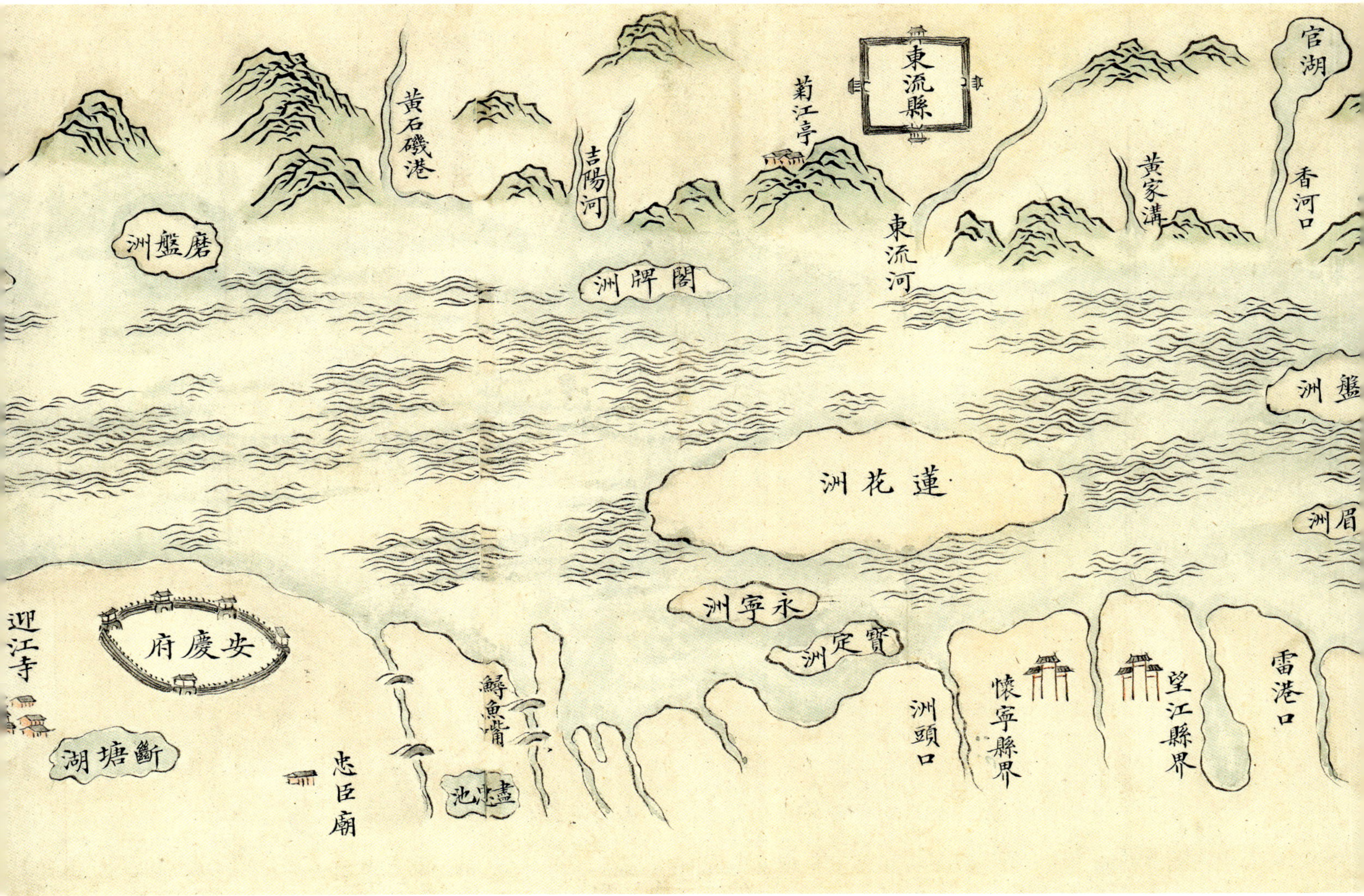
東流縣
磨盤洲
黃石磯港
吉陽河
閣牌洲
菊江亭
東流河
黃家溝
官湖
香河口
盤洲
蓮花洲
眉洲
永寧洲
寶定洲
安慶府
迎江寺
斷塘湖
忠臣廟
鱘魚嘴
盡池
洲頭口
懷寧縣界
望江縣界
雷港口

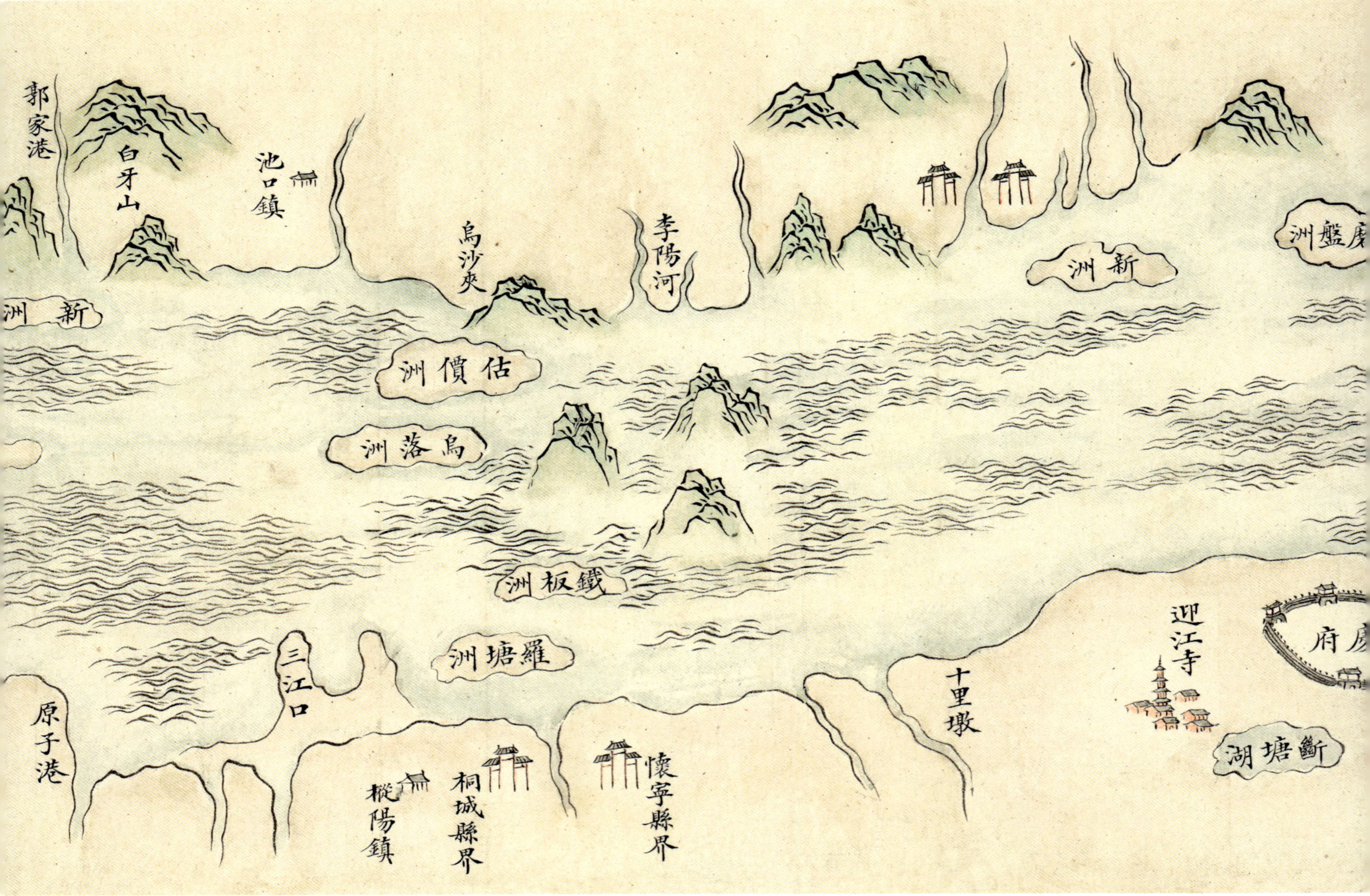

郭家港
白牙山
池口鎮
烏沙夾
李陽河
新洲
新洲
廣盤洲
估價洲
烏落洲
鐵板洲
羅塘洲
三江口
原子港
樅陽鎮
桐城縣界
懷寧縣界
十里墩
迎江寺
府
斷塘湖

新溝
四合山
蕪湖縣
蕪湖河
林家灣
魯港河
茅蓮灣
縣
黃石磯
新洲
小蘆洲
螃蟹磯
黑沙洲
白馬洲
陳家洲
東磯
白魚池
龍池会
新溝河
惡江嘴
傅家灣
奥龍河

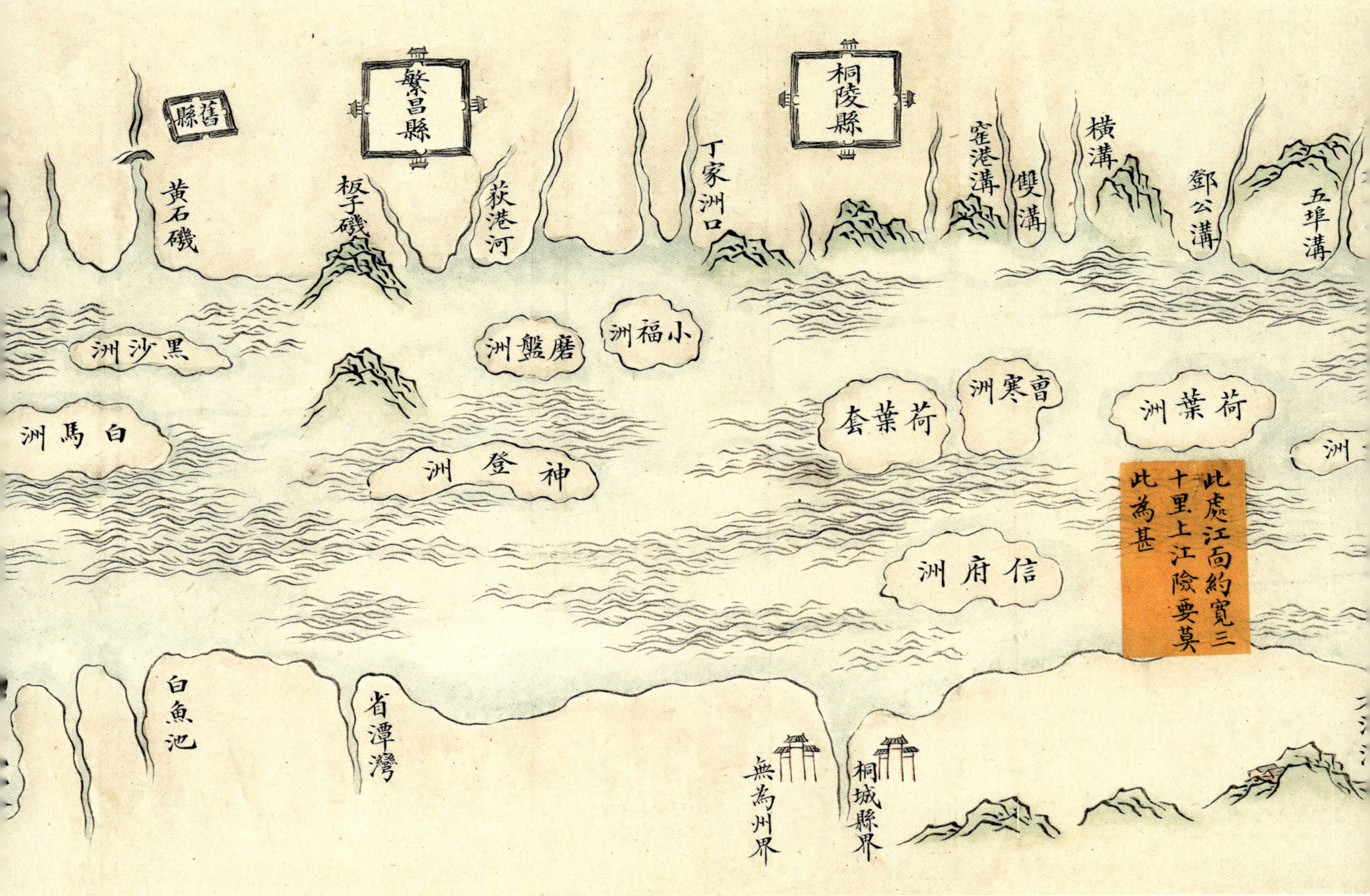
舊縣
繁昌縣
桐陵縣
黃石磯
板子磯
荻港河
丁家洲口
窪港溝
雙溝
橫溝
鄧公溝
五華溝
黑沙洲
磨盤洲
小福洲
白馬洲
神登洲
荷葉套
曾寒洲
荷葉洲
洲
信府洲
此處江面約寬三十里上江險要莫此為甚
白魚池
省潭灣
無為州界
桐城縣界

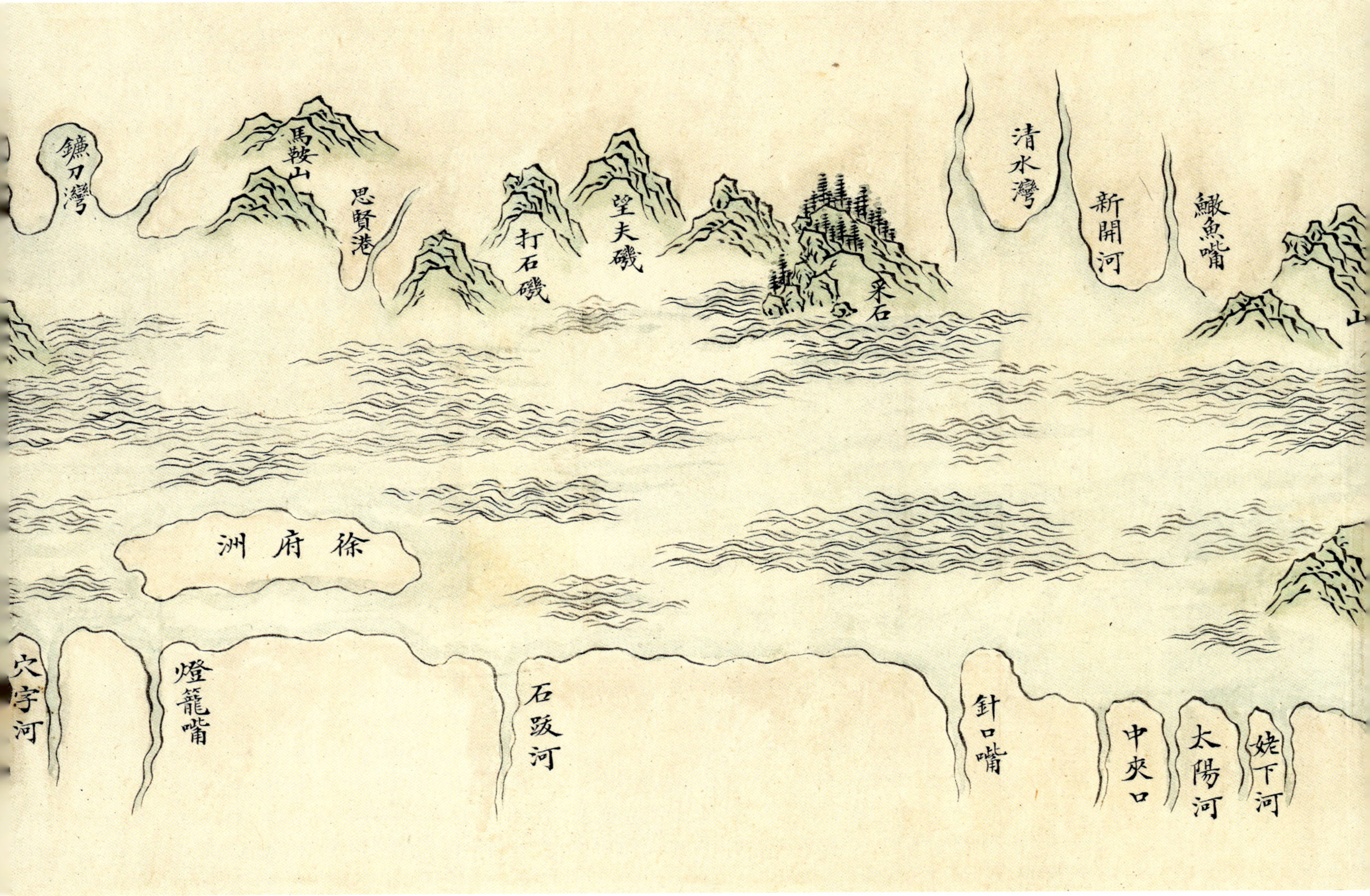
鐮刀灣
馬鞍山
思賢港
打石磯
望夫磯
采石
清水灣
新開河
鰍魚嘴
山
徐府洲
穴字河
燈籠嘴
石跛河
針口嘴
中夾口
太陽河
姥下河

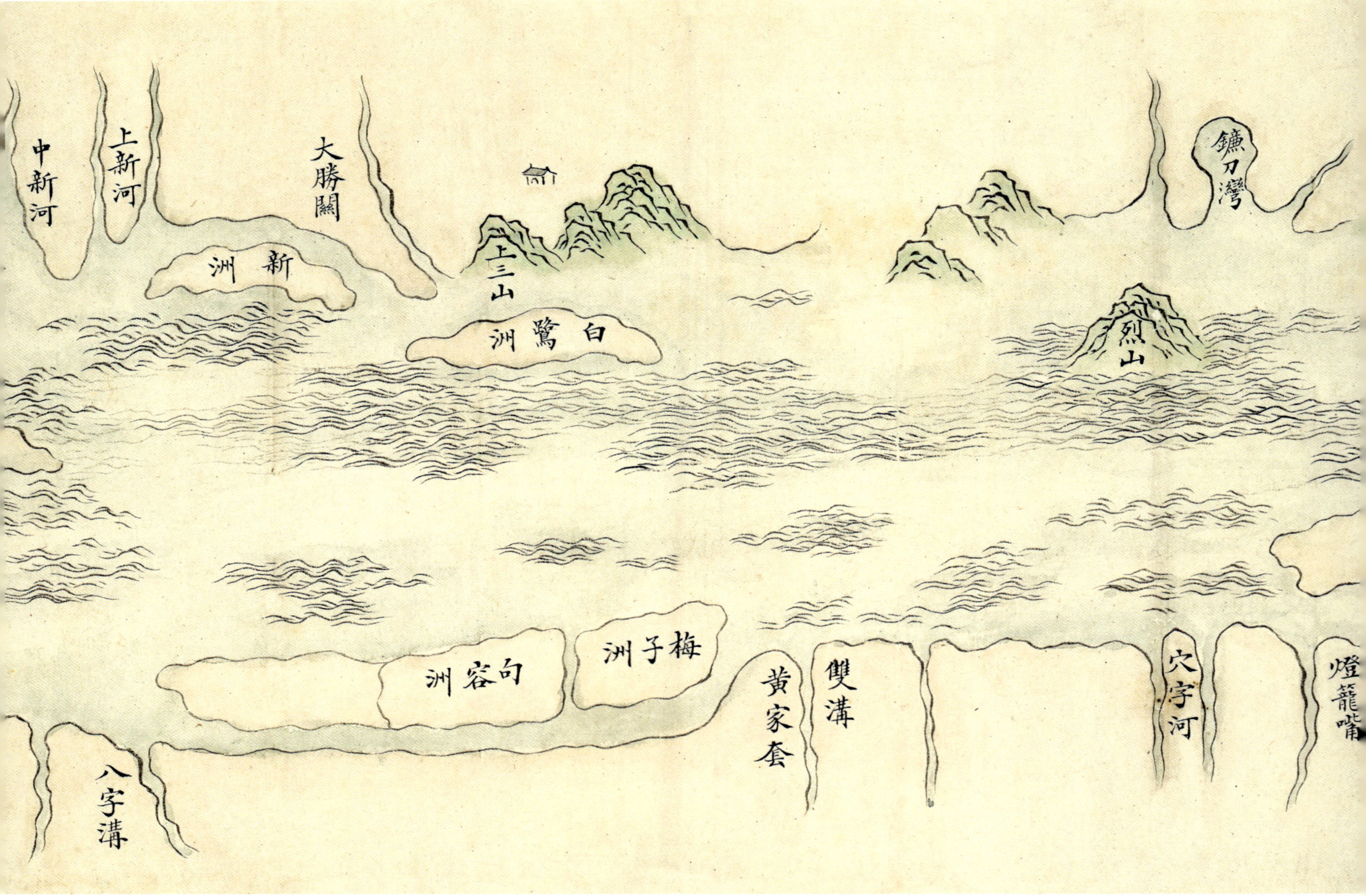
中新河
上新河
大勝關
新洲
上三山
白鷺洲
鐮刀灣
烈山
句容洲
梅子洲
黄家套
雙溝
穴字河
燈籠嘴
八字溝

鎮江
甘露寺
倒塔峽港
鎮江閘
京口閘
正屏山
銀山
西馬頭
樂亭港
洪信港
高資港
炭渚港
天寧洲
新洲
新洲
老鴉夾
金山
郭璞墓
長河鎮
瓜州鎮
何家港
窐港
馬港
鉄定港
舊江口
下江口
上江口
儀徵縣
朱輝港

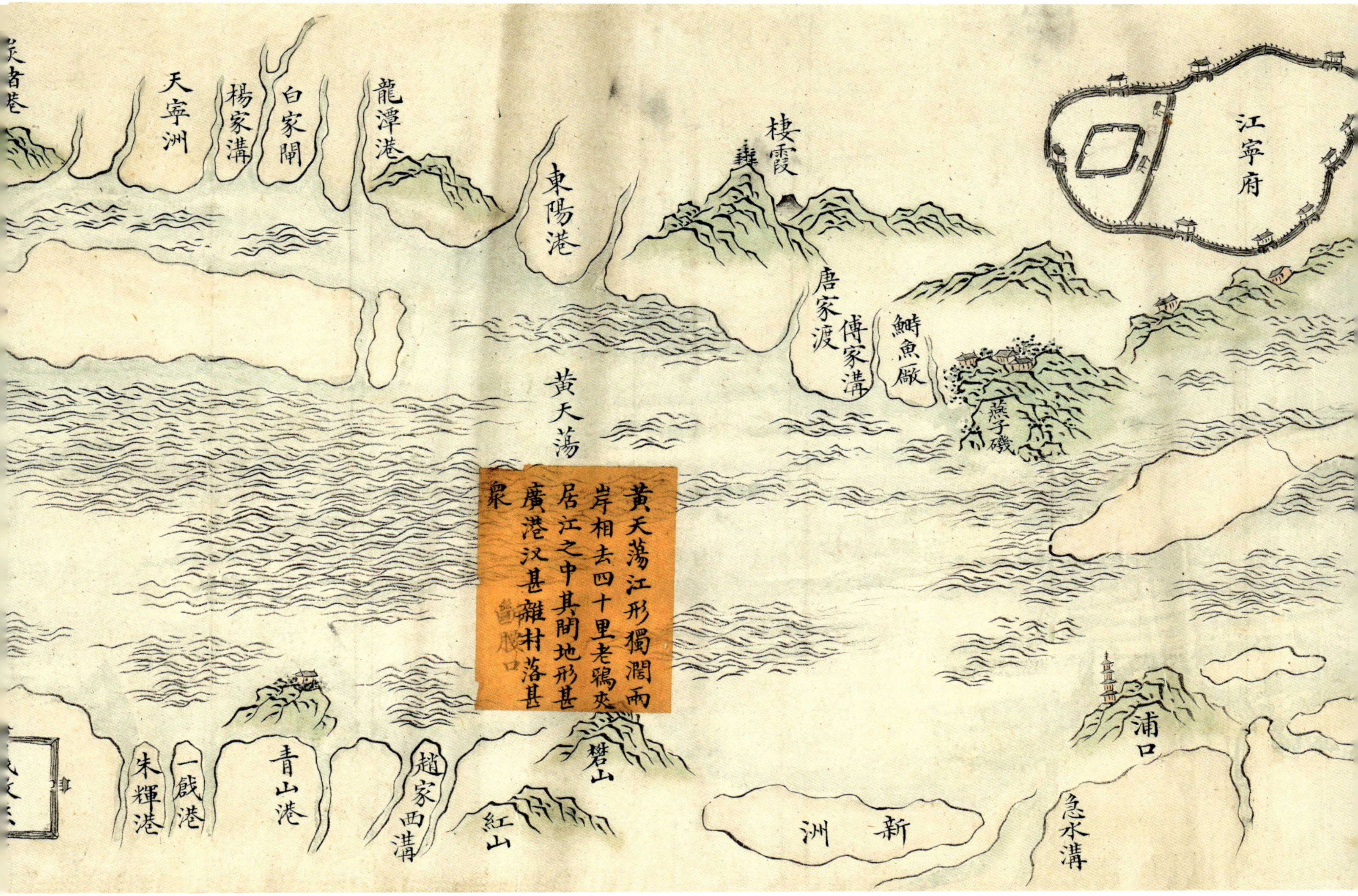
天寧洲
楊家溝
白家閘
龍潭港
東陽港
棲霞
江寧府
唐家渡
傅家溝
鰣魚廠
燕子磯
黃天蕩
黃天蕩江形獨闊兩岸相去四十里老鸛夾居江之中其間地形甚廣港汊甚雜村落甚衆
浦口
急水溝
新洲
碧山
紅山
趙家西溝
青山港
一戧港
朱輝港

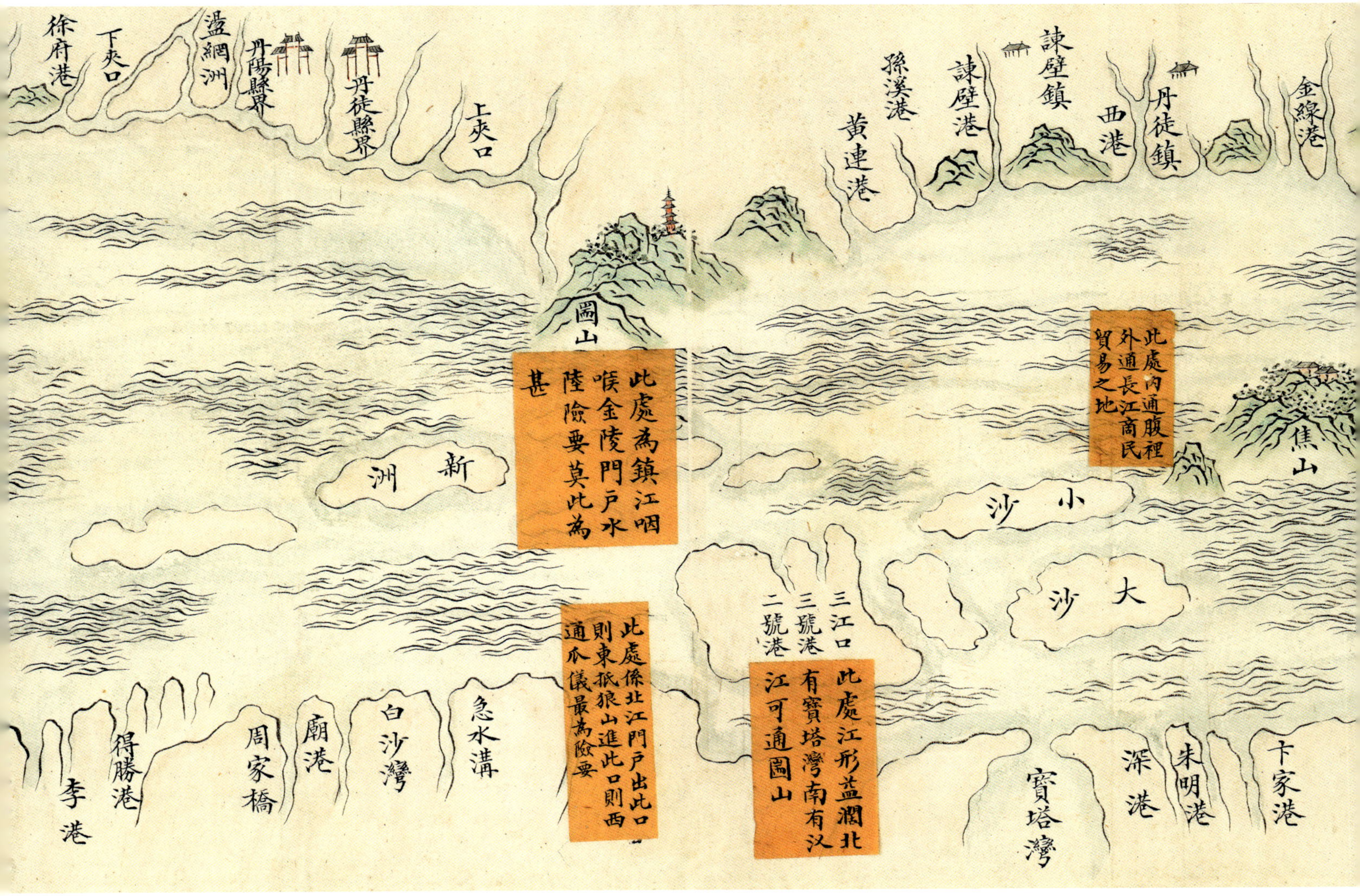
徐府港
下夾口
鹽網洲
丹陽縣界
丹徒縣界
上夾口
孫溪港
諫壁港
諫壁鎮
黃連港
西港
丹徒鎮
金線港
圌山
此處為鎮江咽喉金陵門戶水陸險要莫此為甚
此處內通腹裡外通長江商民貿易之地
焦山
新洲
小沙
大沙
三江口
三號港
二號港
此處係北江門戶出此口則東抵狼山進此口則西通瓜儀最為險要
此處江形益闊北有寶塔灣南有汊江可通圌山
急水溝
白沙灣
廟港
周家橋
得勝港
李港
寶塔灣
深港
朱明港
卞家港

峩眉山
石牌港
江陰縣
夏江口
黃田港
江陰縣界
武進縣界
申港
剩銀港
孟瀆河
包港
陳家港
留仙港
徐府港
下夾口
黃山
巴斗山
石頭港
巫山
褚家沙
狼山
黃泥山
蒲沙
唐沙
東沙
靖江縣
西沙
爛港
桃港
清水港
任家港
界河
通州界
如皋縣界
馬家港
李港
得勝港

寶山縣
松江府
上海縣
黃浦江
吳淞所
寶山
沙
營前沙
南沙

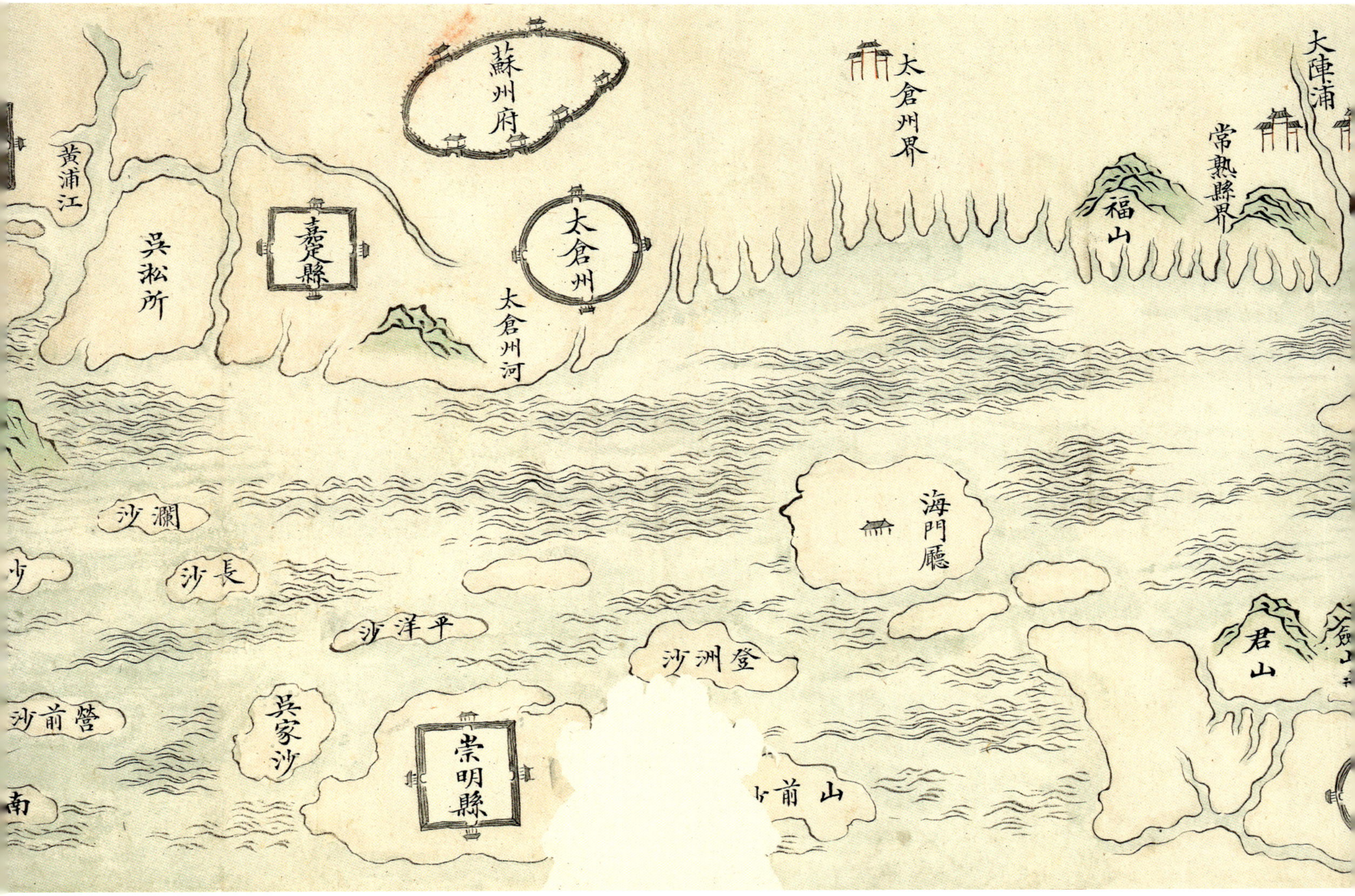
蘇州府
太倉州界
大陳浦
常熟縣界
黃浦江
吳淞所
嘉定縣
太倉州
太倉州河
福山
海門廳
瀾沙
長沙
平洋沙
登洲沙
君山
營前沙
吳家沙
崇明縣
山前沙

東

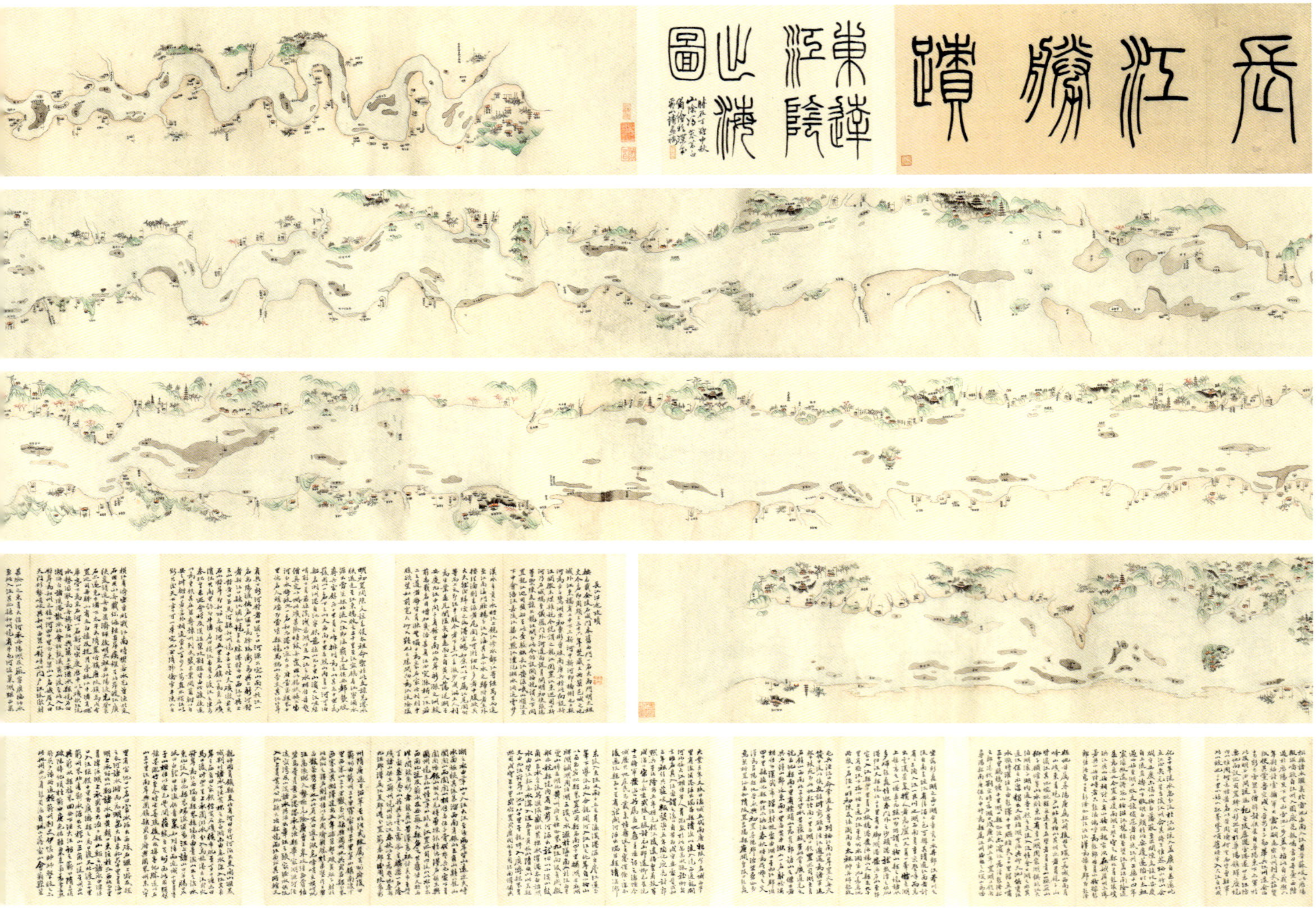

長江名勝圖

作　者　（清）馮世基繪
年　代　清同治六年（一八六七）
類　型　紙本彩繪
載體形態　一幅長卷
尺　寸　縱二五點三厘米，橫一一二一厘米
索書號　22/074.3/1867

《長江名勝圖》是一幅描繪長江中下游沿江勝迹的景觀游覽圖。分卷首、地圖與題跋三部分，其中地圖部分縱二五點三厘米，橫一一二一厘米。

全圖卷首部分墨題『長江勝迹』與『東達江陰之海圖』，左下方分别鈐『歐陽子彬鑒賞』『菉白』以及『歐陽號彬廬陵故鄉鑒藏金石書畫』三印，右方爲馮世基自題文字一段，言此圖於同治六年中秋繪於看山讀畫樓。

地圖部分所繪長江水域，西起湖北石首，東抵江蘇江陰，分爲兩大段。其中，第一段首先繪製長江中游的下荆江河段，即湖北石首至岳州府仙姑港對岸的荆河口水域，圖面横八八厘米。荆江圖後爲第二段，長約一〇米，所繪長江水域從湖南湘潭縣起，先繪製湘江沿流，經長沙府城至臨湘縣城水域。然後自西向東，從長江嘉魚縣水域繪起，沿途表現武昌府城、漢陽府城、武昌縣城、黄州府城、蘄州城、九江府城、湖口縣城、彭澤縣城、東流縣城、安慶省城、銅陵縣城、蕪湖縣城、南京省城、江浦縣城、儀徵縣城、瓜洲城、鎮江府城，最後至靖江縣城和江陰縣城而收尾。

全圖著色淡雅清新，常以淡緑色表現山頭，粉紅色施以林木。采用山水畫法，配以平立面符號，形象描繪長江兩岸的景觀名勝與水域地物。同時，在視角表現上則采用中國傳統輿圖的對景法描繪，圖上方倒置爲南岸，下方正置爲北岸，南北兩岸地物對立兩分，

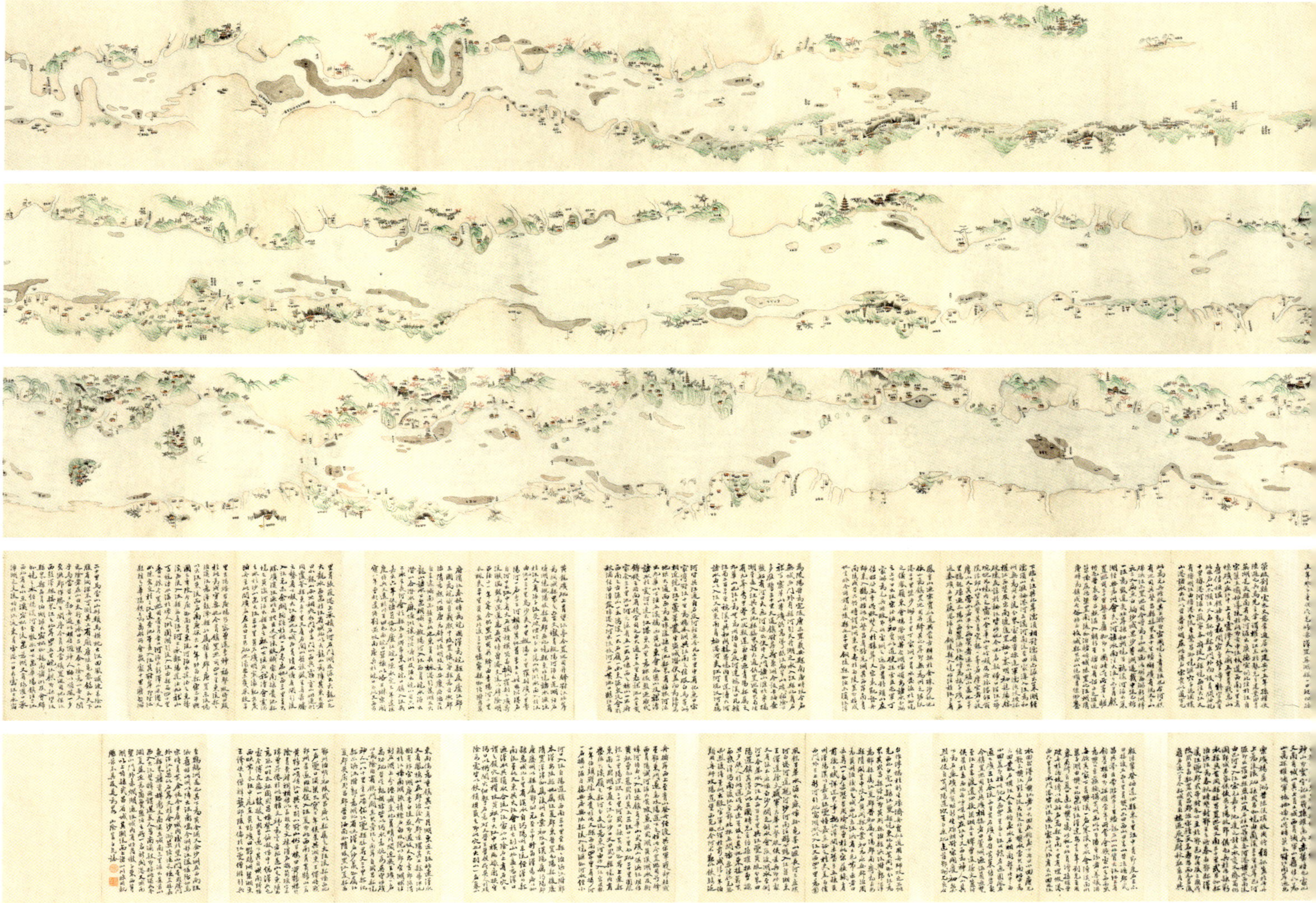

視綫均朝向河流中心綫，與江中行舟人的視角一致，使得讀圖者有如站立於江中船頭，展卷而下，一路觀覽，直達江口。重點描繪的地理要素有二：一是長江中下游兩岸城鎮與名勝古迹，著色淡雅清新；二是長江河道水文、地貌，如江中磯、灘、沙洲的分布等，部分還注明『水小可行』『水大可行』『水大可泊舟』『沙灘水大没』『水大浪大亦不可泊舟』等内容。

圖後爲長段題跋，係繪者自題，大致内容爲長江兩岸名勝古迹的文獻考索。

傳世的長江景觀名勝輿圖中，如現藏美國華盛頓弗利爾美術館的南宋《蜀川勝概圖》與《長江萬里圖》，美國國會圖書館藏清中期《岷江圖説》等，多以展現長江兩岸名勝古迹爲主。相較之下，馮世基的《長江名勝圖》不僅詳細描繪沿江景觀，而且細緻表現長江水道狀況，有助於今人研究長江水域的景觀演變與航道的歷史變遷。同時，此圖繪製精美，筆觸靈動，可爲今天長江自然與文化遺産的保護提供歷史借鑒。

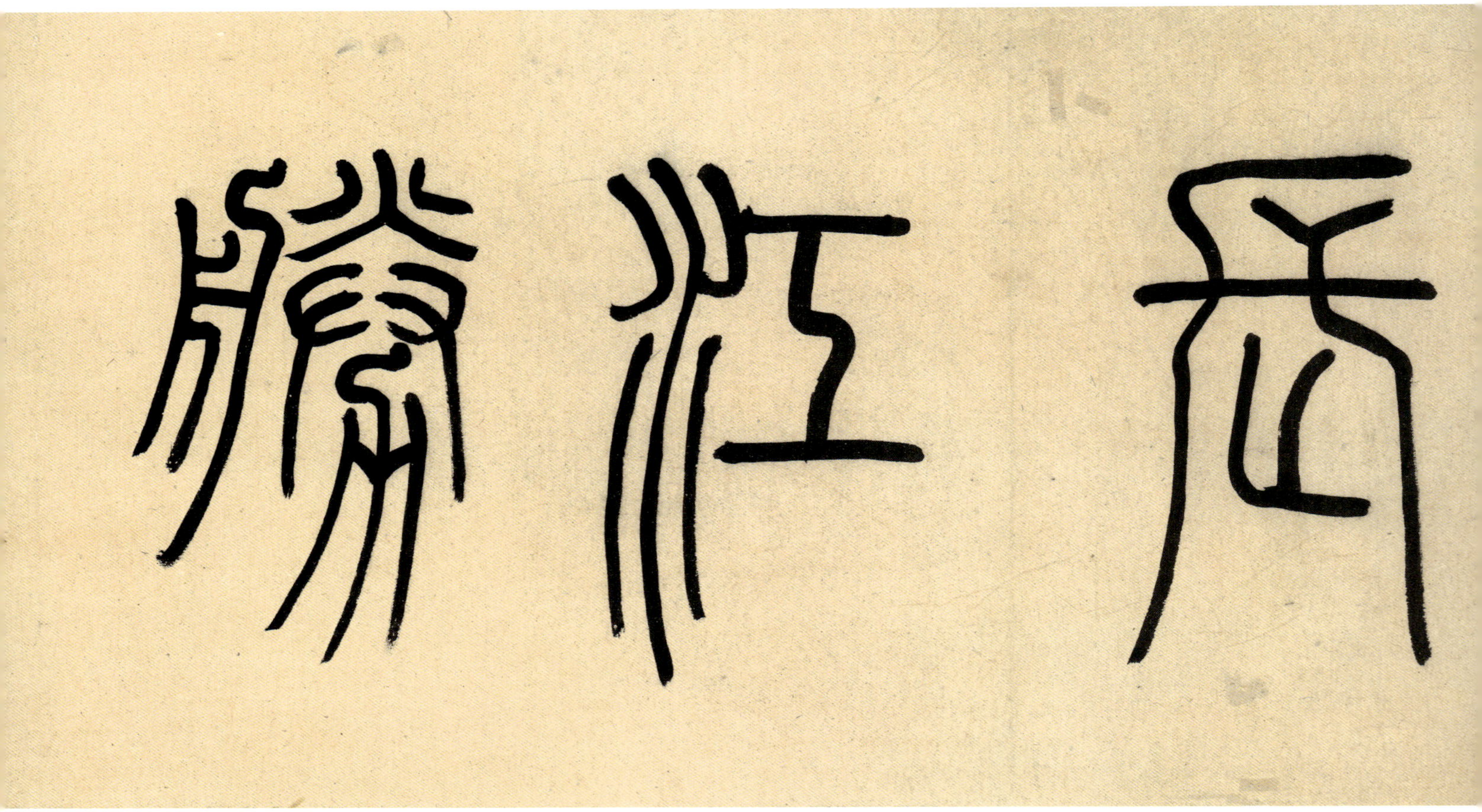

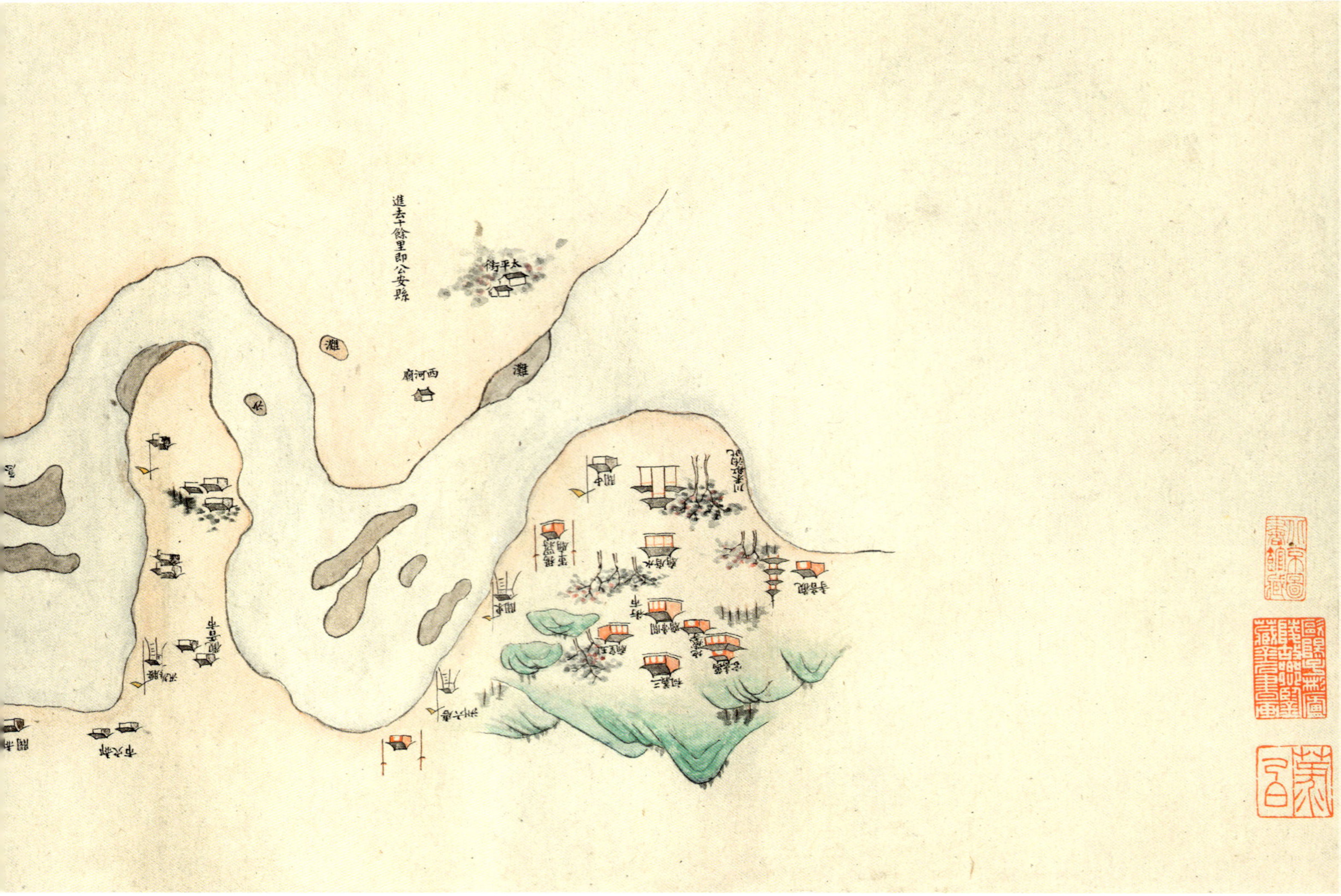
進去千餘里即公安縣
太平街
西河廟
灘

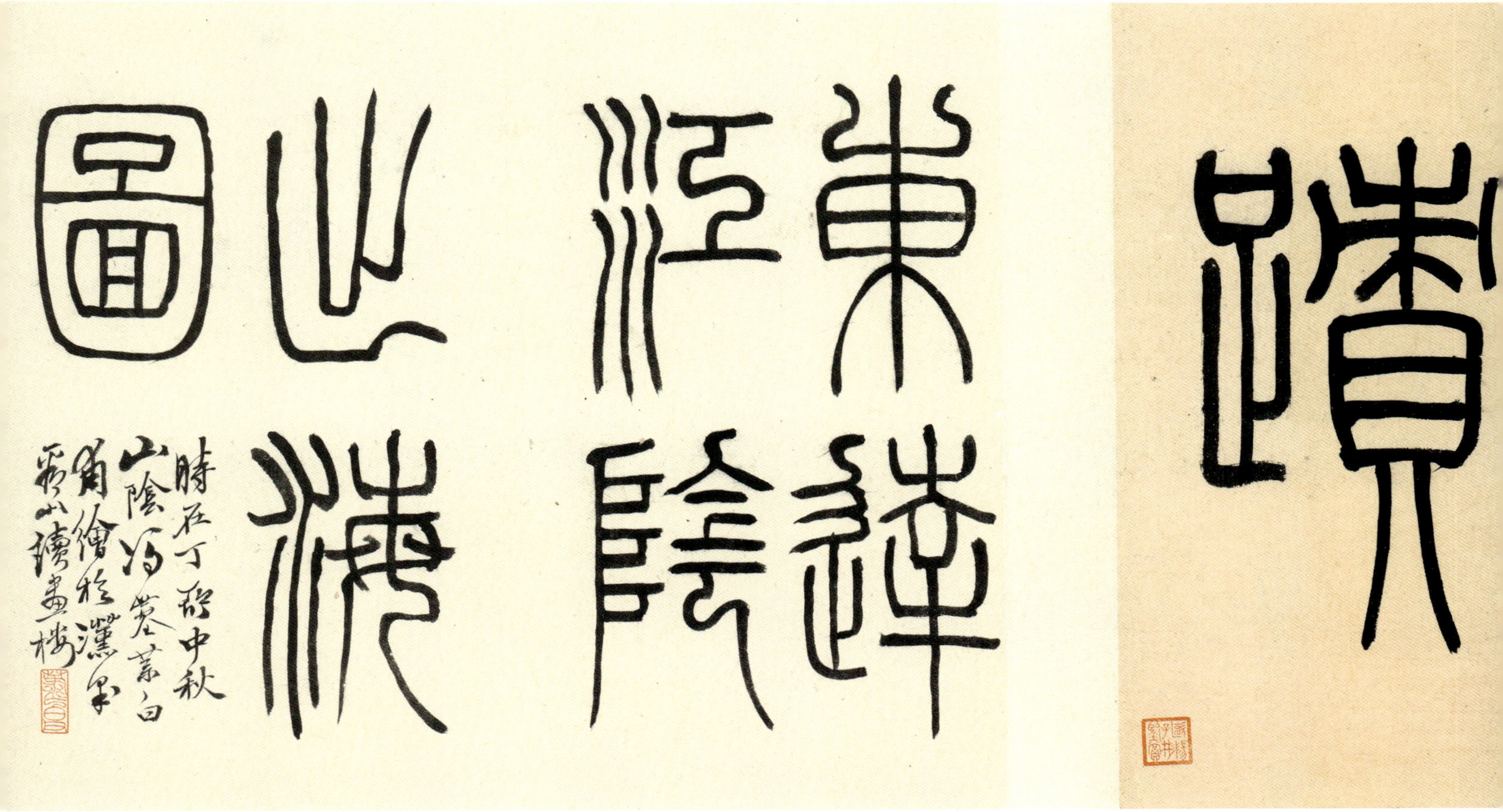
東達江陰山港圖
時在丁卯中秋

石首縣城
南岳山
東岳山
石首監利華容三縣交界處 可泊舟
調絃口
丁家洲

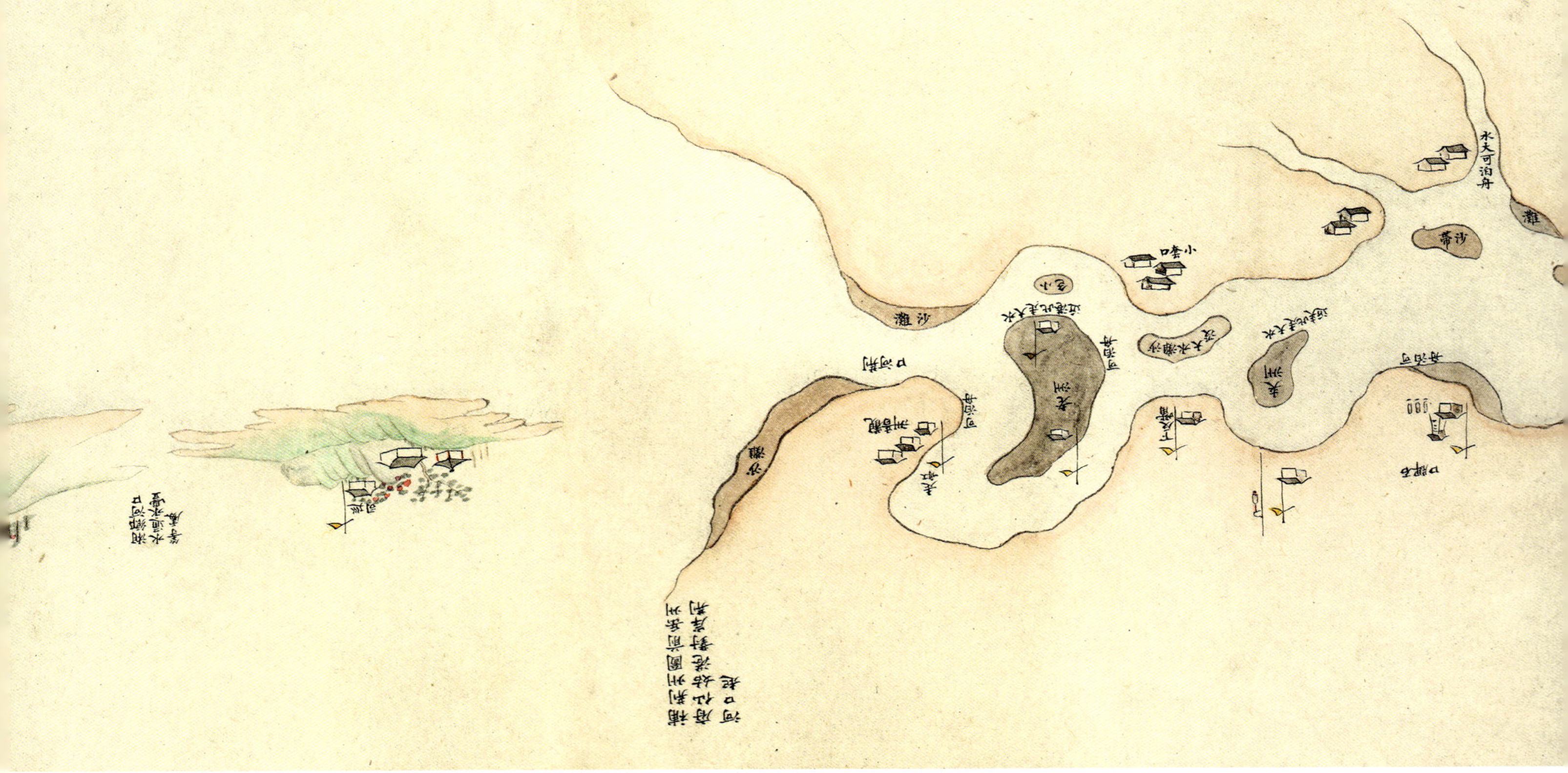

水大可泊舟

龍王廟
昭山

竹塢港
文昌塔
楊梅洲

土山
土山
沙灘

伏波王廟
湘陰縣城
灘
河灣
大王廟
河灣
灘
河灣
洲
大河
河大

花林港
岳州府城
岳陽樓
湖
洞庭湖
沙洲
小山
九馬嘴
萬壽湖
王爺廟
王爺廟
鹿角驛
小市鎮
平沙
平沙
下塘湖
沙

上壋河
沙
平沙
出湖口
磊石山
可泊舟
鯽魚夾
白雲矶
蘆林灘
黄乞灘

臨湘縣城
湘夾洲
道人矶
湘河矶
仙姑港
城陵矶

新洲
沙
六溪口
内通蒲圻縣
石頭口
下套口
上套口
可泊舟
水小可行
杏花洲
黄塘洲

上青山
蛇山
黄鶴樓
武昌府
税關
洞庭廟
水大不現
觀音矶
楠木廟
可泊舟
金口
水小不通
暗洲
赤矶山

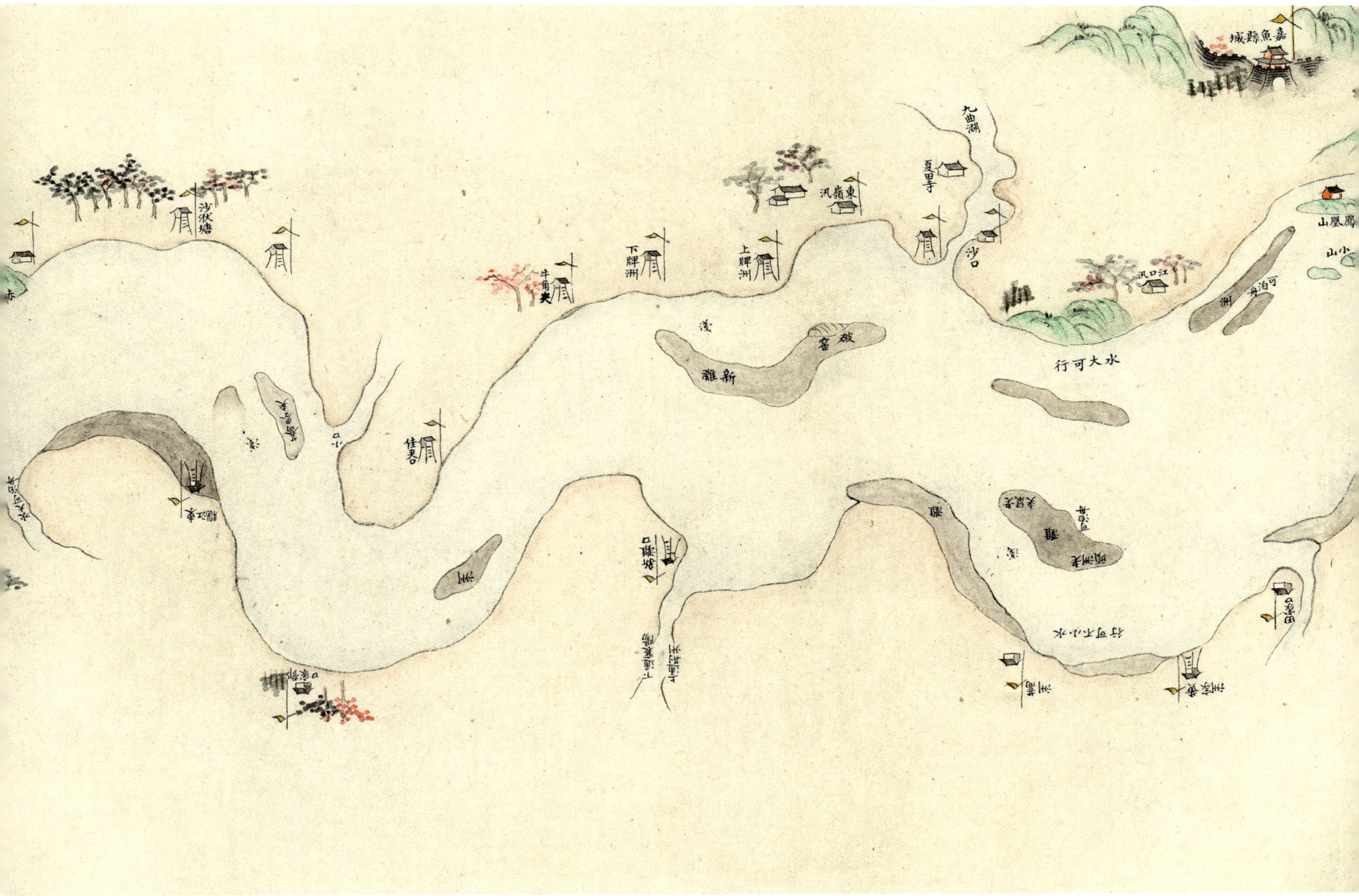
嘉魚縣城
九曲湖
夏田寺
東嶺汛
上驛洲
下驛洲
沙洑塘
沙口
江口汛
鳳凰山
小山
水大可行
新灘
破窰

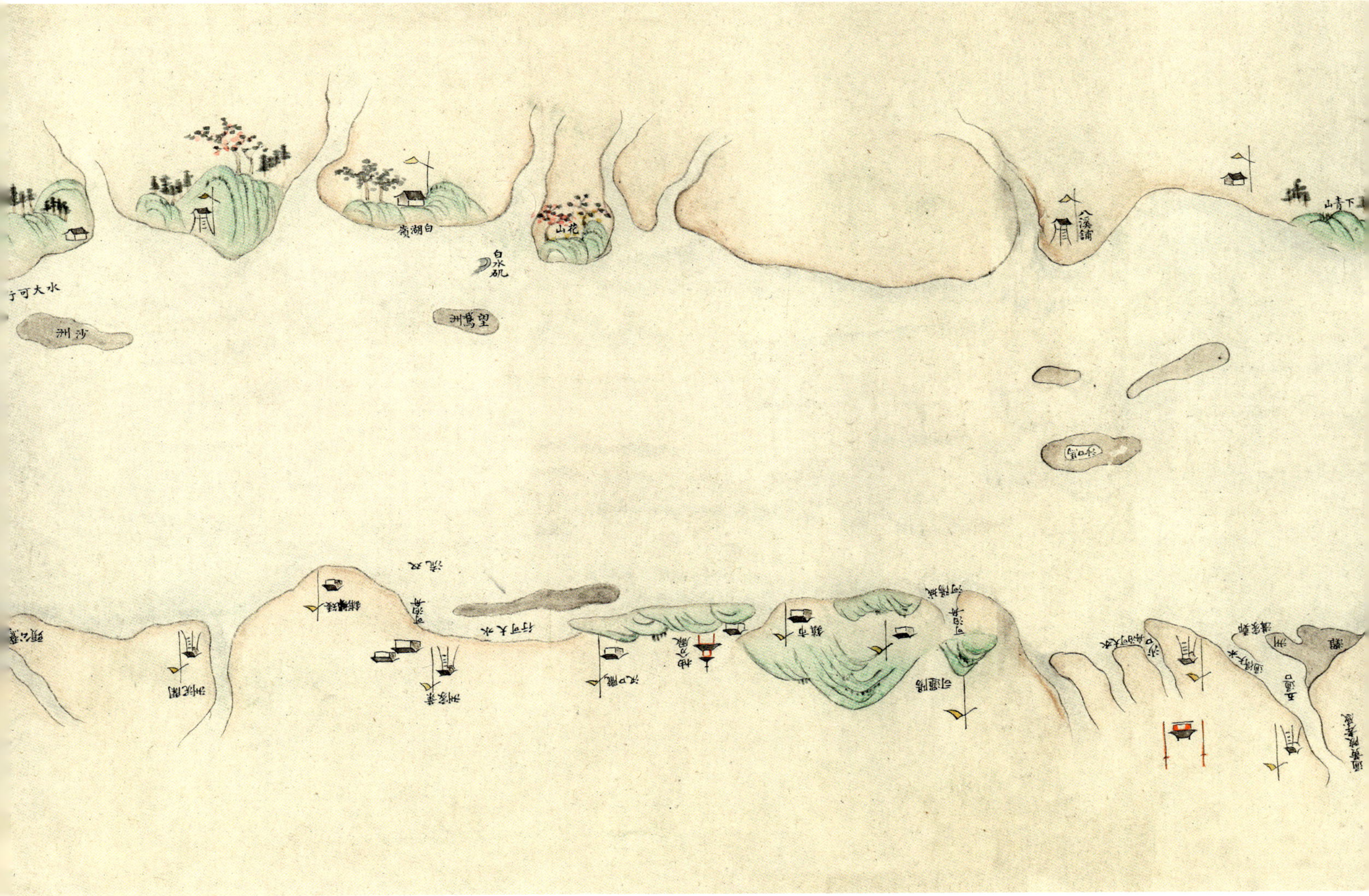
白湖磯
花山
白水磯
沙洲
水大可行
八溪鋪
下青山

武昌縣城
武昌港
踏脚石
矶
洲
守備司
三江口
七矶
水大可行

觀音閣
小市鎮
市鎮
西塞山
道士洑
風波港
黄顙口
可泊舟

西塞山
橫江磯
黄石港
市鎮
水府廟
朝陽宫
土老嘴
沙灘
淺
新洲
可泊舟
打石磯
觀音港
急水
燕磯窩
龍王磯
洲頭水急
洲
洲
大江

龍開河
琵琶亭
此處有
迴流水
官牌夾
可泊舟
市鎮
梅家洲
徐家灣
城子鎮
火焰山
市鎮
富池驛
內通興國州
可泊舟
小鎮
沙邨塘

湖口縣城
九江府城
彭蠡湖
楊港
香爐磯
楠木廟
黃馬塘
胡家港
許家渡
可泊舟
水大可泊舟
大姑塘
龍開河
老鴉夾
小關

黃石磯
太白樓
吉陽河
水大可泊舟
水小不可泊舟

東流縣城
烏沙夾
可泊舟
內建德縣
大王廟
香口
市鎮
馬當山
姑山汎
可泊舟
觀音山
彭澤縣城
鏡子山
胭脂港
水大可泊舟

池口
九華山
水東灣
烏沙夾
可泊舟
太子廟
狀元坟
可泊舟
李陽河
哪吒磯
暗沙
攔江磯

大通鎮
横港
可泊舟
五溪汛
梅根
仙姑廟
郭港
水大好泊舟

蕪湖縣城
吉祥寺
關帝廟
大王廟
大神殿
雙溝汛
大王廟
可泊舟

敷化渡
荻港
紫沙洲
丁家洲

太平府
采石矶
東梁山
大信口
大勝關
下三山
東家洲

觀音門
南京省城
水西門
龍江關
燕子磯
報恩寺
三聖塔
花山
朱家嘴
龍潭口
二十里長洲

海關
張家老洲
巴斗山
暗洲
三白港
鐵當山
月河口

鎮江府城
銀山
行宮
月河口
丹徒
東馬頭
京口
金山
七里港

江陰縣城
大王廟
海關
福山
蘿蔔港
申港

長江沿途考蹟

按志載金陵石城門本舊西門一名大西門明太祖更今名即周顯王三十六年楚威王所築邑城之地城外江東橋有上中下三新河中新河即橋側也上新河為古白鷺洲宋初曹彬曾破南唐兵於此向設新江關徵木牒雜稅今統謂之龍江關置江東巡司下新河乃石城橋至儀鳳門外河道向設有關明初使張德等禦陳友諒出龍江關即此今仍設關抽稅謂之下關置龍江巡司鹽船至此查驗 按長江發源岷山順流東下中會涪江嘉陵江渠江黔江灃沅湘水洞庭雲夢

漢水禹貢二水時江上饒江修水鄱江等經萬里而遙至江南海門匯揚子江入海其各小水之歸附者在外據理論則本源者尾閭不可淤細流多者中腹欲其大夫能洩歸墟之勢得宣暢如焦山以下屬江尾閭似等而上之即江中腹今者下至山多漲沙成灘土人利為生業是尾閭隘矣由是而上自黃天蕩逆溯至安慶九江中間千有餘里南北兩岸新漲之洲較前志載名目增加幾倍甚有江心突漲析一江若二三道者接皆有漲無塌日為豪右家所利則中腹欲望如前寬大抑又難也大勝關向為江流險隘

明初置關陳友諒來侵太祖命禦於此友諒見港水狹退走至江東橋敗去二十里至江寧鎮有江寧浦水源出當塗縣北流入江即陳霸先遣侯安都襲破齊兵處鎮西十里有三峰排列為三山其東十里為護國山一名下三山又西南十里為烈山內有小河可泊船名洌洲港自江寧鎮慈姥山凡十里山濱大江崖壁峭削下有慈姥溪減慈湖以東入江之水相傳昔楚僧真定以艱此殘甚險時致舟覆因以錫杖插土成河而水故地一名和尚港此西太平府當塗縣界十里俗名人頭磯即當塗縣境馬鞍山旁支其江北岸

有與下新河對者曰浦子口河源出定山南入於江一名安陽渡俗名浦口為驛路衝要與上新河對者新江口隸江浦縣境與大勝港對者曰西江口與上三山對者曰五馬河隸和州境十五里陡夫磯墩前采石山對岸即和州太陽河五里采石鎮山為采石磯濱江其南里許即牛渚名曰横江為自古渡江之津要秦始皇東巡會稽及漢孫策攻劉繇皆由此渡後遂以為重鎮其在梁齊豫州刺史裴叔業開蕭衍以自安之時衍曰若藩外相逼當出百步二萬直出横江以斷其後天下事可一舉定也至隋帥擒軍平陳亦自

下臨大江與北岸濡須相對濡須亦源出巢湖經濡須山匯栅港河三溪河南流至田家渡入江為和州無為州中流分界處昔曹操進軍濡須攻破孫權江西營及宋南渡後置栅口寨明初趙德勝破陳友諒於栅江皆此地今地名新婦口沿江山勢蜿蜒凡境內之靈山金華山古竹嶺及所稱浮邱翁隱浮邱山皆在望其有突起一峰若摩空者曰蔽鷹山又其旁出若平分兩髻者西大小礚山是也二十里鵲起磯西太陽山西麓沿江俗呼為板子磯一名返秦磯五里荻港源自銅陵縣入境北注於江上有

鳳凰山西宋賈似道與蒙古相拒於金珠沙故地依山為鎮置巡司并驛其北岸即無為州之泥汊港二十里紫沙洲三十里丁家洲口有水發源於本境之儀鳳嶺東會樓鳳湖并合湖埭順安諸水分為上下口出江宋德祐初賈似道使孫虎臣屯軍丁家洲為元兵所敗即此處洲之迤西有鵲頭山左傳昭公五年吳敗楚人於鵲岸又宋袁凱督舟師來入鵲洲指此今繁昌有鵲尾洲其西岸南有南陵戍昔六朝時謂江洲東界是於南陵蓋即指戍地言非今所謂南陵縣也二十里銅陵縣治亦濱江滸

為陵陽晉為定陵唐末置義安縣南唐時改今名無城西門外有縣河引天井湖之水入江縣北有石祇西寨羊山等磯俱為灣臨江而羊山磯猶險下多雁翅三十里大通鎮對岸荷葉洲今設卡抽查鹽船有河曰大通河源出伏牛天門諸山匯於東橋湖至是入江與貴池縣接界并大通俱置巡司與南陸有九峰秀甲羣山狀類蓮花者西青陽縣屬之九華山也江北為無為州治自石灰河達祇溪口凡轄江面二百二十里祇溪口與和州接界境內有運漕大河諸水由以入江又州東南有栅港河夾江河泥汊河土橋

河皆與江通自石灰河經魚套凡七十里中有化魚口宋家灣對江十里為楊林湖與江南之信順白馬等湖相近號三江口蘆葦叢生盜賊潛伏蓋向為江防要地距大通而西為五埠溝隸貴池縣界有梅根河源出九華山下注五溪橋西黃泥東會太淵山及祇潭諸水於霞河北達大江港東五里為梅根監西歷代鑄錢之所向有錢官司之由大通二十五里李祇池五里黃家套三十里池口河之源有五一出石埭西之櫟山一出府西南之古源山一出湧溪一出石嶺一出東源衆流會於秋浦經谷潭炭埠港入河出江故河一名黃池口臨江有

二十里馬當山山形類馬橫枕大江回風擊波甚險山腹有洞深不可測其上有廟唐陸龜蒙銘云天下之險者在山曰太行在水曰呂梁合二險為一吾又聞乎馬當昔王勃舟過此相傳遇神人助以順風一夕至洪都作滕王閣序今有馬當鎮置巡司地係江西彭澤縣接界江之北岸四十五里皖江鎮即隸望江縣界縣西有泊湖源出宿松縣龍南諸湖及會歸縣境之水經楊溪河至漱水口下達華陽鎮注于江西北有大小豆溪宿松分流達慈湖又有路灌口承漳湖之支流均於江通東有雷港一曰大雷江上承宿

松縣諸水匯集於雷池而南入江昔晉蘇峻以歷陽叛溫嶠欲自江州入圍庾亮報嶠書曰吾憂西陲過於歷陽足下無過雷池一步蓋即指此自義熙六年劉裕討盧循軍大雷江嗣是宋江州刺史莊質叛使其黨魯宏戍之晉安王子勛舉兵江州遣俞伯奇戍大雷梁王僧辯討侯景自尋陽東下亦軍於此及明正德間流寇犯金陵屢道雷港遂世為江防要地向設巡司置驛今移巡司於華陽鎮驛廢境內山惟周何為特著名以昔周瑜何無忌皆曾駐軍此山故也二十里小姑山孤峯峭峙舊時半入大江自明成

化二十年流水忽分流於江北流入益廣自是遂屹立江心矣元星吉復江州命其將王惟恭栅小孤山余闕守安慶亦倚小孤為藩蔽至正間陳友諒攻安慶自上流直擣山下敗胡伯顏於此安慶遂陷明太祖過小孤至湖口敗友諒偵還者任抵江州正德十四年宸濠叛遣將犯小孤治江楚椋至望江蓋江南險遠是為要地今置安慶南湖二營守之縣北有彭浪磯濱江與小孤相對又有小孤洑魏家洑在城眉州亦遙遙若與小孤對峙者只彭浪俗呼為彭郎因有小孤嫁彭郎俗語為十里彭澤縣治濱江澤為豫章郡即彭澤

縣地晉屬尋陽唐屬江州後因之環山為城西南有峰山磯東有曉石山北有柏山其相近者有饒子山皆濱江其地蜿蜒縣亘遠青在望者有青山嶽山般山獅子鐵爐等山水則東北有青山湖周家湖俱臨江大泊湖瀼子湖均通香口鎮之支流入江惟會口湖之水其通江係自水濬稍出又臙脂湖其源與仰天池俱資江水漲時灌注云由彭澤十里臙脂夾二十里鯧魚嘴三十里鵝鴣塘十里湖口縣治亦濱江為漢彭澤縣之鄡陽縣劉宋時為湖口戍唐武德五年置湖口鎮屬尋陽縣南唐保大中升為縣屬江州以因之亦環山為堞

横江有濟宋曹彬戰江南時樊若水先曾漁於采石因用小舟載絲繩維南岸疾棹至北岸渡江廣狹爰請造舟為梁濟師後明太祖由和陽渡先登采石六遂克牛渚下太平云隋置圻鎮唐改鎮為戍今置巡司并驛山有太白樓及捉月亭故址牛渚有燃犀亭下為采石河一名新河宋慶歷中以磯拈江流水勢滔激為舟楫害始興築上承溧水縣境石臼湖併合諸溪港散水北會北瓢溪黄山渡至此入江對岸為和州之境下河四十里即東梁山一名娥眉又曰天門形勢峭峻與和州西梁山對峙如門户江流激射

甚險山之東有大信河承丹陽湖及徽寧廣德諸水至此入江其北隸和州境有牛屯河源巢湖距西梁山斜東十餘里亦南流入江三十里褐山磯隸蕪湖界昔唐楊行密自廬州謀取宣州曾遣兵屯此磯石巉絶漁人依岸挽習舟楫色山每有洑波亂突之險其北有溝二曰笪家笆曰新溝十五里七磯即梁徐嗣之嶽引齊兵劉閔文育還建康之地一名磧磯又七里驛亦迺南唐時設帳驛列肆所也二里赭山烏江港鶩兒山五里蕪湖縣附治瀕江為古鳩兹左傳襄三年楚子重伐吳克鳩兹澤置蕪湖縣一曰祝松孫

榮破劉繇處太史慈常遁居此建安十五年孫權使陸遜屯兵為先主嘗謂權曰江東形勢先有建業次有蕪湖是矣縣南有長河源出廣德宣州北注於江自宋築五壩始導流於此即古中江故道西南二里有蟂磯山在江中上有靈澤夫人廟五里有戰鳥山舊傳桓温鎮姑孰在此閱宿營鼓啼將官兵至此因名山亦瀕江又名魏圻縣東門外向設有關抽税十里櫓港河源出徽寧各府流入縣境西注大江又有櫓明江由櫓港分流至繁昌縣境滙穴子泥湖濮山港諸水出江以昔魯仲明居此得名宋賈似道軍屯

此為元兵所敗其上游即富國境之青戈江也今河口鎮有巡司與繁昌縣接界三十里螃蠏磯有汎又三山磯濱江亦置巡司今呼為三山峽迤北則西湖新洲錦衣三大扁魚白駒沙城黒沙等洲匯截中流已折一江為數道矣北岸隸和州境曰裕溪河源出巢湖經無為州會東山河諸水南注大江今亦有鎮置巡司三十里繁昌舊縣即三國時吴所署之赭圻屯晉哀帝召桓温入朝行至赭圻有詔止之温遂築壘居此梁置南陵郡治赭圻城陳置北江州隋唐時為鎮戍今俗稱為故城縣界以山絶頂有僊鄉臺

黄龍磯亦上有望江亭今置巡司并驛對江北岸為桐城縣界之皆丈墩有樅陽河源出蓮湖經石塘湖繞樅陽故縣及郡西北境縣東北境諸水滙注於江又有浮子江受破罡竹子白蕩山諸湖水南入於江由池口三十里烏沙夾十里樅陽口十里羅剎磯十里李陽河一名李王河相傳其地有李王二姓因以得名自河口出江中有大石樅杼横突為擱江羅剎二磯爲流激湍數為運道患五代時曾濬支流以辟險明正德十一年塞今仍置巡司并驛由李陽河十里長楓夾二十里黄盆北渡三十里懷寧縣附治附安慶

府濱江春秋時為皖國漢為皖縣屬廬江郡三國為皖城晉義熙中改置懷寧縣為晉熙郡治隋為熙州治唐為舒州治明改為安慶府治大江自東北流城南而趨東北也東有長楓港引蓮湖及大龍山諸水下達桐城之樅陽河入江西有皖水源出潛山合潛水麻塘湖讓河治塘湖及源出皖山司空山二水之長河會於縣西石牌市東至皖口鎮入江吴嘉禾六年使諸葛恪屯廬江皖口陳永定三年遣侯度將兵又遣臨川王田屯南皖口築城以備王琳宋開寶八年曹彬遣將劉遇敗南唐兵於皖口即此又西為

里有張葭港上承積石河石門湖及源出大龍山之大龍水西達於江者城北以大龍山為障其東出者曰小龍山兩岸相夾如門中為門山西與霧靈山雌連形同覆釜縣東五十里又有石門山盤旋數里有獨騰之勢有下磯大江者也又城西有清水塘有閘引流入江元末余闕殉節於此一名忠節也西三十里有大勝磯濱江迤邐東來揆臣史可法敗賊處南隸貴池縣境之黄盆河源出縣西之祇山下注石牌潭會霧河之水於沙山達大江三十里黄石磯明宸濠犯安慶泊舟至此閲磯名左右曰王失机也濠惡之果敗于

里吉陽磯昔唐楊行密曾遣李神福擊叛將田頵於此為戍守要地今有鎮置巡司四十里東流縣治濱江為澤彭澤縣地屬豫章郡唐置東流場以大江東流而名南唐保大十年升為縣宋太平興國三年改今属湖南有東流河源出建德之堯渡溪西流入江縣西有浯江河上承鄱陽建德九龍山下流諸水滙於遷人湖及團湖引流入江由縣西四十里香口鎮今置巡司亦有香口河源出彭澤山東港又出陳家交於三汊達香池至馬當入江其對岸即望江縣轄之華陽鎮為商船所會聚處十里雁盤湖

坐落彭蠡湖之西口湖合章貢二水并鄱江羣川之流自南來注江有清濁二色可辨其清逾江面者計有二三洵入江一巨川也湖西南有重巒疊嶂而高出雲漢蒼翠撲人者為廬山又有一峯特立湖上縣高之一塔其為鞋山即所謂大孤山縣之境諸水多歸彭蠡惟迎春門外之沙頭港龍泉潭之柘磯港歸江又縣境北十二里有牛腳湖港發源石山至郭家口入江縣西十里有石板橋港發源楊山又縣東九十里有蔡江下接小姑上通九江至冬则水涸生池為魚鯆所聚一名涇口明初陳友諒園南昌太祖帥舟師赴救

屯兵涇江口命常遇春等列柵江南北岸置火舟火筏中流以候友諒及窮欲由涇江遁還為諸軍邀擊敗死即此地縣治南一里為湖口鎮置巡司湖東有石鐘山西南北三方皆水昔蘇軾至此嘗廣道元之說為記縣南二里有樸頭山為肖郭諸山之傑出者與石鐘山鄰近東南十里為黄牛洑山一名射蛟浦相傳即漢武帝浮江射蛟處由湖口至九江郡治四十里隸德化縣附治亦濱江春秋時為吴楚之交漢為尋陽縣地晉永興初置尋陽郡治柴桑縣屬為梁析置汝南縣隋改置尋陽縣唐開皇改曰彭蠡

大業三年又改曰湓城五代南唐始改今名城西半里有湓浦港源出瑞昌縣清湓山流入境西通龍開河北接大江相傳昔人有洗盆於此忽遇水漲衔盆去因名其入江處謂之湓江自昔為戍守要處晉咸和三年祖約與蘇峻叛譴湓口五年陶侃庾亮討郭默兵至此隆安五年桓元鎮江陵遣將皇甫敖等戍湓口宋元嘉末武陵王駿討元凶邵遣柳元景統十二將軍發湓口并屬其地舊有楼謂之湓楼今城廢其地居民為叢集惟舊流之塞僅餘一瀆云後通江縣西二里有龍開河源出瑞昌縣清湓鄉

東流入大江又南十五里有濂溪港源自廬江蓮花峯下導流而入合龍開河入江江之北岸自小孤山以西為宿松縣界置巡司縣西南四十里擱湖合麻湖牌湖鹹湖周泊湖三溪之水滙於隘南夾於江西至叟山埠為湖北黄州府黄梅縣界九江向設有關徵船木税縣境内有柳前河源出龍坪山小溪山鼓角山三水合流并滙源感湖黄梅水澤港太白諸湖水由望江縣急水溝入江西有黄梅山隋因以此名縣又由九江對岸小池口八十里至龍坪入廣濟縣界有巡司戍守三十里武穴置武廣同知專司江面緝捕兼

湖之水由茅山口入江大江至此兩岸皆山遠近夾峙
水面極狹其流甚溜西南有銀山三角山雞籠山
闐闐山西闐闐山相傳為伍子胥伐楚屯兵處下有
闐闐隊銀山明洪武以元時嘗採銀於此得名張士興
國州境東北山怪茅山臨大江置巡司四流山以水分東
西南北流及蘄水及安徽兩縣名之其舊傳天欲雨
洼洼聞鼓角聲者鼓角山昔漢高祖討英布至此下
丁家墓名馬下山前與白雲之靄鳳凰麒麟一名隆
磯諸山俱在蘄州境州治濱江春秋以來為楚地秦屬
九江郡漢屬江夏郡吳分置蘄春郡後周改為蘄
州隋唐還曰治革至明洪武改屬黃州府復曰
蘄州由蘄州三十里羅家埠二十里茅山鎮南渡十
里西塞山三十里散花洲隸興國州與武昌縣分界
西塞在其側漢建安五年孫策擊破黃祖子射於
此兩洲之間得名則相傳以為周瑜戰勝於赤壁吳王曾
為散花勞軍也山北有崖曰道士洑危峰峭立橫崿拱
江高浪蹴天勢極危險唐曹王皋攻淮西嘗結
砦為壽昌黃石港港承大冶縣華家湖涯河注
湊家灣及山溪諸水與源出章江之張家渡水俱流
入江上有黃石公祠隸大冶縣境西江南北其所轄又
龍坪同昌鎮縣東北有河曰圻竹河源出東角山涯襄
城荊竹諸水下注黃椒之太白湖亦由急水港入江其南
岸之西自田家鎮經黃石磯積布矶至丁口塘亦曰
馬口渡北四十里上承圍湖水分入烏林港出江武穴
對岸為江西瑞昌縣界縣境內由青盆山出之盆水
東北流入德化縣界歸盆浦為江上諸山曰羊腸曰石
沃曰白龍曰清盆俱青翠如列障而近城十里有亭
子山相傳以宋元豐間蘇軾自黃州至此用頭題
餘墨灑竹至今竹生墨點後人因構亭紀勝遂以名
山三十里江南岸興國鎮隸武昌府興國州東北
里有富池口一名富水源出西陵石涯上游及縣
之長河諸水瀦而為湖出大江東北六十里有海口
湖上承蜈北山谿諸水由黃顙口東注於江西北七十里
有漳源湖上承武昌大冶二縣山谿之諸水由漳源
口入江距鎮十里即廣濟縣之馬口渡又北渡三十里
蘄州界北有蘄水源出大樗山三角山流至州西北
與蘄水縣接界田也下注大江謂之蘄口隋王世積
破陳將紀瑱於蘄口唐元和信輔栗東南為李希烈
將吳少誠所逼賴蘄州刺史伊慎帥師擊敗之亦
此地州西北有鼓司源自珠山蔣家山會蘄水築

台作浮橋於新生磯濟舟賈似道用舟師攻之不能
克西北白虎山隸江夏縣境東北與黃岡分江為
界其武昌縣對江即黃岡縣治縣濱江附郭漢
為邾縣屬江夏郡晉初屬弋陽郡南齊為齊安
縣隋開皇中改名黃岡縣大業初為永安郡治周
為黃州治後因之城西北立江濱有土色帶赤者曰
赤鼻山一名赤壁昔周瑜敗曹於此宋蘇軾有
前後二賦詳述其事按江漢間赤壁凡五隸黃
州漢陽漢川嘉魚江夏惟嘉魚證之於史差可信
西門外里上新河引巴河湖水以入江又西四十里為團
風鎮其舉水源出麻城縣龜峰山涯長河三店橫
河白塔河道觀河沙河南注鵝公頸入江梁湘東
王繹遣徐文盛軍大舉口擊破侯景兵即此處
又有源出麻城白沙關之倒水會張渡湖水至倒
河口合舉水入江又西百二十里與江夏黃陂分界曰
陽邏鎮其得名以三國時先主約孫權拒曹操
旦夕候人於此邏兵遠至故云其地東接蘄黃
西控漢沔南渡江至鄂北拒五關諸要津如元忽
必烈渡淮至此大敗官軍已詳於前咸淳十年伯
顏用舟師攻陽邏堡而克毋令阿术龍以鐵騎泛
舟循岸西上至青山登舟經渡與宋軍戰卻轉戰
至鄂東門遂急攻陽邏下之指此今置巡司并驛
西有陽城河源出黃陂蕭涯武湖黃漢湖水及街
埠河均由此入江近鎮有華山武磯山俱濱江相傳
黃祖曾屯兵武於其上三江口十里七矶二十里團風
鎮七十里陽邏洑二十里河武口隸黃陂縣界上連縣
東南之武湖下通大江亦曰沙口又曰武口縣境內有
黃陂大溪嶺之縣河分支流為東河由此入江宋咸淳
十年伯顏戰勝處貴於此又縣西南四十里有攝河
一名攝口源自德安府安陸縣流入境匯於河水經小
河口入江自陽邏鎮西南三十里至縣縣治濱江附郭
本漢安陸縣地屬江夏郡東晉置屯陽縣後魏
隋置漢津縣屬沔州大業初改曰漢陽屬沔陽郡
唐慶州以縣屬鄂州元至正中升為漢陽府以縣
隸焉城北三里有漢水自沔陽州東流經漢川縣
南流至此又東與大江會於大別山北是為漢口
西漢水與湞水合流入江處如山陰石上有石穴二
謂之鎮穴孫權攻黃祖於大江中橫兩艨艟按守
沔口以栟閭大紲繫石為矴又晉王晉叔從吳人於磧
險要處皆以鐵鎖橫截之即此穴也大別山一名魯山

迤北行四十里過田風磯至蘭溪鎮，鎮隸蘄水縣界，地有蘭溪，源出縣西箬竹山，以其溪側多蘭，唐因取以名縣。下流合白落河、倒流河、白蓮河、蔡家河，及源出江南英山之浠水，均由此入江。鎮有驛，置巡司。其西四十里有伍州，在大江中，相傳以伍員適吳時過此得名。宋武帝建牙州上，見紫雲之瑞。西南有白荊山，與闔黎山對峙，縣境之水多經其下。西北有神山，即《寰宇記》所載孫權遣兵赤壁時屯處也。又南有城山，其上有土城，西有調軍山，舊傳以為孫權調軍故地，據以是時築云。對江南岸西安

樂磯、楊葉洲。昔陳侯瑱敗周將獨孤盛於此，再上為滄浪磯，磯隸武昌府境。由蘭溪三十里北岸巴河，源即出羅田縣盤壇山及石桂山，普漣各河港諸水西南流，由巴河口入江。宋元嘉中，沈慶之討五水蠻，又齊蕭衍圍郢城，東昏侯使吳子陽救郢，俱屯兵於巴，隸蘄水縣，與黃岡縣接界，置巡司。又南三十里武昌府縣治，濱江，為春秋時楚封鄂王之所，秦為鄂縣，漢屬江夏郡，武帝封長沙王於鄂邑，即此。及三國吳改武昌為縣，置武昌郡治，宋隋更名壽昌，而元明復舊名，遂以至今。縣城有南樓，迺庾太尉秋夜乘月興

殷浩輩登眺遺址。縣東三里江中有節度石三，一曰接渡石。西三里有樊山，亦曰西山，曰來山。昔孫皓都武昌，與群臣常游此中，見蟠龍石山，山北背大江，江上有釣臺，相傳即孫權當年所嘗會飲處。山之西南麓為樊口，宋蘇軾謫黃州，過此，以見潘生，善釀酒，每飲其家。下有樊溪，一名寒溪，與水會湧溪，南北渠子湖由樊口北匯於江。漢建安十三年，劉先主用魯肅計，自夏口進屯樊口，屬此地。口北有灣，孫權曾破舟於此，故灣以敗舶名焉。縣西南十里有螺蝦港，西六里有水門港，皆於流通江處。北門外有大小回田江

水田，皆得名樊江者，曰大田，在釣臺下；其曰小田。唐元結歌云：樊江欲東流，大江又北來，樊水當其南，此為大田，叢石橫江，人云是釣臺，水石相衝擊，此中為小田，蓋即指此也。又西界十里為三江口，鎮左通團風，右通七磯，三江合流，西至黃石磯，為晉黃果結營處，今鎮置巡司。其與磯相穩者曰蘆洲，西伍員逃楚至江上求渡遺址。後梁湘東王繹曾遣徐文盛討侯景於是。西北為峥嵘洲，在江中。又西為神人山，其下為石膽磯，與黃州新生磯相對。宋開慶初，忽必烈南侵，自黃州陽邏渡至白鹿磯，進薄鄂州，元良合

東南倚為重鎮。其下有月湖，東近大江，北連澤水。又有鳳棲山，在郡治後，今郡城環其上。縣學泮池側有郎官湖，唐李白流夜郎，過此，與尚書郎張謂觴於江城南湖，張請標名，白因號以郎官湖，賦詩刻石湖上，今湮。城東北有晴川閣，近吳王磯，一名禹功磯，昔是龜相持，皆以沔水為扼要，吳守此磯以為險，因有鐵門關之號。旁江之南岸自武昌縣境神人山八十里青山磯，係江夏縣接界，又三十里縣治。縣亦濱江，附郭為湖北省垣，漢名沙羨，初屬江夏郡，吳屬武昌郡，晉曰汝南，隋改置江夏縣，為

鄂州治。明初改武昌府，以縣屬之。大江流縣城西北，一名夏口，梁太寶二年，侯景與湘東王繹將戰鄂州，景遂因風便入江夏，即此。西南有黃鵠山，一名黃鵠山，峙江口，與大別山對峙，上有黃鶴樓，舊傳陰有費禕祠，相傳以為因費文禕得名。樓前有宋瑋曾升遷於此，總指文禕為言者，紀山之東隴為高冠山，明太祖圍武昌，據登山俯瞰城中，偽漢兵屯處，令傅友德一鼓拔之，武昌遂下。其白城南路隆西映帶長江中，尾直黃鵠磯曰鸚鵡洲，梁湘東王繹使王僧辯襲邵陵王綸於江夏，僧辯引兵

至鸚鵡洲是也。其下為黃金灘，又金沙洲在西南江濱，舊號此洲以障大江衝囓，今洲移江溢，堤防切為。宋時有黃金堤，今半居城內，後於望山門至武勝門外沿江築以石岸，又於金沙洲築長堤直接嘉魚縣界，藉資捍衛。又南灘在城南三里，源出景首山，西入大江，楚辭所謂送美人兮南浦，疑即指此。冬涸夏盈，近為商賈聚泊之所，一名新開港。又城南望山門外赤爛湖通江，城內有明月湖，又東西等湖，以上均隸武昌省城，其湖流而上諸山川非所紀歷，本不具及，是為界。

山陰葉白元誌

長江沿途攷蹟

按志載，金陵石城門，本舊西門，一名大西門，明太祖更今名，即周顯王三十六年，楚威王所築邑城之地。城外江東橋，有上中下三新河，中新河即橋側也。上新河爲古白鷺洲。宋初，曹彬曾破南唐兵於此。向設新江關，徵木煤雜税，今統謂之龍江關，置江東巡司。下新河乃石城橋至儀鳳門外河道，向設有關。明初，使張德等禦陳友諒，出龍江關即此。今仍設關抽税，謂之下關，置龍江巡司，鹽船至此查驗。按長江發源岷山，順流東下，中會涪江、嘉陵江、渠江、黔江、澧沅湘水、洞庭、雲夢、漢水、章貢二水、盱江、上饒江、修水、鄱江等，經萬里而遥至江南海門廳揚子江入海。其各小水之歸附者，在外據理論則來源者。尾閭不可淤，細流多者，中腹欲其大，夫然後歸墟之洛得宣暢，如焦山以下，屬江尾閭，則等而上之即江中腹。今者，下焦山多漲沙成洲，土人利爲生業，是尾閭隘矣。由是而上，自黄天蕩逆溯，至安慶、九江，中間千有餘里，南北兩岸新漲之洲，較前志載名目增加幾倍，甚有江心突漲，析一江若二三道者，勢皆有漲無塌，日爲豪右家所利，則中腹欲望如前寬大抑又難也。大勝關向爲江流險隘，明初置關，陳友諒來侵，太祖命禦於此。友諒見港水狹，退走，至江東橋，敗去二十里，至江寧鎮。有江寧浦水，源出當塗縣，北流入江，即陳霸先遣侯安都襲破齊兵處。鎮西十里，有三峰排列爲三山，其東十里爲護國山，一名下三山。又西南十里爲烈山，内有小河可泊船，名冽洲港。自江寧鎮慈姥山凡十里，山濱大江，崕壁峭削，下有慈姥溪，洩慈湖，以東入江之水。相傳，昔楚僧真定以憫此磯甚險，時致舟覆，因以錫杖挑土成河分水勢，故地一名和尚港，此迺太平府當塗縣界十里，俗名人頭磔，即當塗縣境馬鞍山旁支。其江北岸，有與下新河對者，曰浦子口河，源出定山，南入於江，一名安陽渡，俗名浦口，爲驛路衝要。與上新河對者新江口，隸江浦縣境。與大勝港對者，曰西江口。與上三山對者，曰玉馬河，隸和州境。十五里望夫磯，墩前采石山，對岸即和州太陽河，五里采石鎮，山爲采石磯，濱江，其南里許，即牛渚，名曰横江，爲笥古渡，江之津要。秦始皇東巡會稽及漢孫策攻劉繇皆由此渡，後遂以爲重鎮。其在梁齊，豫州刺史裴朩業問蕭衍，以自安之計，衍曰：若意外相逼，當出馬步二萬直出横江，以斷其後，天下事可一舉定也。至隋韓擒虎平陳，亦自横江有濟。宋曹彬戰江南時，樊若水先曾漁於采石，因用小舟載絲繩，經南岸疾櫂至北岸，渡江廣狹，爰請造舟爲梁濟師。後明太祖由和陽渡，先登采石，亦遂克牛渚下太平云。隋置圻鎮，唐改鎮爲戍，今置巡司并驛。山有太白樓及捉月亭，故址牛渚有燃犀亭，下爲采石河，一名新河。宋慶歷（曆）中，以磯披江流，水勢滔激，爲舟楫害，始興築，上承溧水縣境石臼湖，併合諸溪港散水北會姑孰溪黄山渡，至此入江。對岸爲和州之姥下河，四十里，即東梁山，一名娥眉，又曰天門，形勢峭峻，與和州西梁山對峙如門户，江流激射甚險。山之東有大信河，承丹陽湖及徽、寧、廣德諸水，至此入江。其北隸和州境，有牛屯河，源巢湖，距西梁山斜東十餘里，亦南流入江。三十里褐山磯，隸蕪湖界。昔唐楊行密，自廬州謀取宣州，曾遣兵屯此。磯石巉絶，漁人依岸挽罾，舟楫至山，每有洑波衝突之險。其北有溝二，曰箬笠，曰新溝。十五里，七磯，即梁徐嗣之徽，引齊兵斷周文育還建康之地，一名磧磯。又七里，驛磯，迺南唐時設館驛列肆所也。二里，赭山、烏汊港、鸐兒山。五里蕪湖縣，縣治濱江，爲古鳩兹。《左傳》襄三年，楚子重伐吴，克鳩兹。漢置蕪湖縣，一曰祝松，孫策破劉繇處，太史慈常遁居此。建安十五年，孫權使陸遜屯兵焉。先主嘗謂權曰：江東形勢，先有建業，後有蕪湖，是矣。縣南有長河，源出廣德、宣州，北注於江。自宋築五壩，始導流於此，即古中江故道。西南二里有蟂磯山，在江中，上有靈澤夫人廟。五里，有戰鳥山，舊傳桓温鎮姑孰，夜聞宿鳥驚啼，疑官兵至此，因名。山亦瀕江，又名孤圻。縣東門外向設有關抽税。十里，艪港，河源出徽、寧各府，流入縣境，西注大江。又有艪明江，由艪港分流，至繁昌縣境，滙穴子、泥浦、横山港諸水出江，以昔魯仲明居此得名。宋賈似道軍屯此，爲元兵所敗，其上游即寧國境之青弋江也。今河口鎮有巡司，與繁昌縣接界。三十里，螃蟹磯，有汛。又三山磯，浜江，亦置巡司，今呼爲三山峽，至此則西洲、新洲、錦衣三叉，扁魚、白駒、沙城、黑沙等洲遞截中流，已析一江爲數道矣。北岸隸和州境，有裕溪河，源出巢湖，經無爲州會夾山河諸水南注大江，江亦有鎮，置巡司。三十里，繁昌舊縣，即三國時吴所署之赭圻屯。晉哀帝召桓温入朝，行至赭圻有詔止之，温遂築城居此。梁置南陵縣，治赭圻城，陳置北江州，隋唐時爲鎮戍，今俗稱爲故城縣。其後山絶頂，有縹緲臺，下臨大江，與北岸濡須相對。濡須，亦源出巢湖，經濡須山，滙柵港河、三溪河，南流至田家溝入江，爲和州、無爲州中流分界處。昔曹操進軍濡須，攻破孫權江西營，及宋南渡後，置柵口寨，明初，趙德勝破陳友諒於柵江，皆此地，今地名新歸口。沿江，山勢蜿蜒，凡境内之翡山、金華山、古竹嶺及所稱浮邱翁隱浮邱山皆在望。其有突起一峯，若摩空者，曰放鷹山，又其旁出若平分兩翼者，迺大小磕山是也。二十里，鵲起磯，迺太陽山西麓浜江，俗呼爲板子磯，一名返秦磯。五里，荻港，源自銅陵縣，入境，北注於江。上有鳳皇山，迺宋賈似道與蒙古相拒於金珠沙故地，依山爲鎮，置巡司并驛，其北岸即無爲州之泥汊港。二十里，柴沙洲。三十里，丁家洲口，有水發源於縣境之儀鳳嶺，東會棲鳳湖，并合湖城、順安諸水分洲之上、下口出江。宋德祐初，賈似道使孫虎臣屯軍丁家洲，爲元兵所敗，即此處。洲之迤西，有鵲頭山，《左傳》昭公五年，吴敗楚人於鵲岸，又宋袁凱督舟師來入鵲洲，指此。今繁昌有鵲尾洲，其西岸，南有南陵戍。昔六朝時，謂江洲東界盡於南陵，蓋即指戍地言，非今所謂南陵縣也。二十里，銅陵縣，縣治亦濱江。漢爲陵陽，晉爲定陵，唐末置義安縣，南唐時改今名。無城，西門外有縣河，引天井湖之水入江。縣北有石龍、馬寨、羊山等磯，俱高聳臨江，而羊山磯猶險，下多雁鶩。三十里，大通鎮，對岸荷葉洲，今設卡抽查鹽船。有河，曰大通河，源出伏牛、天門諸山，滙於車橋湖，至是入江，與貴池縣接界，并大通俱置巡司。其南望有九峯，秀甲羣山，狀類蓮花者迺青陽縣屬之九華山也。江北爲無爲州治，自石灰河達裕溪口，凡轄江面二百二十里，裕溪口與和州接界，境内有運漕大河，諸水由以入江。又州東南有柵港河、夾江河、泥汊河、土橋河，皆與江通。

自石灰河鯉魚套，凡七十里中，有化魚口、宋家灣，對江十里爲楊林洲。與江南之信服、白馬等洲相近，號三江口。蘆葦叢生，盜賊潛伏，蓋向爲江防要地。距大通而西，爲五埠溝，隸貴池縣界。有梅根河，源出九華山，下注五溪橋至黄屯，東會太婆山及龍潭諸水於雙河，北達大江。港東五里，爲楳根監，迺歷代鑄錢之所，向有錢官司之。由大通二十五里，老龍池。五里，黄家套。三十里，池口。河之源有五：一出石埭西之櫟山，一出府西南之古源山，一出涔溪，一出石嶺，一出東源。衆流會於秋浦，經谷潭、炭埠港入河出江。故河一名黄池口。臨江有黄龍磯，矶上有望江亭，今置巡司并驛，對江北岸爲桐城縣。界之六百丈墩有樅陽河，源出蓮湖，經石塘湖，繞樅陽故縣及郡西北境，縣東北境諸水滙注於江。又有源子江受破堽、竹子、白蕩山諸湖水，南入於江。由池口三十里，烏沙夾。十里，樅陽口。十里，羅剎磯。十里，李陽河，一名李王河，相傳其地有李王二姓，因以得名。自河口出，江中有大石，楂枒横突，爲攔江、羅剎二磯，奔流激湍，數爲運道患。五代時，曾濬支流以辟險。明正德十一年塞，今仍置巡司并驛，由李陽河十里，長楓夾。二十里，黄盆，北渡三十里，懷寧縣，縣治附安慶府濱江。春秋時爲皖國，漢爲皖縣，屬廬江郡，三國爲皖城。晋義熙中，改置懷寧縣爲晋熙郡治。隋爲熙州治，唐爲舒州治，明改爲安慶府治。大江自來遶城南而趨東北也，東有長楓港，引蓮湖及大龍山諸水，下達桐城之樅陽河入江。西有皖水，源出潛山，合潛水、麻塘湖、讓河、冶塘湖，及源出皖山、司共山二水之長河，會於縣西石牌市，東至皖口鎮入江。吴嘉禾六年，使諸葛恪屯廬江皖口。陳永定三年，遣徐度將兵，又遣臨川王旧屯南皖口築城，以備王琳。宋開寶八年，曹彬遣將劉遇，敗南唐兵於皖口，即此。又西五里，有張葭港，上承積石河、石門湖及源出大龍山之大龍水，西遶於江，省城北以大龍山爲障，其東出者，曰小龍山，兩坐相夾如門中，爲門山，西與霧靈山毗連，形同覆釜。縣東五十里，又有石間山，盤旋數里，有奔騰之勢，有下瞰大江者也。又城西，有清水塘，有閘引流入江。元末，余闕殉難於此，一名盡忠地。西二十里，有大勝磯濱江，迺明末撫臣史可法敗賊處。南隸貴池縣境之黄溢河，源出縣西之祖山，下注石龍潭，會雙河之水於沙山，遶大江。三十里，黄石磯。明宸濠犯安慶，泊舟至此，問磯名，左右曰『王失矶』也。濠惡，未幾果敗。二十里，吉陽磯。昔唐楊行密曾遣李神福擊叛將田頵於此，爲戍守要地，今有鎮置巡司。四十里，東流縣，縣治濱江，爲漢彭澤縣也，屬豫章郡，唐置东流場，以大江東流而名。南唐保大十年，升爲縣，宋太平興國三年，改今屬。縣南有東流河，源出建德之堯城溪，西流入江。縣西有江口河，上承鄱陽、建德、九龍山等坑諸水，溢於儽人湖，圍湖引流入江。由縣西四十里，香口鎮，今置巡司，旁有香口河，源出彭澤山林港，又出陳倉，交於三汊，遶查池，至是入江。其對岸即望江縣轄之華陽鎮，爲商船所會聚處。十里，磨盤洲。二十里，馬當山，山形類馬，横枕大江，囬風撼波，甚險。山腹有洞，深不可測，其上有廟，唐陸龜蒙銘云：『天下之險者，在山曰太行，在水曰吕梁，合二險爲一，吾又聞乎馬當。』昔王勃舟過此，相傳遇神人助以順風，一夕至洪郡，作《滕王閣序》。今有馬當鎮，置巡司，地係江西彭澤縣接界。江之北岸四十五里，皖江鎮，即隸望江縣界。縣西有泊湖，源出宿松縣，龍南諸湖及會歸縣境之水，經楊溪河至散水口，下達華陽鎮注于江。西北，有大小豆溪，宿松分流達慈湖。又有路灌口，承漳湖之支流，均於江通。東有雷港，一曰大雷江，上承宿松縣諸水，滙集於雷池，亦南入江。昔晋蘇峻以歷陽叛，温嶠欲自江州入圍。庾亮報嶠書曰：『吾憂西陲，過於歷陽，足下無過雷池一步。』蓋即指此。自義熙六年，劉裕討盧循，軍大雷江，嗣是宋江州刺史莊質叛，使其黨魯宏戍之，晋安王子勛舉兵江州，遣俞伯奇斷大雷。梁王僧辨討侯景，自尋陽東下，亦軍於此。及明正德間，流寇犯金陵，屢道雷港，遂世爲江防要地，向設巡司置驛，今移巡司於華陽鎮，驛廢。境内山，惟周何爲特著名，以昔周瑜、何無忘，皆曾駐軍此山故也。二十里，小姑山，孤峰聳峭。舊時半入大江，自明成化二十年，流水忽分流於江北，流入益廣，自是遂屹立江心矣。元星吉復江州，命其將王惟恭栅小姑山，余闕守安慶，亦倚小姑爲藩蔽。至正間，陳友諒攻安慶，自上流直擣山下，敗胡白顔於此，安慶遂陷。明太祖過小姑至湖口，敗友諒，偵邏者經抵江州。正德十四年，宸濠叛，遣將寇小姑，沿江焚掠，至望江，蓋江南險遠，是爲要地，今置安慶、南湖二營守之。縣北，有彭浪磯，浜江，與小姑相對。又有小姑洑、魏家洑，在娥眉州，亦遥遥。若與小姑對峙者，只彭浪，俗呼爲彭郎，因有『小姑嫁彭郎』傳語焉。十里，彭澤縣，縣治浜江。漢爲豫章郡，即彭澤縣地，晋屬尋陽，唐屬江州，後因之。環山爲城，西南有峰山磯，東有曉石山，北有柏山，其相近者，有鏡子山，皆濱江。其地蜿蜒綿亘，遠青在望者，有青山、嶽山、船山、獅子、鐵爐等山。水則東北有青山湖、周家湖，俱臨江，大泊湖、瀼子湖，均通香口鎮之支流入江。惟會口湖之水，其通江係自水溝獨出。又臙脂湖無源，與仰天池俱資江水漲時灌注云。由彭澤十里，臙脂夾。二十里，鱘魚嘴。三十里，鷓鴣塘。十里，湖口縣，縣治亦濱江，爲漢彭澤縣之鄡陽鎮。劉宋時，爲湖口戍，唐武德五年，置湖口鎮，屬尋陽縣，南唐保大中，升爲縣，屬江州，後因之。亦環山爲城，坐落彭蠡湖之西口。湖合章、貢二水，并鄱江羣川之流，自南來注江，有清、濁二色可辨，其清逾江面者計有二三洵，入江一巨川也。湖西南，有重巒叠嶂，而高出雲漢，蒼翠撲人者，爲廬山。又有一峯特立湖上，懸高之一塔，是爲鞋山，即所謂大姑山。縣之境諸水多歸彭蠡，惟迎春門外之沙頭港、龍聚潭之柘矶港歸江。又縣境北十二里，有牛脚湖港，發源石山，至郭家口入江。縣西十里，有石板橋港，發源楊山。又縣東九十里，有禁江，下接小姑，上通九江，至冬，則水涸成池，爲魚蝦所聚，一名涇口。明初，陳友諒圍南昌，太祖帥舟師赴救，屯兵涇江口，命常遇春等列栅江南北岸，置火舟、火筏，中流以俟。友諒計窮，欲由涇江遁還，爲諸軍返擊致死，即此地。縣治南一里，爲湖口鎮，置巡司。湖東，有石鐘山，西南北三方皆水，昔蘇軾至此，嘗廣道元之説爲記。縣南二里，有樸頭山，爲負郭諸山之傑出者，與石鐘山鄰近。東南十里，爲黄牛洑山，一名射蛟浦，相傳即漢武帝浮江射蛟處。由湖口至九江郡治四十里，隸德化縣，縣治亦浜江。春秋時爲吴楚之交，漢爲尋陽縣地，晋永興初，置尋陽郡，治柴桑，縣屬焉。

梁析置汝南縣，隋改置尋陽縣，開皇改曰彭蠡，大業三年，又改曰湓城，五代南唐始改今名。城西半里，有湓浦港，源出瑞昌縣清湓山，流入境西，通龍開河，北接大江，相傳昔人有洗盆於此，忽遇水漲，龍銜盆去，因名。其入江處，謂之湓口，自昔爲戍守要處。晋咸和三年，祖約與蘇峻叛，襲湓口。五年，陶侃、庾亮討郭默兵至此。隆安五年，桓元（玄）鎮江陵，遣將皇甫敖等戍湓口。宋元嘉末，武陵王駿討元凶邵，遣柳元景統十二將軍發湓口，并屬是地。舊有城，謂之湓城，今城廢，其地居民尚叢集，惟舊流全塞，僅餘一溝，不復通江。縣西二里，有龍開河，源出瑞昌縣清湓鄉，东流入大江。又南十五里，有濂溪港，源自廬江蓮花峯下，導流而入，合龍開河入江。江之北岸，自小姑山以西，爲宿松縣界，置巡司。縣西南四十里，攝湖合麻湖、牌湖、鯿湖、周泊湖、三溪之水滙於隘口，南入於江。西至夏山埠，爲湖北黄州府黄梅縣，界九江，向設有關，徵船木税。縣境內，有縣前河，源出龍坪山、小溪山、鼓角山，三水合流，并滙源感湖、黄楳水、濯港、太白諸湖，水由望江縣急水溝入江，西有黄梅山，隋因以此名縣。又由九江對岸小池口八十里至龍坪入廣濟縣界，有巡司戍守。三十里，武穴，置武廣同州，專司江面緝捕，與湖之水由茅山口入江。大江至此，兩岸皆山，遠近夾峙，水面極狹，其流甚溜。西南有銀山、三角山、雞籠山、闔閭山，而闔閭山，相傳爲伍子胥伐楚兵屯處，下有闔閭城。銀山則又以元時曾採銀於此得名，俱在興國州境。東北山惟茅山，臨大江，置巡司。四流山，以水分東西南北流及蘄水及安徽各縣名之。其舊傳，天欲雨，往往聞鼓角聲者鼓角山，昔漢高祖討英布至此下馬處，是名馬下山，并與白雲之霧、霧、鳳皇、麒麐一名隆磯，諸山俱在蘄州境。州治浜江，春秋以來爲楚地，秦屬九江郡，漢屬江夏郡，吴分置蘄春郡，後周改爲蘄州，隋唐遞有沿革，至明洪武，改屬黄州府，復曰蘄州。由蘄州三十里，羅家埠。二十里，茅山鎮。南渡十里，西塞山。三十里，散花洲，隸興國州，地與武昌縣分界，西塞在其側。漢建安五年，孫策擊破黄祖子射於此。而洲之得名，則相傳以爲周瑜戰勝於赤壁，吴王曾爲散花勞軍也。山北，有砦，曰道士洑，危峰峭立，横崿枕江，高浪蹴天，勢極危險。唐曹王皋攻淮西，嘗結砦焉。旁有黄石港，港承大冶縣華家湖，滙河涇凌家灣及山溪諸水，與源出章江之張家渥水俱流入江。上有黄石公矶，隸大冶縣境，而江面就其所轄，又龍坪，同有鎮。縣東北有河，曰斤竹河，源出東衡山，滙雙城、荆竹諸水，下注黄楳之太白湖，亦由急水溝入江。其南岸之西，自田家鎮經黄石磯、積布矶至馬口塘，亦曰馬口渡，計四十里，上承團湖水，分入烏林港出江。武穴對岸爲江西瑞昌縣界，縣境内由青湓山出之湓水，東北流入德化縣界，歸湓浦焉。江上諸山曰羊腸，曰石沃，曰白龍，曰清湓，俱青翠如列障。而近城十里，有亭子山。相傳以宋元豐間，蘇軾自黄州過此，用題壁餘墨灑竹，至今竹生墨點，後人因搆亭紀勝，遂以名山。三十里，江南岸興國鎮，隸武昌府，與國界州東六十里，有富池口，一名曰富水，源出西碎石，滙上游及縣之長河諸水，瀦而爲湖。遶大江東北六十里，有海口湖，上承州北山谿諸水，由黄顙口東注於江。西北七十里，有漳源湖，上承武昌、大冶二縣山谿之諸水，由漳源口入江。距鎮十里，即廣濟縣之馬口渡。又北渡三十里蘄州界，北有蘄水，源出大浮山、三角山，流至州西北，與蘄水縣接界，囬曲下注大江，謂之蘄口。隋王世積破陳將紀項於蘄口，唐包佶轉粟東南，爲李希烈將吴少誠所逼，賴蘄州刺史伊慎帥師擊敗之，亦此地。州西北，有巡司，源自琳山、蔣家山，會蘄水縣。策迤北行四十里，過田風磯，至蘭溪鎮，鎮隸蘄水縣界地。有蘭溪，源出縣西苦竹山，以其溪側多蘭，唐因取以名縣。下流合白港河、倒流河、白蓮河、蔡家河及源出江南英山之浠水，均由以入江。鎮有驛，置巡司。其西四十里，有伍州，在大江中，相傳以伍員適吴時過此得名。宋武帝建牙州，上有紫雲蔭牙之瑞。西南有白荆山與闔黎山對峙，縣境之水多經其下。西北有神山，即《寰宇記》所載孫權進兵赤壁時屯處也。又南有城山，其上有土城。西有調軍山，舊傳以爲山屬孫權調軍故地，城亦吴時築云。對江南岸，迺安樂磯、楊葉洲。昔陳侯瑱敗周將獨孤盛於此。再上爲流浪矶，隸武昌縣境。由蘭溪三十里北岸，巴河，源即出羅田縣、鹽堆山及石柱山，并滙各河港諸水西南流，由巴河口入江。宋元嘉中，沈慶之討五水蠻，又齊蕭衍圍郢城，東昏侯使吴子陽救郢，俱屯兵於此，隸蘄水縣，與黄岡縣接界，置巡司。又南三十里武昌縣，縣治浜江，爲春秋時楚封鄂王之所。秦爲鄂縣，漢屬江夏郡，武帝封長公主於鄂邑，即此。及三國吴改武昌爲縣，置武昌郡治，宋後更名壽昌，而元有復舊名，遂以至今。縣城有南樓，迺庾太尉秋夜乘月，與殷浩輩登眺遺址。縣東三里江中，有節度石三，亦曰接渡石。西三里，有樊山，亦曰西山，曰來山。昔孫皓郡武昌，與群臣常游此中。有蟠龍石山，山北背大江，江上有釣臺，相傳即孫權當年所嘗會飲處。山之西南麓爲樊口，宋蘇軾謫黄州過此，以有潘生汾者善釀酒，每飲其家。下有樊溪，一名寒溪，其水會湧溪、南湖、梁子湖，由樊口北遶於江。漢建安十三年，劉先主用魯肅計，自夏口進屯樊口，屬此地。口北有灣，孫權曾破舟於此，故灣以敗舶名焉。縣西南十里，有螺蝦港，西六里，有水門港，皆湖流通江處。北門外有大小囬，因江水囬曲得名。樊江者，曰大囬，在釣臺下者，曰小囬。唐元結歌云：『樊江欲东流，大江又北來。樊水當其南，此中爲大囬。』『叢石横［大］江，人云是釣臺。水石相衝擊，此中爲小囬。』蓋即指此記。又西四十里，爲三江口鎮，左通團風，右通七磯，三江合流，西有黄石磯，爲晋黄巢結砦處，今鎮置巡司。其與磯相接者曰蘆洲，迺伍員逃楚，至江上來渡遺址。後梁湘東王繹曾遣徐文盛討侯景於是。西北爲峥嶸洲，在江中。又西爲神人山，其下爲石鹿磯，與黄州新生磯相對。宋開慶初，忽必烈南侵，自黄州陽邏洑至白鹿矶，進薄鄂州。兀良合台作浮橋，於新生磯濟舟，賈似道用舟師攻之，不能克。西北白虎山，隸江夏縣境，東北與黄岡縣分江爲界，其武昌縣對江即黄岡縣，治縣浜江附郭。漢爲郲縣，屬江夏郡，晋初屬弋陽郡，南齊爲南安縣，隋開皇中改名黄岡縣，大業初爲永安郡治，周爲黄州治，後因之。城西屹立江浜，有土色帶赤者，曰赤鼻山，一名赤壁。昔周瑜敗曹於此，宋蘇軾有前後二賦詳述其事。按江漢間赤壁有五，隸黄州、漢陽、漢川、嘉魚、江夏，惟嘉魚證之於史，差可信。西門外，有上新河，引矶窩湖水以入江。又西四十里，爲團風鎮，有舉水，源出麻城縣龜峯山，滙長河、三店、橫河、白塔河、道觀河、沙河南注鵝公鶂入江。梁湘東王繹遣徐文盛軍大舉口，擊破侯景兵，即此處。又有源出麻城白沙關之倒水，會張渡湖水，至倒河口，合舉水入江。又西百二十里，與江夏、黃陂分界，曰陽邏鎮。其得名以三國時，先主約孫權拒曹操，旦夕使人於此邏吴兵速至，故云。其地東接蘄黃，西抵漢沔，南渡江至鄂，北拒五關，誠要津也。元忽必烈渡淮至此，大敗官軍，已詳於前。咸淳十年，伯顔用舟師攻陽邏堡，不克，因令阿术夜以鐵騎泛舟循岸西上至青山，登舟經渡與宋軍戰却，轉戰至鄂東門，遂急攻陽邏，下之，指此。今置巡司并驛。西有陽城河，源出黃陂，兼滙武湖、黃漢湖水及街埠河，均由以入江。近鎮有華山、武磯山，俱浜江，相传黃祖曾屯蒐武於其上。三江口十里，七矶。二十里，團風鎮。七十里，陽逻湫。二十里，河武口，隸黃陂縣界，上連縣東南之武湖，下通大江，亦曰沙口，又曰武口。縣境内有發源大溪嶺之縣河，分支流爲東河，由此入江。宋咸熙十年，伯顔戰勝夏貴於此。又縣西南四十里，有攝河，一名攝口，源自德安府安陸縣。流入境，滙縣河水，經小河口入江。自陽邏鎮西南三十里至縣，縣治浜江附郭。本漢安陸縣地，屬江夏郡，東晉置屯陽縣，後廢，隋置漢津縣，屬復州，大業初，改曰漢陽，屬沔陽郡，唐廢州，以縣屬鄂州，元至正中，升爲漢陽府，以縣隸焉。城北三里，有漢水，自沔陽州東流，經漢川縣南流至此。又東，與大江會於大別山北，是爲漢口，迺漢水與涓水合流入江處也。山陰石上有石穴，穴謂之鎖穴。孫權攻黃祖，於大江中橫兩艨衝挾守沔口，以栟閭大紲擊石爲矴。又晋王晋伐吴，吴人於磧險要處，皆以鉄鎖橫截之，即此穴也。大別山，一名魯山，東南倚爲重鎮，其下有月湖，東近大江，北連漢水。又有鳳棲山在郡治後。今郡城環其上，縣學泮池側，有郎官湖。唐李白流夜郎遇故人尚書郎張渭，觴於江城南湖，張請標名，白因號以郎官湖，賦詩刻石湖上，今湮。城東北，有晴川閣，近吴王磯，一名禹功矶。昔吴魏相持，皆以沔水爲扼要，吴守此磯以爲險固，有鐵門關在其旁。江之南岸，自武昌縣境神人山八十里，青山磯，係江夏縣接界。又二十里（武昌）縣，則縣亦浜江附郭，爲湖北省垣。漢名沙羨縣，屬江夏郡，吴屬武昌郡，晋曰汝南縣，隋改置江夏縣，为鄂州治，明初改武昌府以縣屬之。大江流縣城西北，一名夏口浦。梁大寶二年，侯景與湘東王繹將戰郢州，景遂因風便入江夏，即此。西南有黃鵠山，一名黃鶴山，峭峙江口，與大別山對，山側有樓曰黃鶴樓，其陰有費褘洞，相傳以爲因費文褘得名。按荀瓌字叔瑋，曾昇僊於此，恐指文褘爲言者，非是。山之東陲爲高冠山，明太祖圍武昌城，登山俯瞰城中僞漢兵屯處，令傅友德一鼓拔之，武昌遂下。其自城南跨城西，映帶長江中，尾直黃鵠磯，曰鸚鵡洲。梁湘東王繹使王僧辨襲邵陵王倫於江夏，僧辨引兵至鸚鵡洲，是也。其下爲黃金浦。又金沙洲，在西南江浜，舊特此洲以障大江衝嚙，今洲移江溢，堤防切焉。宋時有黃金堤，今半居城内，後於望山門至武勝門外，沿江築以石岸。又於金沙洲築路堤，长堤直接嘉魚縣界，藉資捍衛。又南浦，在城南三里，源出景首山，西入大江，《楚辭》所謂『送美人兮南浦』，疑即指此浦。□冬涸夏盈，近爲商賈聚泊之所，一名新開港。又城南望山門外赤爛湖通江，城内有明月、墩子、東西等湖，以上均隸武昌省城。其溯流而上，諸山川非所親歷，亦不具及，是爲畧。山陰菉白氏誌。

峽江圖考

作　者　（清）國璋輯

年　代　清光緒十五年（一八八九）

類　型　單色石印本

載體形態　二册

尺　寸　每頁縱一九點五厘米，橫二二點五厘米

索書號　227/034.311/1894

《峽江圖考》成書於一八八九年，作者國璋，字子達，蒙古族，時任重慶府巴縣令。一九〇一年，由上海袖海山房石印初版刊行，上下兩册，合裝一函，版面縱一九點五厘米，橫二二點五厘米。一九一七年，宜昌二架牌坊晏文盛書局再版，亦爲上下兩册，版面略爲調整，改爲縱一九厘米，橫二七厘米。封面改題『行川峽江必要圖考』，內文與初版完全相同，然圖版模糊，效果欠佳。此書見之目録學著作中，最早爲清末民初恩華所編《八旗藝文編目》。鄧衍林《中國邊疆圖籍録》亦有收録，簡介爲『《川行必讀峽江圖考》二卷，清江國璋撰，清光緒間石印本』，顯然是誤將作者籍貫京江（鎮江）作爲姓氏。

此書初版墨色均匀，圖繪清晰，爲晚清刻本長江輿圖的代表。封面爲西湖漁子所題『川行必讀峽江圖考』，扉頁上書『峽江圖考』四字，其後爲國璋『峽江圖考叙』。正文上册爲『宜昌至夔府水道程途』，分列峽江兩岸險灘水文、行船水程、城鎮聚落，其後爲峽江宜昌至夔州段水道分圖，共計五十三幅。爲便於瀏覽，上册書背從尾朝前，反題『夔府至宜昌水道程途』。下册封面與上册相同，內文開始爲『夔府至重慶水道程途』，其後爲峽江重慶至夔州段水道分圖，共計四十四幅，書背則反題『重慶至夔府水道程途』，亦由尾朝前。正所謂『上水則從册首以達尾，下水則從册尾以達首』，無論上水下水，皆可順逆瀏覽。

《峽江圖考》一書的編纂有着深刻的歷史背景。一八八八年至一八八九年，英國商人約翰·立德意欲駕駛『固陵』輪上溯夔門，激起峽江兩岸木船船户、船工和碼頭工人的强烈反對。圍繞長江上游行輪問題，中英雙方進行了激烈的外交談判。作爲此次談判的中方代表，國璋廣泛搜集羅縉紳《峽江救生船志》、汪曉潭《由夔至巫創修峽路圖》，以及救生船勇所繪的峽江水道圖，結合自身實際探查的目驗所得，增補長江三峽南岸圖繪，增加重慶至萬州段分圖，首次繪出反映長江上游峽江水道的全程地圖。同時，圖中以對景法描繪河岸走向，畫出峽江水道岸綫與險灘位置，使得長江三峽江岸有了明顯區分，增强了直觀感。此外，書中還附以詳明的水道里程，大量吸收流傳於民間的航船注意事項。

作爲第一部完整的長江上游水道圖志，《峽江圖考》采用山水形象繪法，詳細再現了長江三峽險灘林立的歷史場景與地貌特徵。李約瑟先生曾贊譽：『我們不應低估中國繪畫和書籍插圖中所顯示出來的精確觀察及表現地質構造的能力。人們衹要翻一翻諸如《峽江圖考》一類近代書籍，就能看到其中有許多描繪得很清楚的地質構造。』可以説，《峽江圖考》寫實性的圖繪內容，便利化的編纂形式，最大限度地發揮了傳統長江水道圖志形象直觀的特點，堪稱是對峽江水運地方性知識的經驗總結，無論是對航運史、出版史、歷史地理研究而言，此書都有較高的參考價值。

峽江圖攷敘

岷江之巨蓋合四大川而成之也嘗讀蜀水攷蜀故均指岷瀘雒巴為四大川初未之信及讀

國朝蔣相國尚書地理今釋疑始剖焉相國釋導江之處在今松番衛北西番界之浪架嶺則蜀故蜀水攷所指由松而茂而灌抵都城達夔下荆信可據也瀘江即金沙派出青海逕至雅隆江出滇之永北武定會於蜀之鹽源會理併出雷波走屏山合於岷此瀘江之入於岷江也雒江即中江發源土地嶺流入德陽焦尾河抄綿竹抱什邡越彭漢金堂會簡而過資達富順瀘瀘州而迴注於岷嘉陵江即巴江今釋云發源秦之寶雞大散嶺紆折而入蜀至合江匯三源亦迴注於岷其稱為四大川者特以四江之水會合而川流非闢截為四川也亦猶言九江者不必實分為九江耳岷匯三水復統萬流澎湃渤蕩恣肆無極奔沸激湍猛勁莫遏及抵夔門截然束之譬於萬騎驟當道隘抑其驕悍挫其銳厲强就繩尺俯受鈐束誠江水之一大關鍵也然而拘則勢逼狹則性迫志不得舒計不得逞時一拗違遂變震天日昔人云三峽七百里兩岸連山略無闕處非晴午靜夕鮮見曦月入夏水盛雖乘快騎御長風不似其疾行峽之勢良不誣也其中險灘鱗次惟石蟻聚至危極險罕有倫比余嘗謂大江之險險而正三峽之險險而奇奇險危人其可觸乎請道其詳灘有大小大險則正小險則奇而覆舟沉舟往往在小水有平溢溢險則正平險則奇而號溺譁援往往在平石有巨細巨險則正細險則奇而破柁傾桅往往在細奇險危人其可觸乎計余官蜀幾三十稔于役鄂楚行峽八次每當停泊輒詢榜人凡躬歷諸險必詳究委末記之以筆目之曰行江紀程殆以誌行役鞠瘁宦海風波非徒詡遊歷之見聞輿地之攷據也歲在己丑會有輪船入川事余恭奉

憲檄赴宜郡贊議因於諸灘險要留意有加焉爰取宜昌總鎮羅勁臣軍門行川必要攷其得失證以詳略拾遺補缺而謹誌之然有志無圖未能豁目嗣見夔州府汪曉潭太尊繪有由夔至巫創修峽路圖勁臣軍門亦繪有由巴東至東湖峽路圖救生船勇弁亦繪有一圖因影本勁臣軍門峽江圖攷併上三圖折衷之而圖為一冊更新增由萬至渝數頁雖不逞云完善然亦不大缺略也其異於羅圖者羅圖詳於南岸此則補之以北岸上水則從冊首以逮尾下水則從冊尾以達首反覆順逆皆可瀏覽每篇上下對列名目道里遠近坿錄極楚尤復證以古今之沿革俚俗之歌謠舟師檝人之口授指畫入斯峽者請於風檣縵發間以左右顧盼然後取此圖而歷證之庶不哂所圖之或妄也由渝而後尚多所識惜公事倥偬無暇再綴若得閒而補圖之不更可觀哉敬以俟諸同志者

光緒十有五年嘉平月京江國璋識於彝陵差次

宜昌至夔府水道程途

宜昌府			
南津關	北岸	上峽進溝沿山走即三遊洞夏日宜人多來此納涼	
平善壩	南岸		三十里至
石牌	河中	中平水險	
偏腦		漩大大水下水險	
獅子洸	北岸	大水險	
黃顙硐	北岸	大水險 即滿洛	
南沱	北岸	大水險 泡大漩大 下水船若泡北岸宜速提頭 不可大意防敗黃顙硐	三十里至
如意	北岸	大水險 一名無義灘泡漩大 下水繞南岸老漕 如其敗北即借勢行北岸不可執拗	
紅石子	北岸	大水險 紅石未現定須在美人沱山干岸停泊 候水平再走	
渣波子	南岸	大小水險	
黃陵廟	南岸	有廟宇 下水大水險船至此宜擲渣波石為妥	三十里至
甕硐	河中	大小水險	
馬屁股	南岸	大水險 下水須繞南岸如搭北岸之水	
山斗坪	南岸	小塲分當門即南沱灘 下大水此處可以泊船	三十里至
塔洞	河中	中平小上下水險	三十里至
吓骨石	北岸	大水險	
腰站河		此處水勢雖平沿河皆有淺灘上下水宜小心	
審公石	河中	中平水下水險	
美人沱			
曲溪	南岸	十三四家煙戶	三十里至
小喧嶺	南岸	小水下水險	
喧嶺	北岸	小水上下水險	
老關廟	北岸	大水上水險 即廟河無風不可進峽	
六楞背	北岸	大水險	
九皖溪	南岸	此處未到以後防上下暴風	
馬磳背	北岸	大水上水險 在新灘三灘腳	
社紅磧	北岸	上水枯水過大上風泊船須小心	
新灘場	北岸	一連三灘最險小心 上下水險極 宜昌同知分駐於此 有灘夫十月朔上輪代放四月朔下輪	三十里至
米倉口	南岸	進下峽門口大小上水下水皆險有風要小心謹防搶風	
香溪	北岸	上水船過風剗此極須小心午後風猛尤甚	
冰盤磧	河中	小水險 下水過上風大不可走 上水行北漕	
北石門	北岸	小水上水險 下水謹防猛水名四面龍過江 宜早留心防敗冰盤磧	
四季蕩	南岸	大中水上下水險 上水行南岸與歸州對岸	
滚子角	南岸	大水上下水險	
歸州	北岸		三十里至
烏石	河中	小水險 下水大小水走南漕在歸州當門河中	
虎皮椺	南岸	大小水險 亦名渣土即紫金沱	
流來觀	南岸	山腰上有廟下有小河出炭滿漕水上水走漕內	
淺灘	北岸	大小上下水均險	
羊子石	南岸 河中	小水險	
七姊妹	北岸	小水險	
上石門灘	北岸	大水險 泡漩大上下均宜小心上水須帶野纜	
大八斗灘	北岸	大小水上下水險 大水上水須帶尾纜 下水船繞南岸 搭北岸之水 江中水急漩大梢柁不能應手	三十里至
牛口灘	北岸	大小水上下水險 上水須帶野纜	
巴東縣	南岸	依山臨江街市冷落	三十五里至
青竹標	南岸	小水上下水險	
萬戶沱	南岸	川省官運設鹽卡盤查	
母猪灘	河中	中小水險	
西瀼口	北岸	大水下水船可以停泊	
官渡口	北岸	中塲 大水上水有風船可前進無風停泊 大水下水船如停泊不住即停泊下游西瀼口	三十里至
火燄石	南岸	大水上水險 滿江大水上下水即應停泊方敢過此 泡漩極大	
楠木園	南岸	中塲由此可走施南利川	三十里至
小燕窩石	南岸	小水險 南漕水下水防此石	
萬流	北岸	由此可起旱走大寧界嶺	三十里至
鯿魚溪		俗名布口袋川楚交界處下屬巴東 上屬巫山滿漕水泡漩極大	
培石鎮	南岸	中塲 小水上水險防打張 大水行北岸	
孔明碑	北岸	大水險 水亂流 上水兩岸皆可走	
小磄	南岸	大水上水險有順風過河無風不可前行	
大磄	南岸	下水大水船繞北岸泡漩大小船尤宜留心	
青石硐	南岸	有人家 大水險 當門即大磄灘與神女子對岸 小水上水險	三十里至
老鼠錯	南岸	大小水上水打風要小心順風可行無風不宜前進	
跳石	南岸	大水上下水險	四十五里至
箜望沱	北岸 大峽	大小水上下水險 大水上水船由此過河須小心 枯水下水船防敗	
巫山縣	北岸 大峽		十五里至
烏雞	北岸	枯水上水須添夫方可上灘	
下馬灘	北岸	大水上水險 與將軍灘對岸	二十五里至
洞竿嘴	北岸	小水險	
拖肚子	北岸	小水上水險	
獨樹子	北岸	小水上水險	
焦灘	北岸	小水上水險	
龍保子	北岸	大水上水險 大水南磄內可以行船	三十里至
慌張背	北岸	大水上下水險	
李拐灘	北岸	枯水上水險	
貓子石	北岸	即虎鬚子 枯水險極 上水拋南岸	
代溪場	南岸	中塲分通恩南府	三十里至
白果背	北岸	大水上水險 順風方可前進泡漩大	
雞心石	北岸	中平水上水險 大水船過此處過水發險極	
黑石	北岸	大水險 上水走此險	十五里至
台子角	北岸	大水險 上水走此險	
灔澦石	峽口	北河中 白帝城下 中平水險 上水走南岸拋白帝城	十五里至
臭鹽磧	北岸	八陣圖在磧上	
夔州府	北岸	城東有小溪溝一道炭船可行百餘里 城腳新修保坎三道城身較前堅固矣	

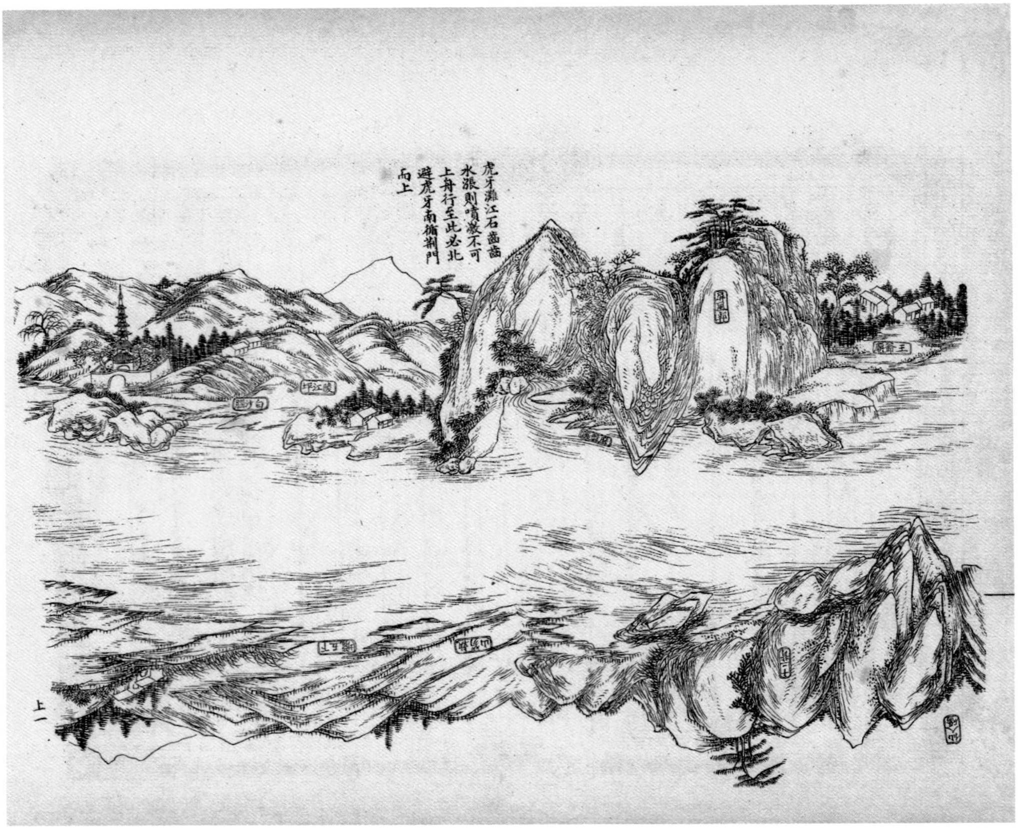
虎牙灘江石齒齒
水漲則噴激不可
上舟行至此必北
避虎牙南循荆門
而上
上一

上二

楠木坑亂
石叠横亙
白龍洞水
勢北趨激
成泡漩水
大至險
上四

上三

石牌珠排立江心洪流激撞上中水至險
上六

上五

南沱水勢洶湧急流成漩一發必三大水至險
南沱
上八

黃顙洞山勢壁立江水由吾灘逼沖洞口大水最險
天柱山
上七

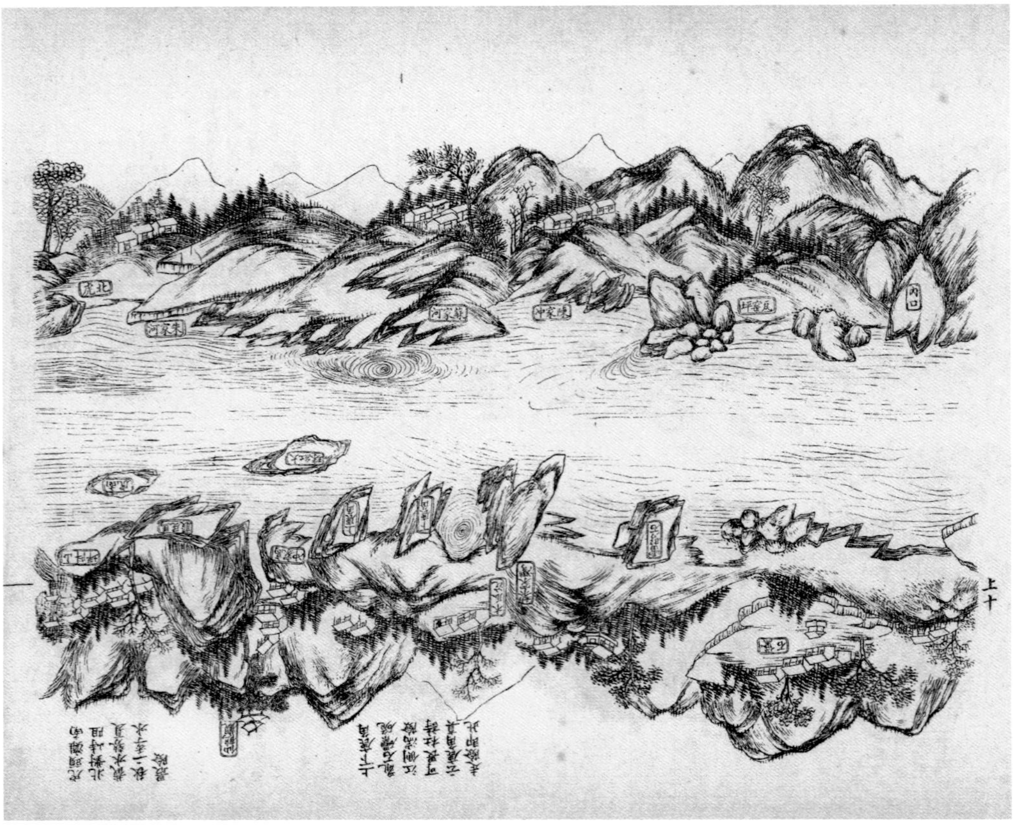
上十

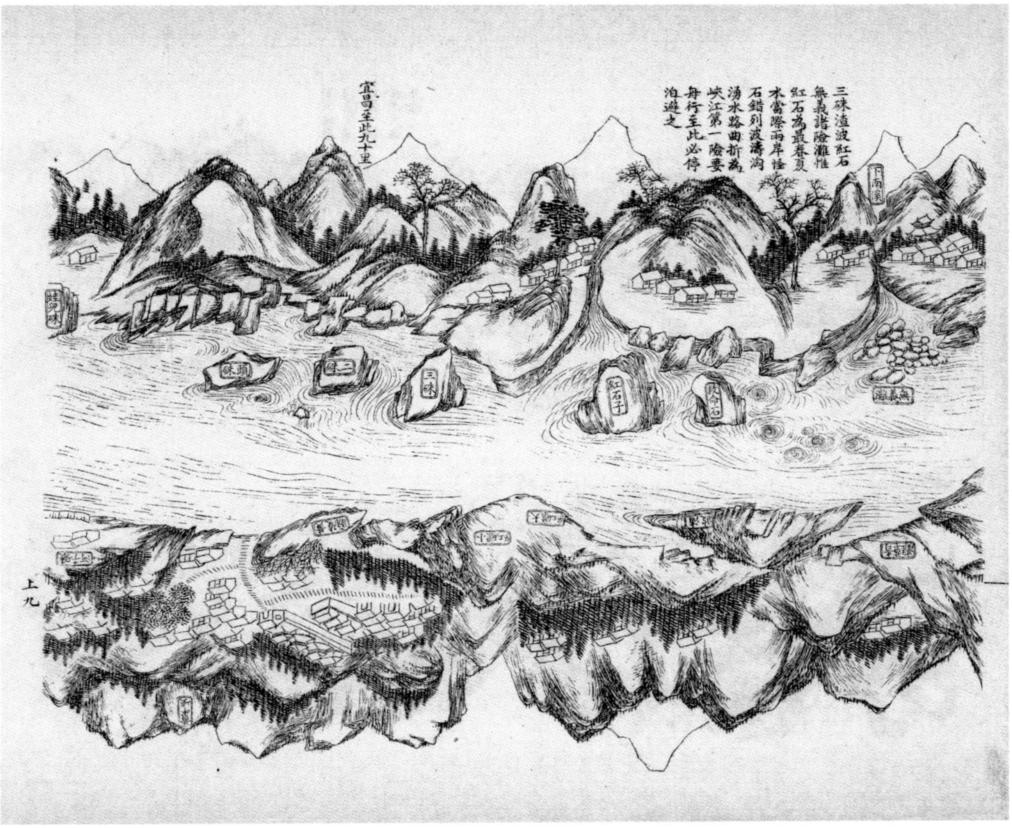
宜昌至此九十里
三硃渣波紅石
無義諸險灘惟
紅石為最春夏
水當際雨岸怪
石錯列波濤洶
湧水路曲折為
峽江第一險要
舟行至此必停
泊避之
下南溪
上九

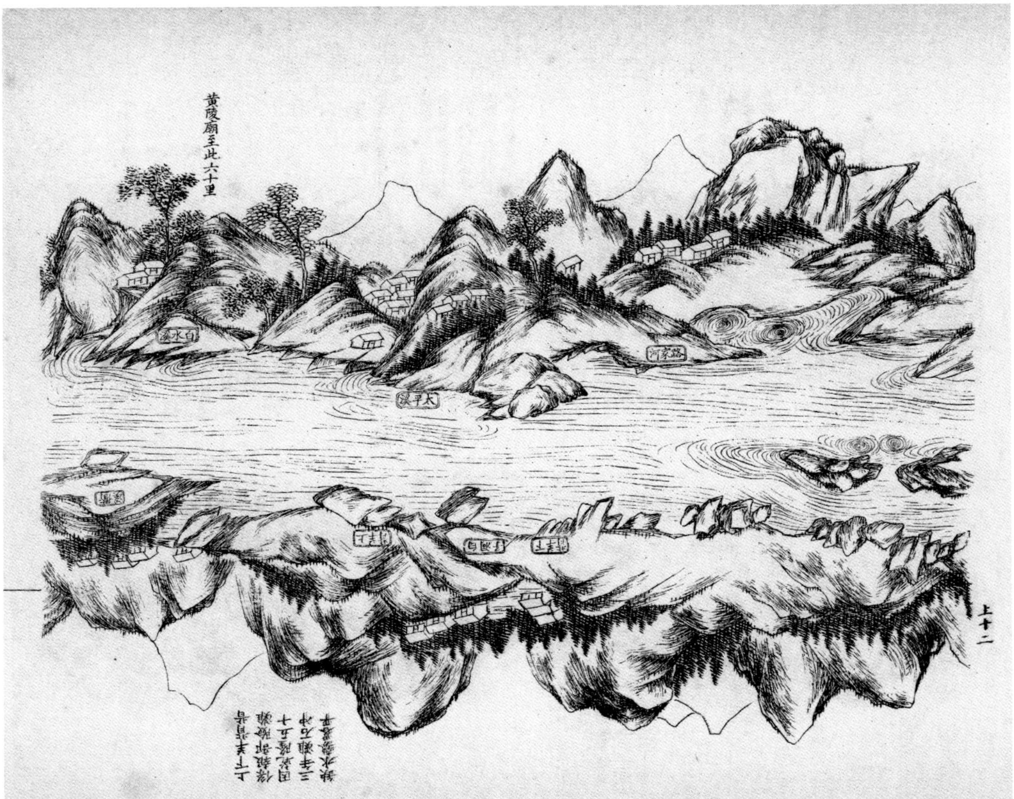
黄陵廟至此六十里
上十二

鍋籠子水勢
迅速泡漩時
作夏秋最為
險要
上十一

北文珠緊接南
大珠適遇之中
露出珠石中飛
激騰湃小水險
上十四

下屬東湖
上屬歸州
上十三

新灘為峽中
最險名灘兩
岸亂石砅砎
大石横亘
潛伏江心
洪流薄石怒
濤沸騰冬春水
涸其險彌甚非
輕舟不可上
下舟行至此
必運貨陸行
名曰起撥
兵書峽俗傳
為諸葛武侯
藏兵書處
上十六

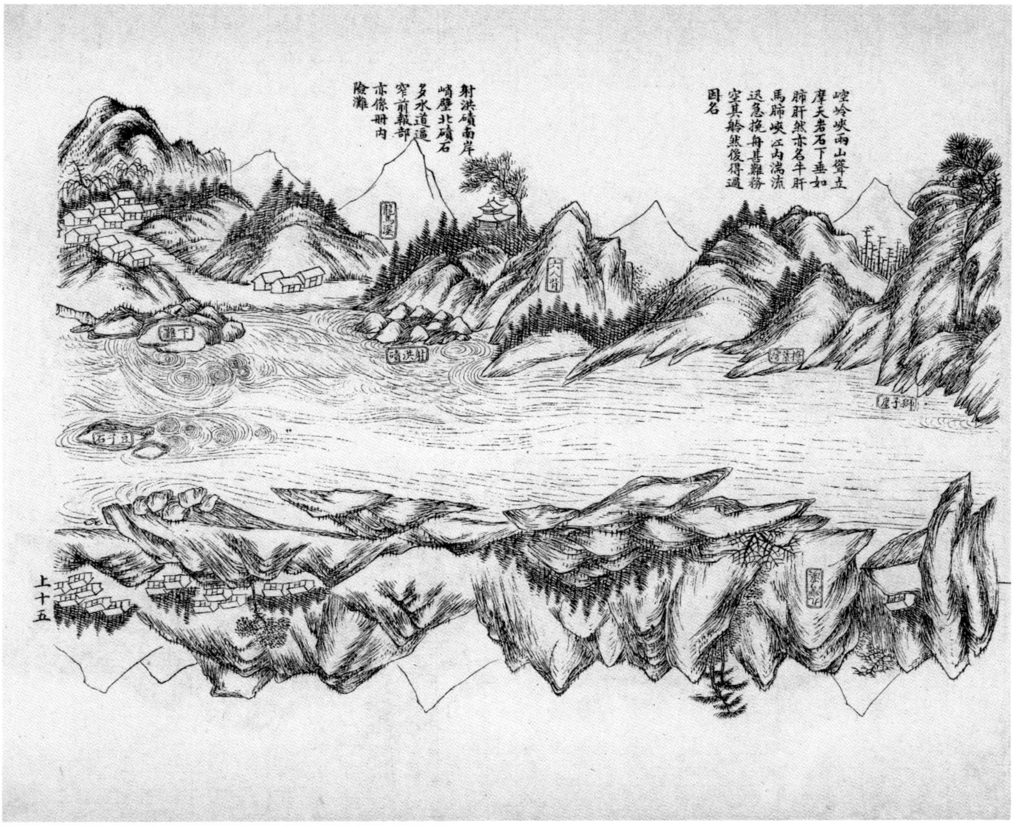
射洪磧南岸
峭壁北磧石
多水道逼
窄前報部
亦係冊內
險灘
崆岭峽兩山聳立
摩天岩石下垂如
肺肝然亦名牛肝
馬肺峽江內湍流
迅急挽舟甚難務
空其船然後得過
因名
龍馬溪
上十五

江心左下三石聯
珠峙伏水中水小
愈險舟行必由大
石左旋梭挖右轉
毫釐失顧舟糜石
上矣

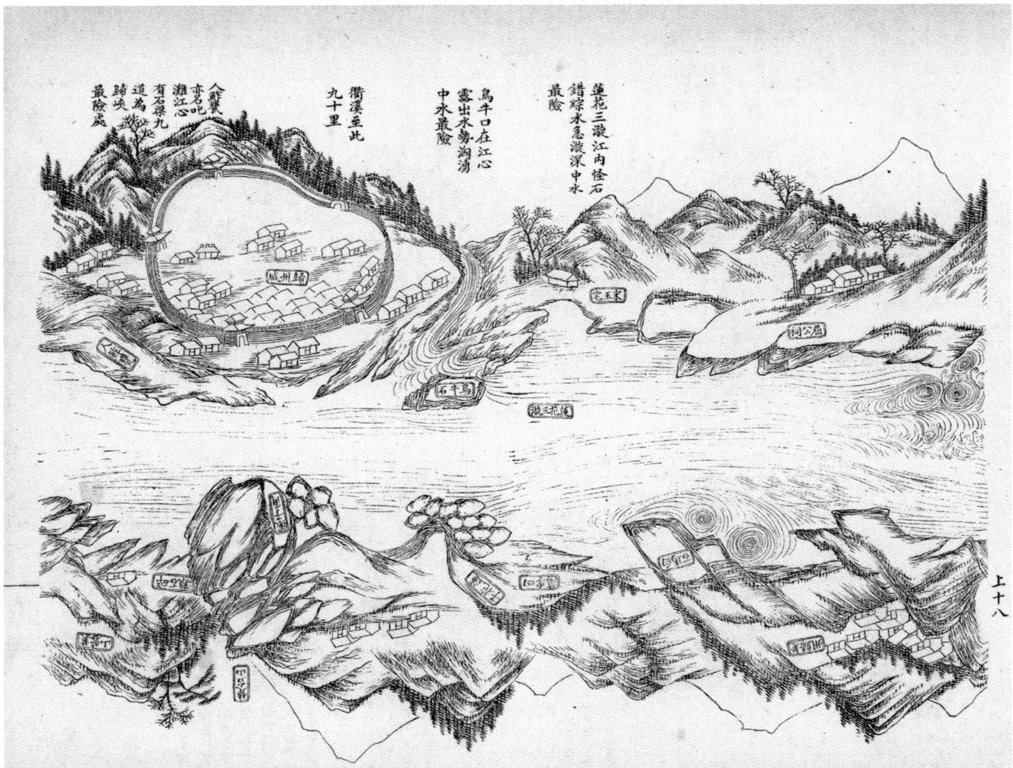
人鮓甕
亦名吒
灘江心
有石梁九
道為
歸峽
最險處
衢溪至此
九十里
烏牛口在江心
露出水勢洶湧
中水最險
蓮花三漩江內怪石
錯綜水急漩深中水
最險
歸州城
上十八

三滾灘亂石
羅列中水險
金盤磧緊接
石門碎石迎
列中流水涸
險
上十七

上二十

洩灘江
心有石名洩
床洩枕逼水
或漲大水險
洩灘
上十九

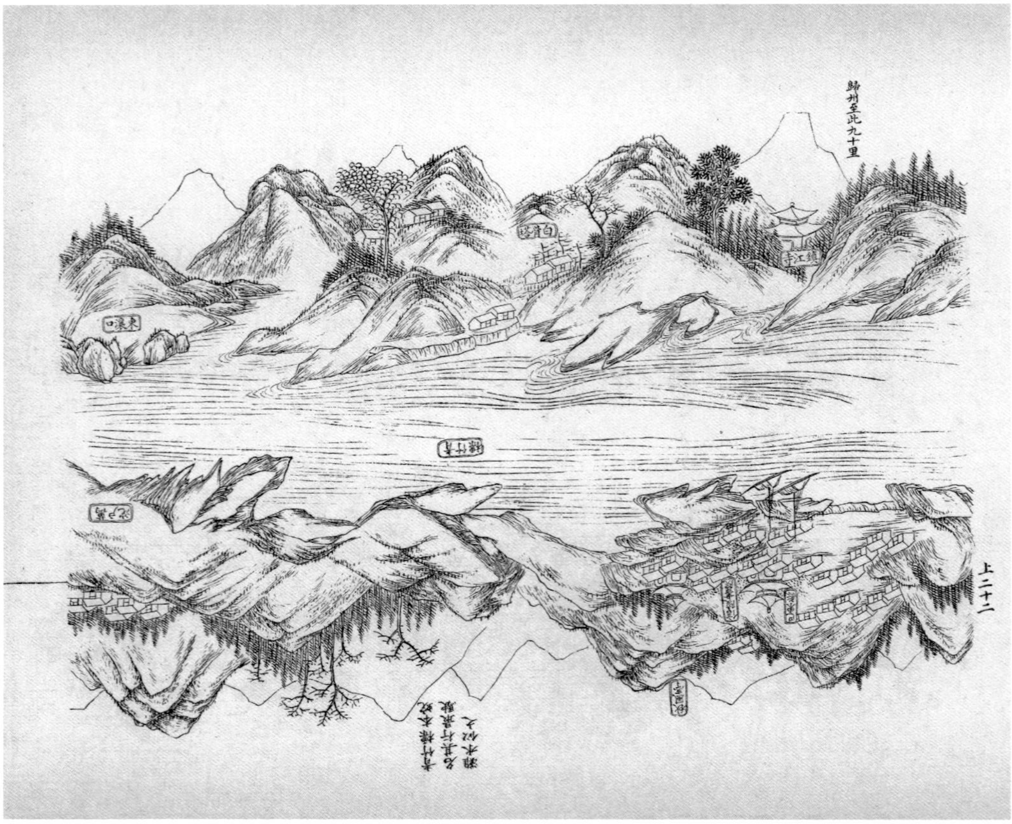
歸州至此九十里
上二十二

下屬歸州
上屬巴東
牛口山脚碎石直入江心水勢洶湧四季皆險
上二十一

山脚横截江心水勢湍急大水極險
八斗灘水勢南趨大泡時作夏秋二季至險

上二十四

上二十三

上二十六

上二十五

上二十八

上二十七

上三十

上二十九

上三十二

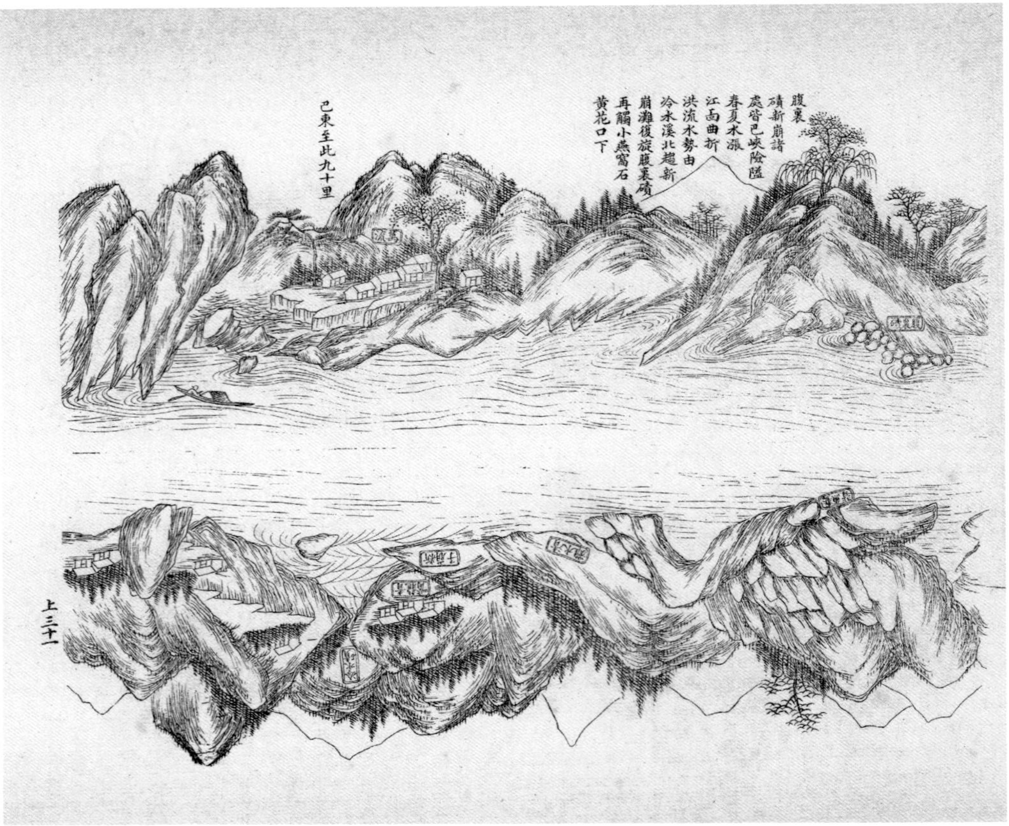
巴東至此九十里
腹裏
磧新崩諸
處皆巴峽險隘
春夏水漲
江面曲折
洪流水勢由
冷水溪北趨新
崩灘復旋腹裏磧
再觸小燕窩石
黃花口下
上三十一

下屬巴東上
屬巫山為川
楚交界之處
布袋口為楚
蜀分界之區
江流湍急水
大至險
布袋口

上三十四

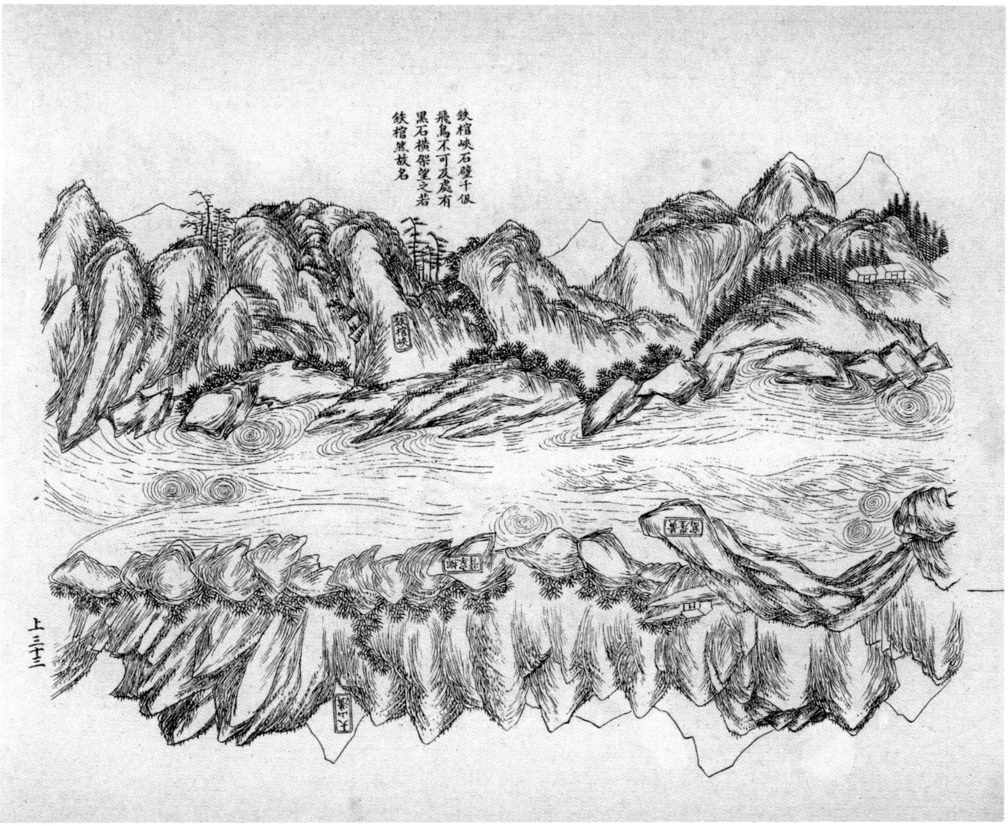
鉄棺峡石壁千仭
飛鳥不可及處有
黑石横架望之若
鉄棺𠑽故名
上三十三

上三十六

上三十五

上三十八

上三十七

上四十

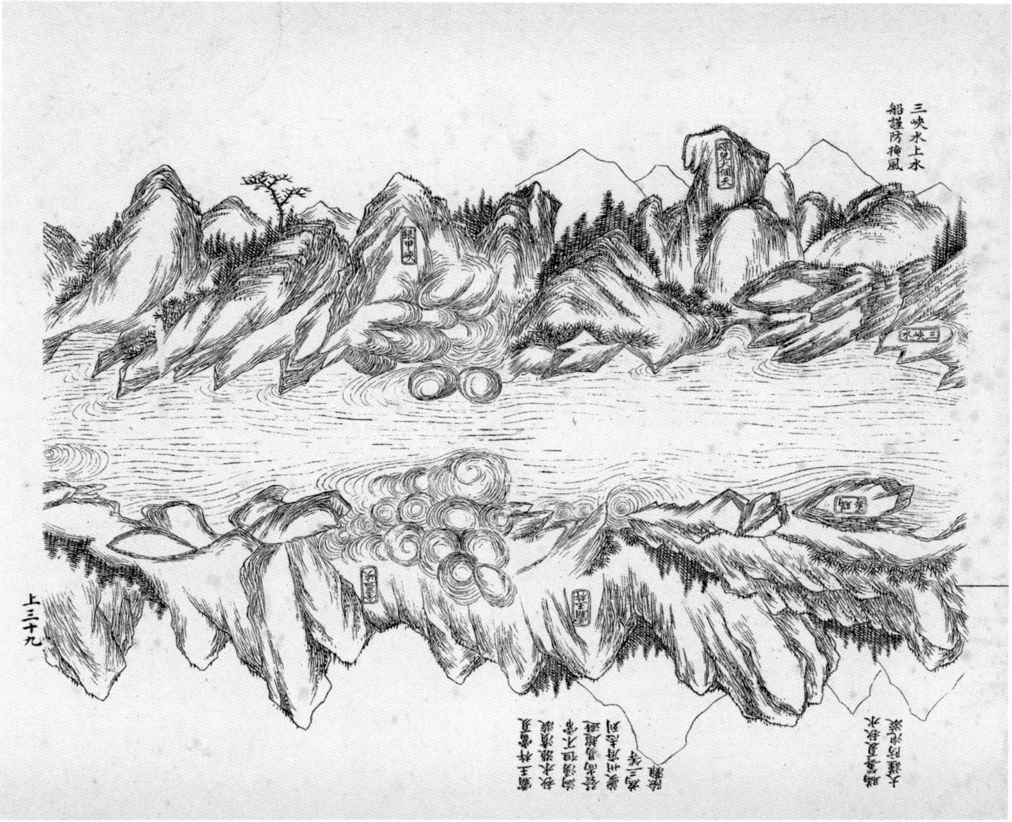
三峡水上水
船謹防梅風
上三十九

庫奎子夏
秋水漲險灘

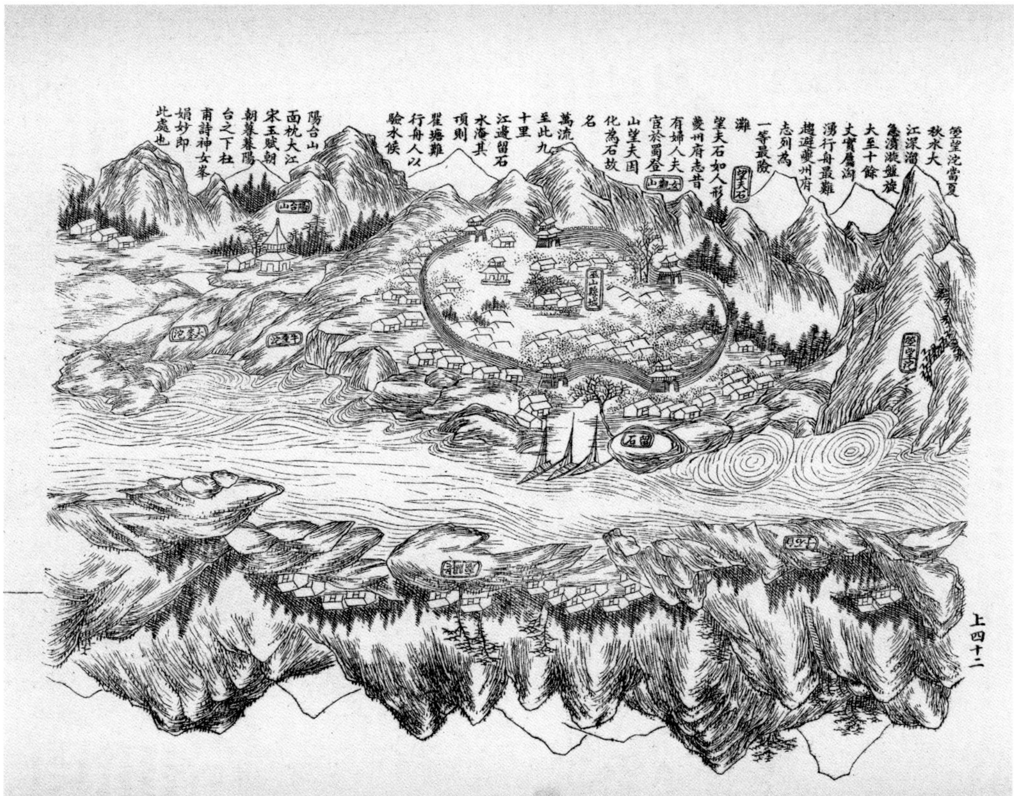
灩澦沱當夏
秋水大
江深溜
急濆漩盤旋
大至十餘
丈實屬洶
湧行舟最難
趨避夔州府
志列為
一等最險
灘
望夫石如人形
夔州府志昔
有婦人夫
宦於蜀登
山望夫因
化為石故
名
萬流
至此九
十里
江邊留石
水淹其
項則
瞿塘難
行舟人以
驗水候
陽台山
面枕大江
宋玉賦朝
朝暮暮陽
台之下杜
甫詩神女峯
娟妙即
此處也
望夫石
陽台山
巫山縣城
上四十二

上四十一

上四十四

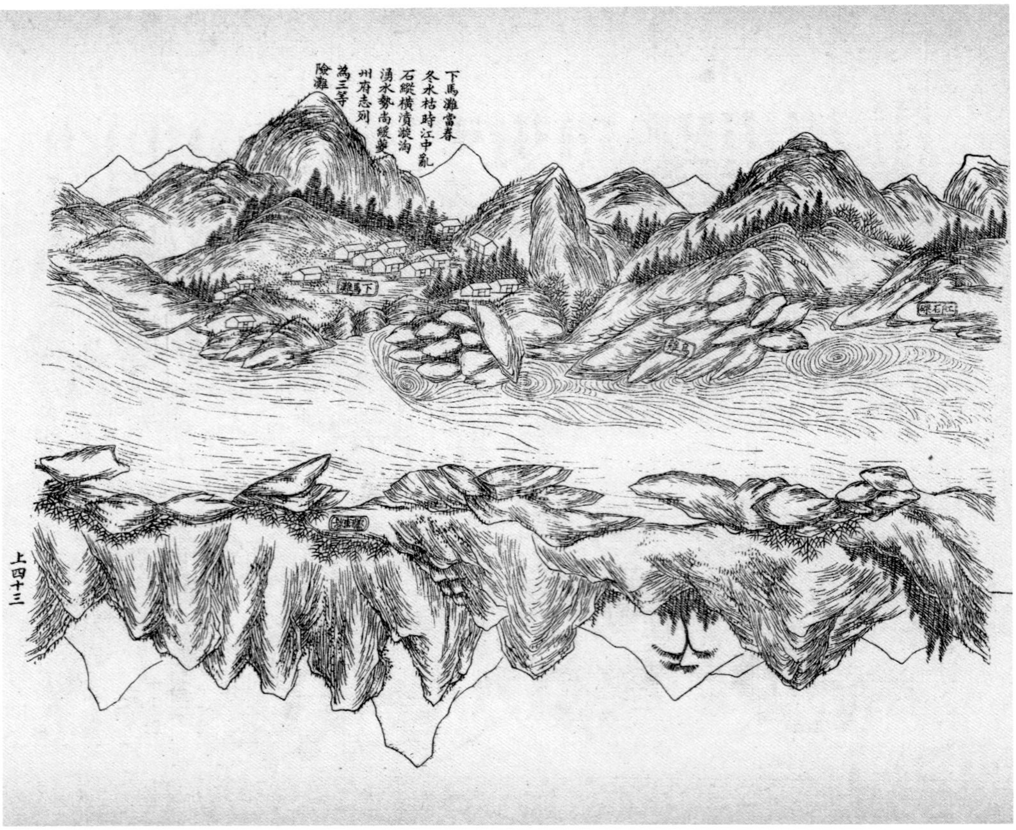
下馬灘當春
冬水枯時江中亂
石縱横濆漩洶
湧水勢尚緩與
州府志列
為三等
險灘
下馬灘
上四十三

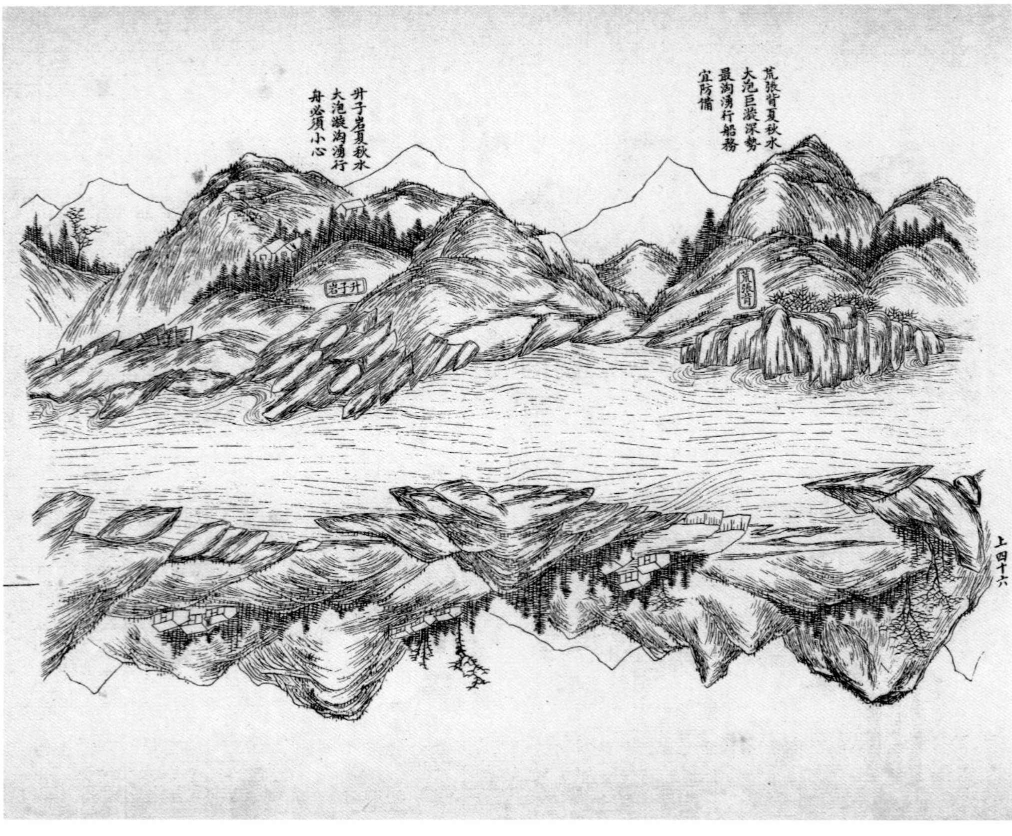
井子岩夏秋水
大泡漩洶湧行
舟必須小心
荒張背夏秋水
大泡巨漩深勢
最洶湧行船務
宜防備
上四十六

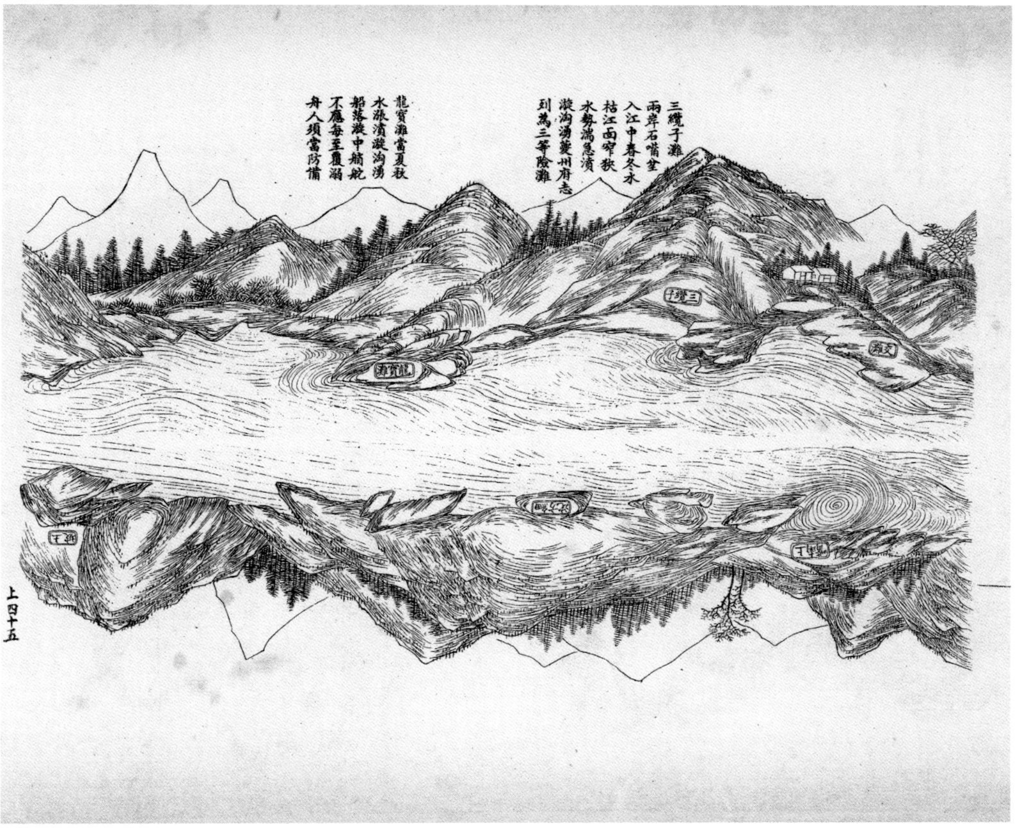
三纜子灘兩岸石嘴坌入江中春冬水枯江面窄狹水勢湍急潰漩洶湧夔州府志列為三等險灘
龍寳灘當夏秋水漲潰漩洶湧船落漩中艄舵不應每至覆溺舟人須當防備
上四十五

獨樹子灘南漕水急溜洶湧行船須當留心

虎須灘水勢湍急杜甫詩瞿塘漫天虎鬚怒即此
上四十八

上四十七
錯開峽距大江五里有斬龍台俗傳大禹錯開神女授冊始劈三峽載夔州府志

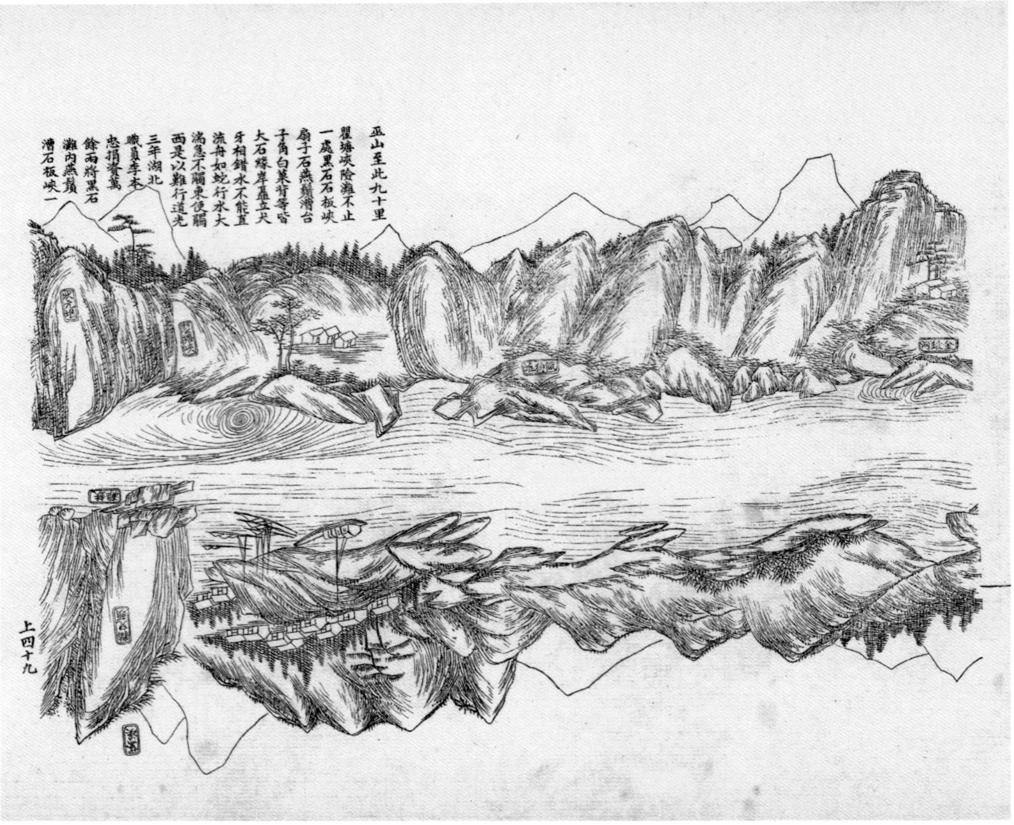
巫山至此九十里
瞿塘峽險灘不止
一處黑石石板峽
扇子石燕窩灣台
子角白菓背等皆
大石嶙岸矗立犬
牙相錯水不能直
流舟如蛇行水大
湍急不爾東便爾
西是以難行道光
三年湖北
職員李本
忠捐資萬
餘兩將黑石
灘內燕窩
漕石板峽一
上四十九

一鑿去並將
白菓背緯
道一一劃
平現在水
勢較平挽縴
得力商民賴
之
上五十

荊州圖考永安宮南一
里渚下平磧上週廻四百
八十丈中有諸葛孔明
八陣圖聚細石為
之各高五尺廣
十圍歷然棊布縱
横相當中間相去九尺
正中開南北巷悉廣
五尺凡六十四聚或
為人散亂及為夏水
所沒冬水退後依然如
故
夔州舊
志永安
宮今為府
儒學基入蜀
記夔在山麓沙
上所謂魚
腹永安
宮也
黛溪至此三
十里由湖
北宜昌
上五十二

府屬之
虎牙
灘起
至此
共計
水程
六
百七
十
五
里
卧龍山
漢武侯
屯營于

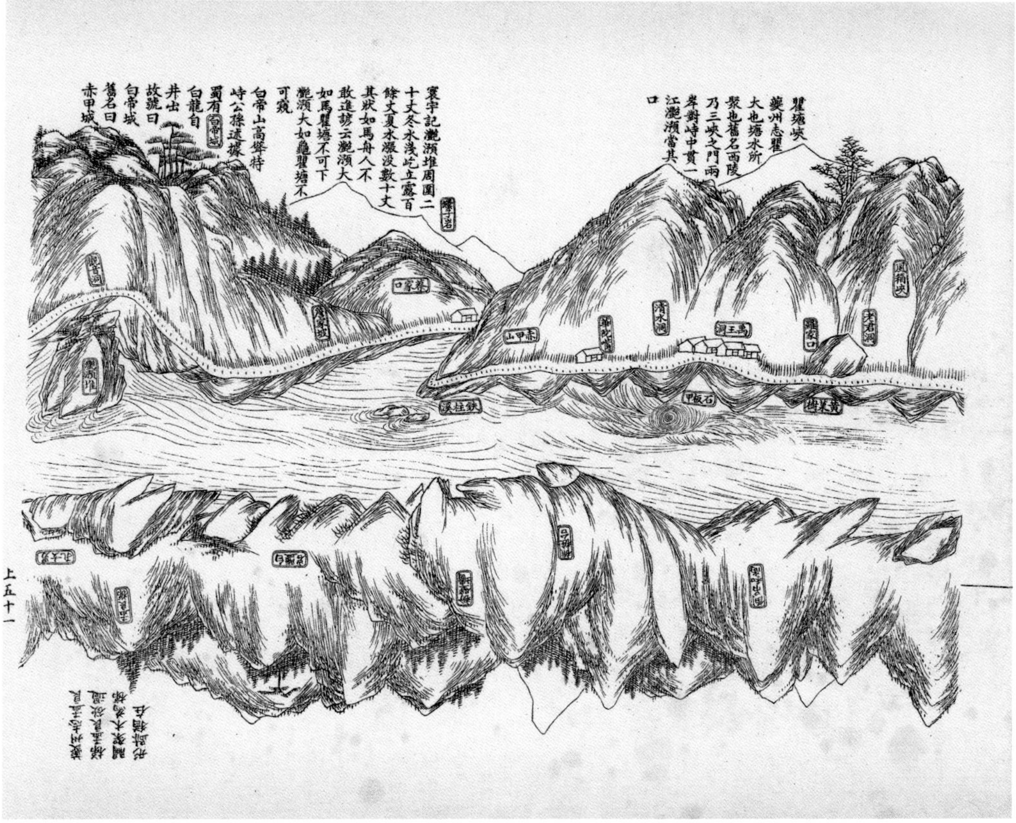

宜昌府			
南津關	北岸	上坡走濤沿山走即三游洞夏日黨人多來此納涼	
平善壩	南岸		三十里至
石牌	河中	中平水險	
偏腦		淺大大水下水險	
獅子港	北岸	大水險	
黃顙洞	北岸	大水險 即滴水	
南沱	北岸	大水險 泡大漩大 下水船須靠北岸宜速放頭不可大意以致撞黃顙洞	三十里至
如意	北岸	大水險 一名吞石灘泡漩大 下水繞南岸老碑 如意紋北即信號行北岸不可執拗	
紅石子	北岸	大水險 紅石子現宜循石美人沱山斗坪停泊 綠水中斗岸走	
渣波子	南岸	大小水險	
黃陵廟	南岸	有廟宇 下水大水險船上北宜衝渣波石為妥	三十里至
甕硐	河中	大小水險	
馬屁股	南岸	大水險 下水繞晓南岸如塔北岸之水	
山斗坪	南岸	小場分雪門對面泥灘 下大水此處可以泊船	三十里至
塔洞	河中	中平小上下水險	三十里至
吓骨石	北岸	大水險	
腰站河		此處水勢離平沿河皆有淺灘上下水宜小心	
喬公石	河中	中平水下水險	
美人沱			
曲溪	南岸	十三四家煙戶	三十里至
小崆嶺	南岸	小水下水險	

崆嶺	北岸	小水上下水險	
老鬮廟	北岸	大水上水險 即崩河兩岸不可逗峽	
六穩背	北岸	大水險	
九畹溪	南岸	此處未到以後皆上下暴長	
馬磧背	北岸	大水上水險 在新灘三灘之間	
杜紅磧	北岸	上水船不過大上流須船頭小心	
新灘場	北岸	一連三灘最險小心上下水俱險 有頭大十月灘上船只以四月船下船	三十里至
米倉口	南岸	並下峽門口大小上水下水皆險有漩要小心謹防撞石	
香溪	北岸	上水船過米倉口有泊處小心不可後泊風猛大者	
水盤磧	河中	小水險 下水過上泉大水可走 上水行北磧	
北石門	北岸	小水上水險 下水謹防船頭碰石即回龍沱江 宜平穩以防此水盤磧	
四季場	南岸	大中水上下水險 上水行南岸與歸州對岸	
滾子角	南岸	大水上下水險	
歸州	北岸		三十里至
烏石	河中	小水險 下水大小中水走南磧在歸州當門河中	
虎皮灘	南岸	大小水險 亦名漕上即泄灘口	
流來觀	南岸	山腰上有廟下有小河出處漢船水上水走磧內	
洩灘	北岸	大小上下水均險	三十里至
羊子石	南岸 河中	小水險	
七姊妹	北岸	小水險	
上石門灘	北岸	大水淹泡漩大上下均宜小心上水須帶斷纜	
大八斗灘	北岸	大小水上下水險 大水上水須帶尾纜 下水船纜 南岸陡北岸二十 江中水急難大船挽不能應手	三十里至

牛口灘	北岸	大小水上下水險 上水須帶斷纜	
巴東縣	南岸	依山臨江街市冷落	三十五里至
青竹標	南岸	小水上下水險	
萬戶沱	南岸	川鄂官運役監卡駐紮	
母豬灘	河中	中小水險	
西瀼口	北岸	大水下水船可以停泊	
官渡口	北岸	中場 大水上水有風船可前進無風停泊 大水下水船如停泊不住即停靠下游西瀼口	
火焰石	南岸	大水上水險 過江大水上下水即應停泊方敢進此 泡漩大極	
楠木園	南岸	中場由此可走施南荊州	三十里至
小燕窩石	南岸	小水險 南磯於下水防此石	
萬流	北岸	由此可起旱走大寧廠	三十里至
鯿魚溪		俗名牛口與川鄂交界處下為巴東 上屬巫山溪水泡漩大極	
培石鎮	南岸	中場 小水上水險防灘 大水行北岸	
孔明碑	北岸	大水險 水亂流 上水南岸宜可走	
小磧	南岸	大水上水險有翻船處河窄不可前行	
大磧	南岸	下水大水船繞北岸泡漩大小船尤宜留心	
青石硐	南岸	有人家 大水險 當門即大磧盤漩神倉子對岸	三十里至
老鼠錯	南岸	大小水上水行風要小心頂風不宜前進	
跳石	南岸	大水上下水宜	四十五里至
箐望沱	北岸 大峽	大小水上下水險 大水上水船由北邊河須小心 枯水下水船留歇	

巫山縣	北岸 大峽		十五里至
烏雞	北岸	枯水上水須添大方可上灘	
下馬灘	北岸	大小水上水險 與府軍都對岸	二十五里至
洞竿嘴	北岸	小水險	
拖肚子	北岸	小水上水險	
獨樹子	北岸	小水上水險	
焦灘	北岸	小水上水險	
龍保子	北岸	大水上水險 大水南邊內可以行船	三十里至
慌張背	北岸	大水上下水險	
李扬灘	北岸	枯水上水險	
貓子石	北岸	即尾貓子 枯水險極 上水繞南岸	
代溪場	南岸	中場分道忌南府	三十里至
白果背	北岸	大水上水險 順風方可前進泡漩大	
雞心石	北岸	中平水上水險 大水船過此處逼水殺險極	
黑石	北岸	大水險 上水走北險	十五里至
台子角	北岸	大水險 上水走北險	
灩澦石	峽口	北河中 白帝城下 中平水險 上水走南岸地白帝城	十五里至
臭鹽磧	北岸	八陣圖在磧上	
夔州府	北岸	城東有小滾溝一道民船可行百餘里 城牌新修保坎三道城身較前堅固矣	

夔府至宜昌水道程途

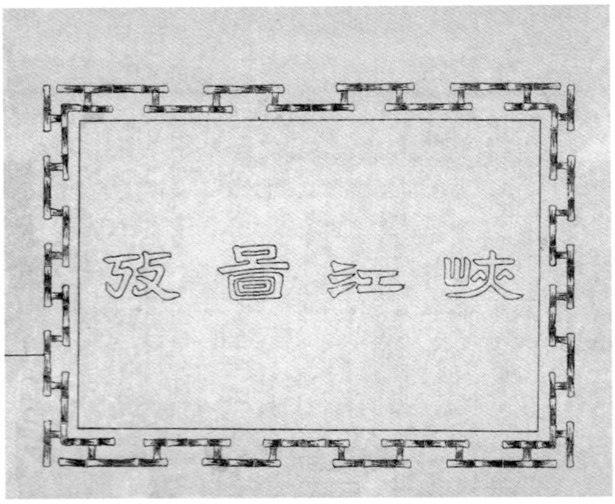

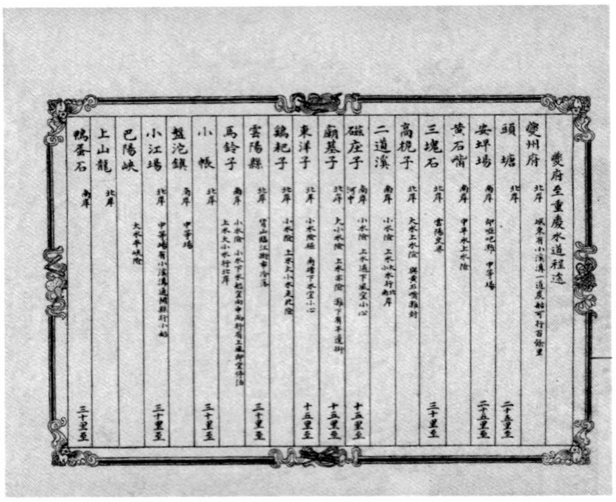

夔府至重慶水道程途

夔州府	北岸	城東有小溪溝一道皮船可行百餘里	
頭塘	北岸		二十五里至
安坪場	南岸	即啞吧灘　中等場	二十五里至
黃石嘴	南岸	中平水上水險	
三塊石	北岸	雲陽交界	三十里至
高梘子	北岸	大水上水險　與黃石嘴灘對	
二道溪	南岸	小水險　上水大小水行北岸	
磁庄子	南岸 河中	小水險　上水過下水宜小心	十五里至
廟基子	北岸	大小水險　上水宜險　灘下有平達街	十五里至
東洋子	北岸	小水險極　南灘下水宜小心	十五里至
鷄杷子	北岸	小水險　上水大小水走此險	
雲陽縣	北岸	背山臨江街市冷落	三十里至
馬鈴子	南岸	小水險　小水下水把定舵中而行有上灘即宜停泊　上水大小水行北岸	
小帳	北岸		三十里至
盤沱鎮	南岸	中等場	
小江場	北岸	中等場有小溪溝通開縣行小船	三十里至
巴陽峽		大水平峽險	
上山龍	北岸		
鵝蛋石	南岸		三十里至

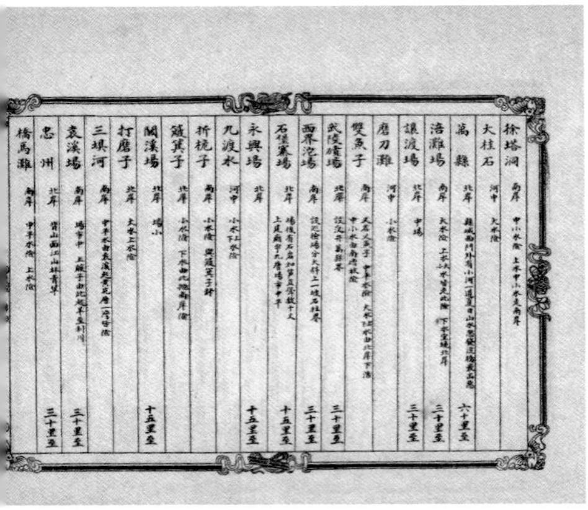

徐塔洞	南岸	中小水險　上水中小水走南岸	
大柱石	河中	大水險	
萬縣	北岸	縣城西門外有小河一道直通山後至梁山縣	六十里至
涪灘場	南岸	大水險　上水大小水皆走此險　下水宜傍北岸	二十里至
讓渡場	北岸	中場	三十里至
磨刀灘	河中	小水險	
雙魚子	南岸	又名文魚子　中平水險　大水上水由北岸下灘　中小水由南岸亦險	
武陵礦場	北岸	設汛　萬縣界	三十里至
西界沱場	南岸	設汛塘場分大街上一坡石級寨	三十里至
石寶寨場	北岸	場後有石崖如筍直聳數十丈　上建廟宇九層場市中平	十五里至
永興場	北岸		十五里至
九渡水	河中	小水上下水險	
折桅子	南岸	小水險　與簸箕子對	
簸箕子	北岸	小水險　下水由北趨南岸險	
關溪場	北岸	場小	十五里至
打磨子	北岸	大水上水險	
三垻河	南岸	中平水由元溪起至花磨一灣皆險	
袁溪場	南岸	場市中　上顧子由此起平至忠州	三十里至
忠州	北岸	背山面江山林青翠	三十里至
橋馬灘	南岸	中平水險　上水險	

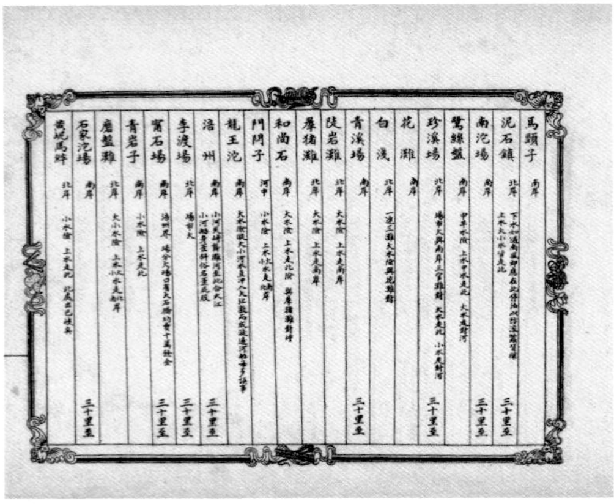

馬頸子	南岸		
泥石鎮	北岸	下水和過南岸即應在此停泊以防激浪撞磯　上水大小水皆走此	三十里至
南沱場	南岸		三十里至
鷺鷥盤	南岸	中平水險　上水中水走此　大水走對河	
珍溪場	北岸	場市大與南岸三官灘對　大水走此　小水走對河	三十里至
花灘	南岸		
白渡	北岸	一連三灘大水險與花灘對	
青溪場	南岸		三十里至
陡岩灘	北岸	大水險　上水走南岸	
摩猪灘	北岸	大水險　上水走南岸	
和尚石	南岸	大水險　上水走此險　與摩猪灘對峙	
門閂子	河中	小水險　上水大小水走北岸	
龍王沱	南岸	大水險設大小河水直冲入大江數丈成漩送河船甚多險事	
涪州	南岸	小河大峽黔江直通此合大江　小河船身窄俗名垂底段	三十里至
李渡場	北岸	場市大	三十里至
蔺石場	南岸	涪州界　場分大場口有大石勝約數十萬餘金	三十里至
青岩子	南岸	小水險　上水走此	
磨盤灘	北岸	大小水險　上水大小水走南北岸	
石家沱場	南岸		三十里至
黃泥馬蜂	北岸	小水險　上水走此　泥痕出巴峽兵	

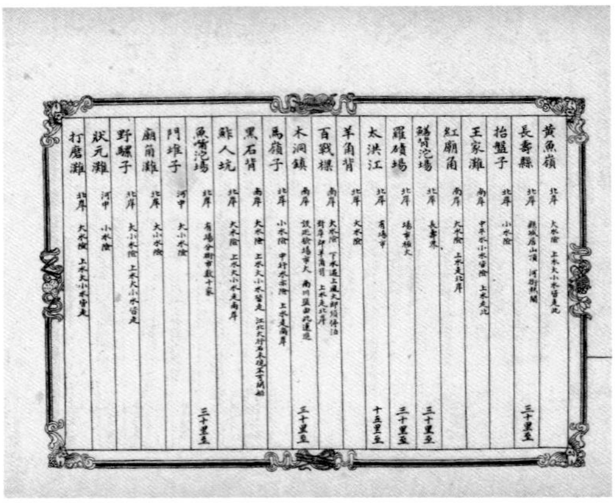

黃魚嶺	北岸	大水險　上水大小水皆走此	
長壽縣	北岸	縣城居山頂　河街狹隘	三十里至
抬盤子	北岸	小水險	
王家灘	南岸	中平水小水皆險　上水走北	
紅廟角	南岸	大水險　上水走北岸	
鷄質沱場	北岸	長壽界	三十里至
羅磧場	北岸	場市極大	三十里至
太洪江	北岸	有場市	十五里至
羊角背	北岸	大水險	
百戰標	南岸	大水險　下水過上灘即須停泊　對岸即羊角背　上水走北岸	
木洞鎮	南岸	設汛檢場市大　南川縣由此進通	三十里至
馬嶺子	北岸	小水險　中行水亦險　上水走南岸	
黑石背	南岸	大水險　上水大小水皆走　江北大行石未可行船	
鮓人坑	北岸	大水險　上水大小水走南岸	
魚嘴沱場	北岸	有場分街市數十家	三十里至
門堆子	河中	大小水險	
廟前灘	北岸	大小水險	
野騾子	北岸	大小水險　上水大小水皆走	
狀元灘	河中	小水險	
打磨灘	北岸	大水險　上水大小水皆走	

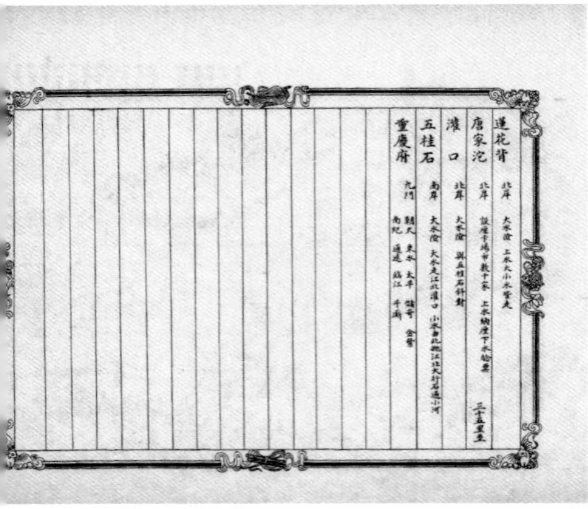

蓮花背	北岸	大水險　上水大小水皆走	
唐家沱	北岸	設汛塘場市數十家　上水納溪下水協要	三十五里至
濉口	北岸	大水險　與五桂石斜對	
五桂石	南岸	大水險　大水走江北濉口　小水由此挽江北大行石通小河	
重慶府	九門	朝天　東水　太平　儲奇　金紫　南紀　通遠　臨江　千廝	

下一

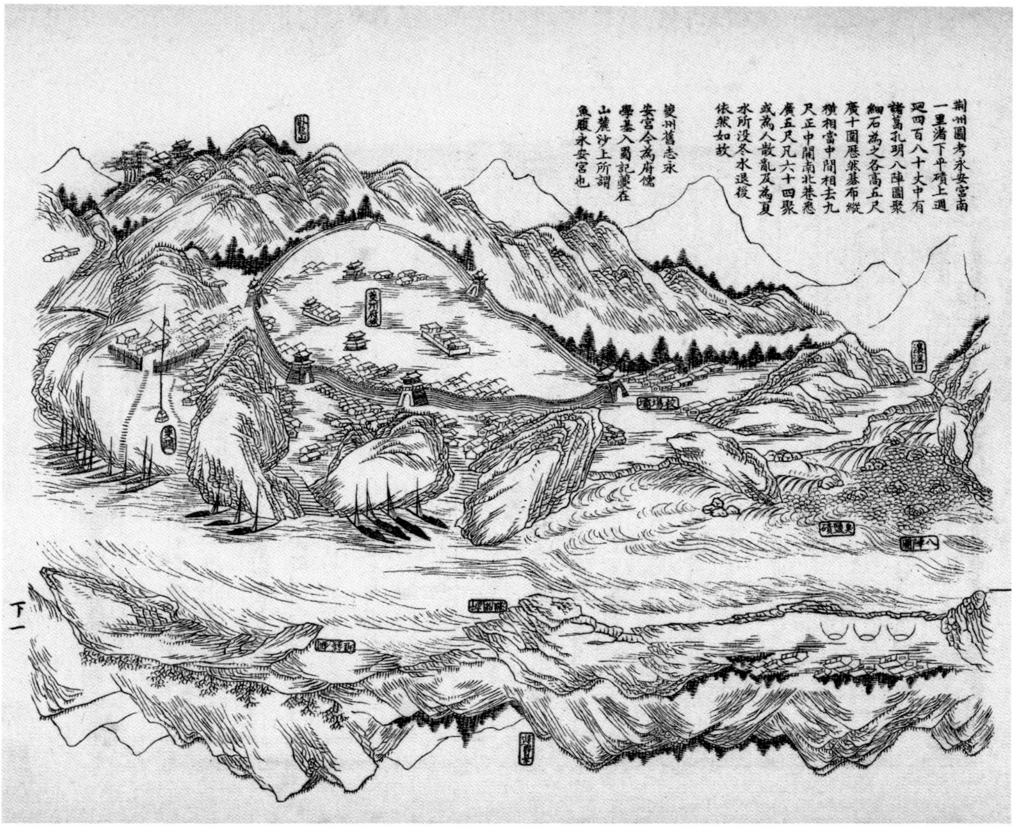

烏鴉鎮	南岸	場分中平	四十五里至
白馬子	南岸	大水險 上水大水走南岸 小水由北岸拖河	
新場	北岸	場分小	十五里至
魚洞子	河中	中平水險 大水走北岸磧嘴 小水走南岸老漕	
羊渚溪	南岸	石柱界場分中石柱由此進山	三十里至
洪河鎮	南岸	場市小	
虎犢子	南岸	小水險 上水行此險	
鐵門坎	北岸	中平小水行此 大水行南岸下諸 河中即南竹坎 上水有縴道率可渡河兩岸即當停泊	
高家鎮	南岸	中等場市	三十里至
鱉脚灣	南岸	小水上水走此險	
巴折樑	北岸	小水險 上水中平水走此險 坡上有家長可以歷載此樑不過七八百丈	
菱角老	北岸	中平水險 上水行此	
龍船石	河中	中平水險	
酆都縣	北岸	城北青山有小河溝凡水大發時須防此溝水旋不能渡人	六十里至
鎣背樑	北岸	大水中平水險極過南岸宜須在沉石鎮宜端候風息舟開如行船灘上風起速於北岸作房泡宜暢候風息	
送客堆	河中	大水險	
三御魚灘	北岸	一連三灘 大水險 上水行此	
大佛面	北岸	大水險	
觀音灘	北岸	大水險極 水大大應泊此梁以防盜賊 上水大小水皆走此	
灶門子	河中	大小水險 上水走北岸 下水走南岸	

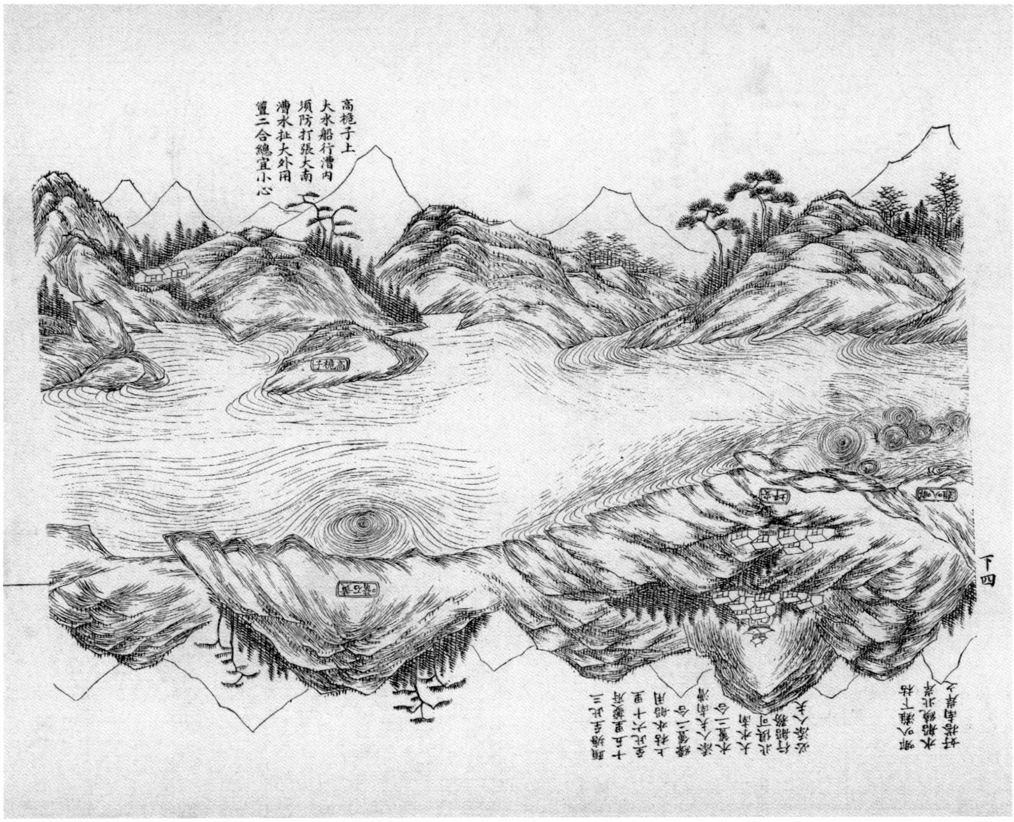

龍洞溪源出白海壩南流入岷江水經注巴鄉村村人善釀俗稱巴鄉清郡出名酒村側有溪二中多靈壽木溪有魚其頭似羊豐肉少骨味美餘魚
下六

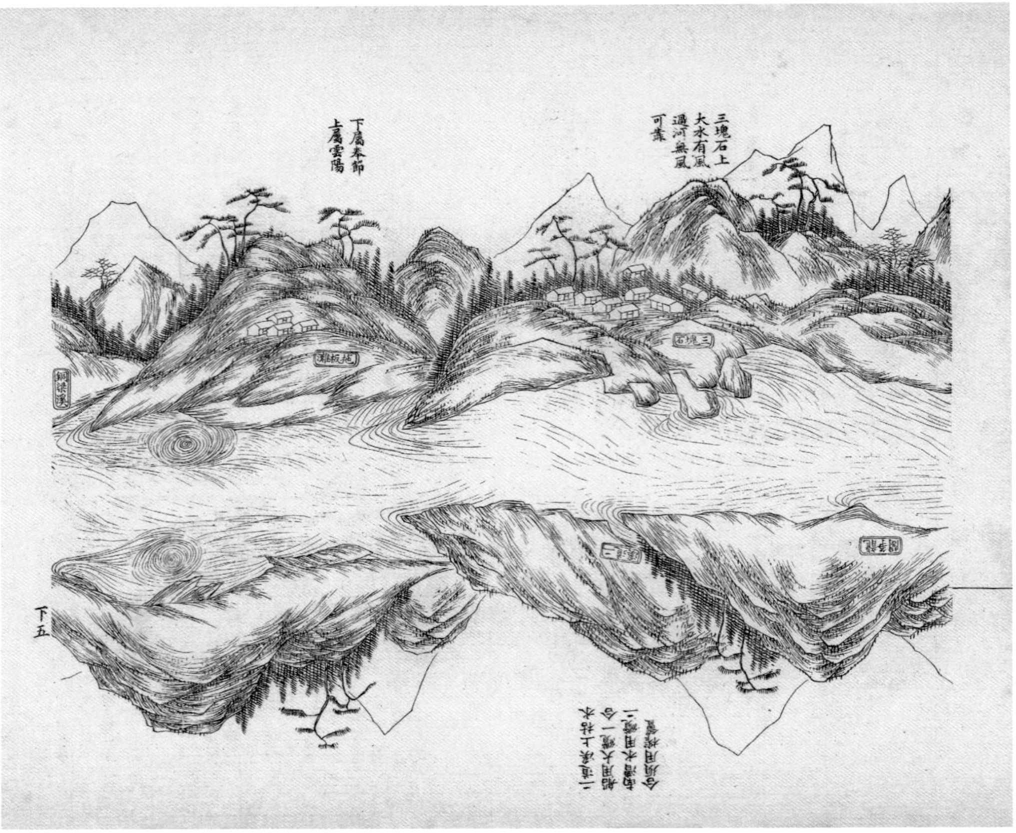
三塊石上大水有風過河無風可棄
下屬奉節
上屬雲陽
下五
二道溪上枯木船用大纜一合南漕水用纜二合須用榨篙

東洋灘水微漲時極險之處因江心堆積亂石水勢激蕩上下舟隻每易沉溺道光五年知府恩成捐廉撿出舟行較前順利
福沱子大水淘險
下八

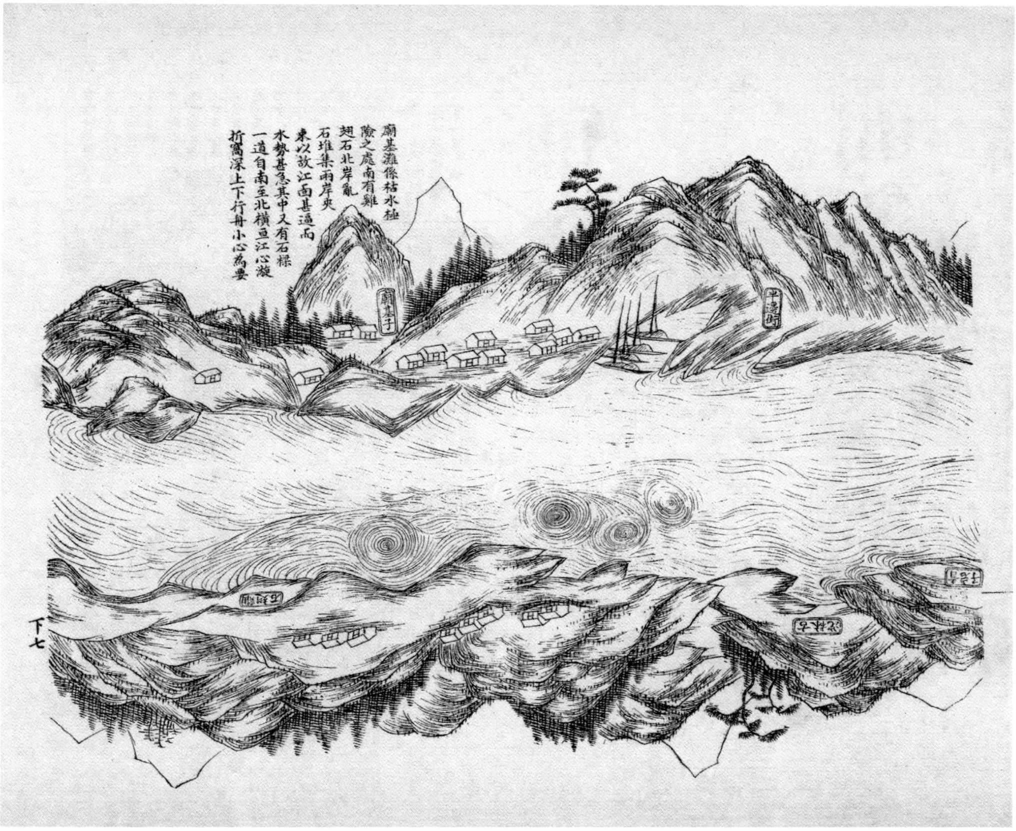
廟基灘係枯水極險之處南有雞翅石北岸亂石堆集兩岸夾束以致江面甚逼而水勢甚急其中又有石梁一道自南至北橫亙江心漩折窩深上下行舟小心為要
廟基子
下七

小鼓沱下枯水可以靠船南漕水沱內防淺
磁庄子亙塞江心南漕水急灘淘湧下水須早

下九

明汪安宅謁張桓侯詩桓侯忠義鐵心肝雲怕孫高雪怕寒惟有五峯祠下水年年猶濯漢纓冠安坪至此一大站
下十

淘米盆南漕水
泡漩洶湧舟行
謹防卧灣
下十一

傘把溪水枯時
南北兩岸多淺
下十二

痴灘子南漕水
下水船可挽泊
下十四

雲陽至此
一大站
小江

下十三

小五陵磧上游一
帶名日三腰脹河

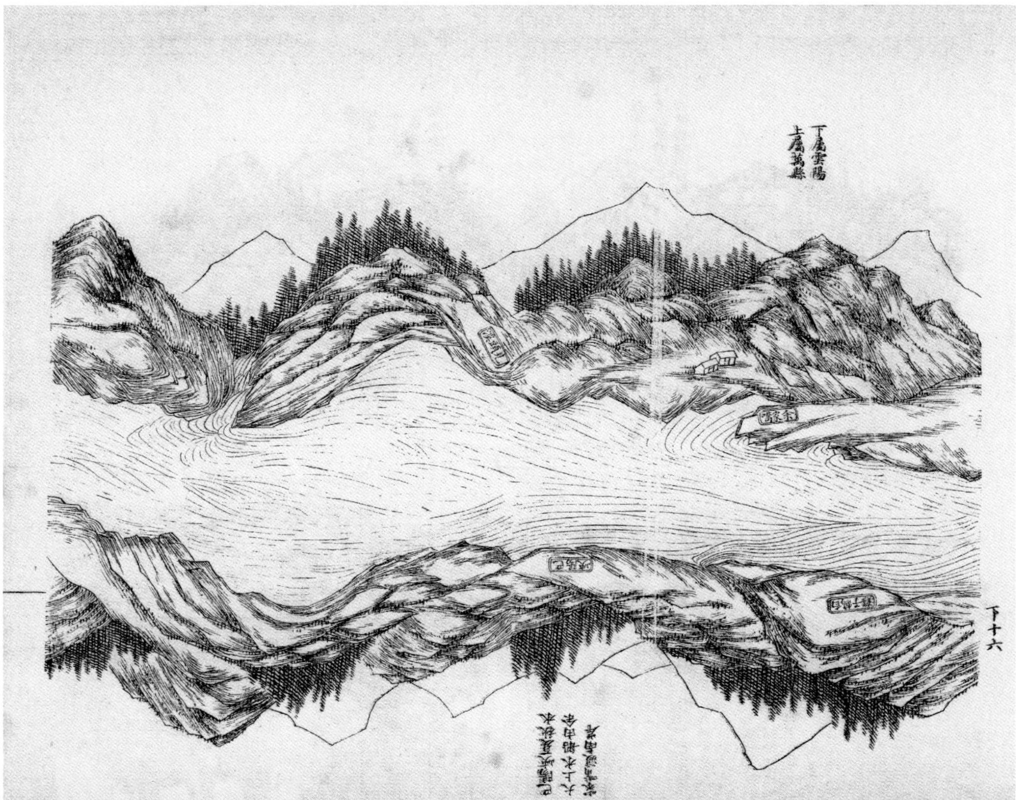
下屬雲陽
上屬萬縣
巴陽峽夏秋水
大上水船由余
家嘴渡南岸
下十六

得勝台夏秋水
大上水船行漕
内水枯岸淺
下十五

上水船由大陽
磧渡過北岸
務宜小心
大舟溪
小舟溪
下十八

下十七

猴子石水勢湍急
上水切毋大意

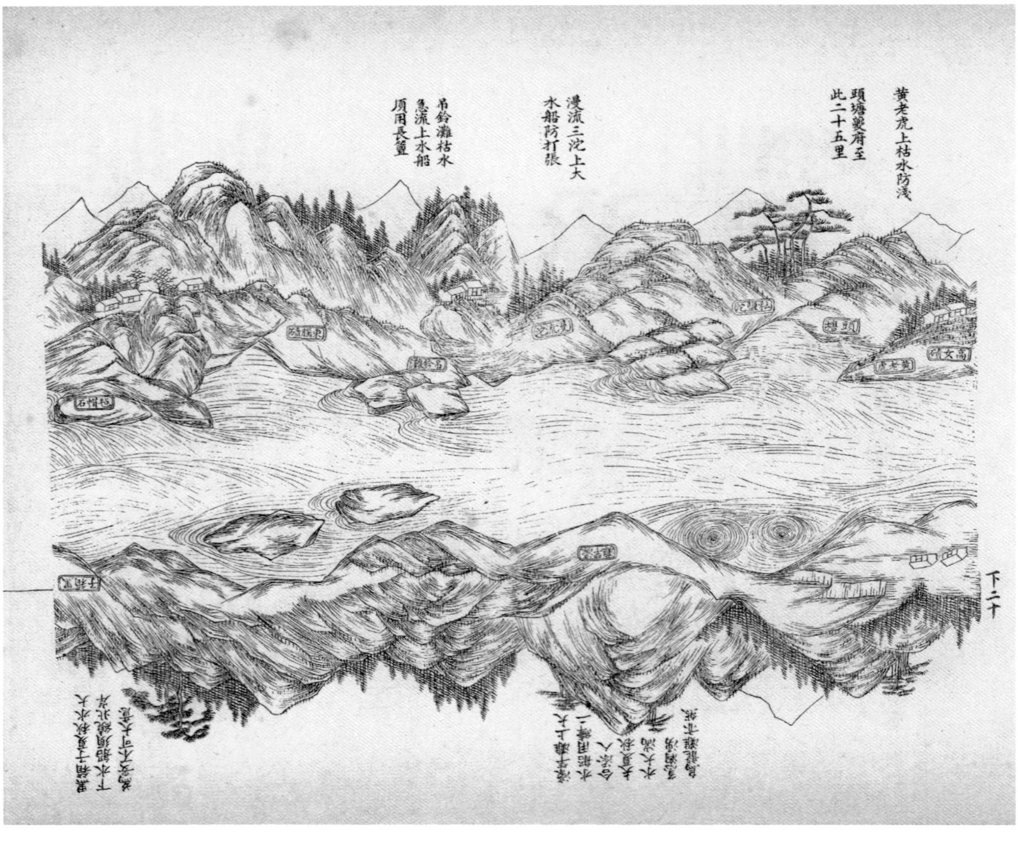
黃老虎上枯水防淺
頭塘夔府至
此二十五里
漫流三沱上大
水船防打張
吊鈴灘枯水
急流上水船
須用長篔
頭塘
黃老虎
下二十

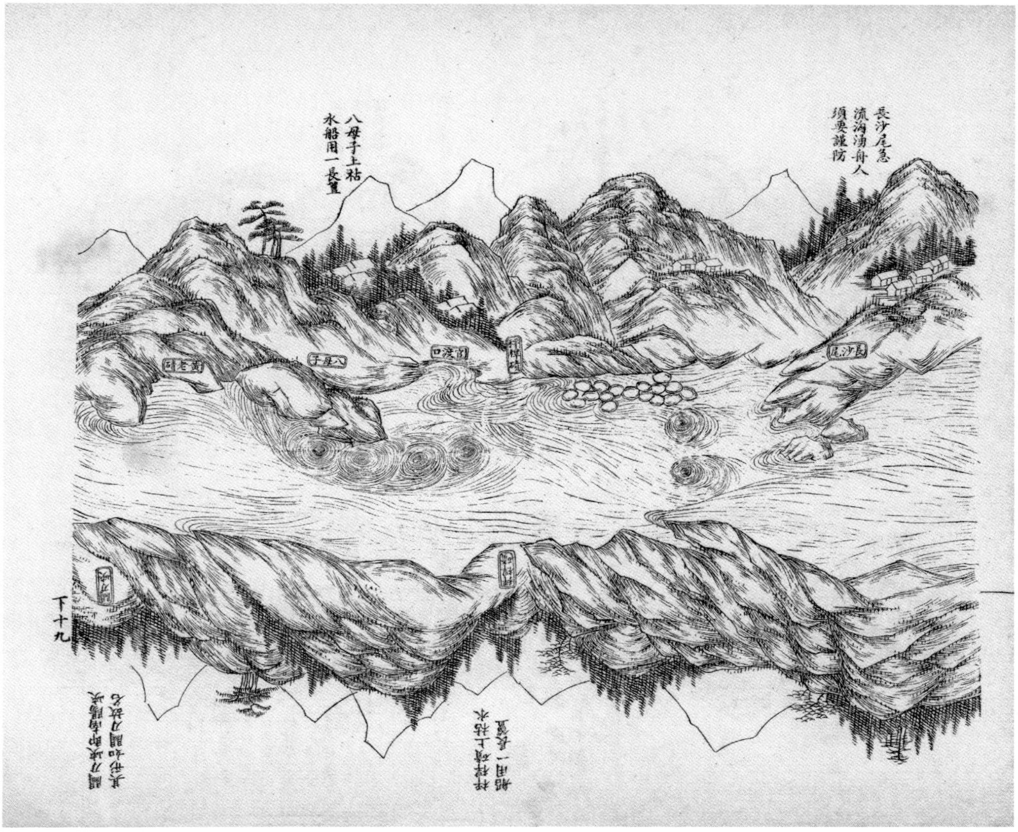
八母子上枯水船用一長篙
長沙尾急流洶湧舟人須要謹防
下十九

野土地一帶水勢湍流行舟切毋大意
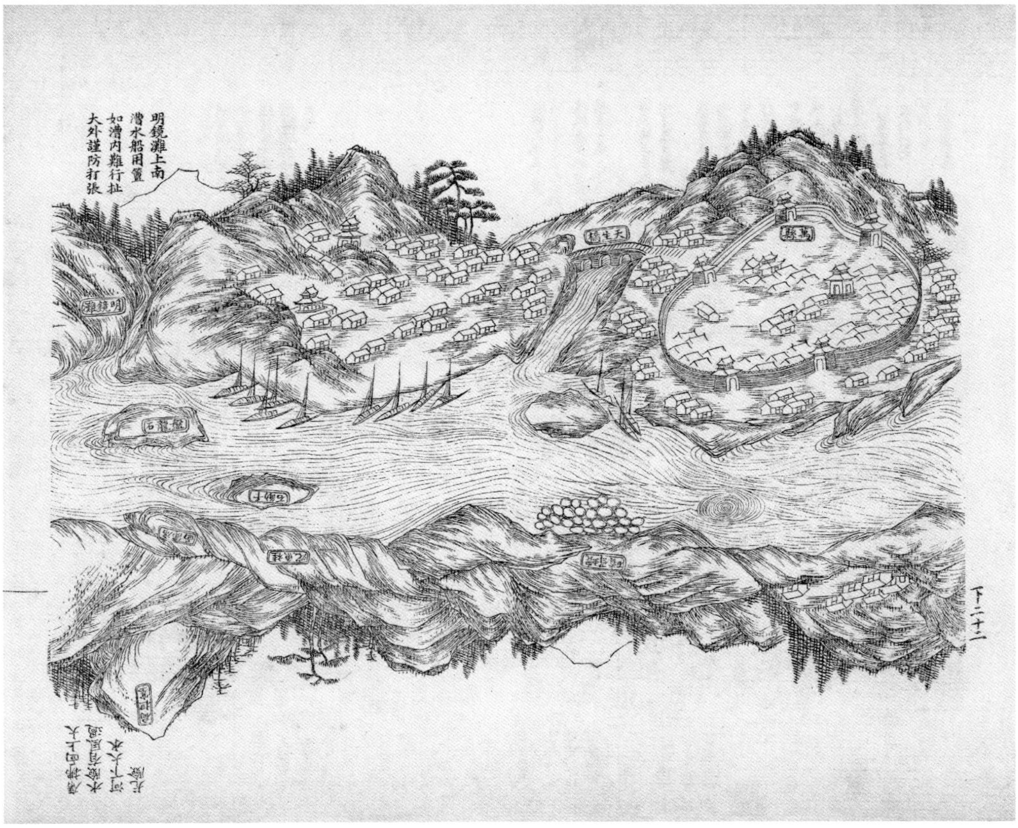
明鏡灘上南灣水船用篙如漕内難行扯大外謹防打張
下二十二

寰宇記使君灘在萬州東二里大江中晉楊亮赴任益州船行至此覆故名
下二十一

南漕水船渡
窄尾子宜小心
漕溪至官磧
三十里此處
上大水漫平
漕內可行則
行如不能行
有風即過河
大碟露尾謹
防八字下水
船可靠船處
此處上南漕水
行漕內大南漕水
枯水上首即當過河
下二十四

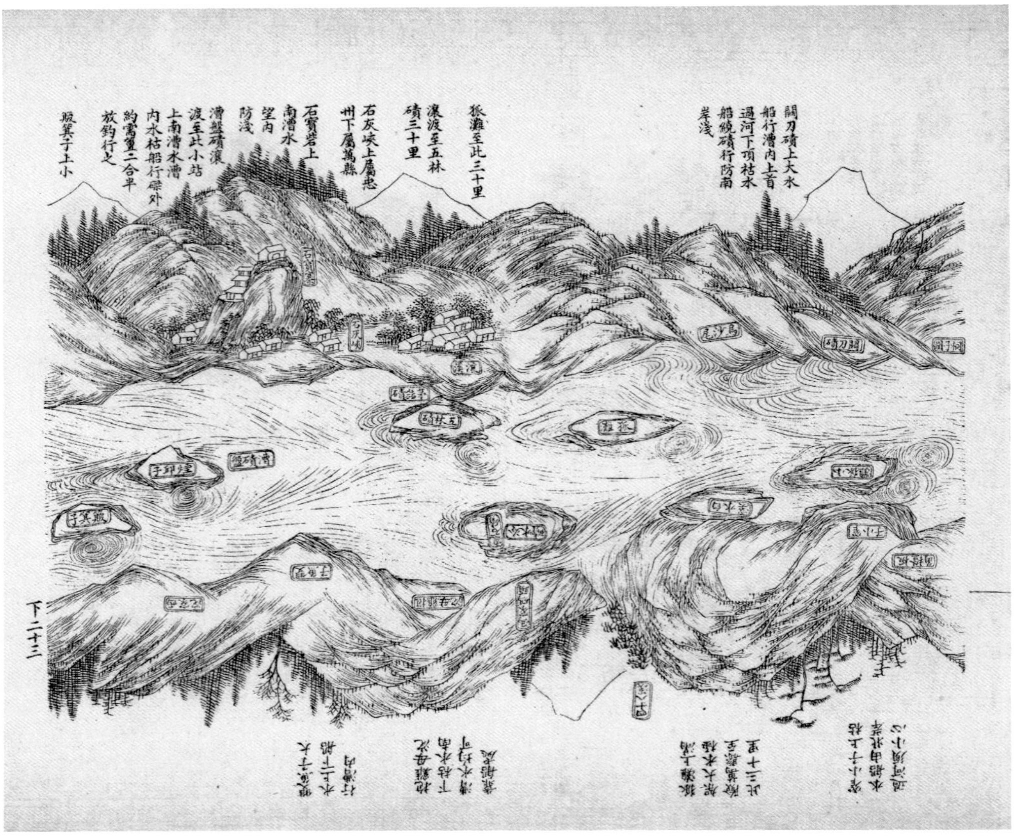
關刀磧上大水
船行漕內上首
過河下項枯水
船繞磧行防南
岸淺
猴灘至此三十里
濮渡至五林
磧三十里
石灰峽上屬忠
州下屬萬縣
石寶岩上
南漕水
望內
防淺
漕盤磧濮
渡至此小站
上南漕水漕
內水枯船行碟外
約需費二合半
放鉤行之
販箕子上小
下二十三

御魚灘最險
大佛面險灘

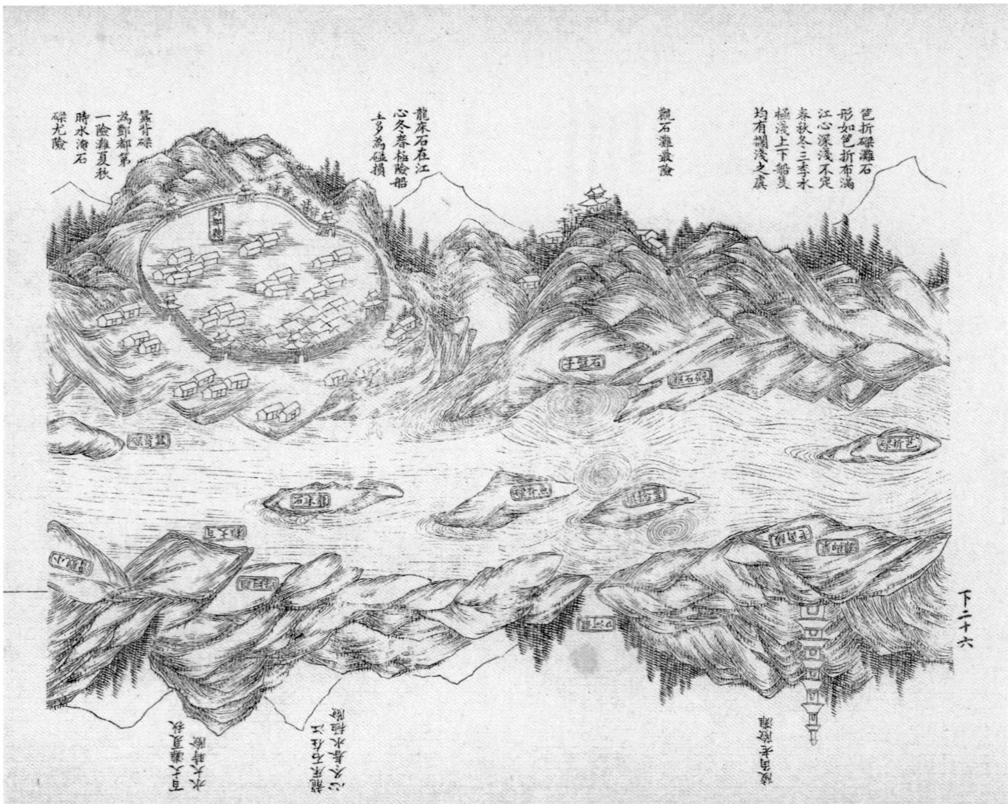
色折磧灘石
形如色折布滿
江心深淺不定
春秋冬三季水
極淺上下船隻
均有擱淺之虞
觀石灘最險
龍床石在江
心冬春極險船
多為碰損
蠶背碟
為酆都第
一險灘夏秋
時水淹石
碟尤險
下二十六

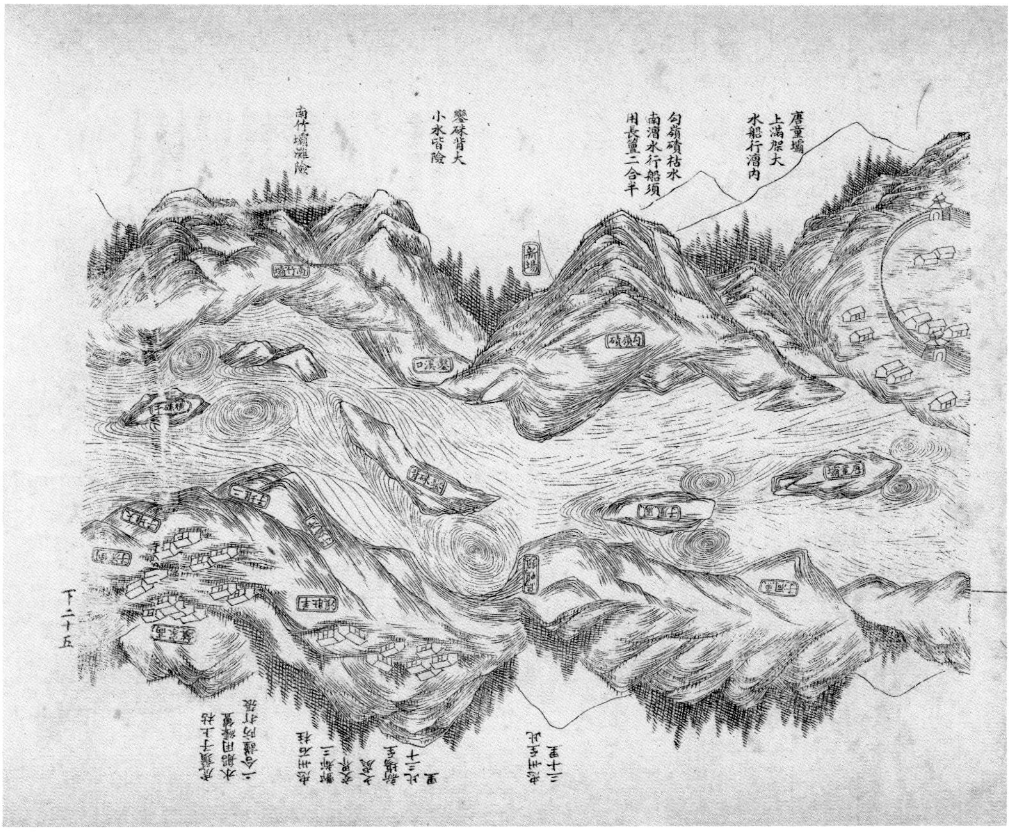
唐童壩上滿架大水船行漕内
勾嶺磧枯水南漕水行船須用長䉶二合半
鑿硃背大小水皆險
南竹壩灘險
新場
南竹壩
下二十五

圓溪至此三十里
漕溪至此一大站

下二十八

觀音灘夏大水極險漕口甚窄水急浪高上水船最易傾覆
鐵門坎險灘
下二十七

下三十

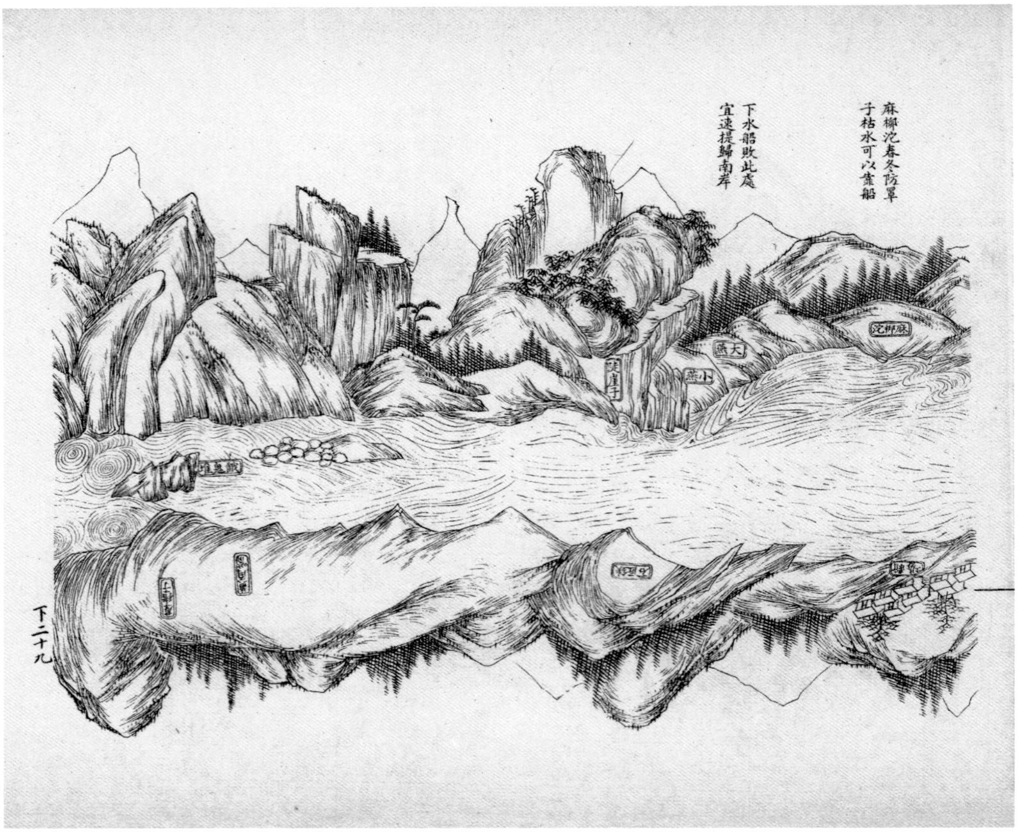
麻椰沱春冬防罩
子枯水可以㩭船
下水船敗此處
宜速提歸南岸
下二十九

龍舌磔石迎江
出如舌水小則
見中水防觸

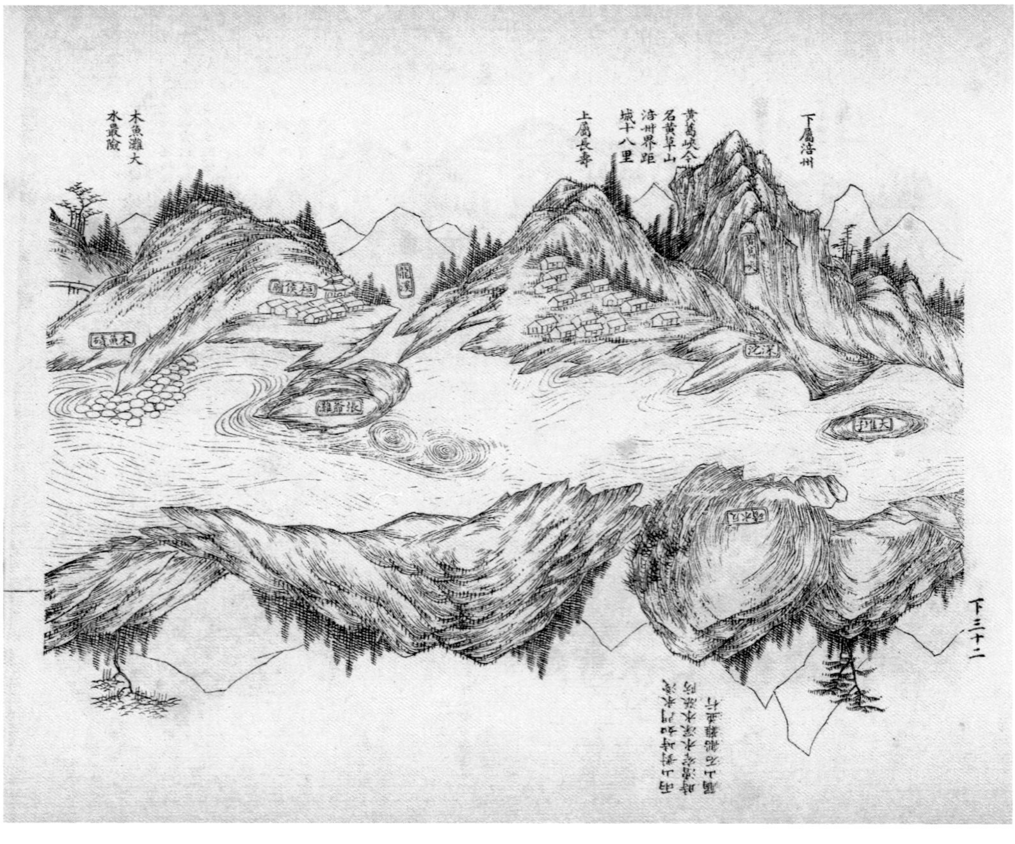
木魚灘大
水最險
下屬涪州
黃葛峽今
名黃草山
涪州界距
城十八里
上屬長壽
下三十二

下三十一

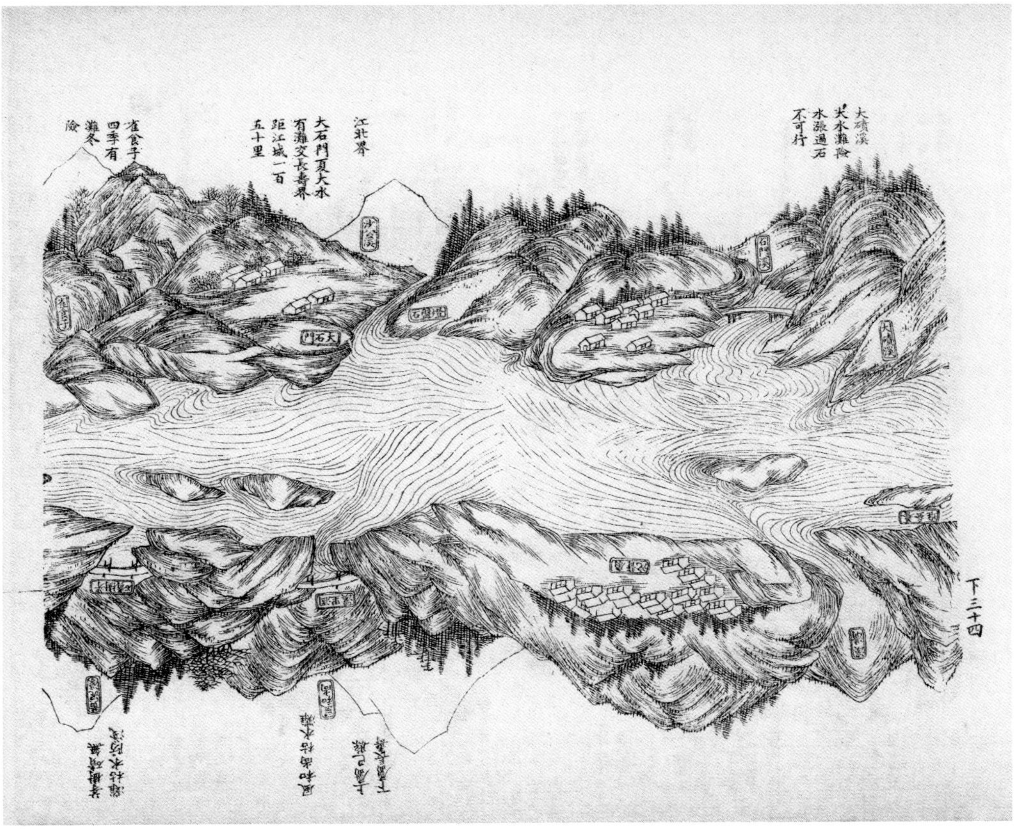
大磧溪
大水灘險
水漲過石
不可行
江北界
大石門夏大水
有灘交長壽界
距江城一百
五十里
雀食子
四季有
灘冬
險
沙公溪
石門溪
下三十四

台盤子水小
時漕窄難行
沙石中
水淺
來公橋
石盤子
下三十三

竹子背夏險冬平
高梘子夏險冬平
下三十六

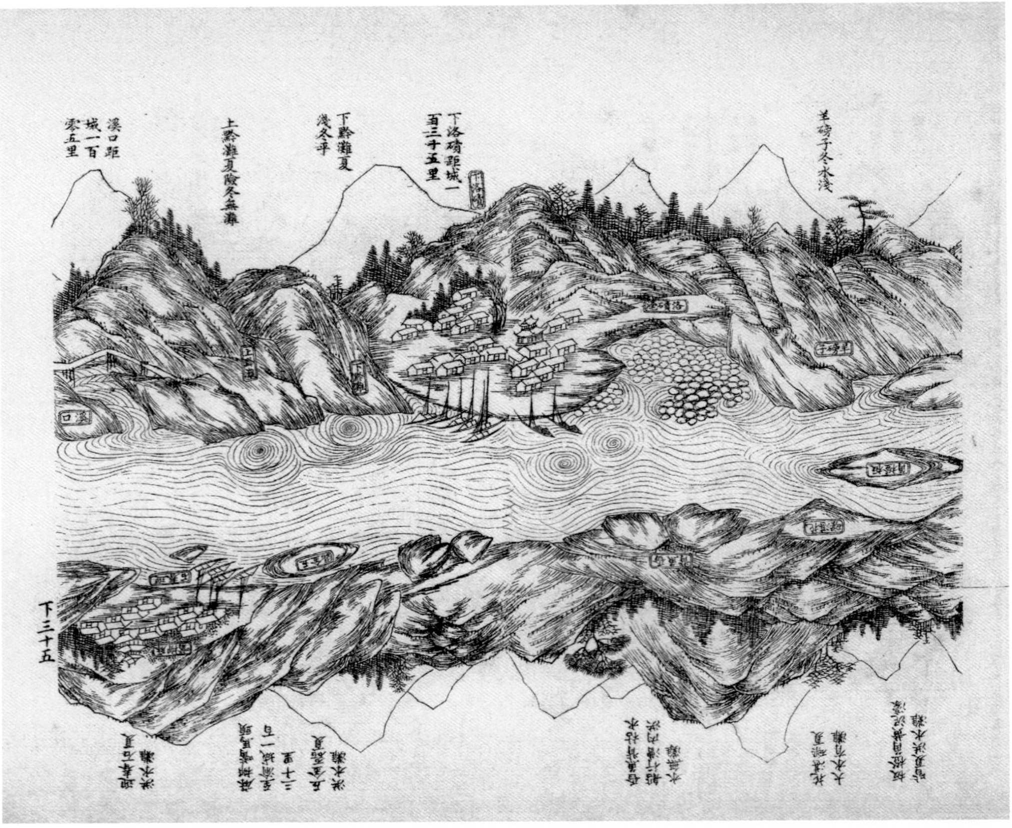
羊磅子冬水淺
下洛磧距城一百三十五里
下黔灘夏淺冬平
上黔灘夏險冬無灘
溪口距城一百零五里
洛磧
溪口
下三十五

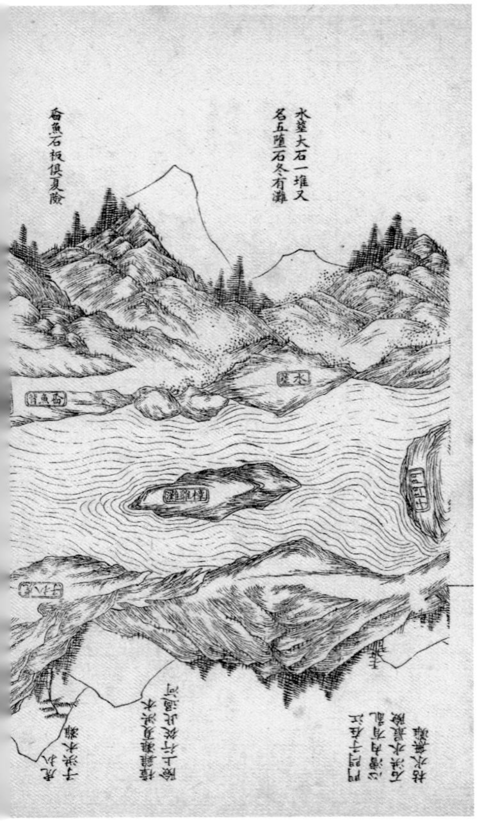
水盤大石一堆又名五隴石冬有灘
每魚石板俱夏險

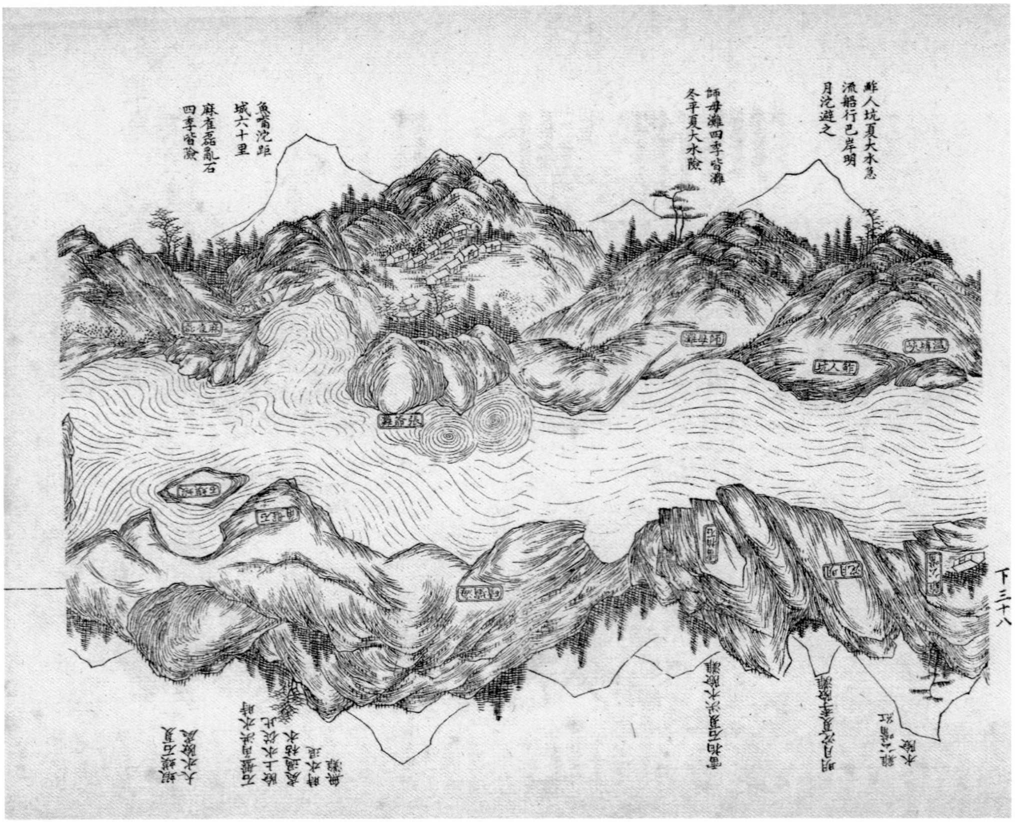
鮓人坑夏大水急流船行已岸明月沱避之
師母灘四季皆灘冬平夏大水險
魚嘴沱距城六十里
麻雀磊亂石四季皆險
下三十八

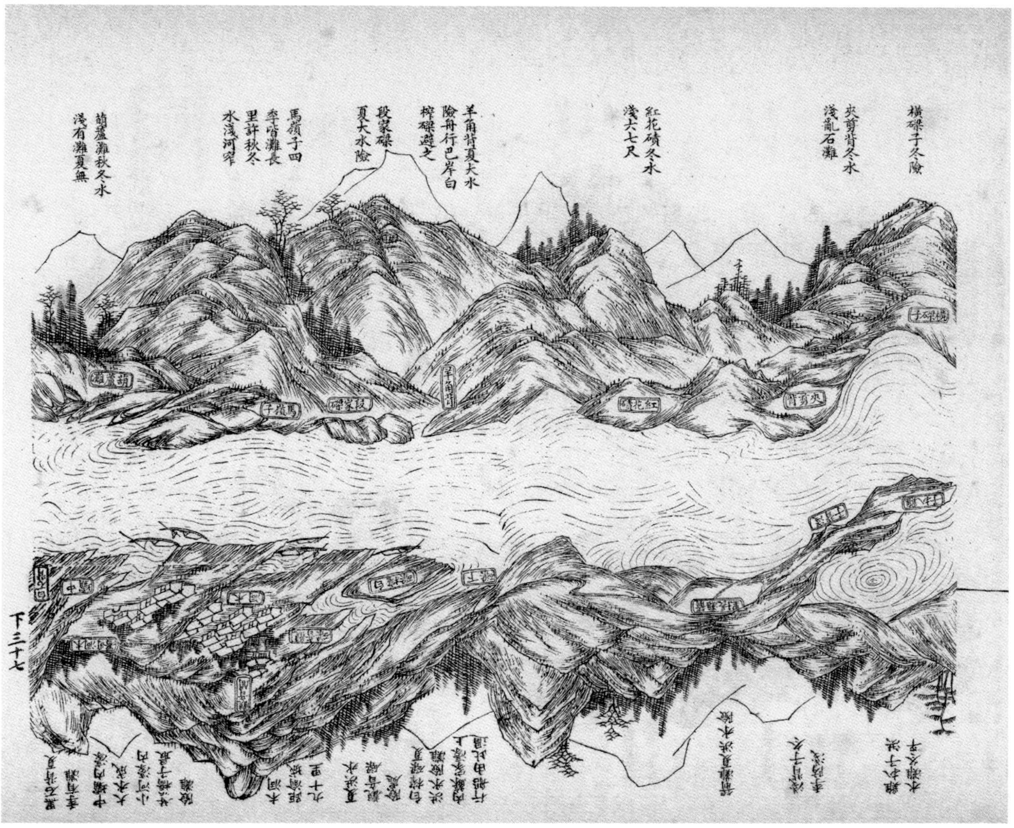
橫梁子冬險
夾剪背冬水淺亂石灘
紅花磧冬水淺六七尺
羊角背夏大水險舟行巴岸白榨𥗥避之
段家𥗥夏大水險
馬嶺子四季嗜灘長里許秋冬水淺河窄
葫蘆灘秋冬水淺有灘夏無
下三十七

胡盧夏
大水險

上下打𥗥夏大水險冬無灘有小浩
黑石盤夏險冬無灘
蓮花背夏大水不時閒斫極深冬無灘
唐家沱距江北城三十里
長石尾夏險冬無灘土地灘亦然
龜子灘夏險冬無灘
猪腦灘夏大水險冬無灘
下四十

野騾子四季水急冬更甚上水過此岸上有路挽纜
狀元堆四季嗜有灘夏險冬水枯畜沙磧
黃魚背夏有灘冬無
下三十九

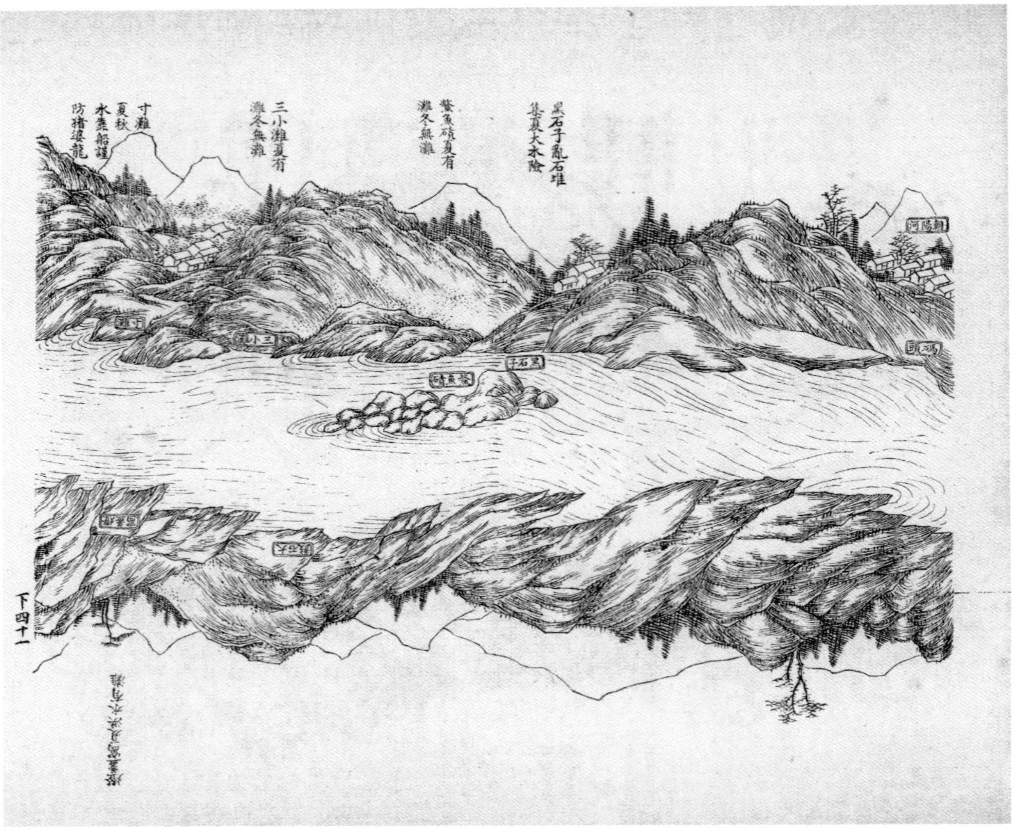

夔州府	北岸	城東有小溪遶一道炭船可行百餘里	
頭塘	北岸		二十五里至
安坪場	南岸	卸嘅吧稈 中平場	二十五里至
黃石嘴	南岸	中平水上水險	
三塊石	北岸	當隴支岸	三十里至
高桅子	北岸	大水上水險 與黃石嘴隴對	
二道溪	南岸	小水險 上水大小水行南岸	
磁庄子	南岸河中	小水險 上水過下風宜小心	十五里至
廟基子	北岸	大小水險 上水宜險 灘下有半邊街	十五里至
東洋子	北岸	小水險極 南牆下水宜小心	十五里至
鷄耙子	北岸	小水險 上水大小水走北岸	
雲陽縣	北岸	背山臨江街市涂集	三十里至
馬鈴子	南岸	小水險 小水下水船宜向中高行看上風即宜停泊 上水大小水行北岸	
小帳	北岸		三十里至
盤沱鎮	南岸	中等場	
小江場	北岸	中等場有小溪源通開縣行小船	三十里至
巴陽峽		大水半峽險	
上山龍	北岸		
鴨蛋石	南岸		三十里至
徐塔洞	南岸	中小水險 上中水小水走南岸	
大桂石	河中	大水險	

羅磧場	北岸	場市頗大	三十里至
太洪江	北岸	有場市	十五里至
羊角背	北岸	大水險	
百戰標	南岸	大水險 下水過上風大即須停泊 對岸即羊角背 上水走北岸	
木洞鎮	南岸	設巡檢場市大 南川縣由此運進	三十里至
馬嶺子	北岸	小水險 中行水宜險 上水走南岸	
黑石背	南岸	大水險 上水大小水皆走 江北大村石本縣不可攔船	
鮓人坑	北岸	大水險 上水大小水走南岸	
魚嘴沱場	北岸	有場分街市數十家	三十里至
門堆子	河中	大小水險	
廟角灘	北岸	大小水險	
野騾子	北岸	大小水險 上水大小水皆走	
狀元灘	河中	小水險	
打磨灘	北岸	大水險 上水大小水皆走	
蓮花背	北岸	大水險 上水大小水皆走	
唐家沱	北岸	設座卡場市數十家 上水納座下水驗票	三十五里至
滙口	北岸	大水險 與五桂石斜對	
五桂石	南岸	大水險 大水走江北滙口 小水由此繞江北大村石溪小河	
重慶府	九門	朝天 東水 太平 儲奇 金紫 南紀 通遠 臨江 千廝	三十里至

重慶至夔府水道程途

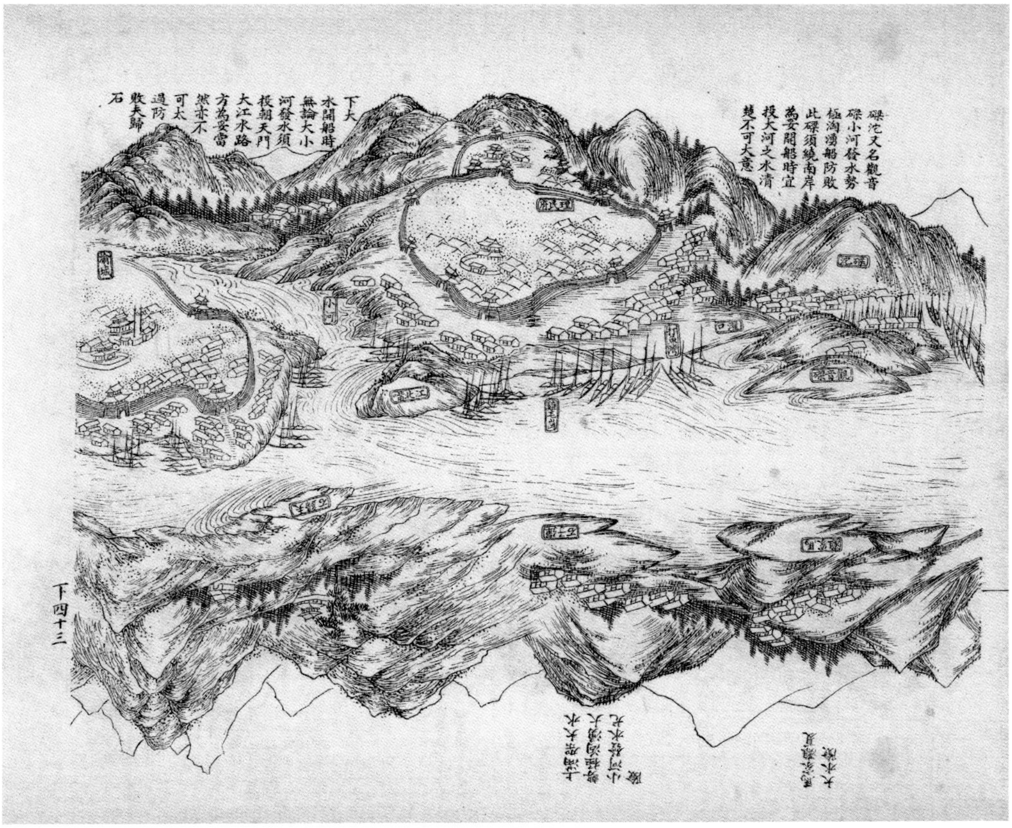

萬縣	北岸	縣城西門外有小河一道夏日山水忽發沒橋最為害	六十里至
涪灘場	南岸	大水險 上水大小水皆走此險 河面甫津街鎮面較闊	三十里至
誠渡場	北岸	中場	三十里至
磨刀灘	河中	小水險	
雙魚子	南岸	又名雙魚子 中平水險 大水上下水由北岸下灘 中小水由南岸較險	
武陵磧場	北岸	說此外為縣界	三十里至
西界沱場	南岸	說此縣場分大到上二坡石柱界	三十里至
石堡寨場	北岸	場後有石若如笋互峰數十丈 上建廟宇九層場市中平	十五里至
永興場	北岸		十五里至
九渡水	河中	小水上下水險	
折桃子	南岸	小水險 與簸箕子對	
簸箕子	北岸	小水險 上水由此繞南岸險	
關溪場	北岸	場小	十五里至
打磨子	北岸	大水上水險	
三塌河	南岸	中平水由吳溪此黃花磨一灣甚險	
袁溪場	南岸	場市中 上瓢子由此起旱至利川	三十里至
忠州	北岸	背山面江山林青翠	三十里至
橋馬灘	南岸	中平水險 上水險	
烏鴉鎮	南岸	場分中平	四十五里至
白馬子	南岸	大水險 上水大水走南岸 小水由北岸抱河	
新場	北岸	場分小	十五里至
魚洞子	河中	中平水險 大水走北岸磧背 小水走南岸走磧	

羊渚溪	南岸	石柱界場分中石柱由此進山	三十里至
洪河鎮	南岸	場市小	
虎鬚子	南岸	小水險 上水行此險	
鐵門坎	北岸	中平小水行此 大水行南岸下游 河中卸南竹磧 上水有順風方可渡河無風卸雷竹磧	
高家鎮	南岸	中等場市	三十里至
欒腳灣	南岸	小水上水走此險	
巴折梁	北岸	小水險 上水中平水走此險 坡上有家長可以雇扯此梁不過七八百文	
菱角老	北岸	中平水險 上水行此	
龍船石	河中	中平水險	
酆都縣	北岸	城北靠山有小河溝凡水大發時 損物此溝水漲不能渡人	六十里至
靈背梁	北岸	大水中平水險梢過南岸必須在泥石鎮雇頭梢 扣纖過此上風颳走北岸作廣沱穿順較安穩	
送客堆	河中	大水險	
三腳魚灘	北岸	一連三灘 大水險 上水行此	
大佛面	北岸	大水險	
觀音灘	北岸	大水險梢 水大大應泊此須以纖為寶梁 上水大小水皆走此	
灶門子	河中	大小水險 上水走北岸 下水走南岸	
馬頸子	南岸		
泥石鎮	北岸	下水初過南岸卸應在此停泊以防靈背梁 上水大小水皆走此	三十里至
南沱場	南岸		三十里至
鷺鷥盤	南岸	中平水險 上水中水走此 大水走對河	
珍溪場	北岸	場市大與南岸三官廟對 大水走此 小水走對河	三十里至
花灘	南岸		

白淺	北岸	一連三灘大水險與花灘對 上水走南岸	
青溪場	南岸		三十里至
陡岩灘	北岸	大水險 上水走南岸	
犀豬灘	北岸	大水險 上水走南岸	
和尚石	南岸	大水險 上水走此險 與犀豬灘對峙	
門閂子	河中	小水險 上水大水走南岸 小水走北岸	
龍王沱	南岸	大水險 黔大小河水直沖入大江激而成旋過河船尤當謹慎	
涪州	南岸	小河來自黔彭河至此合大江 小河船身長形似蓬尾殼	三十里至
李渡場	北岸	場市大	三十里至
甯石場	南岸	涪州界 場分大場口有大石樁約費十萬餘金	三十里至
青岩子	南岸	小水險 上水走此	
磨盤灘	北岸	大小水險 上水大水走北岸 小水走南岸	
石家沱場	南岸		三十里至
黃泥馬蜂	北岸	小水險 上水走此 此處出巴峽矣	
黃魚嶺	北岸	大水險 上水大小水皆走此	
長壽縣	北岸	縣城居山頂 河街較闊	三十里至
抬盤子	北岸	小水險 與王家灘對岸	
王家灘	南岸	中平水小水皆險 上水走此	
紅廟角	南岸	大水險 上水走北岸	
鱖背沱場	北岸	長壽界	三十里至

峽江圖攷

長江圖

作　者　不詳
年　代　清後期
類　型　單色繪本
載體形態　十二幅
尺　寸　每幅縱二六厘米，横三六點五厘米
索書號　222.002/034.311/1894

該圖是描繪晚清長江江防形勢與營汛分布的軍事輿圖。《輿圖要録》一書有著録。圖面上方爲右岸，下方爲左岸，繪製範圍上起江西九江，下至苏皖交界的江陵鎮。（案：全圖從右向左展開，即從長江上流向下流展開，因此江段由西南曲折向東北，不能用方位，祇能用『左』『右』。凡指述河流皆應以上游向下游逐段叙述。）全圖采用平立面結合的形象畫法，沿長江水道流向依次展開，細緻描繪了長江下游皖江段的河道走向、江面形勢、沿江城邑、兩岸山峰等自然與人文地理景觀，重點刻畫安徽境内沿江緑營的汛地分布、駐防地點與管轄範圍。（案：此圖僅表現安徽省段長江江防，右卷首與江西九江府交界，左卷尾與江蘇江浦縣交界，江寧府城未表現在圖上。）此外，圖中還用文字注記詳細標明長江下游南北兩岸的汛防界址、江中的沙洲分布、江岸的自然變遷，以及各江段的水程數據、汛署的建置沿革、重要的江防設施等，圖文并茂，相得益彰。

此圖與光緒《重修安徽通志》中的《江水圖》高度相似，區别之處在於沿江營汛的建置。《江水圖》體現的是長江水師的營汛部署，而本圖則是長江水師成軍前的長江營汛分布。并且，圖中多次出現道光二十二年（一八四二）鴉片戰争期間爲阻止英軍溯江進犯安徽而臨時增設的營壘及火器部署。因此推斷本圖當作於道光二十二年（一八四二）至同治八年（一八六九）長江水師正式成軍之間。

傳世至今的彩繪江防輿圖長卷，還有中國科學院文獻情報中心藏清初《江防海防圖》（案：孙靖国考订此图爲清顺治年间绘製），甘肅省博物館藏順治《長江江防圖》，台北故宫博物院文獻館藏清初《長江地理圖》，均以形象繪法刻畫了清朝長江中下游的江防形勢與軍事部署。與本圖同一時段、同一主題、同一類型的，還有同治八年（一八六九）馬徵麐編繪的《長江圖説》，中國國家博物館藏同治《長江圖册》，北京大學圖書館藏同治《五省南北兩岸長江全圖》，美國國會圖書館藏《長江水師瓜洲鎮標中營江汛全圖》，中國國家圖書館藏光緒《安徽省城至九江長江江防圖》等，都直觀反映了晚清江防營汛的防務範圍與布局特徵，對研究清季長江水師的江防職能與制度運作有着重要的史料價值。

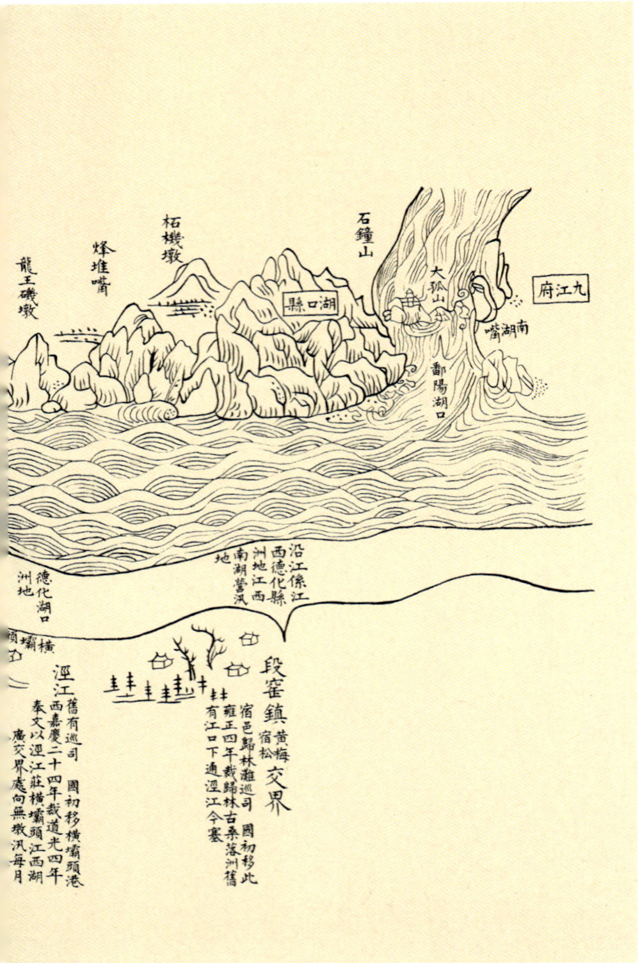

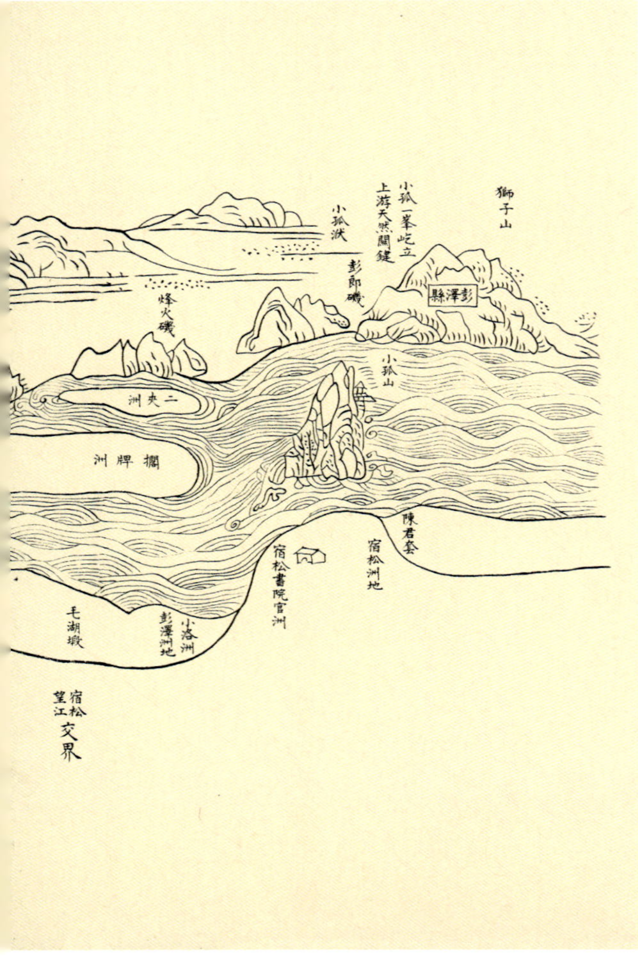

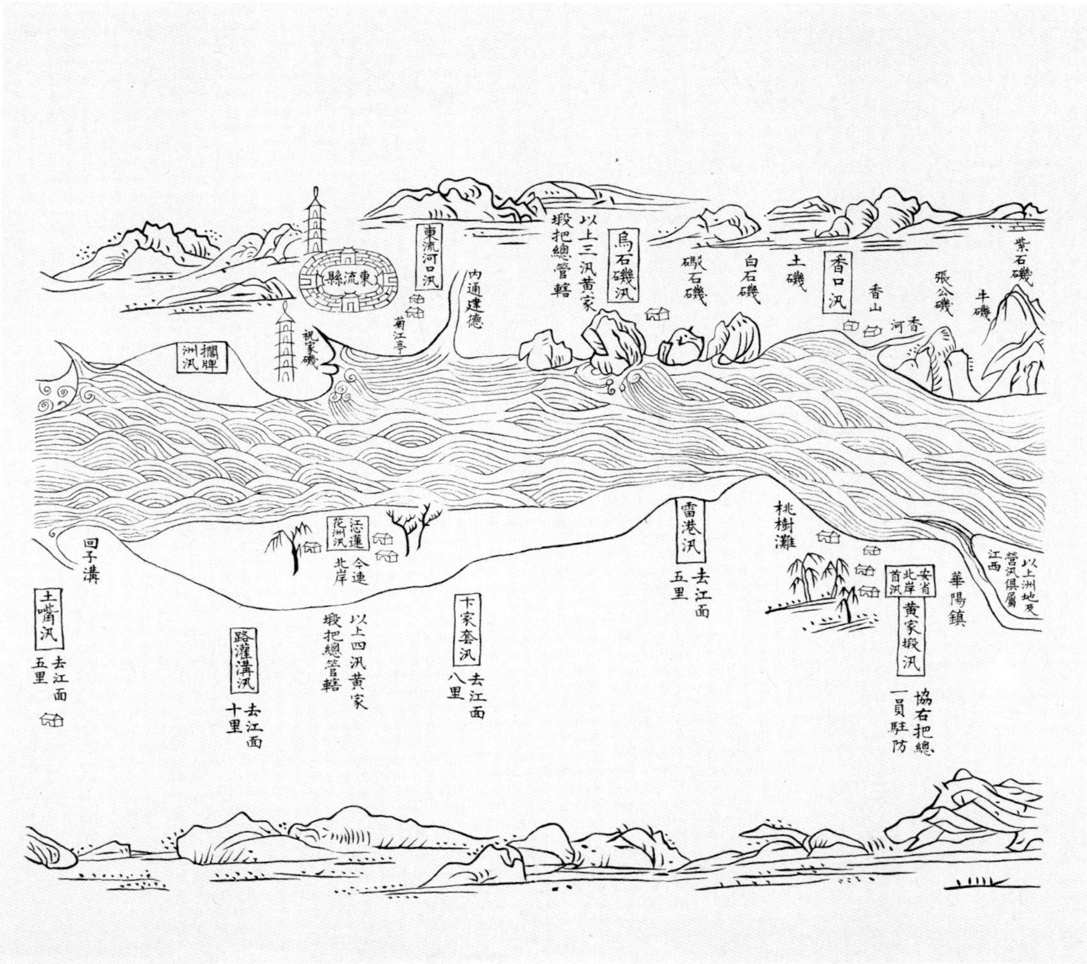
東流縣
東流河口汛
內通建德
以上三汛黃家墩把總管轄
烏石磯汛
礮石磯
白石磯
土磯
香口汛
香山
香河
張公磯
牛磯
紫石磯
擱牌洲汛
菊江亭
觀家磯
回子溝
土嘴汛
去江面五里
蓮花洲汛
合連北岸
路灌溝汛
去江面十里
以上四汛黃家墩把總管轄
卞家套汛
去江面八里
雷港汛
去江面五里
桃樹灘
安省北岸首汛
黃家墩汛
協右把總一員駐防
華陽鎮
以上洲地及營汛俱屬江西

芙蓉墩
尖山墩
下石嘴
黃茅墩
復興鎮
小孤巡司 國初移此 志稱宿邑濱江三巡司惟此獨存以重扼險
金剛料
出江逾彭澤洲地五里
湖口彭澤洲地
宿松縣城去江面九十里

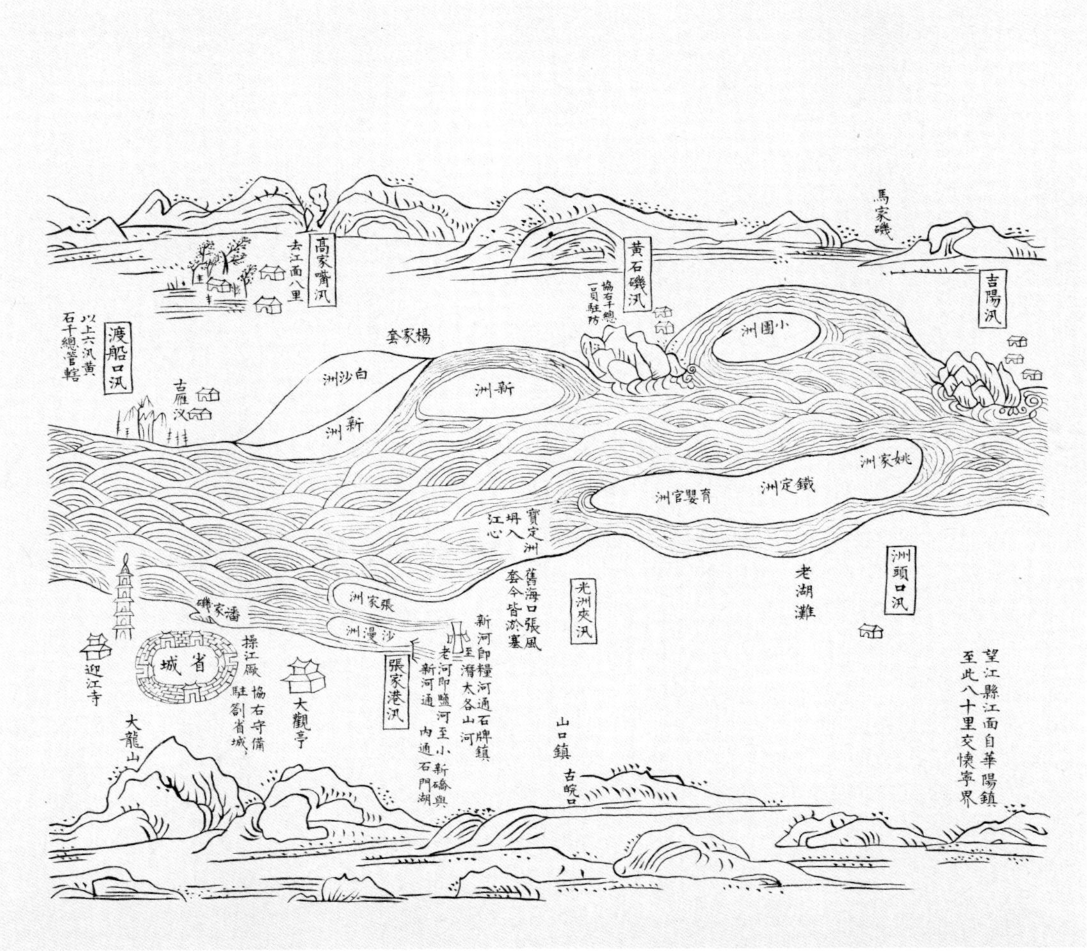
以上六汛黃石千總管轄
渡船口汛
高家嘴汛
去江面八里
楊家套
白沙洲
新洲
新洲
吉扁汊
黃石磯汛
協右千總一員駐防
小圍洲
馬家磯
吉陽汛
姚家洲
鐵定洲
育嬰官洲
寶定洲坍入江心
舊海口張風套今皆淤塞
光洲夾汛
洲頭口汛
老湖灘
潘家磯
張家洲
沙漫洲
新河即鐘河通石牌鎮至潛太各山河
老河即皖河至小新礙與新河通 內通石門湖
張家港汛
省城
操江廳
協右守備駐劄省城
大觀亭
迎江寺
大龍山
山口鎮
古皖口
望江縣江面自華陽鎮至此八十里交懷寧界

安省南岸首汛
響水磯汛
楊柳河東流彭澤交界
上五里馬當汛屬江西南湖營下十里響水磯汛屬安徽協右營
獅子磯
新洲
馬當磯
余家洲坍入江心
蛾眉洲
磨盤洲
沙灣角
急水溝
內通泊湖
望江縣
去江面十五里

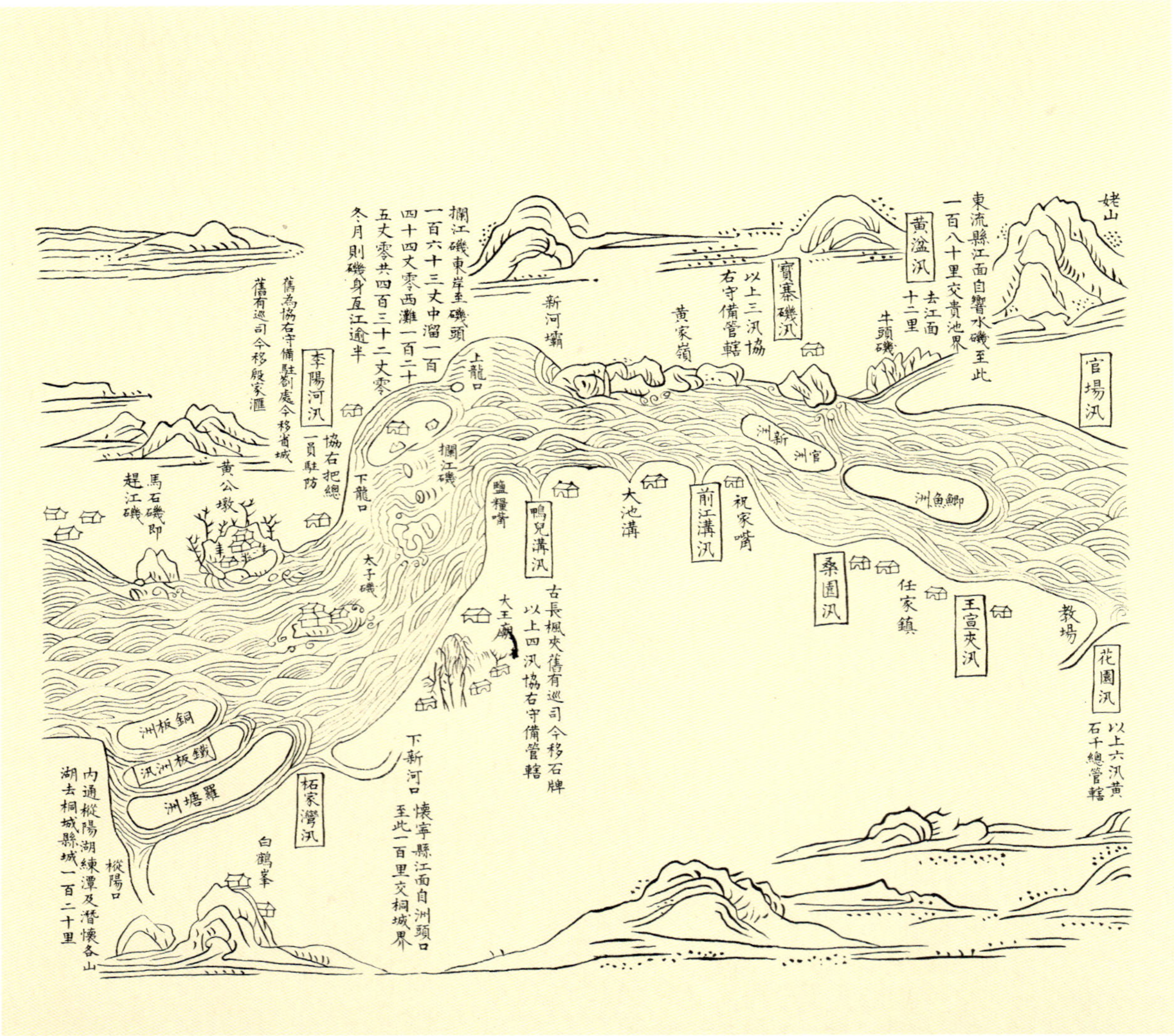
姥山
東流縣江面自響水磯至此一百八十里交貴池界
黃湓汛
去江面十二里
牛頭磯
寶塞磯汛
以上三汛協右守備管轄
黃家嶺
新河壩
攔江磯東岸主磯頭一百六十三丈中溜一百四十四丈零西灘一百二十五丈零共四百三十二丈零冬月則磯身亙江逾半
上龍口
李陽河汛
舊爲協右守備駐劄處今移省城
舊有巡司今移殷家匯
協右把總一員駐防
官場汛
新洲
官洲
鯽魚洲
黃公墩
馬石磯即趕江磯
下龍口
攔江磯
太子磯
鹽糧嘴
鴨兒溝汛
大池溝
前江溝汛
祝家嘴
桑園汛
任家鎮
王宣夾汛
教場
花園汛
以上六汛黃石千總管轄
古長楓夾舊有巡司今移石牌
以上四汛協右守備管轄
大王廟
銅板洲
鐵板洲汛
羅塘洲
下新河口
懷寧縣江面自洲頭口至此一百里交桐城界
柘家灣汛
白鶴峯
樅陽口
內通樅陽湖練潭及潛懷各山湖去桐城縣城一百二十里

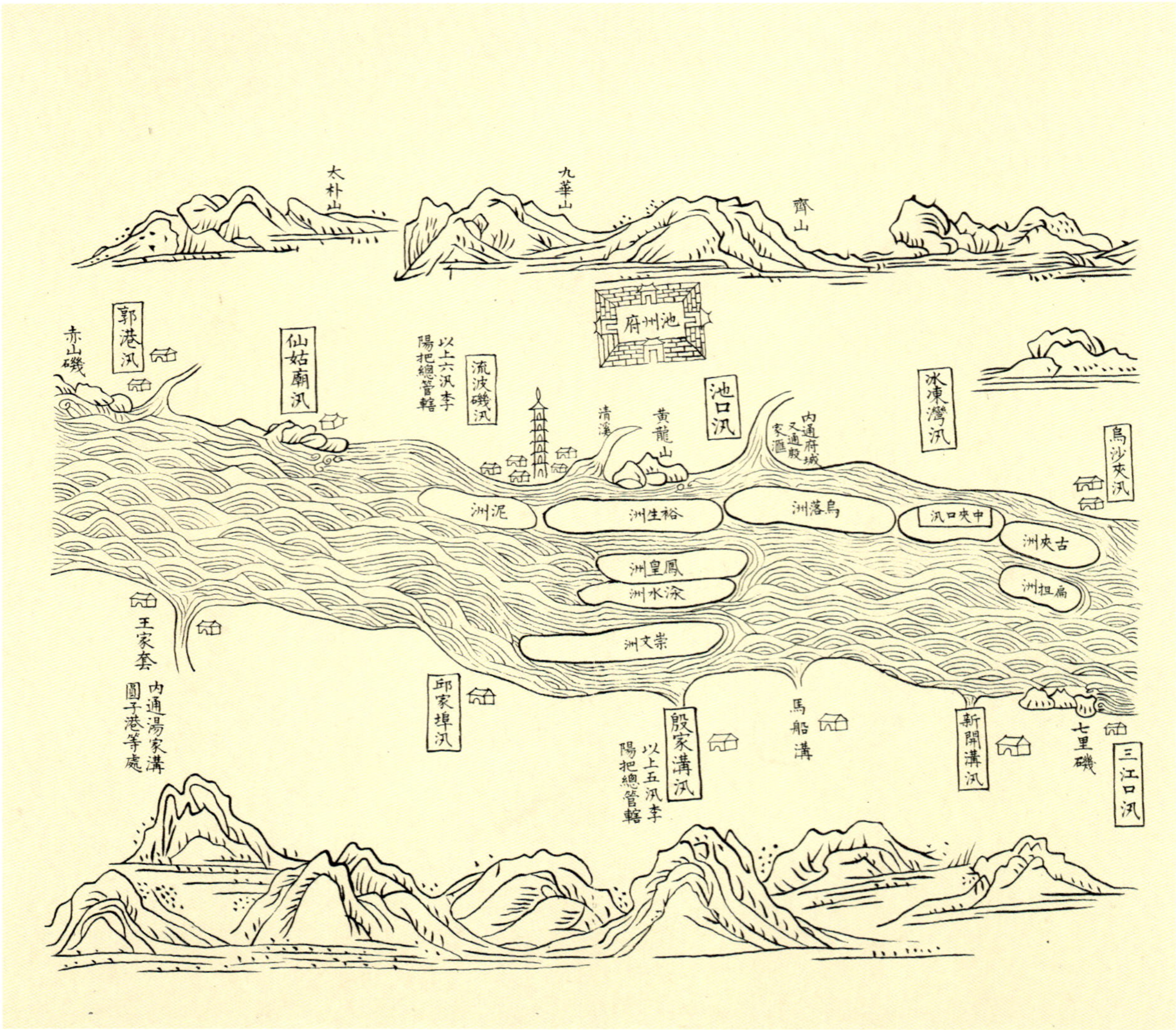
太朴山
九華山
齊山
池州府
郭港汛
赤山磯
仙姑廟汛
以上六汛李陽把總管轄
流波磯汛
清溪
黃龍山
池口汛
內通府城又通殷家匯
氷凍灣汛
烏沙夾汛
泥洲
裕生洲
烏落洲
中夾口汛
古夾洲
鳳皇洲
涂水洲
扁担洲
崇文洲
王家套
內通湯家溝圖子港等處
邱家埠汛
殷家溝汛
以上五汛李陽把總管轄
馬船溝
新開溝汛
七里磯
三江口汛

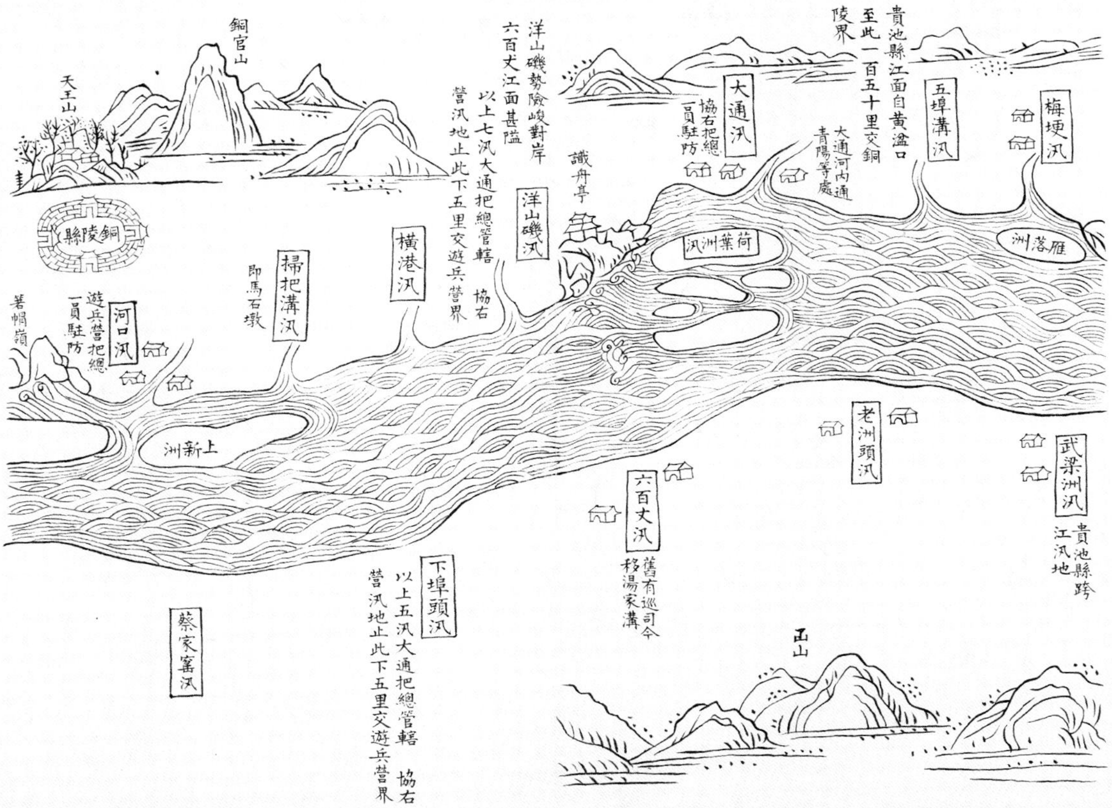

貴池縣江面自黃湓口至此一百五十里交銅陵界
梅埂汛
五埠溝汛
大通河內通青陽等處
大通汛
協右把總一員駐防
荷葉洲汛
雁落洲
洋山磯勢險峻對岸六百丈江面甚隘
以上七汛大通把總管轄協右營汛地止此下五里交遊兵營界
識舟亭
洋山磯汛
橫港汛
掃把溝汛
即馬石墩
河口汛
遊兵營把總一員駐防
著帽嶺
銅官山
天王山
銅陵縣
上新洲
老洲頭汛
武梁洲汛
貴池縣跨江汛地
六百丈汛
舊有巡司今移湯家溝
下埠頭汛
以上五汛大通把總管轄協右營汛地止此下五里交遊兵營界
蔡家窑汛

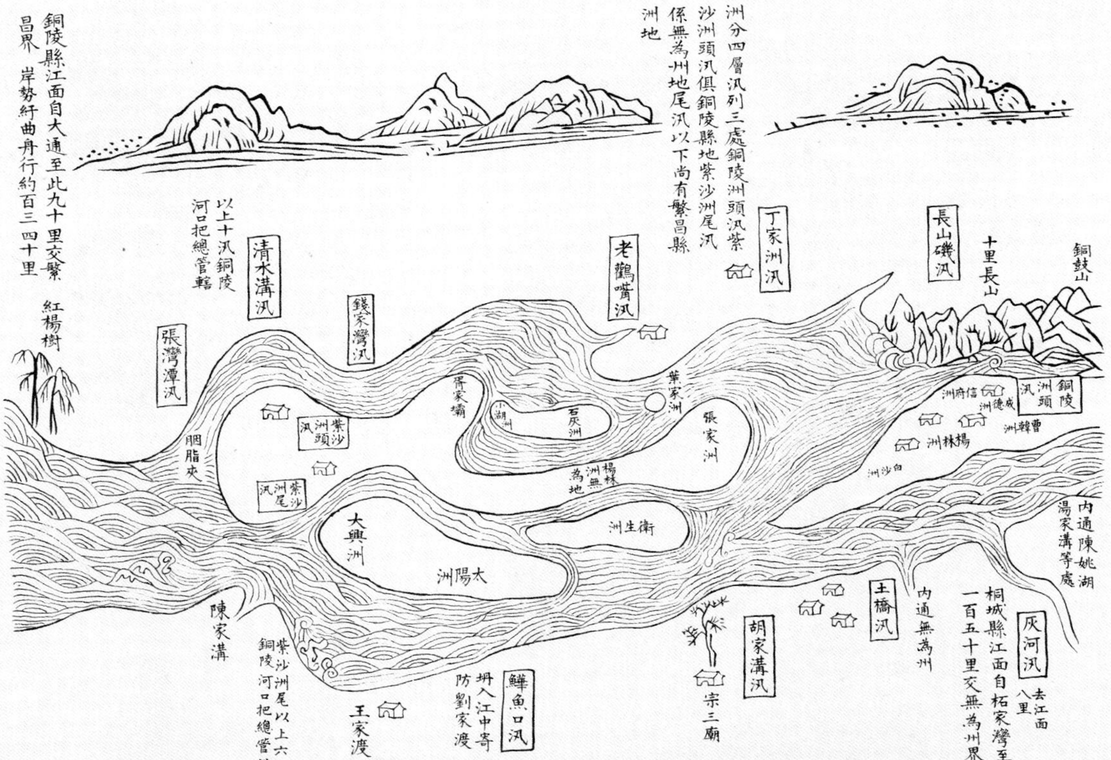

銅陵縣江面自大通至此九十里交繁昌界 岸勢紆曲舟行約百三四十里
紅楊樹
張灣潭汛
以上十汛銅陵河口把總管轄
清水溝汛
錢家灣汛
老鸛嘴汛
洲分四層汛列三處銅陵洲頭汛紫沙洲頭汛俱銅陵縣地紫沙洲尾汛係無為州地尾汛以下尚有繁昌縣洲地
丁家洲汛
長山磯汛
十里長山
銅鼓山
銅陵洲頭汛
信府洲
成德洲
曹韓洲
楊林洲
白沙洲
內通陳姚湖湯家溝等處
胭脂夾
紫沙洲頭汛
紫沙洲尾汛
胥家壩
石灰洲
葉家洲
張家洲
楊林洲無為地
衛生洲
大興洲
太陽洲
陳家溝
紫沙洲尾以上六汛銅陵河口把總管轄
王家渡
鰣魚口汛
毋入江中寄防劉家渡
宗三廟
胡家溝汛
土橋汛
內通無為州
灰河汛
去江面八里
桐城縣江面自枯家灣至此一百五十里交無為州界

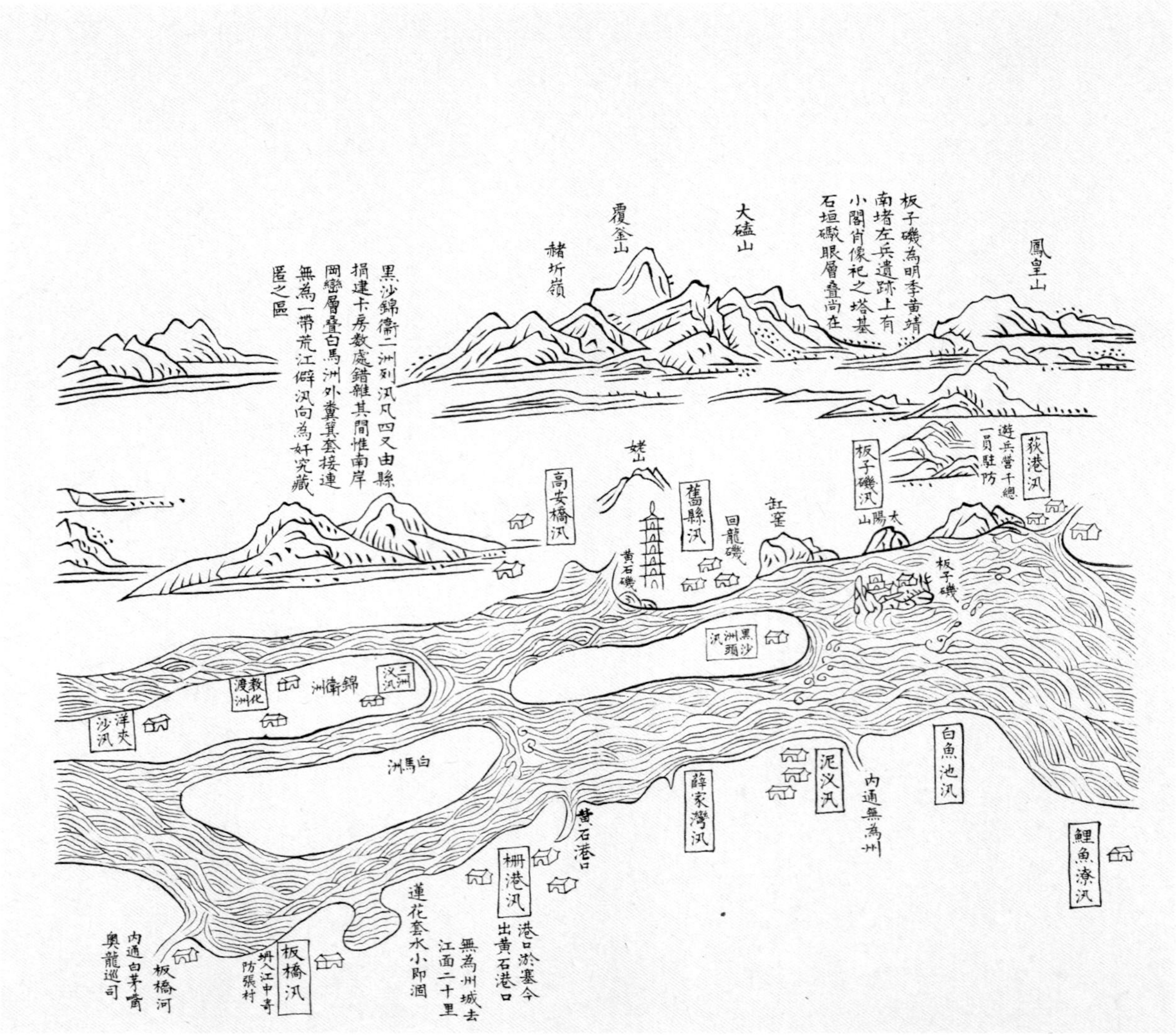
鳳皇山
板子磯為明季黃靖南堵左兵遺跡上有小閣肖像祀之塔基石垣礮眼層疊尚在
大磕山
覆釜山
豬圻嶺
黑沙錦衛二洲到汛凡四又由縣捐建卡房數處錯雜其間惟南岸岡巒層疊白馬洲外糞箕套接連無為一帶荒江僻汛向為奸宄藏匿之區
荻港汛
遊兵營千總一員駐防
板子磯汛
太陽山
缸窯
舊縣汛
回龍磯
姥山
黃石磯
高安橋汛
板子磯
黑沙洲頭汛
三洲汊汛
錦衛洲
教化洲渡
洋夾沙汛
白馬洲
白魚池汛
泥汊汛
內通無為州
蘇家灣汛
黃石港口
鯉魚潦汛
栅港汛
港口淤塞今出黃石港口
無為州城去江面二十里
蓮花套水小即涸
板橋汛
坍江中哥防張村
板橋河
內通白茅嘴
奧龍巡司

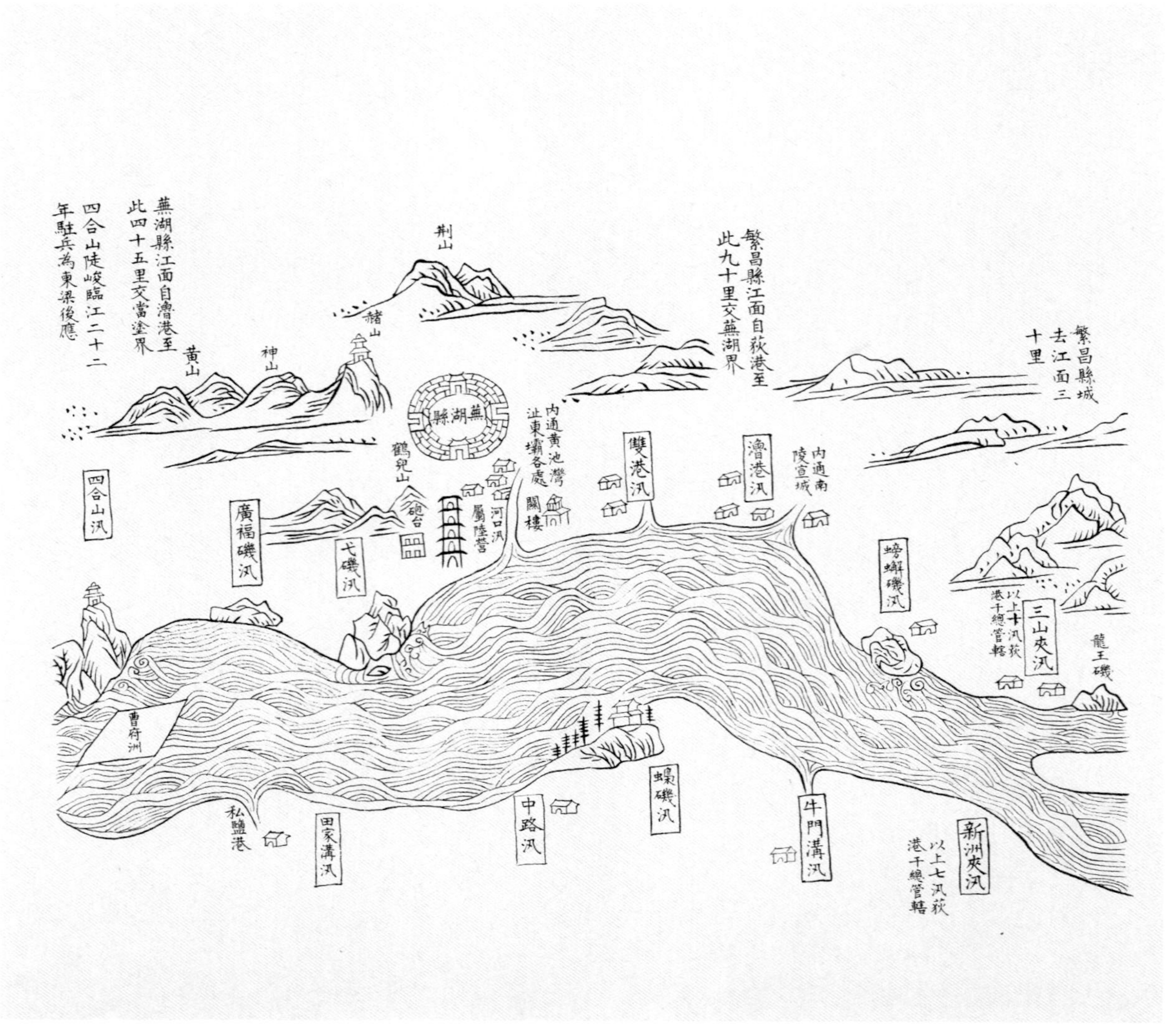
蕪湖縣江面自澛港至此四十五里交當塗界
四合山陡峻臨江二十二年駐兵為東梁後應
荊山
赭山
黃山
神山
蕪湖縣
鶴兒山
礮台
繁昌縣江面自荻港至此九十里交蕪湖界
繁昌縣城去江面三十里
內通黃池灣沚東壩各處
關樓
屬陸營
河口汛
雙港汛
澛港汛
內通南陵宣城
四合山汛
廣福磯汛
弋磯汛
螃蟹磯汛
三山夾汛
以上十汛荻港千總管轄
龍王磯
曹府洲
私鹽港
田家溝汛
中路汛
蜈磯汛
牛門溝汛
新洲夾汛
以上七汛荻港千總管轄

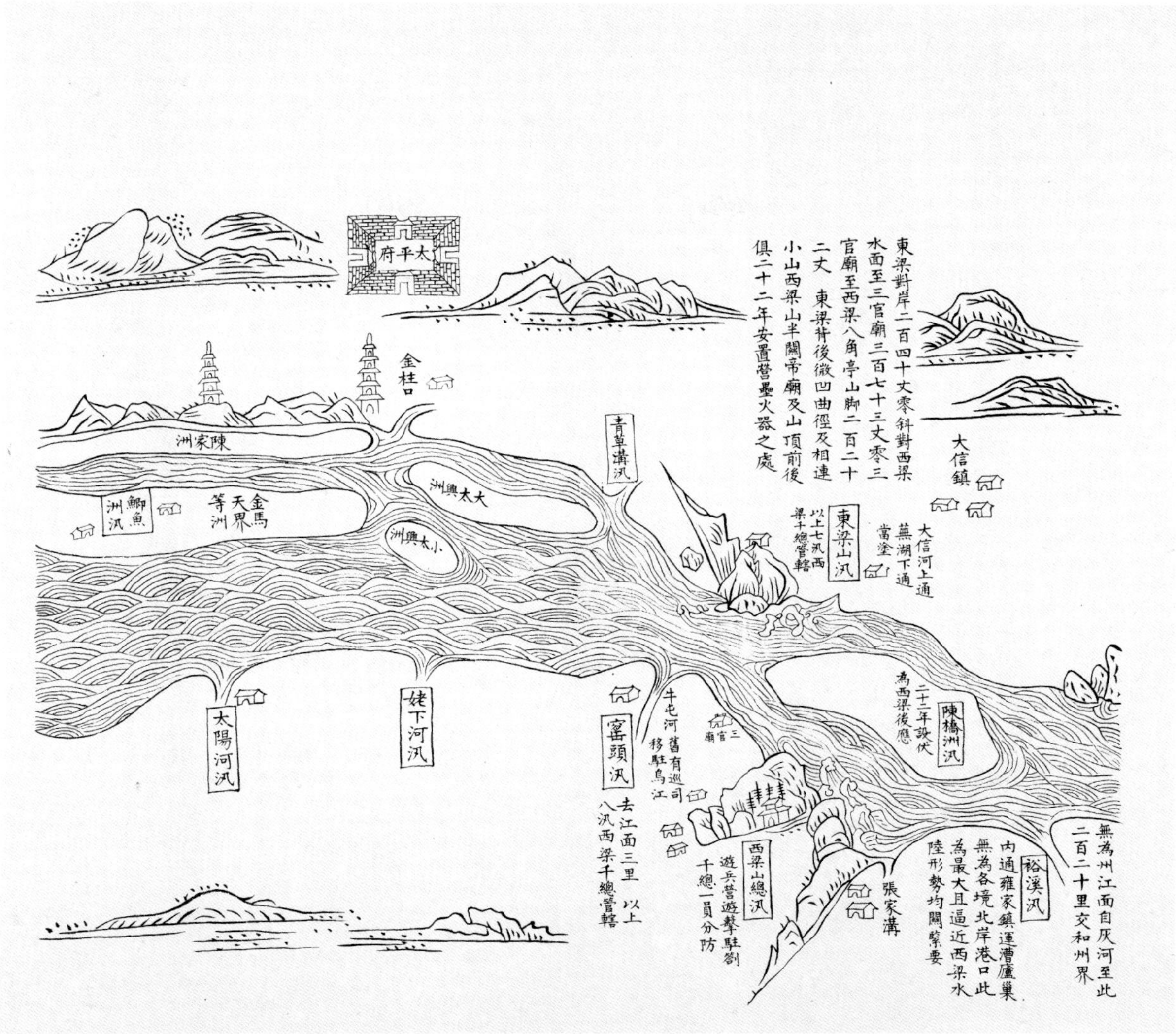
太平府
金柱口
陳家洲
鯽魚洲汛
金馬天界等洲
大太興洲
小太興洲
青草溝汛
東梁對岸二百四十丈零斜對西梁水面至三官廟三百七十三丈零三官廟至西梁八角亭山脚二百二十二丈 東梁背後微凹曲徑及相連小山西梁山半關帝廟及山頂前後俱二十二年安置營壘火器之處
大信鎮
東梁山汛
以上七汛西梁千總管轄
大信河上通蕪湖下通當塗
太陽河汛
姥下河汛
窑頭汛
去江面三里 以上八汛西梁千總管轄
牛屯河舊有巡司移駐烏江
三官廟
陳橋洲汛
二十二年設伏為西梁後應
西梁山總汛
遊兵營遊擊駐劄千總一員分防
張家溝
裕溪汛
內通雍家鎮運漕廬巢無為各境北岸港口此為最大且逼近西梁水陸形勢均關緊要
無為州江面自灰河至此二百二十里交和州界

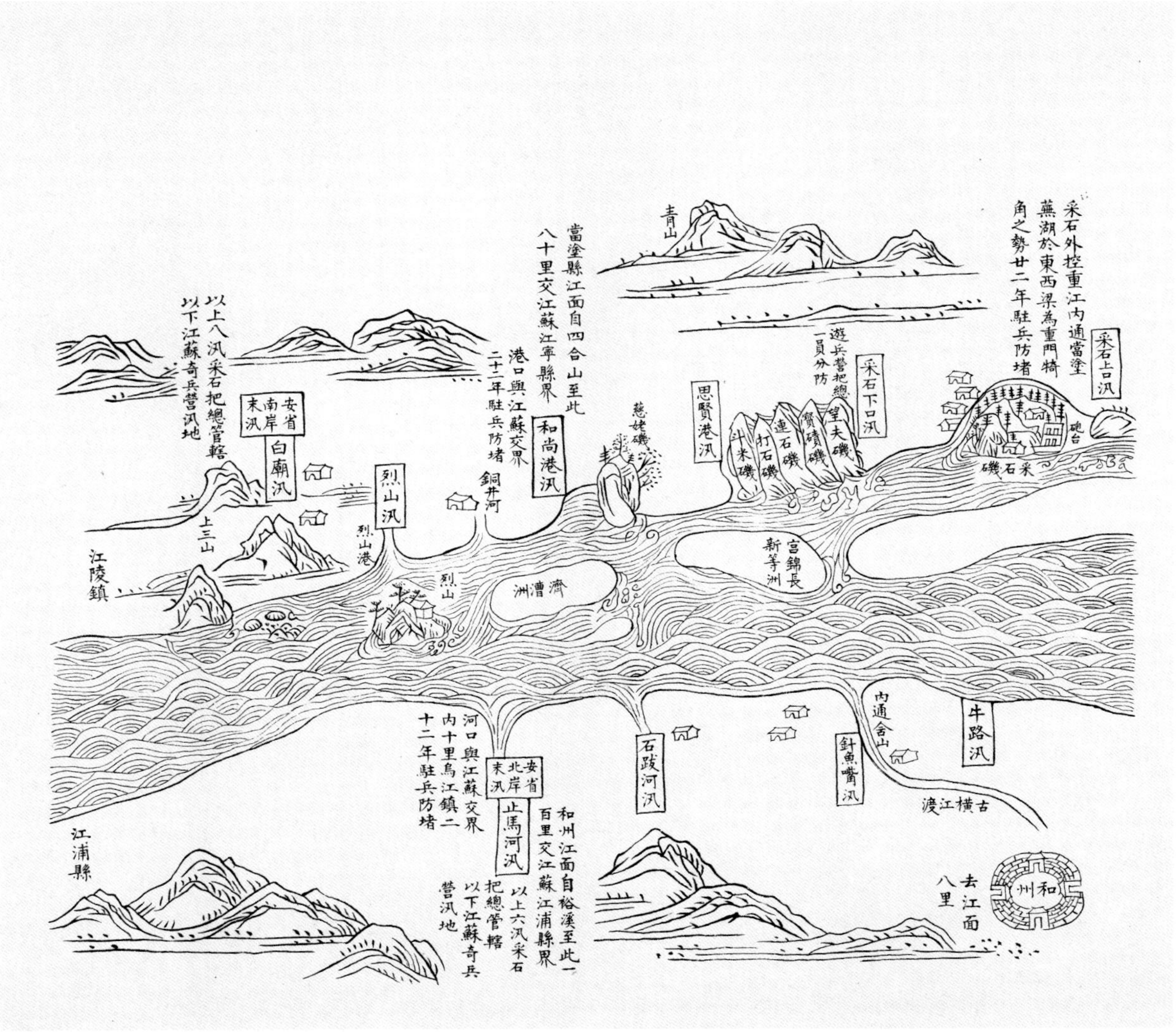
采石外控重江內通當塗蕪湖於東西梁為重門犄角之勢廿二年駐兵防堵
采石上口汛
砲台
采石磯
青山
采石下口汛
遊兵營把總一員分防
望夫磯
寶積磯
連石磯
打石磯
汁米磯
思賢港汛
慈姥磯
當塗縣江面自四合山至此八十里交江蘇江寧縣界
和尚港汛
港口與江蘇交界二十二年駐兵防堵
銅井河
烈山汛
烈山港
烈山
濟漕洲
宮錦長新等洲
以上八汛采石把總管轄以下江蘇奇兵營汛地
安省南岸末汛
白廟汛
上三山
江陵鎮
牛路汛
內通含山
針魚嘴汛
古橫江渡
石跋河汛
安省北岸末汛
止馬河汛
河口與江蘇交界內十里烏江鎮二十二年駐兵防堵
和州江面自裕溪至此一百里交江蘇江浦縣界
以上六汛采石把總管轄以下江蘇奇兵營汛地
江浦縣
和州
去江面八里

長江大觀全圖

作　者　不詳
年　代　清末期
類　型　紙本墨繪
載體形態　一册
尺　寸　每頁縱二三厘米，横一四厘米
索书号　22/034.311/1908

清末所繪《長江大觀全圖》，當爲原北平國立圖書館舊藏。圖册封面左上方竪題『江天一覽』四字，右下角書『十月份，蘇州文學山房購入，價八角』。扉頁左側竪題『長江大觀全圖（守良族侄贈）』，可知此圖作者、購者與收藏者非同一人。鄧衍林《中國邊疆圖籍録》一書亦有著録。全套圖册共分六部分，且在每部分均標有圖題：

（一）《長江勝景圖》共計十四頁，圖頁編號『二』至『十五』，脱缺第一頁，原圖題『長江大觀』，主旨記録航行水程，兼記景致。

（二）《洞庭瀟湘八景圖》自十六頁至第廿一頁右半，湖南湘潭縣『下攝司』；第廿一、廿二、廿三頁描繪衡山縣、衡州府段湘江，各不相接；第廿三頁左側文字屬於『上海至漢口長江水程』，抄自《申報》。輪，應是輪船行駛長江水道時所記。與圖無關。

（三）原圖題爲『湖口縣往江西水路程圖』。

（四）原圖題爲『湖口縣由鄱陽湖至饒州府水路程』。

（五）原圖題爲『長江總圖』。

（六）詞賦。

《長江勝景圖》是《長江大觀全圖》的主體内容。全圖采用形象畫法，從江蘇鎮江府繪起，沿江迴溯而上，經瓜州城、揚州府城、浦口縣、金陵城、池州府、安慶府、東流縣、彭澤縣、湖口縣、九江府、黄州府、武昌縣、漢口鎮、武昌府、嘉魚縣，至洞庭湖口與荆河口止。所繪内容重在表現長江中下游的水道、兩岸的山川景致與名勝古迹，如金山、方山、棲霞山、蓮花洲、小姑山、龜山、晴川閣、黄鶴樓、鸚鵡洲等，是一套描繪長江中下游山川名勝的傳統景觀圖册。此外，圖中還以文字注記長江景觀傳説的來源、長江行船的各段水程、沿江物産的多寡、江中行船的技巧等。如記霸王廟『霸王自刎處，有墓祠，内有大井，人不可觀，觀者即病』；記嫋磯『此處大船停泊避西北風。户部報税要開清白工部抽船并竹木之類。船往河内，春夏提防山水漲發，慎之』。

《長江勝景圖》後爲《洞庭瀟湘八景圖》，圖中以單色描繪洞庭湖水域的景觀名勝，重點刻畫『瀟湘八景』的内容，依次爲：洞庭秋月、漁村夕照、山寺晴嵐、平沙落雁、瀟湘夜雨、遠浦歸帆、烟寺晚鐘、江天暮雪等。圖末則爲《上海至漢口長江水程》，有云：『光緒十二年四月廿七日申報，輪内抄來。夜十二點開，輪船上水行四晝夜，計程二千二百七十餘里。』《洞庭瀟湘八景圖》後爲《湖口縣經洪河至江西省水道圖》《湖口縣經鄱陽湖至饒州府水道圖》《長江總程圖》等，上述諸圖與前兩圖非出自同一畫工之手，在繪製技法上近乎白描，衹是簡要勾勒上述長江水道的江程走向，最後附以《休寧至漢口水陸路程賦》收尾。

需要説明的是，國家圖書館還藏有清代彩繪抄本《長江名勝志》與《長江勝景圖》各一册，在内容上亦多描繪長江中下游的沿江勝景。特别是《長江名勝志》一書，係康熙十年（一六七一）陶介編繪，内容包括《長江名勝圖》《湖口縣由鄱陽湖至饒州府水路程》《饒州府至祁門縣水路程》《湖口由景德鎮折嶺脚至休邑程途》以及《長江大觀圖》等，與《長江大觀全圖》在繪製内容與題材選擇上多有相似之處，當是其母本。

江天一覽

七月份
蘇州文學山房備文
價八角

長江大觀全圖

（一）長江勝景圖 江蘇鎮江起至湖北荊河口終
（二）洞庭瀟湘八景圖
（三）湖口縣至（涇洪河）江西省水道圖
（四）湖口縣至（涇鄱陽湖）饒州府水道圖
（五）長江總程圖
（六）詞賦

守良族姪贈

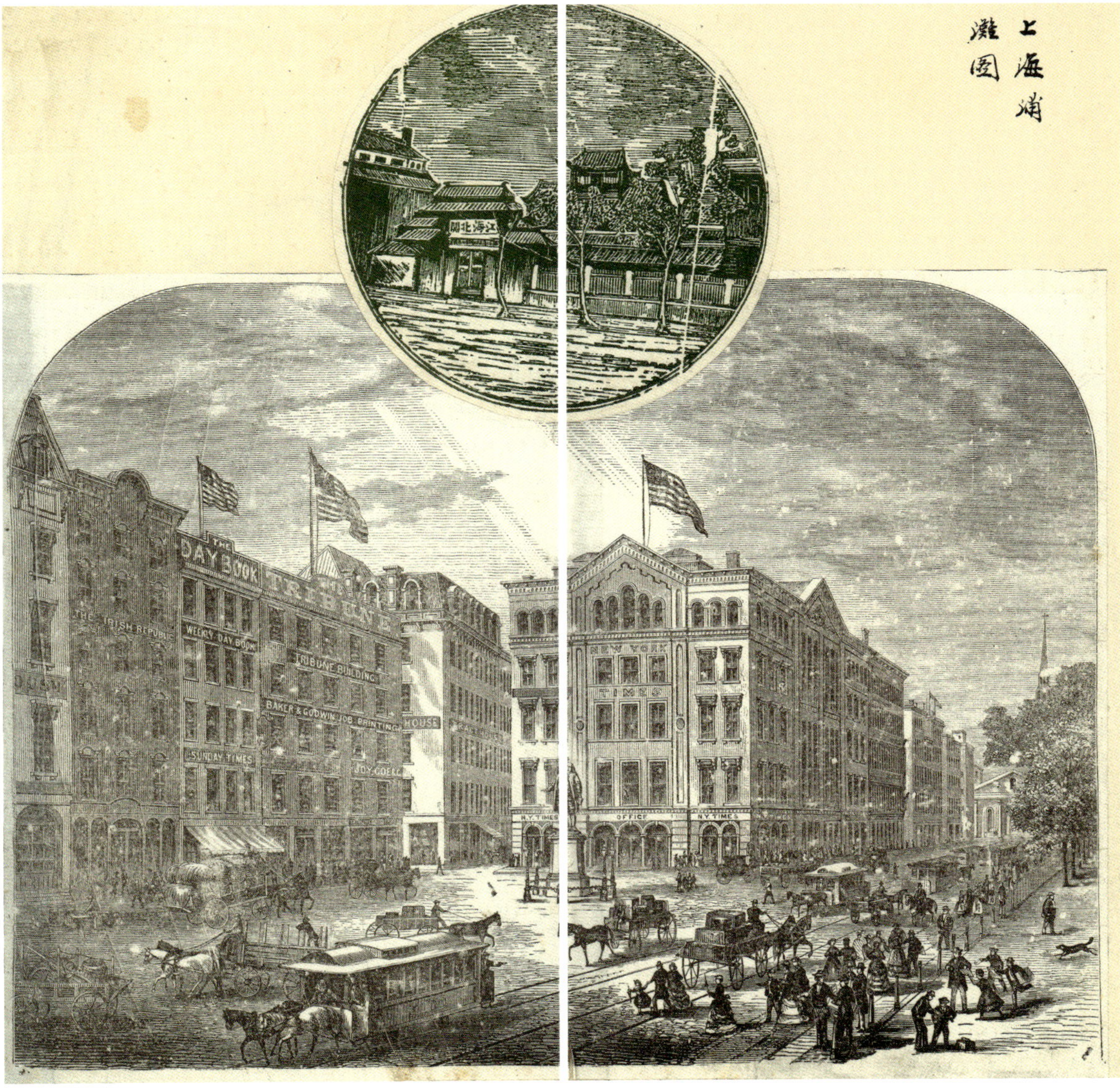

上海灘圖

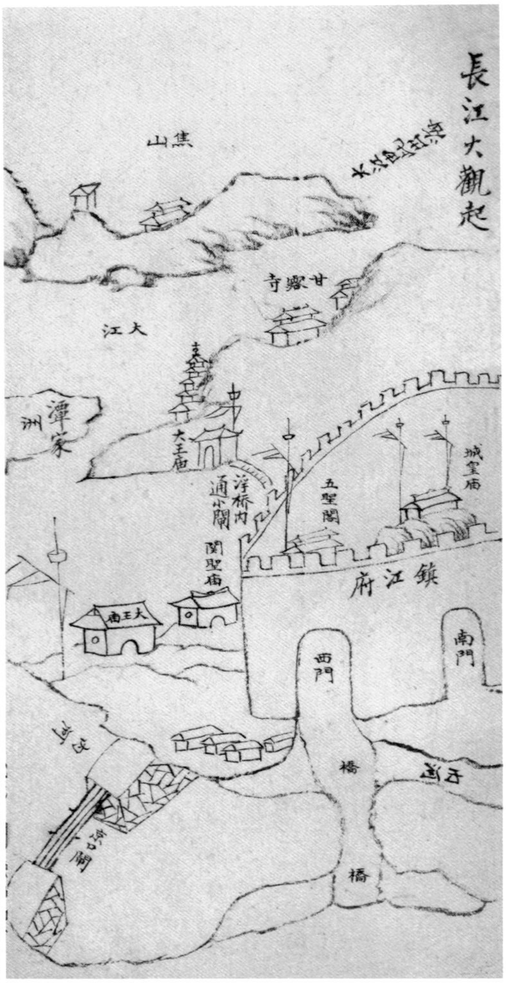
長江大觀起
焦山
甘露寺
大江
大王廟
五聖閣
城隍廟
鎮江府
關聖廟
大王廟
西門
南門
橋
橋

瓜洲城
瓜洲城五里
江北
七里港十五里
河葉港五里
轉江嘴廿里
舊港十里
關帝廟
金山勝景
中流砥柱
郭璞墓
江南
南坪湾七里
七里港十里
萬子港十里
坎新橋
銀山
避風館
玉皇閣

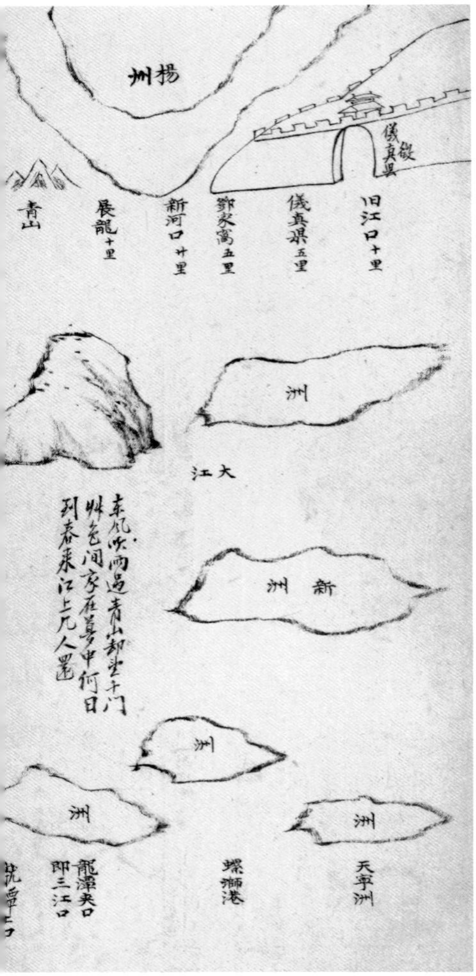
揚州
儀徵縣
旧江口十里
儀真縣五里
鄧家窩五里
新河口廿里
長龍十里
青山
洲
大江
新洲
洲
洲
洲
龍潭夾口
即三江口
螺螄港
天寧洲

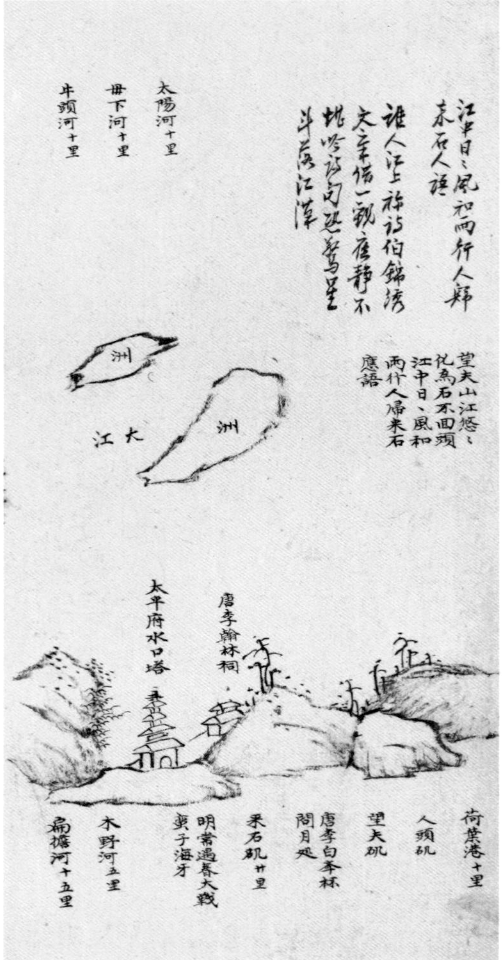
太陽河十里
毋下河十里
牛頭河十里
洲
大江
洲
太平府水口塔
唐李翰林祠
荷葉港十里
人頭磯
望夫磯
采石磯廿里
木野河五里
扁擔河十五里

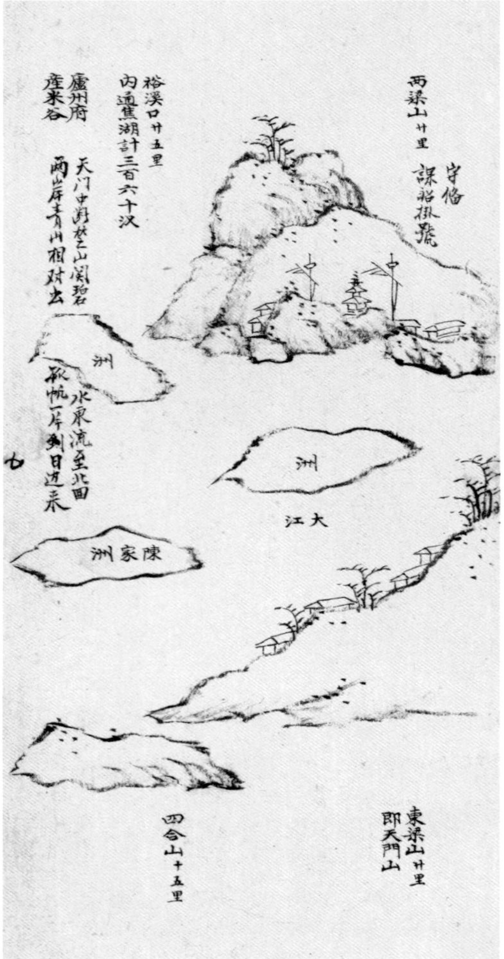
西梁山廿里
裕溪口廿五里
內通巢湖計三百六十汊
廬州府
產米谷
洲
洲
大江
陳家洲
東梁山廿里
即天門山
四合山十五里

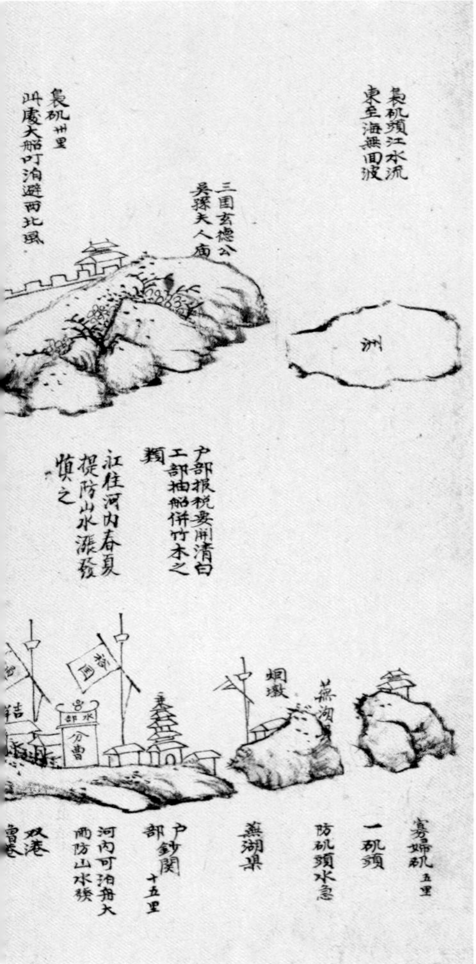
三國玄德公
吳孫夫人廟
洲
蕪湖
一磯頭
蕪湖県
雙港

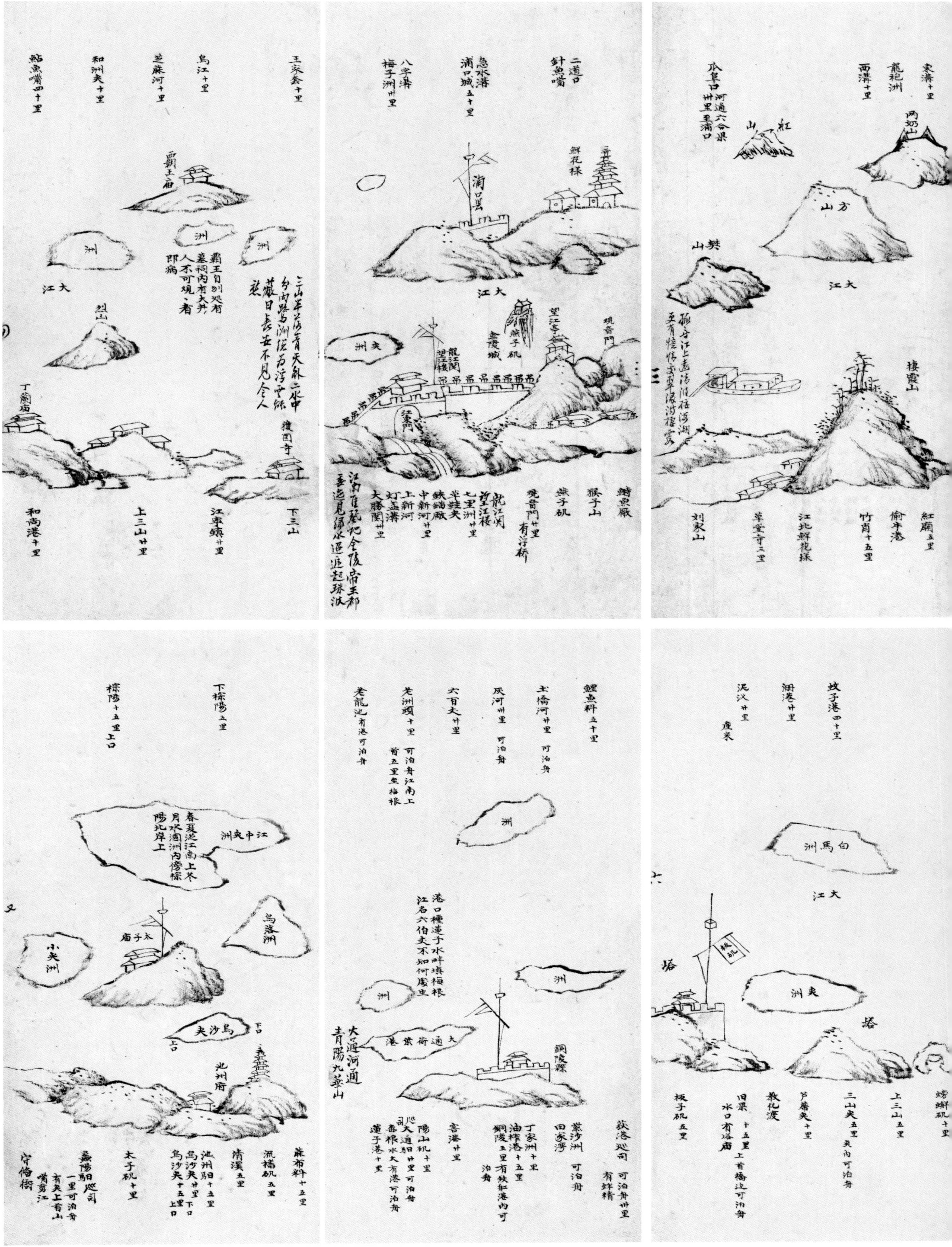
王家套十里
烏江十里
芝蔴河十里
和州夾十里
霸王廟
洲
洲
大江
烈山
丁簡廟
和尚港廿里
上三山廿里
江寧鎮廿里
下三山
二道口
針魚嘴
急水溝
浦口城五十里
八字溝
梅子洲卅里
大江
觀音門
望江亭
燕子磯
金陵城
龍江關
夾洲
鰣魚廠
猴子山
燕子磯
觀音門廿里 有浮橋
龍江關
七里洲廿里
中新河廿里
上新河
大勝關卅里
東溝十里
龍袍洲
西溝十里
兩奶山
紅山
方山
樊山
大江
棲霞山
紅廟五里
竹筒十五里
草堂寺三里
鯉魚料五十里
土橋河廿里 可泊舟
灰河卅里 可泊舟
六百丈廿里
洲
洲
洲
銅陵縣
荻港巡司
蛟子港四十里
泥汊廿里
白馬洲
大江
夾洲
塔
塔
上三山五里
三山夾五里 夾內可泊舟
板子磯五里
江中夾洲
烏落洲
小夾洲
太子廟
烏沙夾
池州府
麻布料十五里
清溪五里
太子磯十里
守備衙

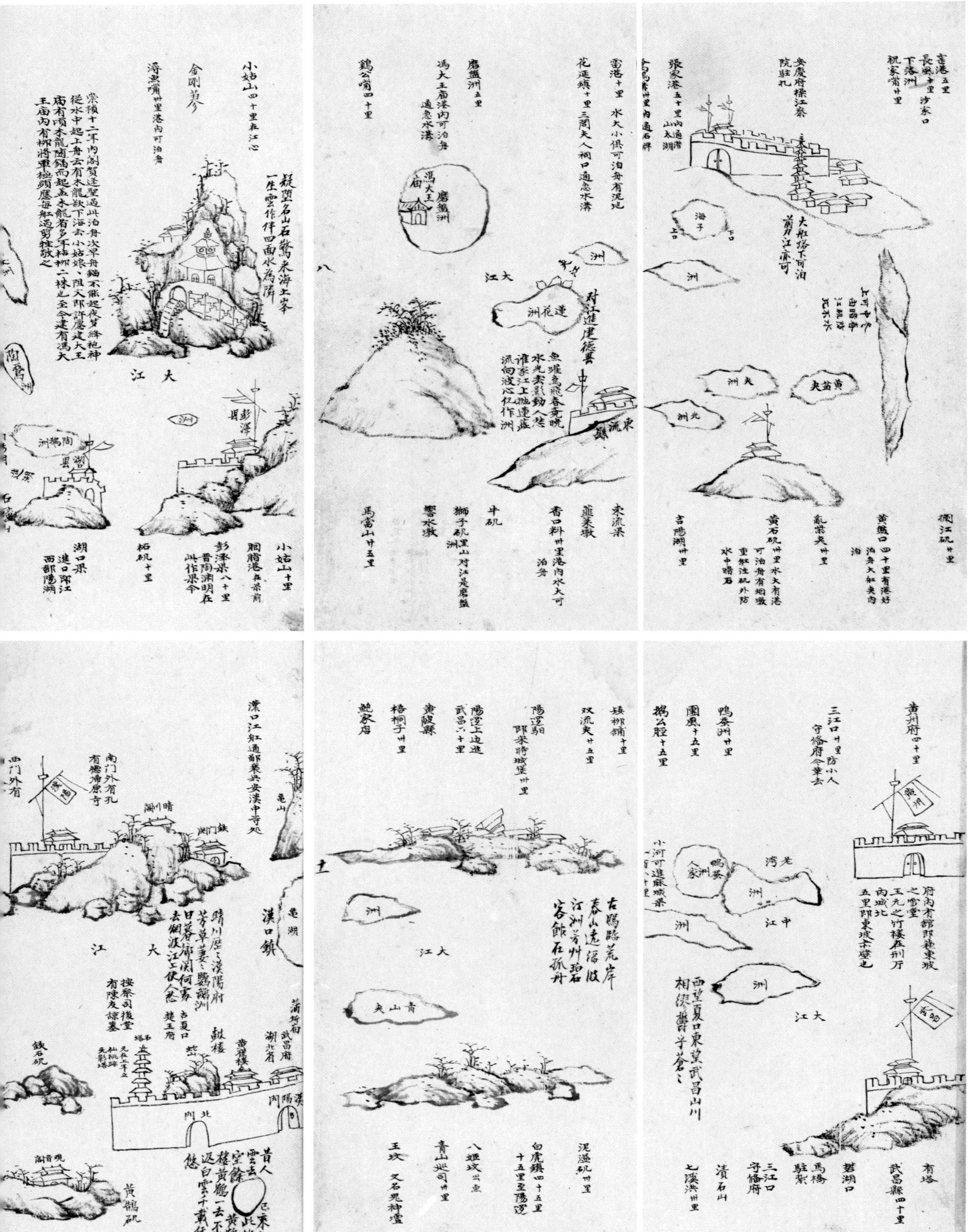

問水：中國國家圖書館藏川圖集珍　八四

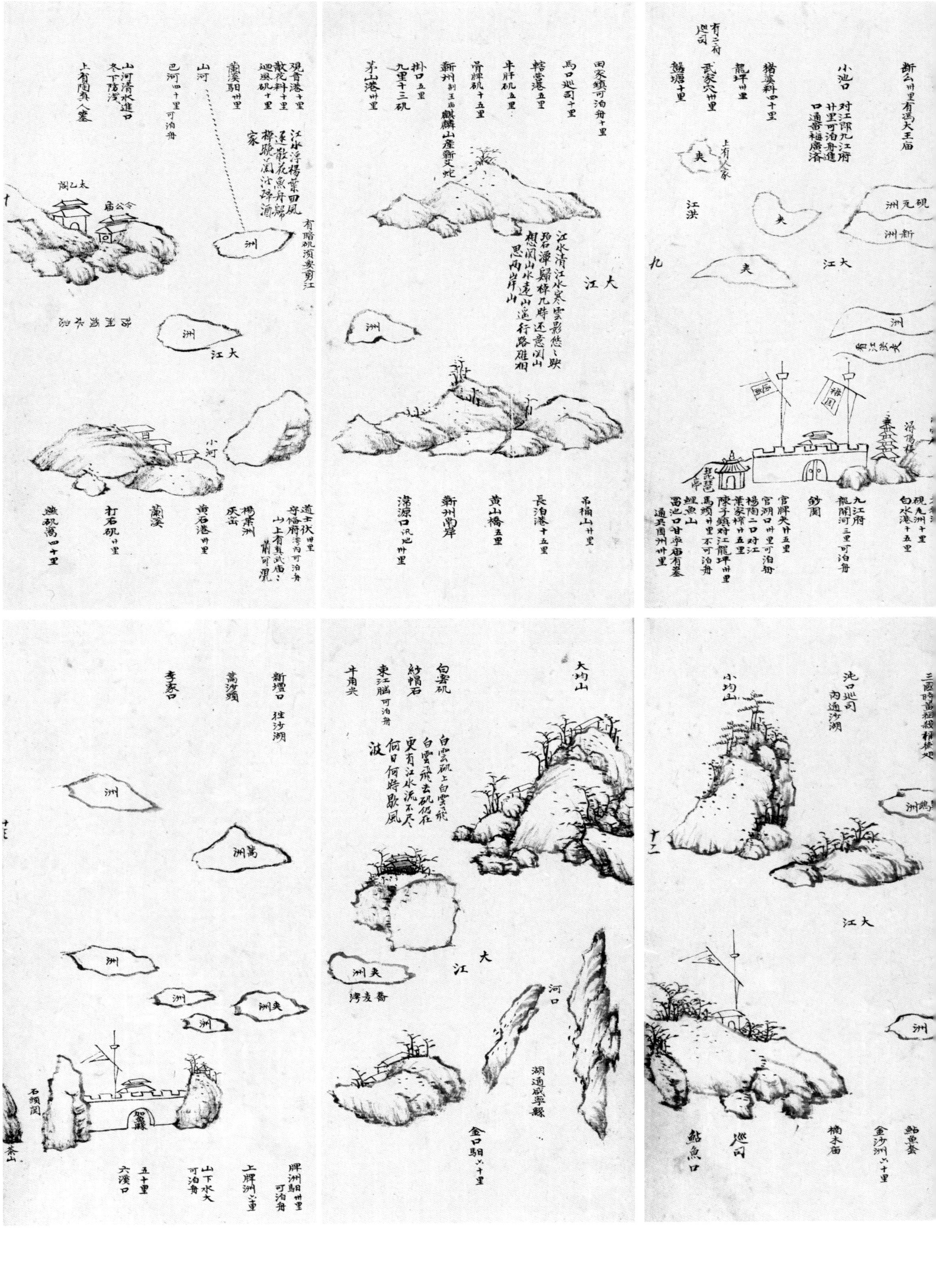

蘄 卅里 有鴻大王廟
小池口
对江即九江府 廿里可泊舟 進口通黃梅廣濟
猪婆料 四十里
龍坪 卅里
武家穴 卅里 有巡司
盤塘 十里
上有人家
夾
江洪
硯元洲
新洲
大江
洲
潯陽樓
琵琶亭
硯元洲 十五里
白水港 十五里
九江府
龍開河 三里可泊舟
鈔關
官牌夾 廿五里
官湖口 卅里可泊舟
楊陶二口 对江
葉家橋 廿五里
陳子鎮 对江龍坪 卅里
馬頭 廿里不可泊舟
鯉魚山
雷池口 甘亭廟 有墨
田家鎮 可泊舟十里
馬口巡司 十里
韓港 五里
牛肝磯 五里
骨牌磯 十五里
蘄州 劉王廟 麒麟山產蘄文蛇
掛口 五里
九里十三磯
茅山港 卅里
江水清江水寒雲影悠悠映
殘石潭歸棹九時还意闲山
想闲山水遠山遥行路难相
思两岸山
大江
洲
吊桶山 廿里
長泊港 十五里
黃山橋 五里
蘄州 南岸
蒲源口 汛地 卅里
有暗磯須要剪江
硯香港 十里
散花料 十里
廻風磯 十里
蘭溪驛 卅里
山河
巴河 四十里可泊舟
山河清水進口 冬下防淺
江水浮楊葉四風
逐散花魚舟歸
棹聽闌沙歸酒
家
太乙閣
令公廟
洲
大江
小河
道士袱 卅里 守備府 湾内可泊舟 山上有真武廟 前可泊
楊葉洲
黃石港 卅里
蘭溪
打石磯 廿里
燕磯 萬 四十里
三國時黃祖殺禰衡处
池口巡司 内通沙湖
小均山
鸚鵡洲
十二
大江
洲
鮎魚套 金沙洲 六十里
楠木廟
巡司
鮎魚口
大均山
白雲磯
紗帽石
東江腦 可泊舟
牛角尖
白雲磯上白雲飛
白雲飛去磯仍在
更有江水流不尽
何日何時歇風波
大江
洲夾
喬麥灣
河口
湖通咸寧縣
金口驛 六十里
新壇口 往沙湖
萬沙頭
李家口
洲
萬洲
夾洲
十三
石頭關
茶山
牌洲驛 卅里 可泊舟
上牌洲 六十里
山下水大 可泊舟
五十里
六溪口

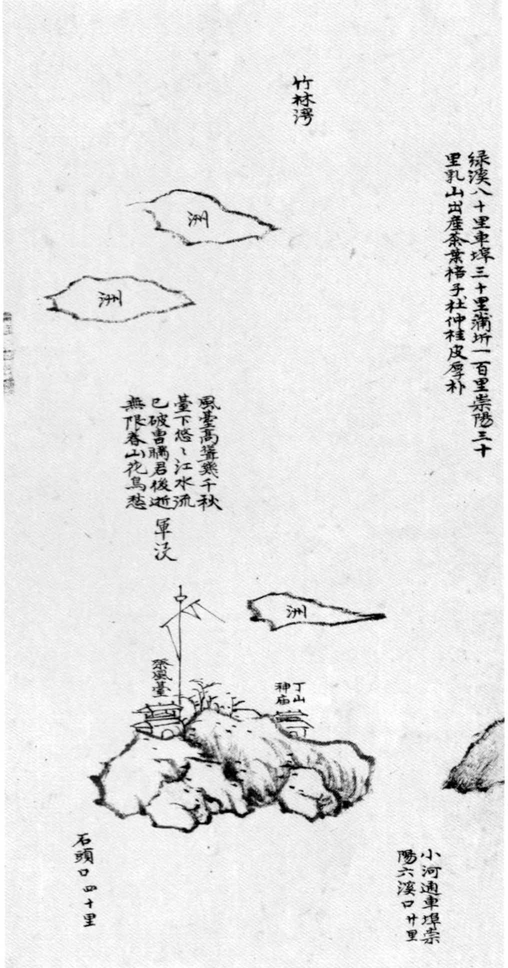
竹林灣
綠溪八十里車埠三十里滿圻一百里崇陽三十
里乳山出產茶葉梧子杜仲桂皮厚朴
鳳臺高聳幾千秋
臺下悠悠江水流
已破書膈君後逝
無限春山花鳥愁
單汶
洲
洲
洲
丁山神廟
小河通車埠崇
陽六溪口廿里
石頭口四十里

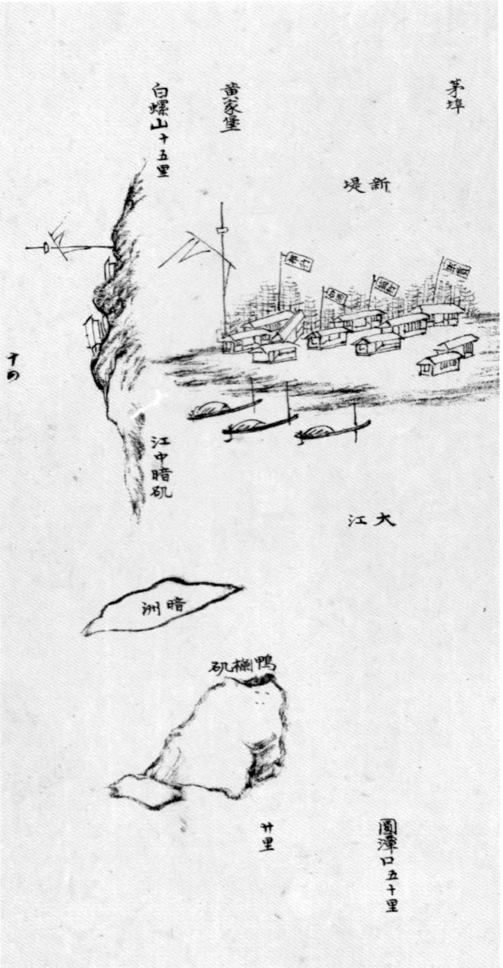
茅埠
黄家堡
白螺山十五里
新堤
江中暗矶
大江
暗洲
鴨欄矶
圍潭口五十里
廿里

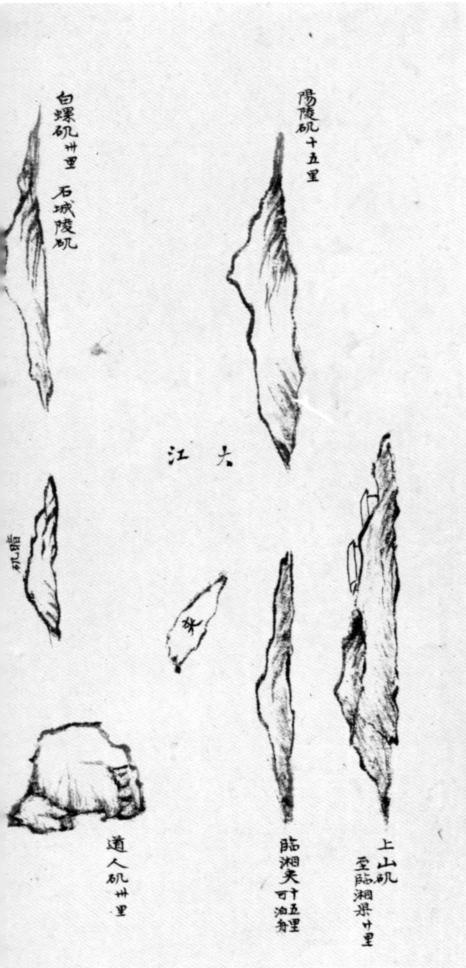
陽陵矶十五里
白螺矶卅里
石城陵矶
大江
上山矶
至臨湘界廿里
臨湘夾十五里
可泊舟
道人矶卅里

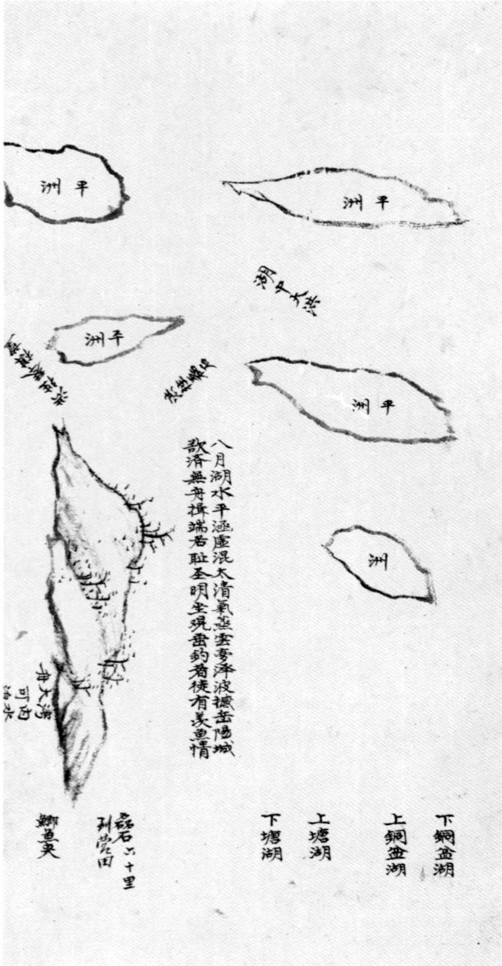
平洲
平洲
湖中大洪
平洲
平洲
洲
八月湖水平涵虛混太清氣蒸雲夢澤波撼岳陽城
欲濟無舟楫端居耻聖明坐觀垂釣者徒有羨魚情
舟大灣
可泊
磊石六十里
列營田
鄉魚夾
下塘湖
上塘湖
上銅盆湖
下銅盆湖

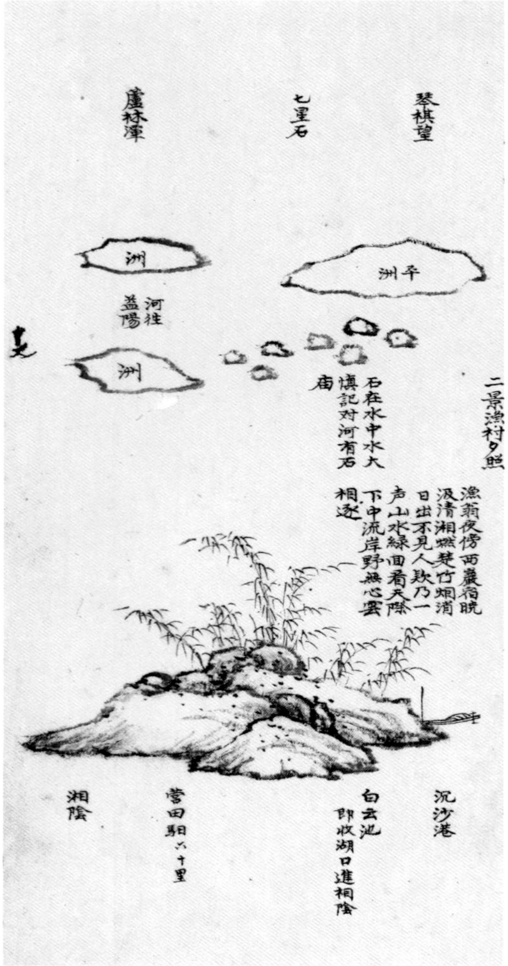
蘆林潭
七里石
琴棋望
洲
平洲
河往
益陽
洲
石在水中水大
慎記对河有石
廟
二景漁村夕照
漁翁夜傍西巖宿曉
汲清湘燃楚竹烟消
日出不見人欸乃一
声山水綠回看天際
下中流岸野無心雲
相逐
沉沙港
白云巡
即收湖口進湘陰
當田駙六十里
湘陰

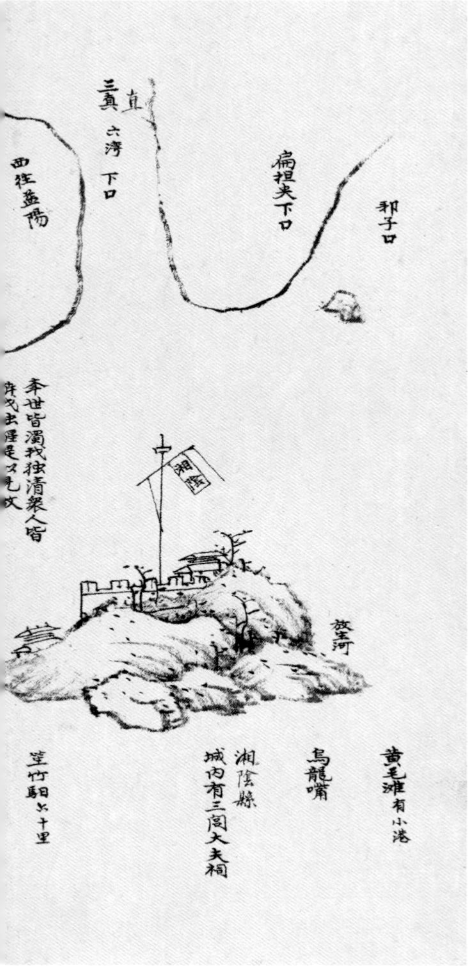
三眞
六灣下口
西往益陽
扁担夾下口
邦子口
湘陰
湘陰縣
城內有三閭大夫祠
烏龍嘴
黄毛灘有小港
望竹駙六十里

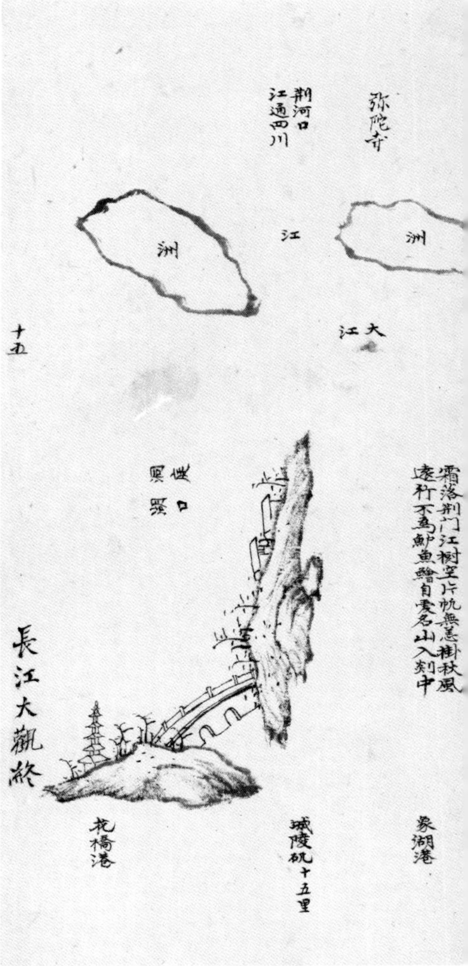
弥陀寺
荆河口 江通四川
洲
江
洲
大江
十五
霜落荊门江樹空片帆無恙掛秋風
遂行不為鲈魚膾自愛名山入剡中
長江大觀終
蔡湖港
城陵矶十五里
花橋港

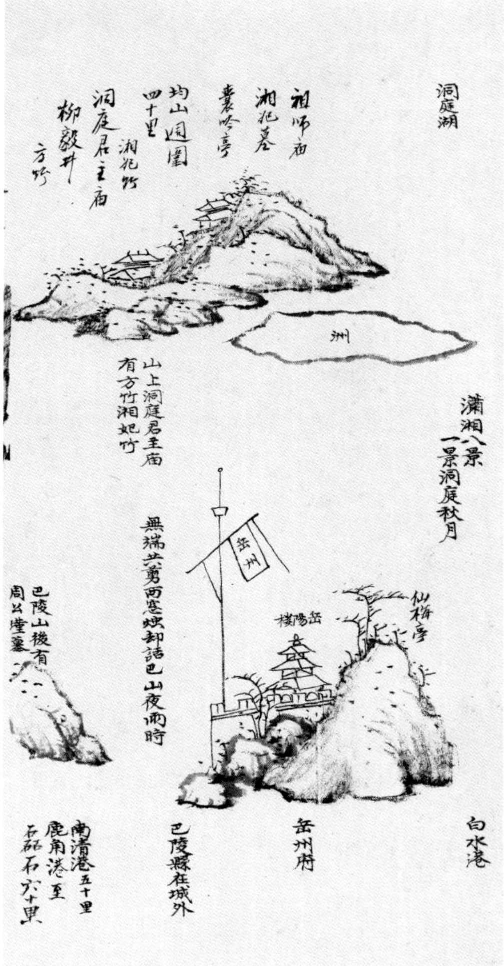
洞庭湖
祖师庙
湘妃墓
君山周圍四十里
湘妃竹
洞庭君主庙
柳毅井
方竹
洲
山上洞庭君主庙有方竹湘妃竹
瀟湘八景 一景洞庭秋月
岳州
岳陽樓
白水港
岳州府
巴陵縣在城外
南清港五十里
鹿角港至石磊石六十里
扁山可泊舟

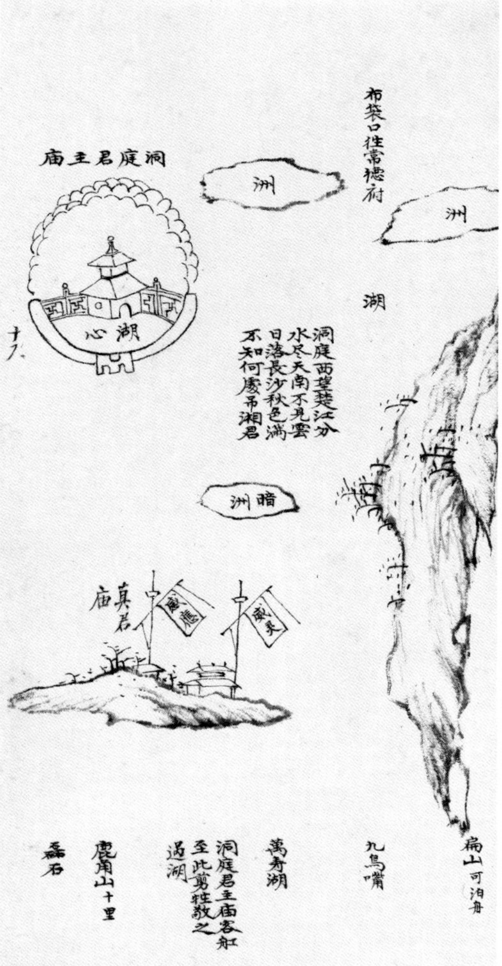
洞庭君主庙
湖心
布袋口往常德府
洲
洲
湖
洞庭西望楚江分
水尽天南不見雲
日落長沙秋色遠
不知何處弔湘君
暗洲
真君庙
九馬嘴
萬寿湖
洞庭君主庙客船至此焚香散之過湖
鹿角山十里
磊石

青泥湾
蔡湖滩
橋口小河通益陽
靖江小河通寧鄉縣
洲
洲
洲
十七
三景山寺晴嵐
彤關驛四十里
白沙洲

岳麓山
岳麓書院
禹王碑
聚宝洲
岳麓連天際
湘流映楚雲
平沙浮落雁
曙色逸皇城
四景平沙落雁
楚雲滩
長沙府十里
湘潭
枯石十里

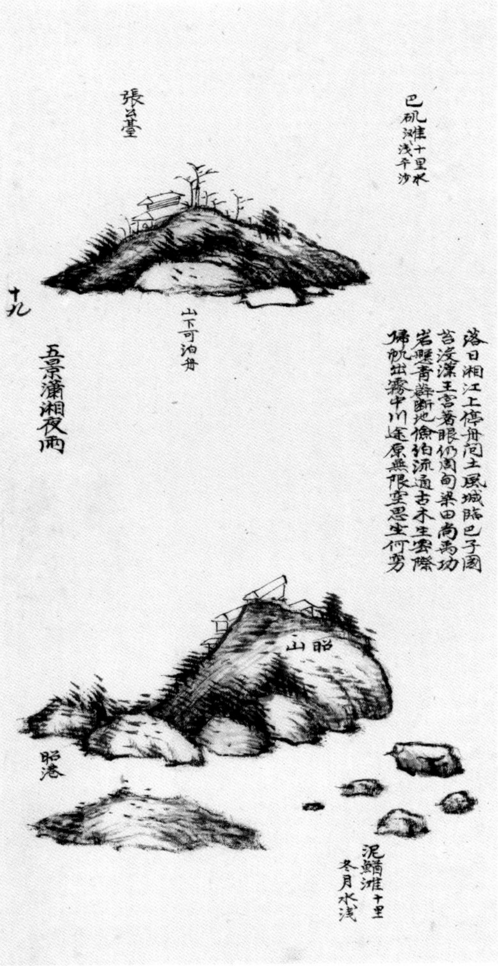
張公臺
巴矶滩十里水浅平沙
十九
山下可泊舟
五景瀟湘夜雨
昭山
昭港
泥鳅滩十里冬月水浅

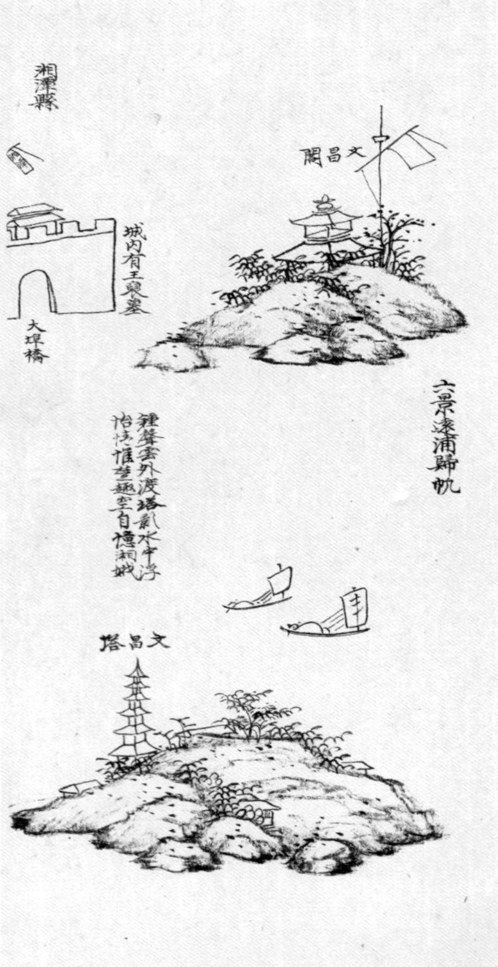

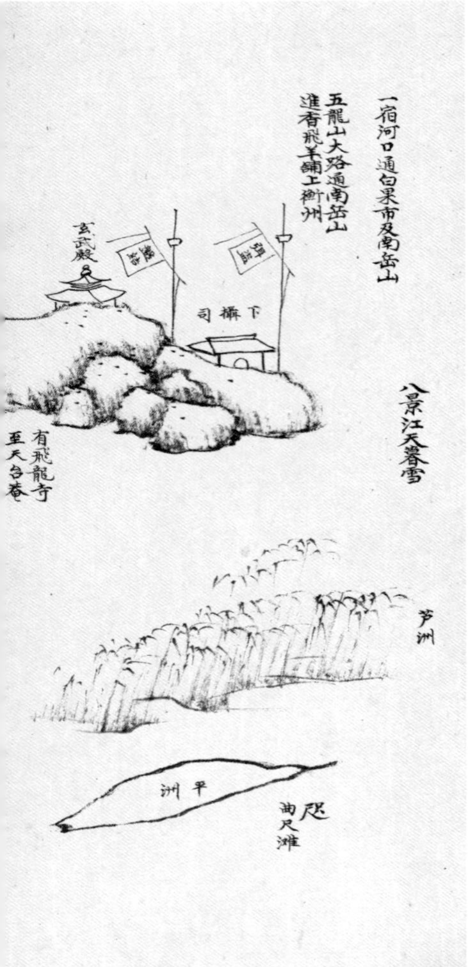

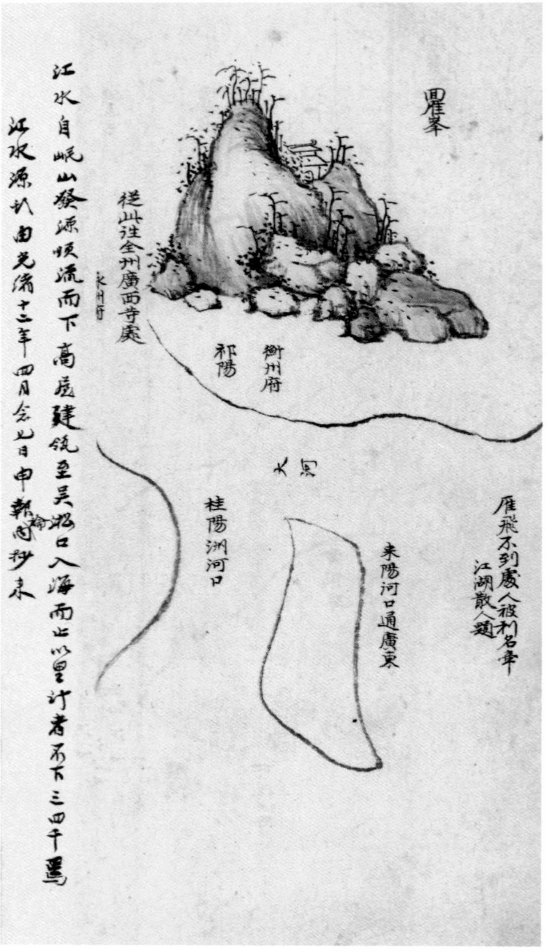

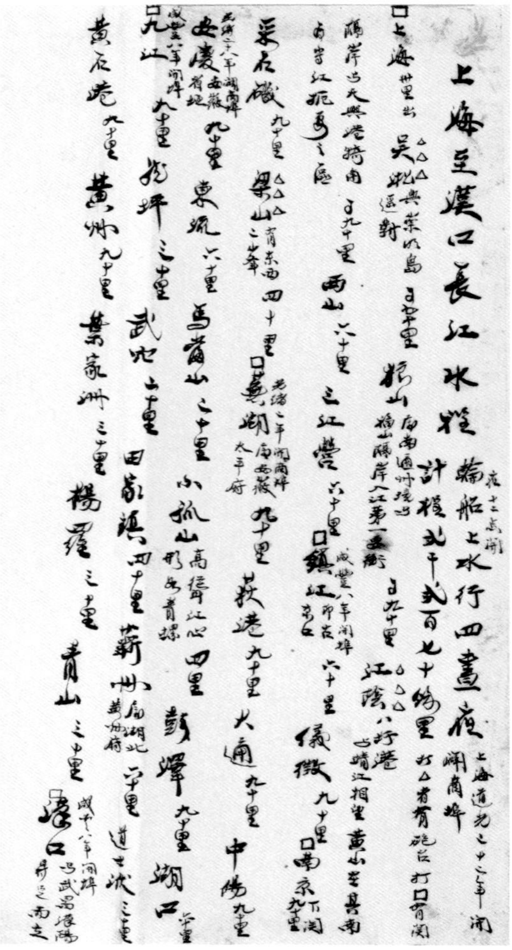

上海至漢口長江水程

上海道光二十二年開商埠

輪船上水行四晝夜 夜十二點開

計程弍千弍百七十餘里 於△者有砲台 打口者開

□上海 卅里出 吳淞 與崇明島 百九十里 狼山 屬南通州境也 狼山隔岸入江第一要衝 百九十里 江陰 八圩港 與靖江相望 黃山

隔岸也天興港對 百九十里 西山 六十里 三江營 六十里 □鎮江 咸豐八年開埠 印古京口 六十里 儀徵 九十里 □南京 下關

在當江扼要之區

采石磯 九十里 梁山 有東西二山 四十里 □蕪湖 光緒二年開商埠 屬安徽太平府 九十里 荻港 九十里 大通 九十里 中陽

□安慶 光緒二十八年開商埠 省垣安徽 九十里 東流 六十里 馬當山 七十里 小孤山 高聳江心 形如青螺 四里 彭澤 九十里 湖口

□九江 咸豐八年開埠 九十里 龍坪 三十里 武穴 六十里 田家鎮 四十里 蘄州 屬湖北黃州府 七十里 道士洑 三十里

黃石港 九十里 黃州 九十里 葉家洲 三十里 楊邏 三十里 青山 三十里 □漢口 咸豐八年開埠 與武昌漢陽鼎足而立

江水源流由光緒十二年四月念九日申報附抄來

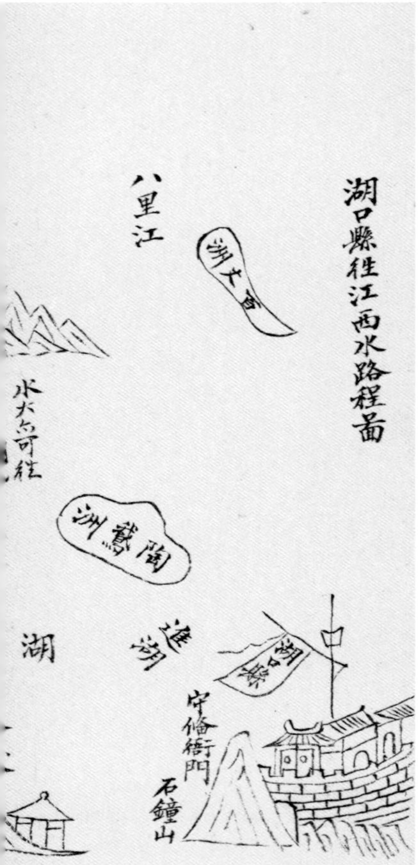

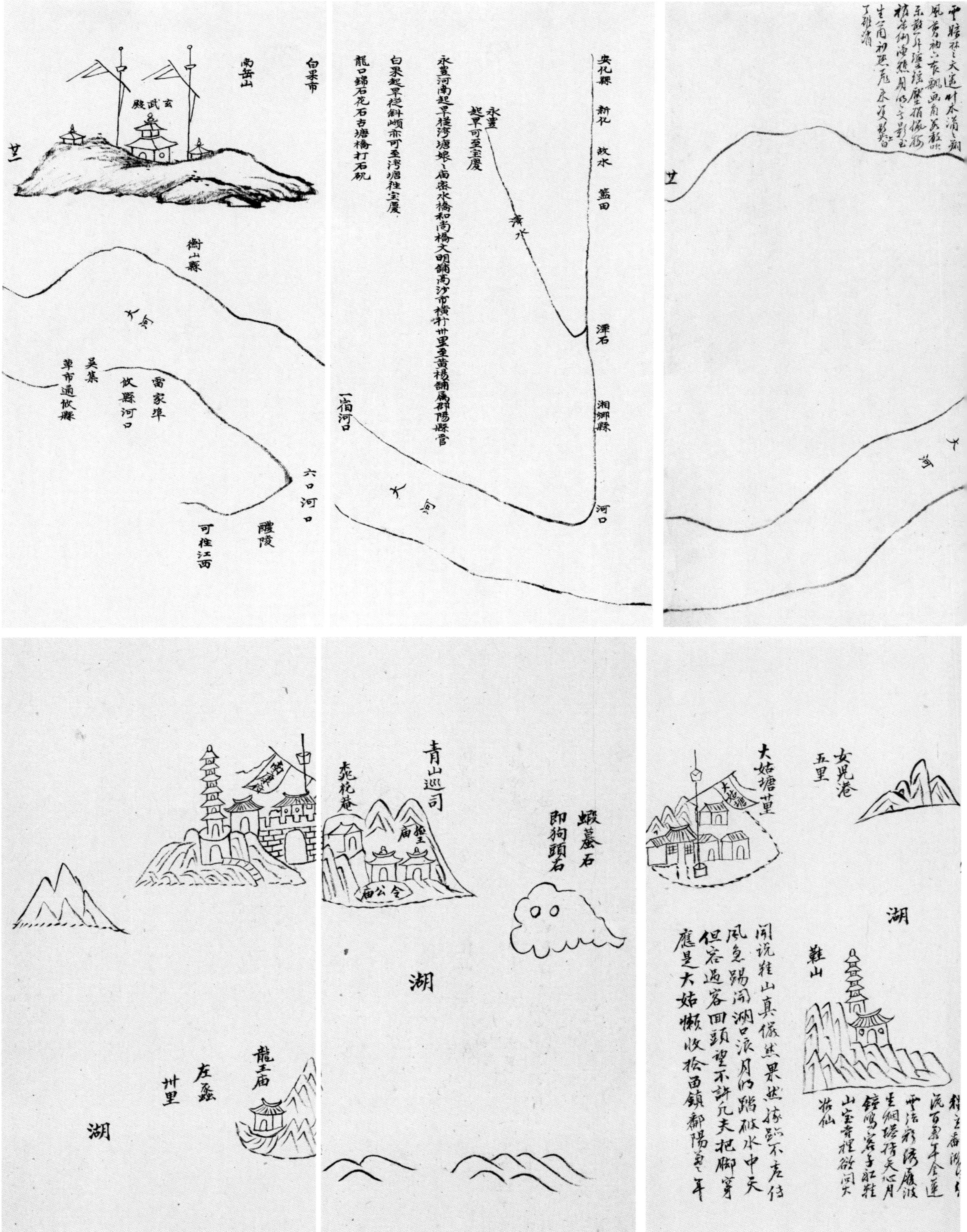
白果市
南岳山
玄武殿
廿二
衡山縣
大河
吴集
草市通攸縣
雷家埠
攸縣河口
六口河口
醴陵
可往江西
安化縣
新化
故水
藍田
漣水
永豐起旱可至寶慶
永豐河南起旱從灣塘娘娘廟察水橋和尚橋文明舖高沙市横街卅里至黃楊舖屬邵陽縣管
白果起旱從斜嶺亦可至灣塘往寶慶
龍口錦石花石古塘橋打石硯
潭石
湘鄉縣
一宿河口
河口
廿
大河
青山巡司
蓮花菴
聖廟
金公廟
蝦蟇石
即狗頭石
湖
左蠡
卅里
龍王廟
湖
大姑塘
女兒港
五里
湖
鞋山
聞說鞋山真儼然果然踪跡不虛傳
風急歸潮湖口浪月明踏破水中天
但容過客回頭望不許凡夫把脚穿
應是大姑懶收拾留鎮鄱陽萬萬年

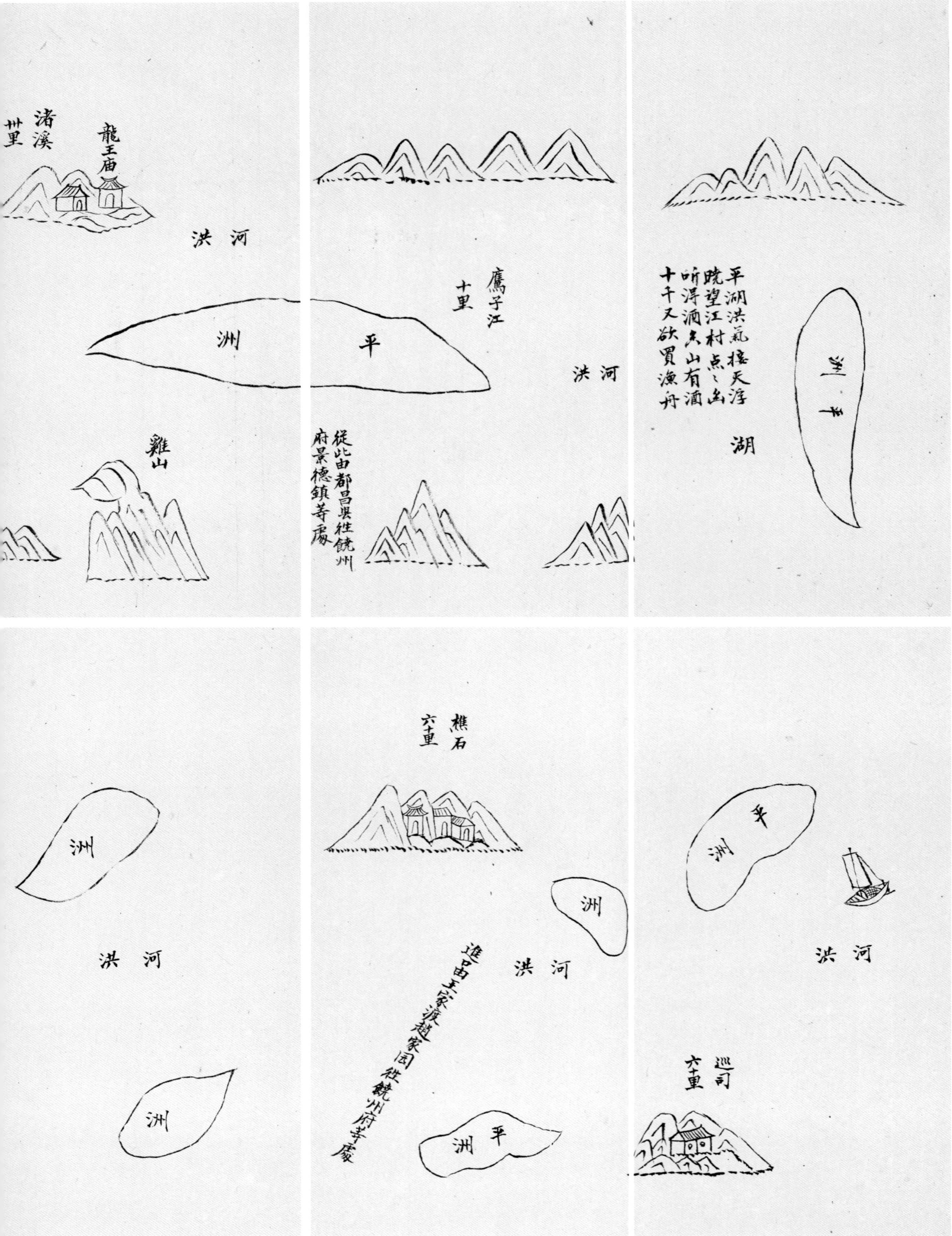
諸溪
廿里
龍王庙
洪河
鷹子江
十里
平洲
洪河
平湖洪氣接天浮
晓望江村点〻幽
听浔酒家山有酒
十千又欲買漁舟
平湖
雞山
從此由都昌縣往饒州
府景德鎮等處
樵石
六里
洲
洪河
洲
洪河
洲
進由王家渡趙家同往饒州府等處
平洲
平洲
洪河
巡司
六里

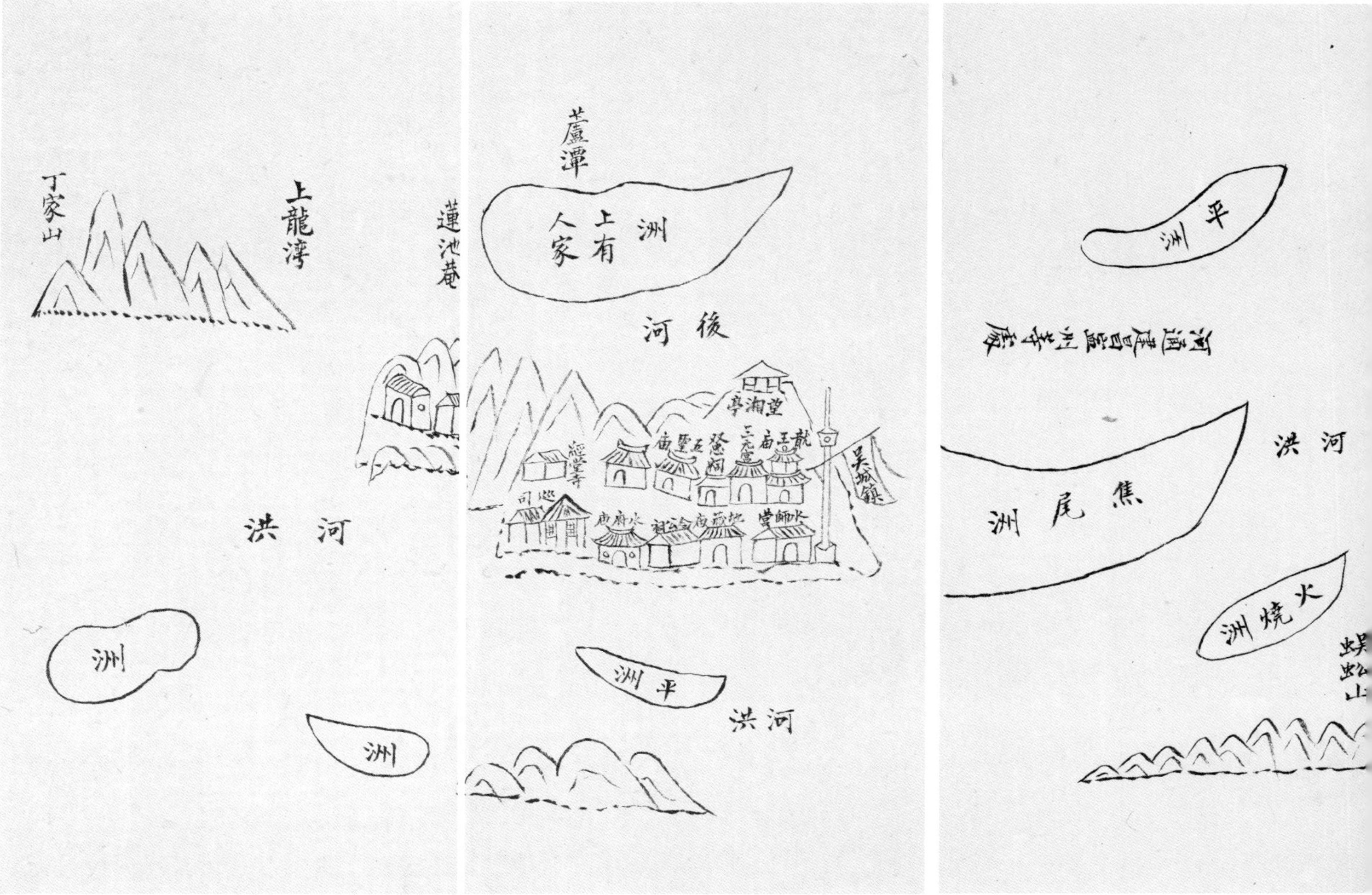

丁家山
上龍灣
蓮池菴
蘆潭
上有人家
洲
後河
洪河
洲
洲
平洲
洪河
平洲
焦尾洲
洪河
火燒洲

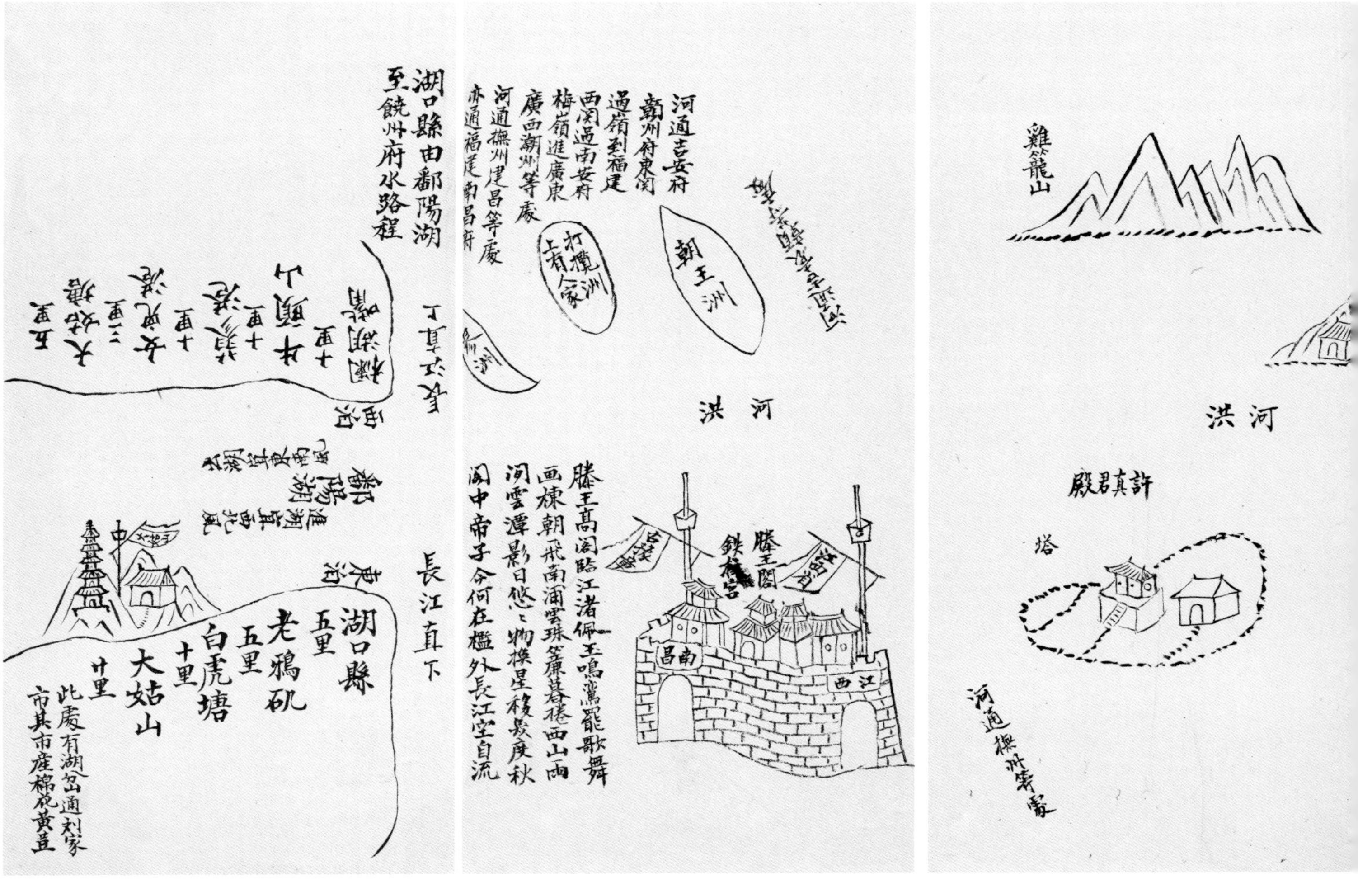

湖口縣由鄱陽湖至饒州府水路程
河通吉安府贛州府東閣過嶺到福建西閣過南安府梅嶺進廣東廣西潮州等處
河通撫州建昌等處亦通福建南昌府
打攬洲上有人家
朝王洲
洪河
滕王高閣臨江渚佩玉鳴鸞罷歌舞画棟朝飛南浦雲珠簾暮捲西山雨閑雲潭影日悠悠物換星移幾度秋閣中帝子今何在檻外長江空自流
滕王閣
鐵柱宮
南昌
西江
長江直下
鄱陽湖
湖口縣
五里
老鴉矶
五里
白虎塘
十里
大姑山
十里
雞籠山
洪河
許真君殿
塔
河通撫州等處

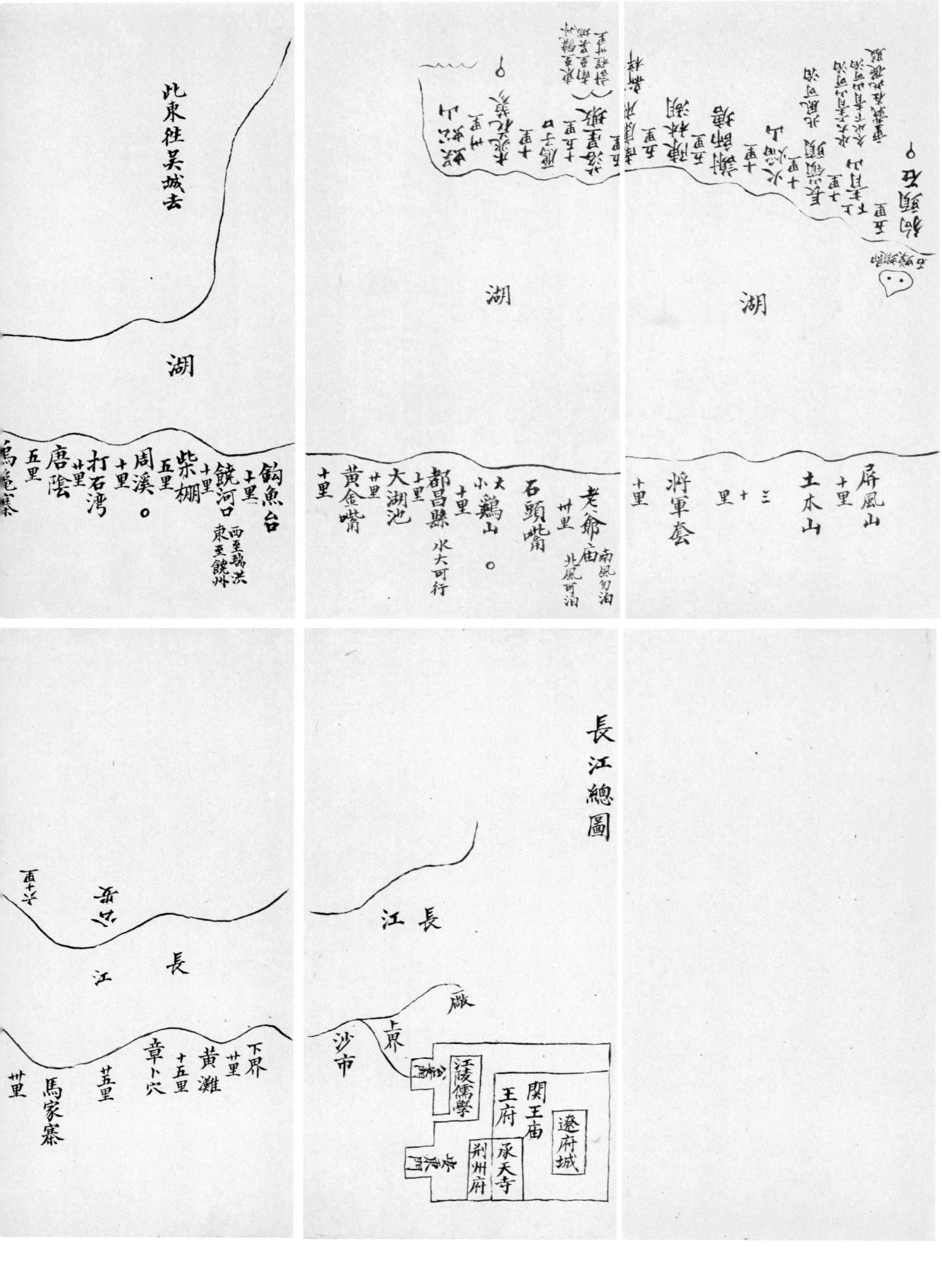
長江總圖
北東往吳城去
湖
鈎魚台
十里
饒河口
西至瑞洪
東至饒州
柴棚
五里
周溪
打石湾
唐陰
老爺廟
南風勿泊
北風可泊
石頭嘴
大小雞山
都昌縣
水大可行
大湖池
黃金嘴
屛風山
土木山
三十里
將軍套
長江
下界
黃灘
十五里
章卜穴
馬家寨
沙市
江陵儒學
關王廟
王府
遼府城
承天寺
荆州府

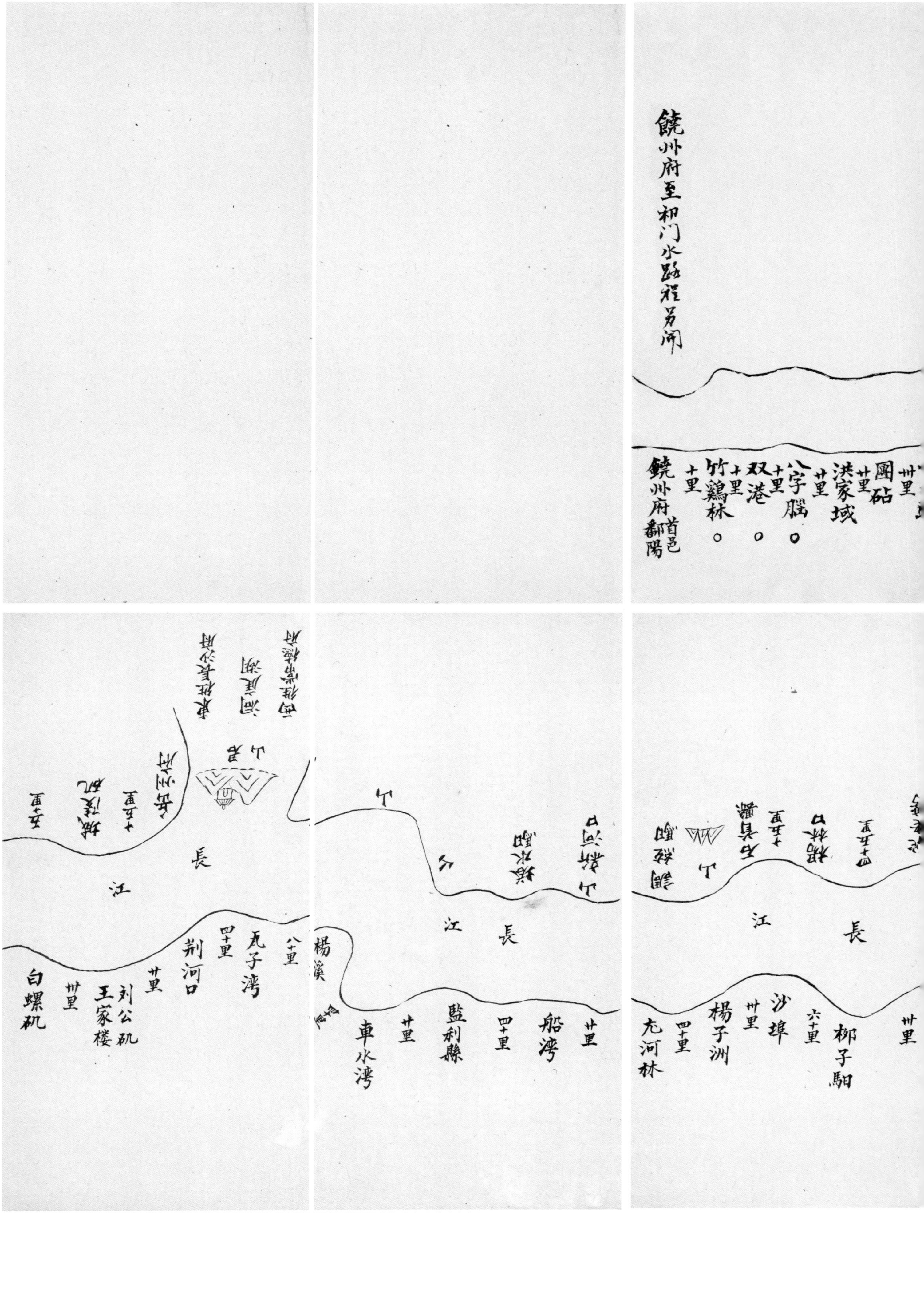
饒州府至荆门水路程另闸
廿里
團砧
廿里
洪家域
廿里
八字脳
十里
双港
十里
竹鷄林
十里
饒州府
首邑鄱陽
長
江
白螺磯
廿里
刘公磯
王家楼
廿里
荆河口
四十里
瓦子湾
八十里
楊溪
車水湾
廿里
監利縣
四十里
船湾
廿里
尤河林
四十里
楊子洲
廿里
沙埠
六十里
柳子驲
廿里

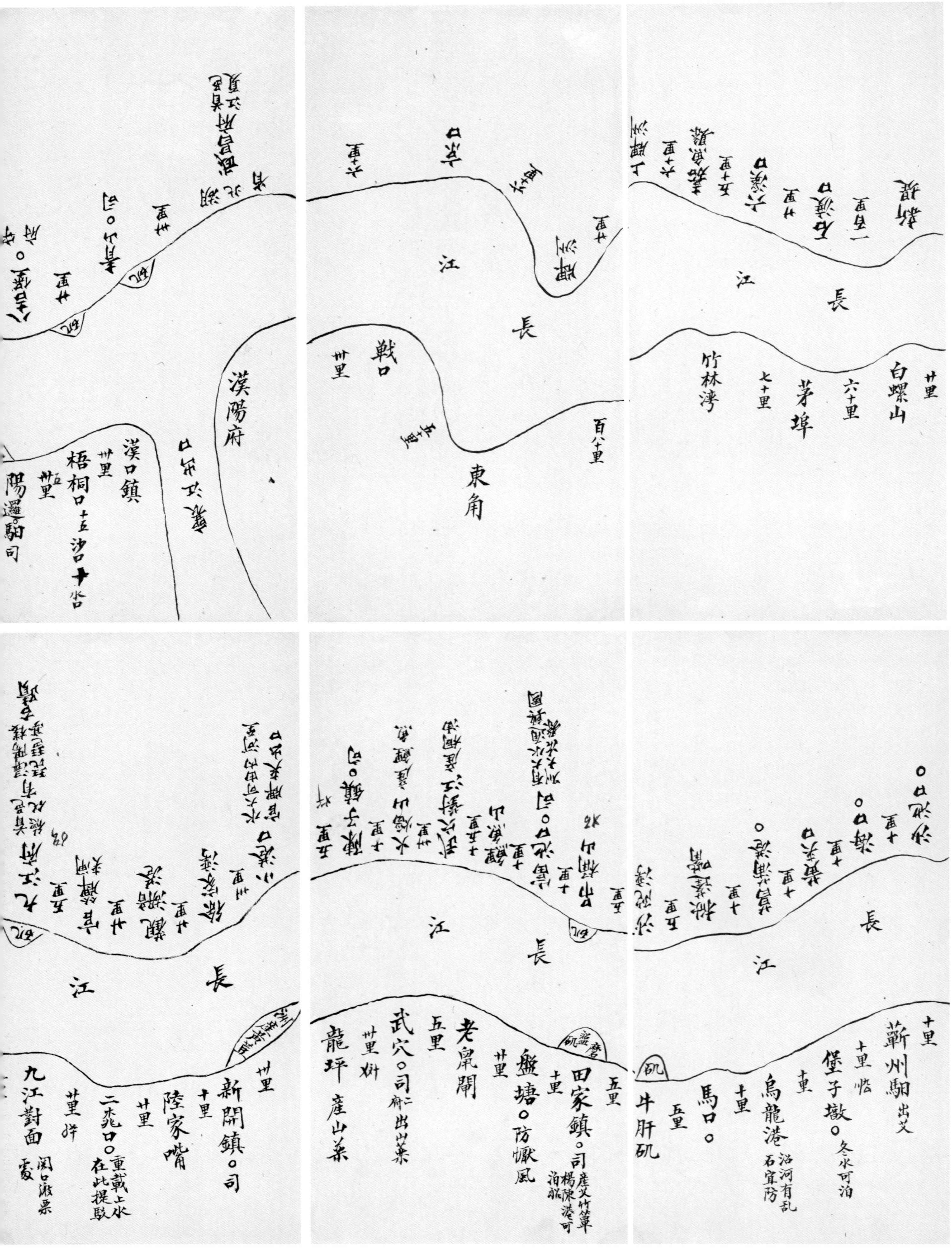

漢陽府
漢口鎮
廿里
梧桐口
十五里
沙口
陽邏驛司
長
江
戰口
東角
百八十里
白螺山
六十里
茅埠
七十里
竹林灣
九江對面
廿里
二套口
重載上水在此提駁
陸家嘴
新開鎮司
十里
龍坪
產山茶
武穴司
五里
老鼠閘
盤塘
防嘓風
田家鎮司
蘄州驛
出艾
堡子墩
冬水可泊
烏龍港
沿河有乱石宜防
馬口
牛肝磯

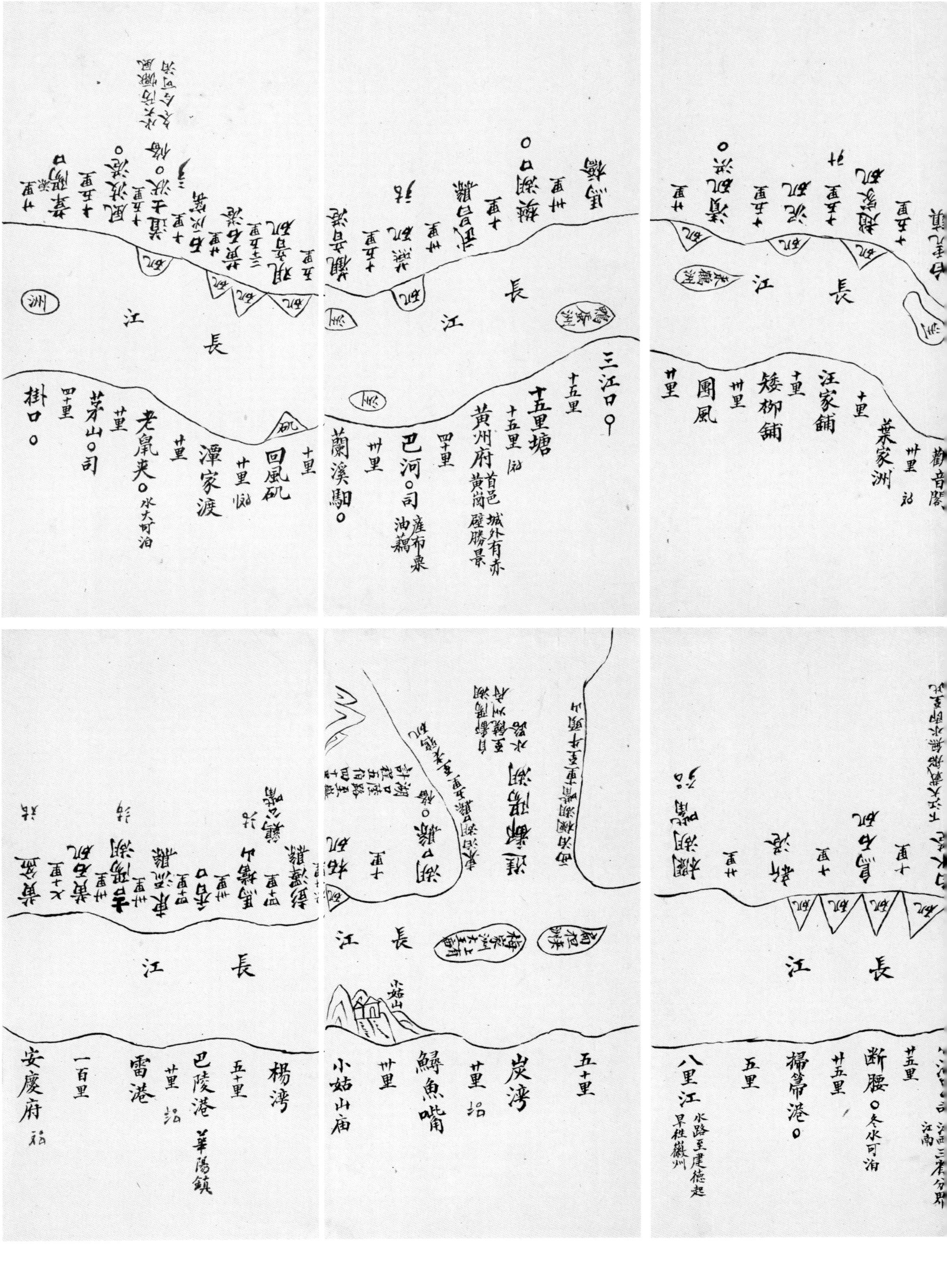
長
江
汪家鋪
十里
矮柳鋪
廿里
團風
廿里
葉家洲
廿里
觀音閣
三江口
十五里
十五里塘
十五里
黃州府 首邑黃岡 城外有赤壁勝景
四十里
巴河○司 産布泉油麻
廿里
蘭溪驛
十里
回風磯
廿里
潭家渡
廿里
老鼠夾○水大可泊
廿里
茅山○司
四十里
掛口○
廿五里
斷腰○冬水可泊
廿五里
掃箒港○
五里
八里江 水路至建德起旱往徽州
江南
五十里
炭湾
廿里
鯿魚嘴
廿里
小姑山庙
小姑山
楊湾
五十里
巴陵港
廿里
華陽鎮
雷港
一百里
安慶府

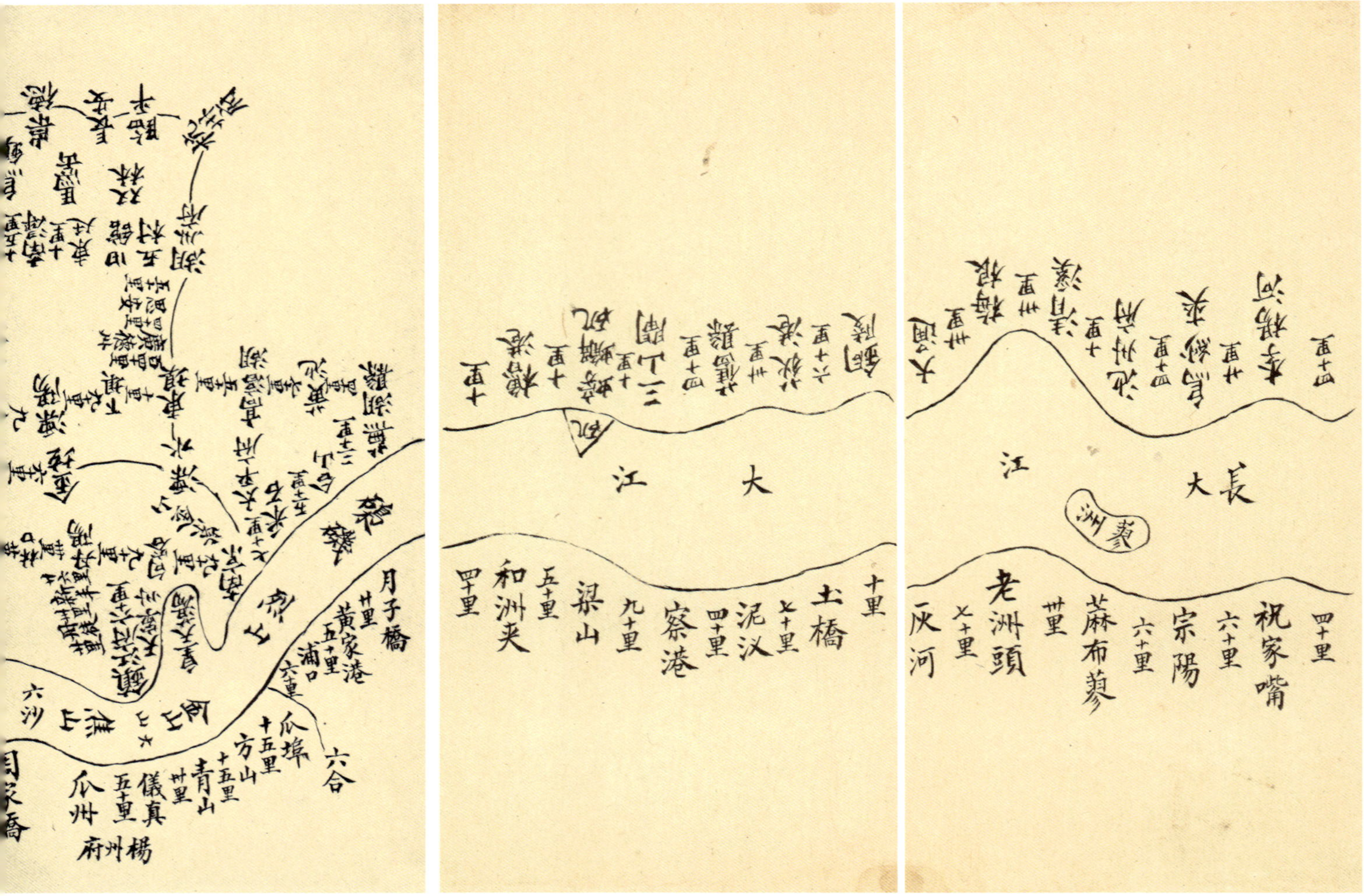
長大江
蔘洲
祝家嘴
四十里
宗陽
六十里
麻布蔘
六十里
廿里
老洲頭
七十里
灰河
土橋
十里
泥汊
七十里
窑港
四十里
梁山
九十里
和洲夾
五十里
四十里
大江
月子橋
黃家港
廿里
浦口
五十里
六合
瓜埠
方山
十五里
青山
十五里
儀真
廿里
瓜州
五十里
揚州府
焦山
六沙

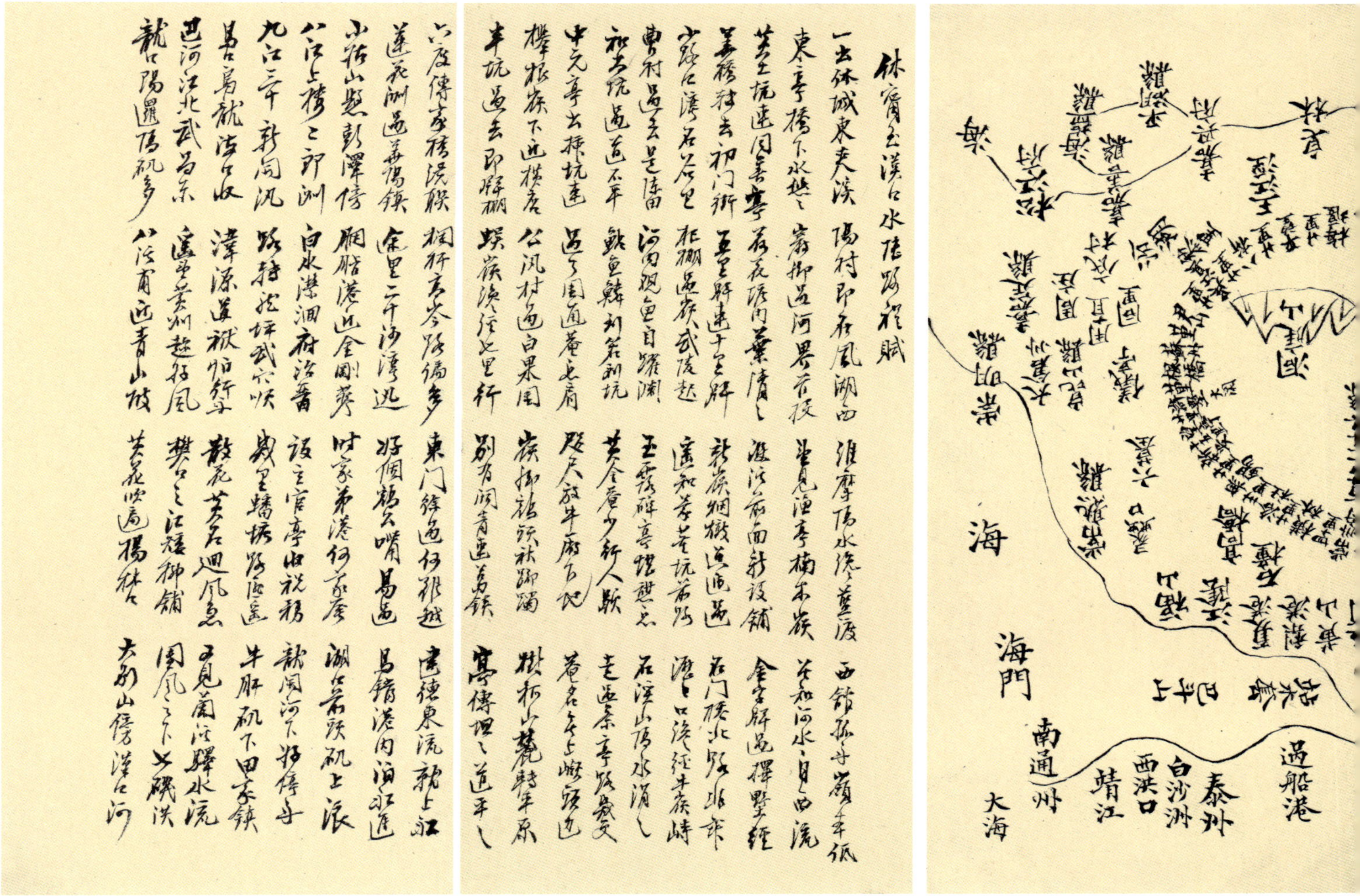

休甯至漢口水陸路程賦

一出休城東夾溪，陽村即在鳳湖西。維摩隔水繞藍渡，西舘孤舟嶺本低。
東亭橋下水悠悠，巖脚過河界首投。望見漁亭楠木嶺，曾知河水自西流。
黄土坑連同善亭，荷花塘内葉清清。雙溪前面新設鋪，金字牌過擇墅經。
華橋轉去祁門街，五里牌連十里牌。新嶺烟墩迢遞過，石門橋北路非乖。
小路口灣石谷里，把棚過嶺武陵起。遥知蒙董坑前路，瀝口纔經牛嶺峙。
曹村過去是陳田，河内觀魚自躍淵。玉露碑亭堪憩息，石溪山隔水涓涓。
和尚坑過道不平，鮎魚鳞到箬劉坑。黄金菴少行人歇，走過茶亭路幾更。
中元亭出捍坑連，過了園通菴息肩。咫尺放牛廠下地，菴名無上嶺頭边。
櫸根嶺下近横店，公汛村過白果園。嶺脚鷄頭秋踋躅，樹柯山麓轉平原。
半坑過去即牌棚，蜈嶺纔經七里行。別有洞青連葛鎮，亭傳坦道平平。
六度傳家橋繞聯，欄杆高岑路偏多。東門徐過何難越，建德東流就上船。
蓮花洲過華陽鎮，途里二十沙灣迅。好個鷄公嘴易過，馬鐺港内泊船進。
小姑山懸彭澤傍，胭脂港近金剛蓼。時家弟港何家套，湖口前頭矶上浪。
八江上接二郎洲，白水瀠洄府治留。設立官亭收税務，龍開河下好停舟。
九江三十新開汛，路轉龍坪武穴順。幾里蟠塘路際遥，牛肝矶下田家鎮。
馬口烏龍海口收，漳源道袱怕行舟。散花黄石迴風急，可見蘭溪驛水流。
巴河江北武昌东，遥望黄州趁好風。樊口之江矮柳舖，團風之下七磯洪。
龍口陽邏隔矶多，八溪甫近青山坡。黄花吹遍楊林口，大別山傍漢口河。

黃河全圖

作　者　（清）張鵬翮編
年　代　清康熙年間
類　型　紙本彩繪
載體形態　一册
尺　寸　每頁縱二八厘米，横一七厘米
索書號　21/034.312/1722

此圖采用傳統形象畫法，繪出了黃河自星宿海至安東縣（今江蘇漣水縣）大通口入海之全流程，反映了清康熙年間治河名臣張鵬翮遵皇帝旨授方略治理黃河的情况。

張鵬翮是康熙朝治河名臣，康熙三十九年至四十七年（一七〇〇—一七〇八）任河道總督。在任期間，在康熙皇帝的指示下拆除攔黃壩、疏通海口，使黃河水有歸路，并濬通清口，引清水敵黃濟運。在一系列操作下，治河取得階段性成功，得到了康熙皇帝的肯定。在此背景下，張鵬翮撰寫《治河全書》，書中總結了自己的治河經驗，并收録了治河諭令、奏疏、河工檔案，以及二十四種河圖，《黃河全圖》就是其中的一幅。

《黃河全圖》并非上北下南繪製，而是以黃河爲中心，從黃河源頭星宿海開始，河出昆侖山，繞過西寧州，一路奔流，圖中黃河著土黃色，其他河流爲青色；沿途山嶺采用形象繪法，或俊秀或雄偉，形態各異；府州縣按照形狀繪製了城池輪廓；橋、寺廟、塔、關隘等都按照實際形狀繪製，并標注了河流、城池、山峰、關隘的名稱，以及各河流的源頭及去處，如『洛河源在陝西洛南縣，至河南鞏縣入黃河』『澗河源出澠池縣，至洛陽入洛河』。

從河南武陟縣開始，圖中詳細繪製了黃河兩側的治水工程，包括攔黃壩、引河、挑水壩，最初是一側有攔黃壩，然後是兩側，從開封開始，黃河兩側的攔黃壩密集起來，或多層或呈網狀，甚至開封城周圍都有一圈壩。在清河縣黃河和淮河交匯處，展現了張鵬翮新的治水工程，圖後的《黃河圖總説》寫道『盡毁攔黃壩，大闢清口，連開張福口、張家莊諸引河，堅築唐埂六壩，自是淮水悉出而會黃，淮、黃相合，其力自猛，流迅沙，滌海口』，圖中可見淮河水從張福口引河、張家莊引河、帥家莊引河、天然河、爛泥淺引河等奔騰流入黃河，波濤拍岸，氣勢汹涌。體現了張鵬翮以淮敵黃的治河方略。清口旁邊是康熙親自指授釘樁修建的銜壩，銜壩逼黃河大流直趨陶莊引河，循北岸而行，解决了黃河倒灌的問題。

此後黃河奔流經安東縣，過大通口後入海。圖中標注的『欽賜大通口』處，原爲一道攔黃壩，《清聖祖實録》記載『過雲梯關，攔黃壩巍然如山，中間一綫，涓涓細流』，此處的攔黃壩造成了海口淤塞，下流不通，上流潰决。張鵬翮考察水情之後，拆除此壩，此後河流順暢，海門打通，康熙皇帝賜名『大通口』。圖中繪製拆除攔黃壩後的情形，也仍遺留部分攔河壩，壩旁邊是海神廟。之後黃河奔流入海。

圖後所附《黃河圖總説》介紹了黃河的特點『黃河源遠流疾，其勢屈曲而多沙』，黃河水患的原因『其流散漫，水緩沙停，下流或淤，上流日益奔潰矣』，淮河走勢及與黃河的關係、造成水患的原因，然後記述了經皇帝指授方略後，治河的一系列方案。此圖繪製精美，內容詳細，圖文對照，是研究黃淮治理、運河疏浚的非常重要的參考資料。

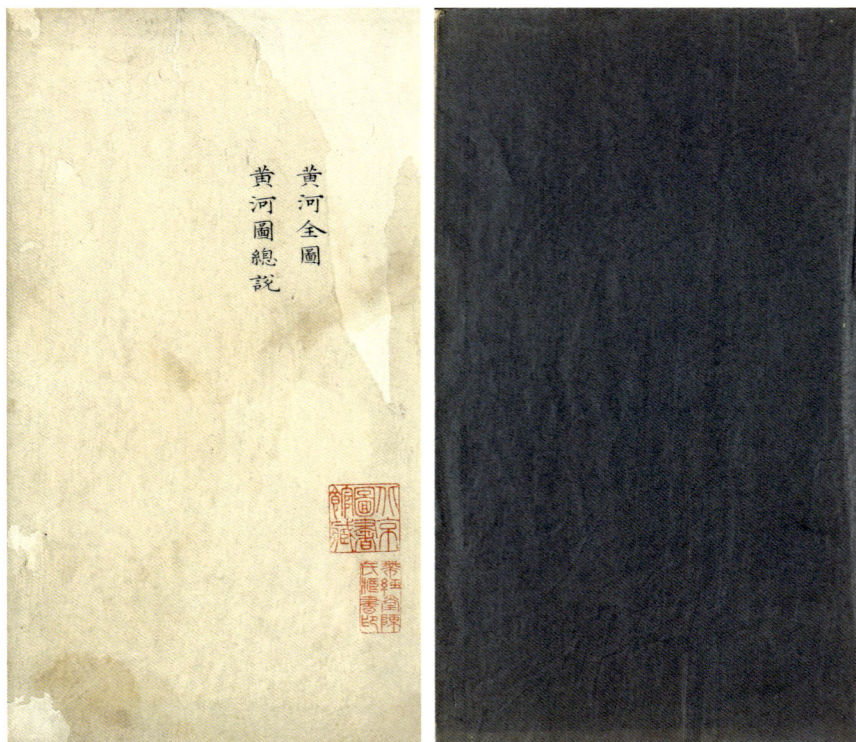

黄河全圖
星宿海
蒲昌海
蘭河
一巨澤
二巨澤
也里河
悚里河
崑崙山

臨洮府
寧夏
積石州
殺馬關
洮河
來羌縣
西寧州
鳴沙嶺
受降城
黑水

洛河
洛河源在陝西雒南縣至河南鞏縣入黃河
潼關陝西交界
黃河
大黃河
孟津縣
河南府
新安縣
懷慶府
孟縣

澗河源出澠池縣至洛陽入洛河
澗河
澠池縣
砥柱
鬼門
三門七津
湨河出濟源縣東南流入黄河
湨河
濟源縣
濟河發源王屋山經豬龍河入黄河
濟河
陝州
靈寶縣
神門
人門
閿鄉縣
虎牢關
汜水縣
汜河源即出汜水縣
汜河
武陟縣
沁河
沁河出山西沁源縣至武陟縣入黄河
鞏縣
洛河口
廣濟河源自五龍口鑿山取沁水灌田故名廣濟流至武陟縣入黄河
廣濟河
小丹河自河内大丹河石丹斗門分流至新鄉縣與衛河會
修武縣
伊河源出盧氏縣至偃師與洛河會
伊河
偃師縣
津縣至洛陽入洛河
溫縣
大丹河
大丹河源出山西澤州至河內縣入沁河

鄭州
滎澤縣
鄭州交界
屯家湖
原武縣
滎澤縣
交界
善佛寺
原武縣
惠濟橋
新滎澤縣
廣武山
舊滎澤縣
新城
任店山
河陰縣
汜水縣界
河陰縣界
武陟縣
滎澤縣交界
陳留縣
班家寨
開封府
貫台
陳留縣
蘭陽縣界
陳留縣
祥符縣界
積水
天馬圈
小馬圈
封丘縣
祥符縣界
淤灘
龍門口水潭

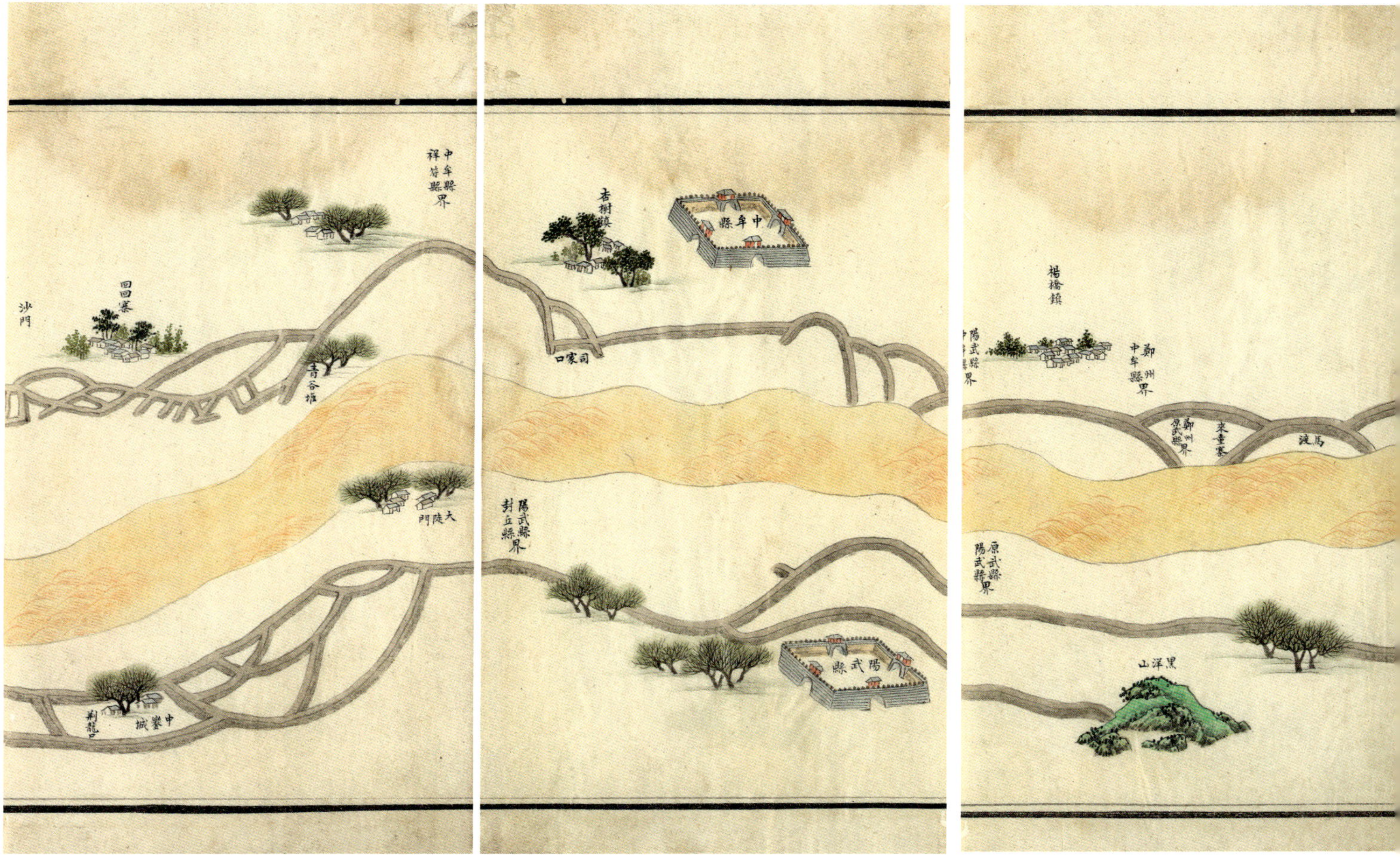
中牟縣
祥符縣界
回回寨
沙門
青谷堆
大陵門
中鑾城
荊龍口
中牟縣
司家口
陽武縣
封丘縣界
陽武縣
楊橋鎮
陽武縣
中牟縣界
鄭州
中牟縣界
鄭州
原武縣界
來童寨
馬渡
原武縣
陽武縣界
黑洋山

大王廟
儀封縣
蔣家廟
蘭陽縣
長垣縣界
長垣縣
儀封縣界
積水
蘭陽縣
儀封縣界
陸家口
耿家寨
雷家寨
蘭陽縣
東河渠
西河渠
陳留縣
蘭陽縣界
蔡家水口
耿家水口
梁家水口
雷家水口
銅瓦廂
祥符縣
陳留縣界

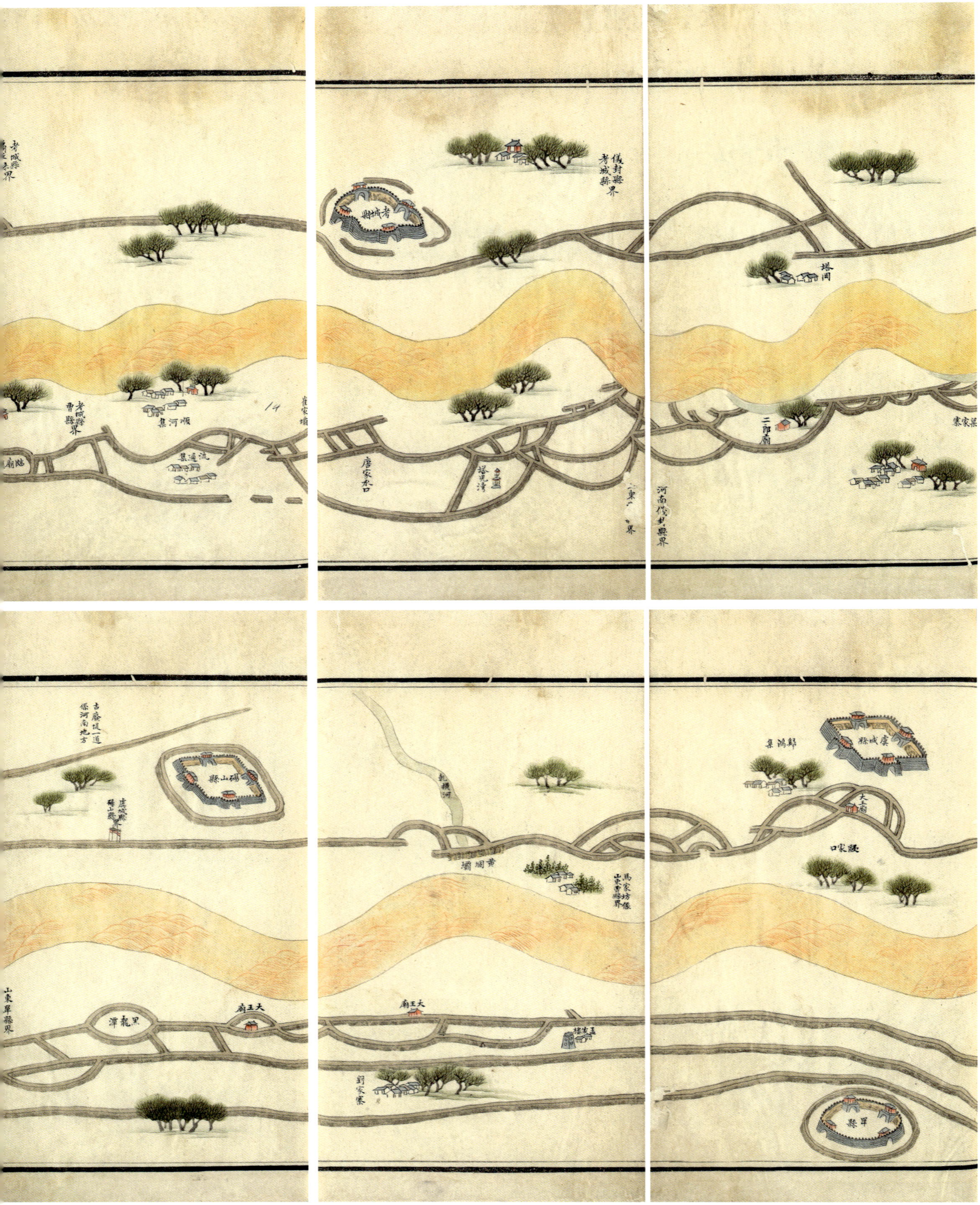

考城縣曹縣界
順河集
流通集
崔家壩
儀封縣考城縣界
考城縣
唐家寨口
塔兒灣
河南儀封縣界
二郎廟
梁家寨
古蘇堤一道係河南地方
碭山縣
虞城縣碭山縣界
山東單縣界
黑龍潭
大王廟
黃堌壩
馬家坊係山東曹縣界
大王廟
王家樓
劉家寨
虞城縣
大王廟
段家口
單縣

商丘縣
虞城縣界
馬家潭
邵家潭
歸德府
蒙牆寺
黑堌店
梁家樓
青堌寺
大王廟
李家店
楊家堂
清涼寺
黑堌寺
永固湖
馬家山
十八里屯
東閘
西閘
天谷山
蕭縣
天然閘
蕭縣
徐州界
碭山縣
蕭縣界
李道華樓
豐縣界
谷家庄工
小神湖
格堤
定國寺
毛城鋪
吳家庄

楊家窪工
曹家庄工
引河
張家橋
九山
石閘
臥虎山
三山頭
大龍口
琵琶山
獅子山
徐州
長山
石狗湖
小泰山

上山
戴家庄
小橋
豐山
青羊山
王家堂工
新安鎮
積水
清水口
劉家寨
馬家山
蛟龍山
郭巨山
寒山
黄山

徐州邳州交界
盧家山
清涼寺
朱家海
邳宿交界
張林舖
戚字堡引河
戚字堡工

彭家堡工
蔡家樓下工
蔡家樓上工
駱馬湖口
東裏頭
西裏頭
舊中河
新中河
支河口
駱馬湖
五花橋
中河
皂河口
皂河集
石壩

大王廟
張家莊險工
桃源縣
龍窩
張家莊引河
上渡口工
長湖
野鴨店
新挑河
崔鎮
九龍廟
五壩閘
白洋河
大古城
大古城工
宿遷縣桃源縣交界

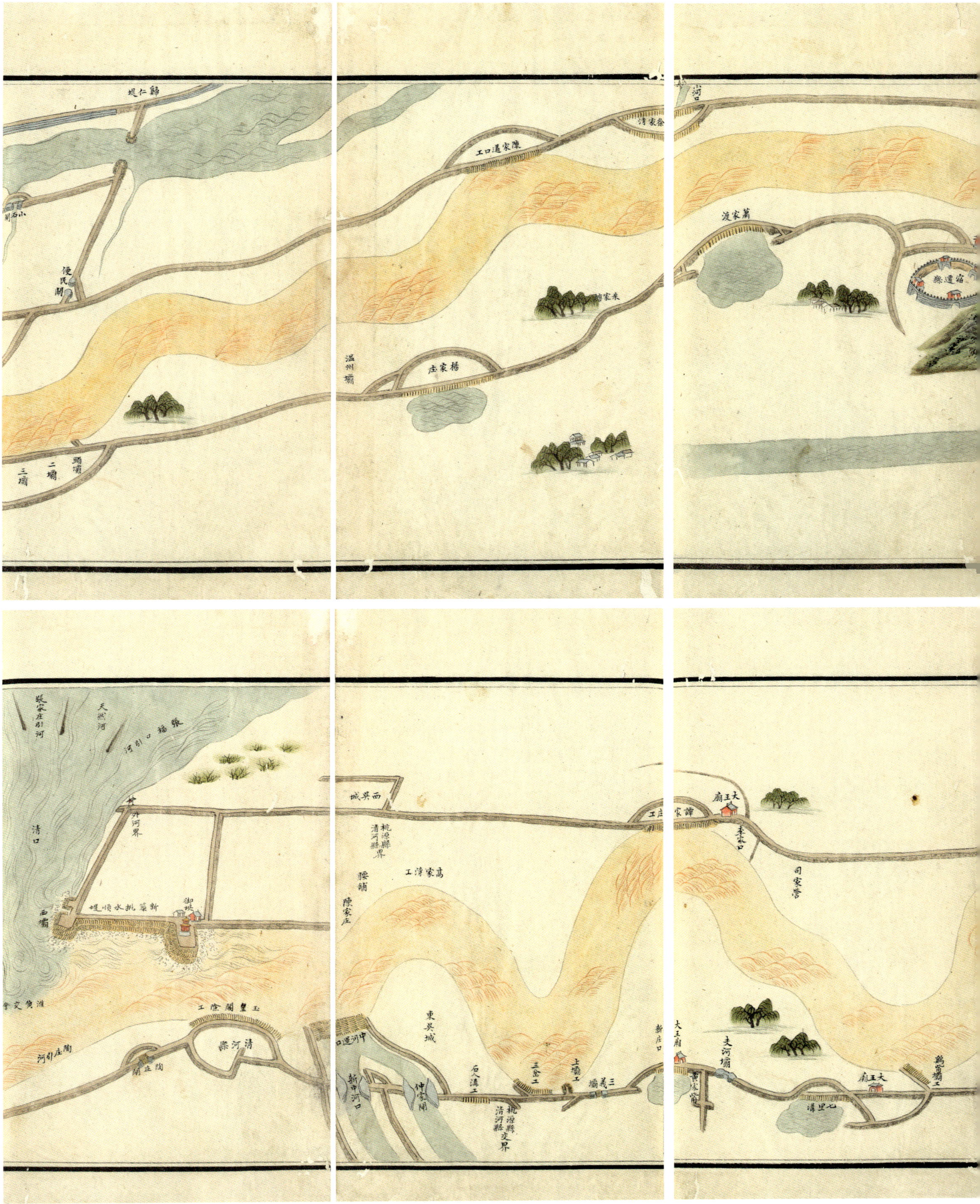

歸仁堤
小石閘
便民閘
陳家道口工
徐家灣
溫州壩
楊家庄
蕭家渡
宿遷縣
天然河
張福口引河
清口
西壩
清河縣
陶庄閘
西吳城
桃源縣清河縣界
高家灣工
東吳城
大王廟

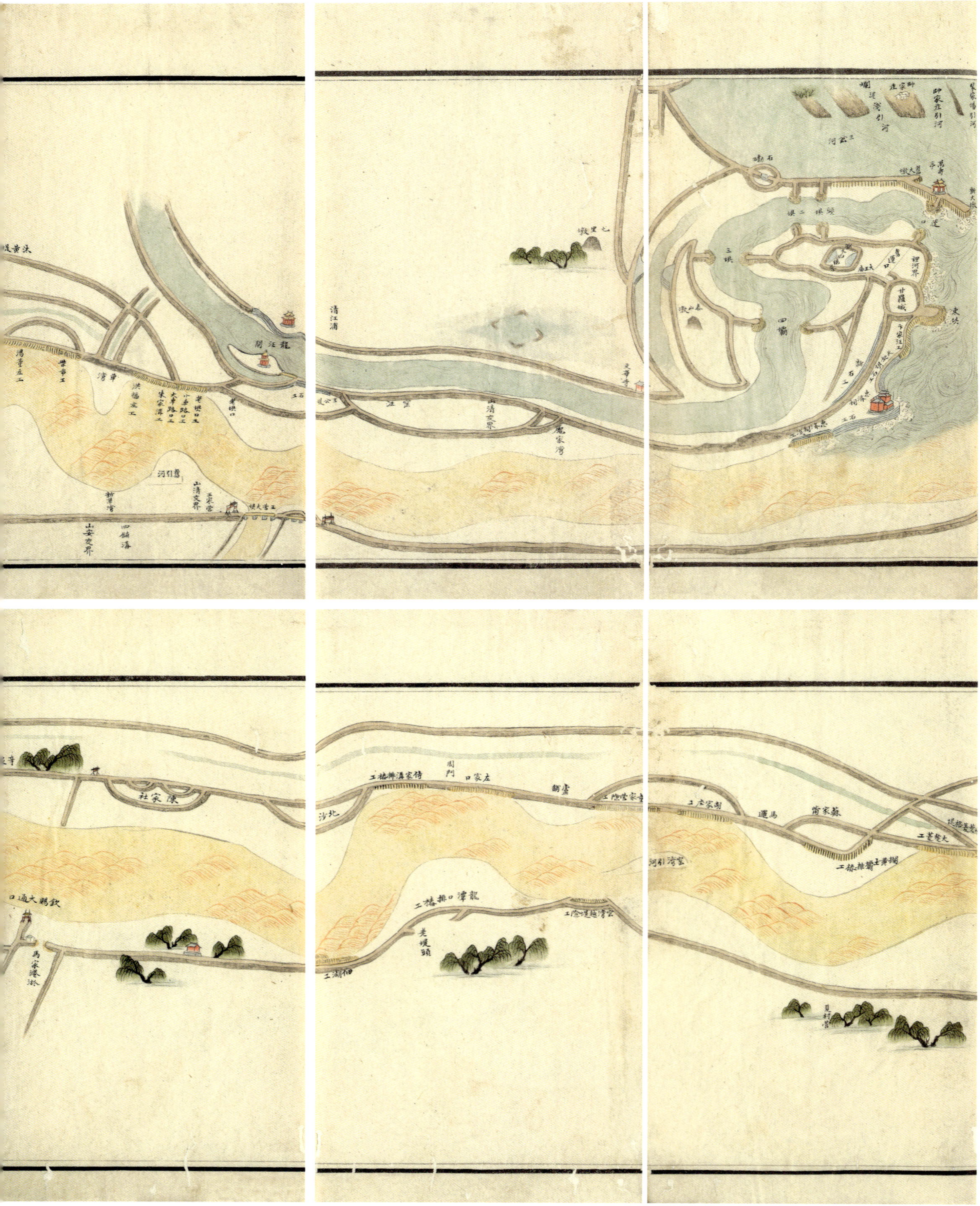
清江浦
甘羅城
陳家社
夏村營

青蓮岡
新港工
韓家莊引河
引河
引河
二堡工
汪家莊工
東門工
南門工
安東縣
三套
四套
五套
六套
七套
八套
九套
十套
青沙
紅沙

黄河圖總説

黄河源遠流疾其勢屈曲而多沙大汛一至輙高數十尺是以有潰溢之患至於潰溢則其流散漫水緩沙停下流或淤上流日益奔潰矣淮水不及黄河之遠發自河南之桐柏山納七十二山溪之流又會洪澤阜陵諸湖而出於清河縣之東每伏秋水漲其高亦數十尺此黄與淮古竝稱為二瀆也自宋熙寧間黄河南徙會於淮於是淮黄合流入海者迄今六百餘年前代治河之法雖隨時變通然其大要在固守其隄防弗使暴漲之水得而乘之設有衝決則亟塞其口弗使

黄河圖總説

黄河源遠流疾，其勢屈曲而多沙，大汛一至，輙高數十尺，是以有潰溢之患。至於潰溢，則其流散漫，水緩沙停，下流或淤，上流日益奔潰矣。淮水不及黄河之遠，發自河南之桐柏山，納七十二山溪之流，又會洪澤阜陵諸湖而出。於清河縣之東，每伏秋水漲，其高亦數十尺。此黄與淮古竝稱爲二瀆也。自宋熙寧間，黄河南徙會於淮，於是淮黄合流入海者，迄今六百餘年。前代治河之法，雖隨時變通，然其大要在固守其隄防，弗使暴漲之水得而乘之。設有衝決，則亟塞其口，弗使泛漫，如是而已。當治安之時，人情懈弛，修守弗謹，一遇暴水，横決隨之，及其既決，水分勢緩，正流漸堙。人不之察，以爲故道不可復而欲謀其新。故往年高堰唐埂不修，淮水東潰，清口流澀，黄水因而躡之，清口遂淤爲平陸，人不以咎淮之東，而謂清口之不可疏也。黄水倒入清口，加以兩岸潰決屢見，以致海口泥沙壅塞，人不以咎黄流之失其軌，而謂海口之不可通也，且創爲攔黄壩以障之，河工之潰壞至斯而極。惟我皇上睿智如神，深察水性，指授方畧，盡毀攔黄壩。大闢清口，連開張福口、張家庄諸引河，堅築唐埂六壩。自是淮水悉出而會黄，淮、黄相合其力，自猛流汛沙滌海口，深通兩河皆循故道，淮揚諸州邑數十年在波濤中者，一旦復爲耕稼之區。下流既暢，上流亦不至潰溢，即宿桃徐邳以西，至中州所屬，凡濱河之民，俱可無胥溺之虞矣。後之防河者，藉此成規，時時修補，弗致廢[壞]（案：據天津圖書館藏張鵬翮《治河全書》此脱字爲『壞』。）即千萬年長治之道也。臣鵬翮愚蒙，仰承聖訓，幸覩成功，不勝欣慶，謹將歷年修防事宜，分段詳列於後，俾天下咸知皇上平成之偉績云。

流漫如帶而已當治安之時人情慵弛作守弗講一遇暴水横決隨之及其既決水分勢緩正流漸墊人不之察以為故道不可復而欲謀其新故往年高堰唐埂不修淮水東潰清口流澀黄水因而躡之清口遂淤為平陸人不以咎淮之東而謂清口之不可疏也黄水倒入清口加以兩岸潰決屢見以致海口泥沙壅塞人不以咎黄流之失其軌而謂海口之不可通也且創為攔黄壩以障之河工之潰壞至斯而極惟

我

皇上睿智如神深察水性

指授方畧盡毀攔黄壩大闢清口運開張福口張家庄諸引河堅築唐埂六壩自是淮水悉出而會黄淮黄相合其力自猛流迅沙滌海口深通兩河皆循故道淮揚諸州邑數十年在波濤中者一旦復為耕稼之區下流既暢上流亦不至潰溢即宿桃徐邳以西至中州所屬凡濱河之民俱可無昏墊之慮矣後之防河者藉此成規時時修補弗致廢[illegible]即千萬年長治之道也 臣鵬翮 愚蒙仰承

聖訓幸覩成功不勝欣慶謹將歷年修防事宜分段詳列於後俾天下咸知

皇上平成之偉績云

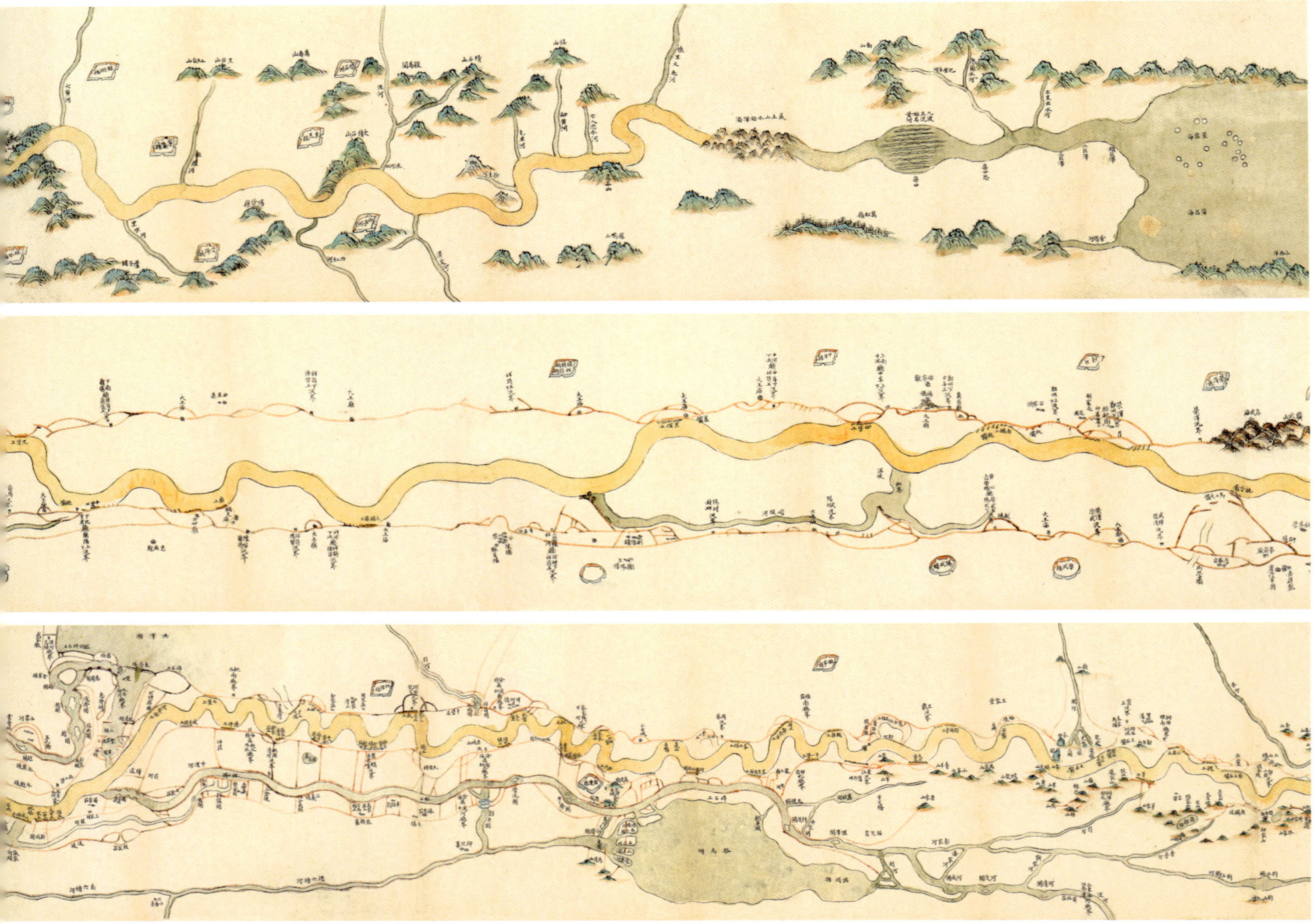

黃河發源歸海全圖

作　者　不詳
年　代　清嘉慶年間
類　型　紙本彩繪
載體形態　一幅長卷
尺　寸　縱二二厘米，横五〇二厘米
索 書 號　21/034.312/1825-2

此圖采用傳統形象畫法，繪出了黄河自星宿海至安東縣（今漣水縣）雲梯關入海之全過程，并詳細標繪了黄河下游河工堤壩。

《黄河發源歸海全圖》的大致方位是上南下北，以黄河爲中心，從黄河源頭星宿海開始，起初水著青色，『盛土山水始渾濁』，之後黄河就著土黄色，在黄河上游，主要繪製了黄河的流向與支流，經過的山脉、城池等，這些要素均采用形象繪法繪製，并標注名稱。從河南懷慶府開始，圖中詳細繪製了黄河兩側和治河相關的水利工程、自然資源，包括壩、堰、引河、界、河兵營地、廟宇、附近村莊等，直觀地描繪出當時的河防工程體系形態。

清代爲了加强對黄河的管理，消除黄河災患，投入了大量的精力，修建堤壩，包括臨近主河床的縷堤、縷堤之外的遥堤、位於遥堤和縷堤之間的格堤、在遥堤或縷堤薄弱段所修的月牙形的月堤，以及圍城的護城堤，用於分洪的减水壩、引水河、挑水壩等。圖中詳細繪製了這些治河工程的位置、形狀，并標注有名稱。這些堤壩有的根據位置命名，如『張家壩』『蔡家壩』，有的根據類型命名，如『越堤』『格堤』，有的以數字序列命名，如『二壩』『三壩』，另外圖中還繪有用於護岸、堵口、築堤等工程的河工建築物，稱爲埽工或壩工，同樣也根據其類型或位置標注有名稱，比如『魚鱗壩工』『碎石工』『柴土石壩』『十堡工』等。

圖中對清朝設置的治河機構及其責任分工也有詳盡的體現，除了總理治河的河道總督，清朝還設置專門的治河機構，河道總督下設道、

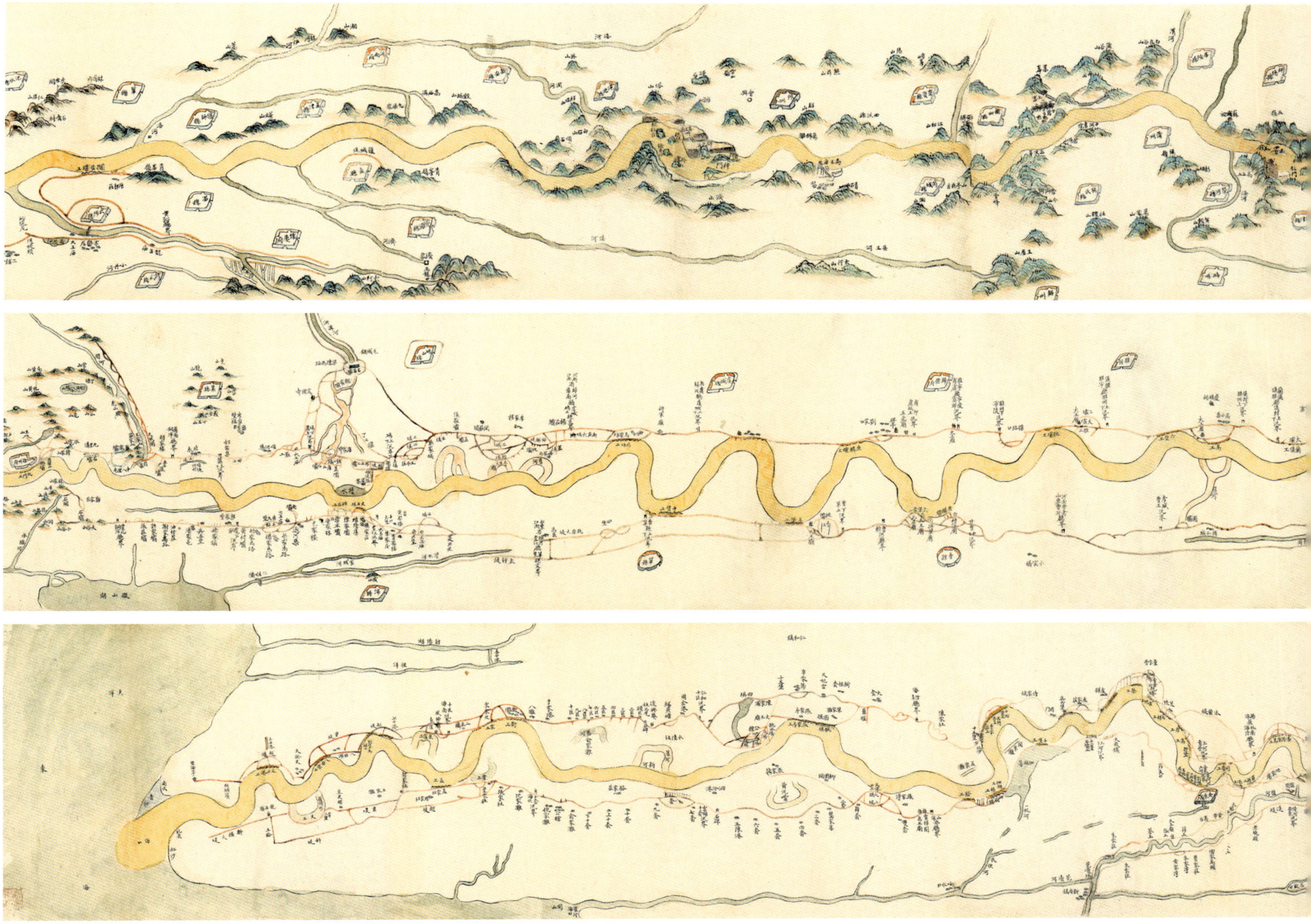

廳、汛三級，將黄河堤壩分段歸責。圖中詳細標注了各廳各汛的界止，如『清河安東汛界』『豐北銅沛廳界』等。河防工程修築以後，由河營兵來修補防守，因此河兵一般駐守在大堤上，營區稱爲『堡』或『鋪』，圖中堤壩上標注了河兵營區的名稱，一般爲『兵五堡』『兵九堡』等。除此之外，圖中標注有大量的廟宇，包括比較著名的天妃宫、禹王廟、惠濟祠、福神菴等，以及大量的供奉明清時期著名的黄河神和漕運神的大王廟，體現了當時水神信仰的盛行。

《黄河發源歸海全圖》上未注作者及繪製時間，不過從清口東清壩的位置以及蘭陽縣的名稱可以推斷大致繪圖時間。《黄運河口古今圖説》之《嘉慶十三年河口圖説》記載：『嘉慶九年，尚書姜公晟、河東總河徐公端，會同總督鐵公保、總河吴公璥，統籌全局，又將東清壩移建於頭壩之南，湖水會出之處，築東西兩壩，每年相機展束。』圖中所繪東清壩位置即在洪澤湖出口處，頭壩之南，與記載相符。另外清道光五年（一八二五）將儀封縣并入蘭陽縣，改名爲蘭儀縣，圖中仍稱蘭陽縣，因此此圖應繪製於嘉慶九年（一八〇四）之後，道光五年（一八二五）之前。又因圖内『寧』字未避道光帝名諱而改寫『甯』，故此圖繪製時間不遲於嘉慶二十五年（一八二〇）。

該圖雖然繪製精緻程度有所欠缺，但繪製内容詳盡，其所繪的黄河河道水利工程及沿河流域的自然環境與人文景觀，對於研究清代水利工程及人文歷史，具有非常重要的史料價值。

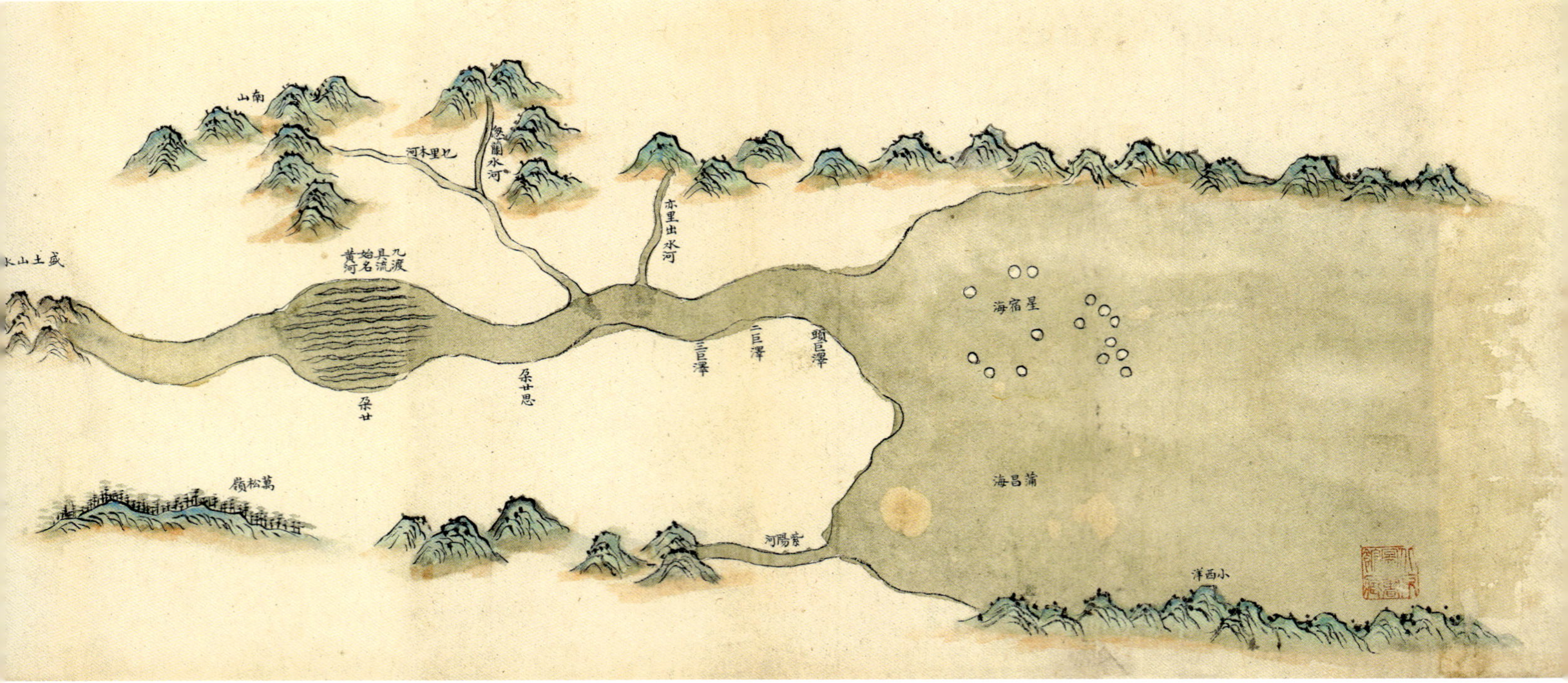

星宿海
蒲昌海
萬松嶺
小西洋

太行山
王屋山

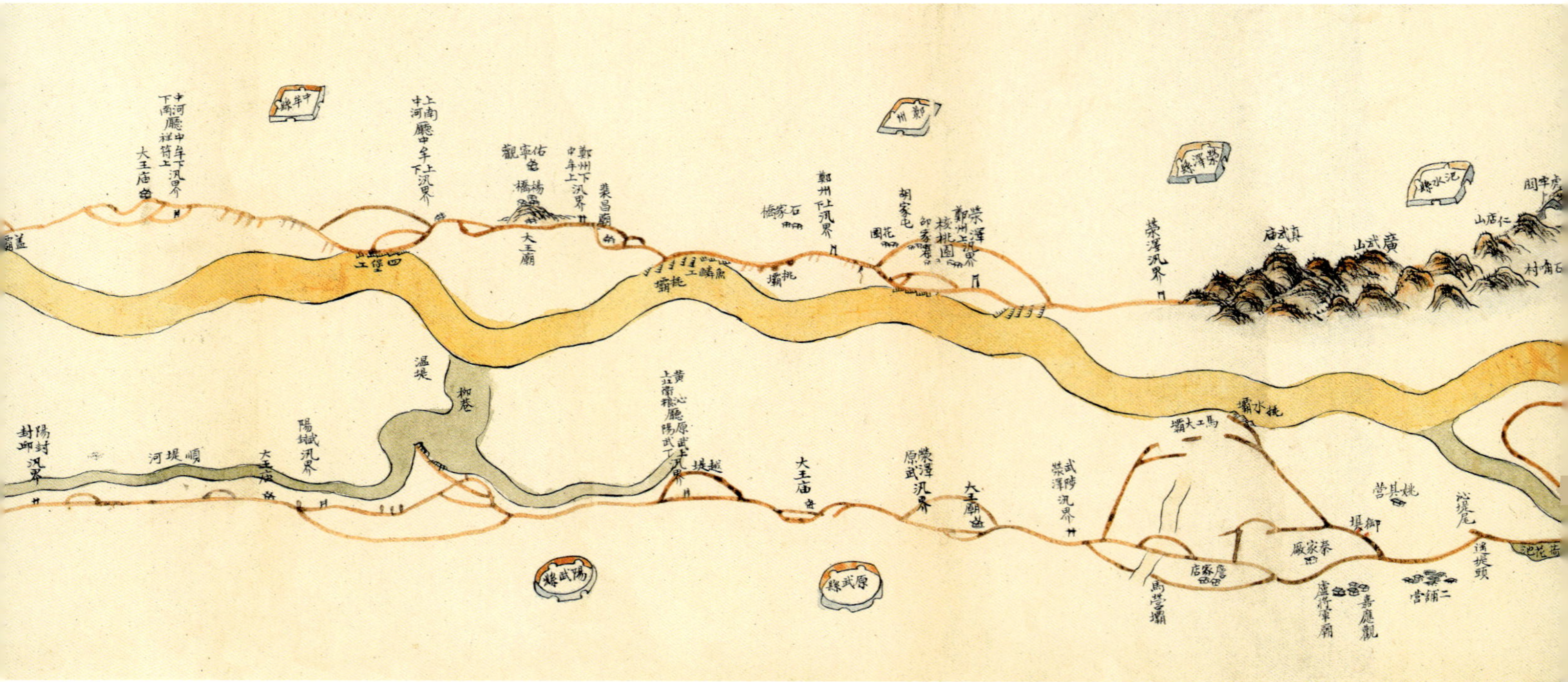

廣武山
大王廟
滎澤汛界

大黄河
洮河
黑水河
漢文河
細黄河
大積石山

洛河
溴河
濟河
懷慶府
河南府
温縣

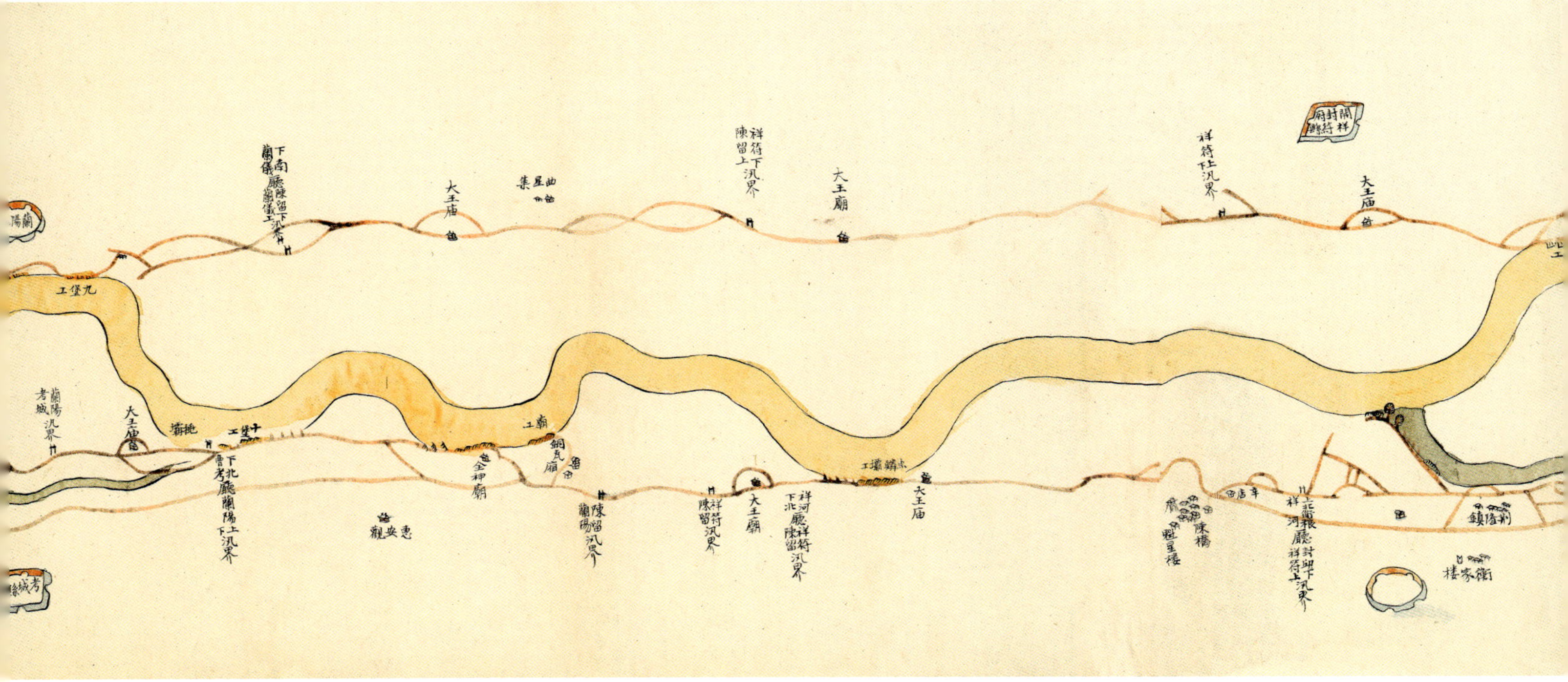
大王廟
九堡工
金神廟
惠安觀

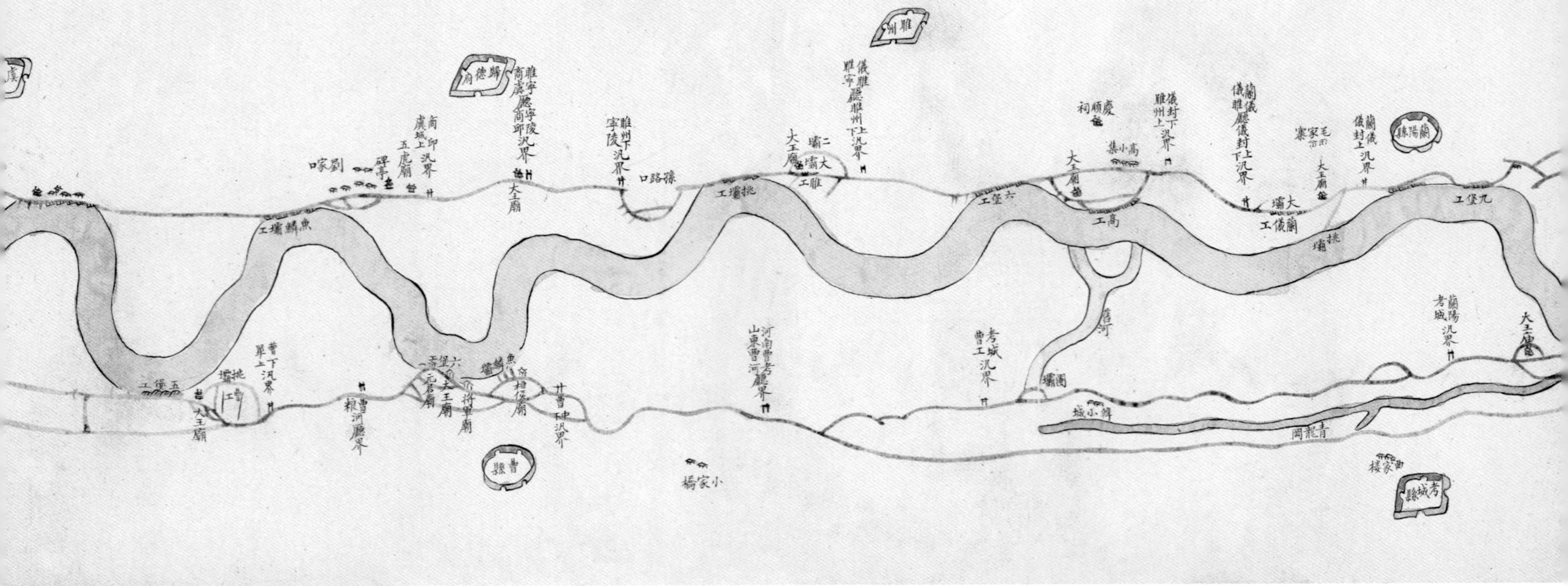

歸德府
睢州
蘭陽縣
曹縣
考城縣
劉家口
小楊家

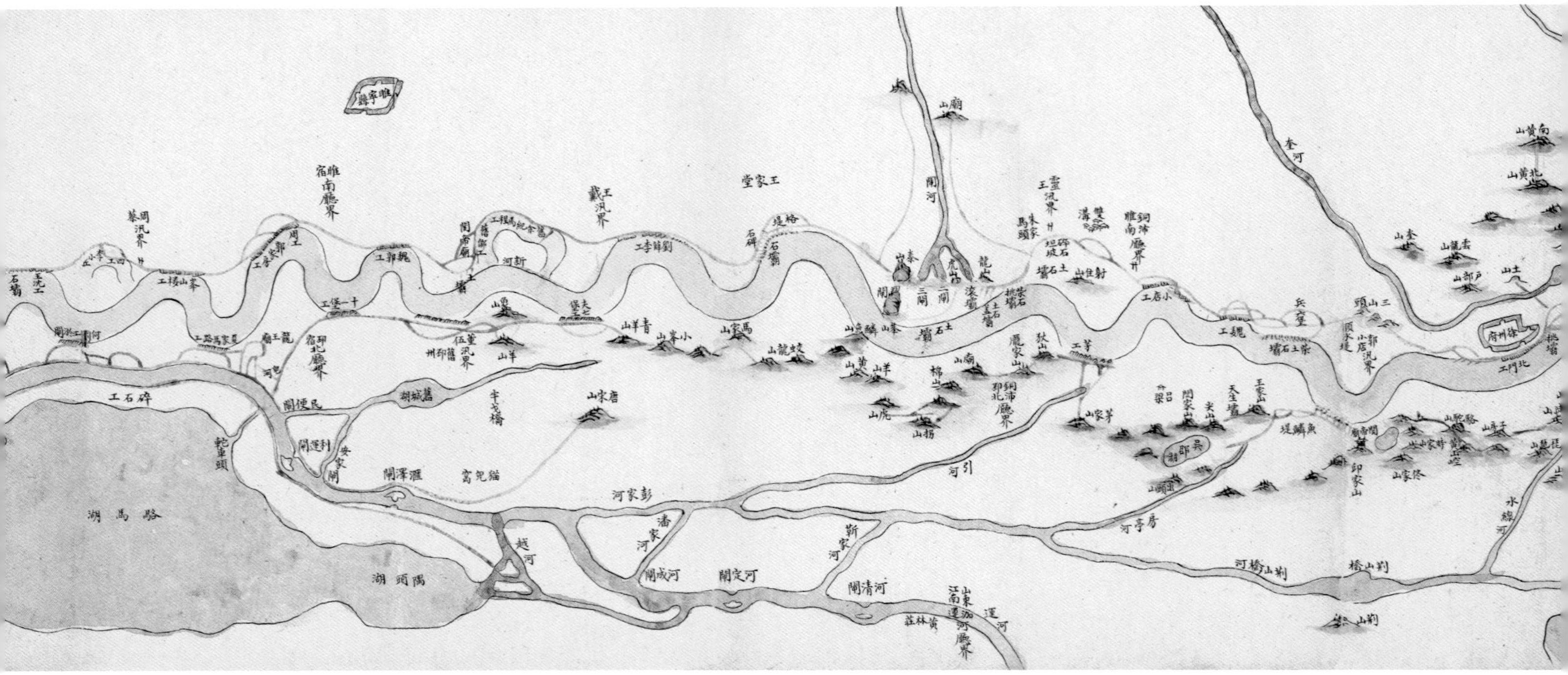

睢寧縣
王家堂
徐州府
駱馬湖
彭家河

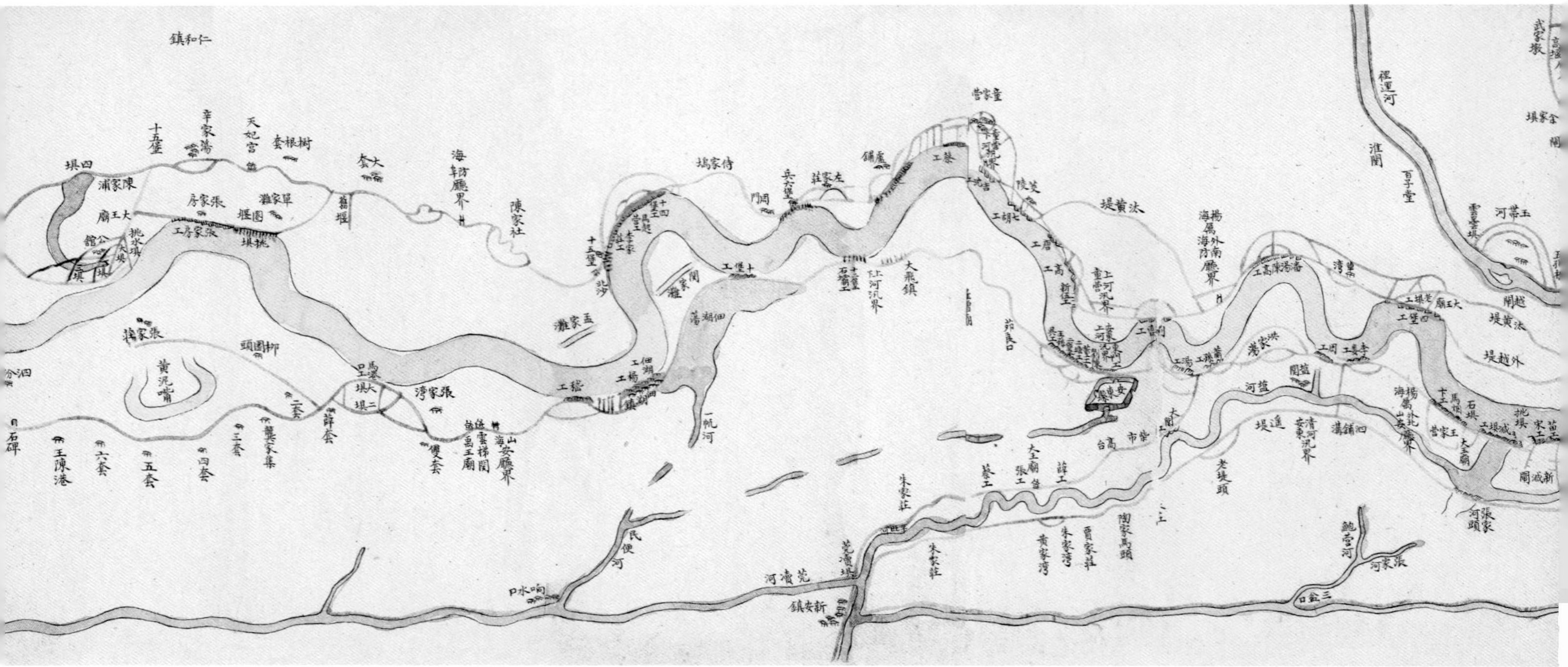

仁和鎮
陳家社
柳園頭
黃泥嘴
响水口
新安鎮

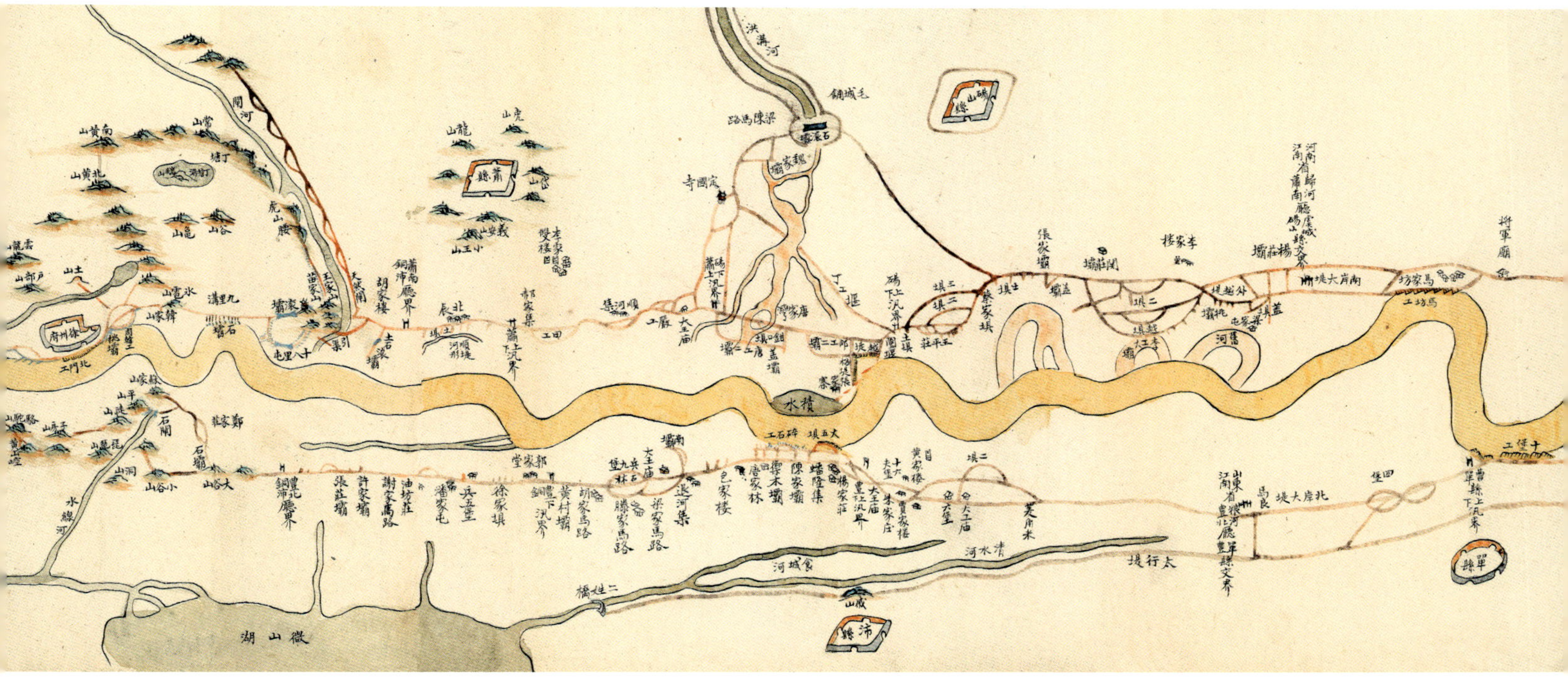
微山湖
太行堤
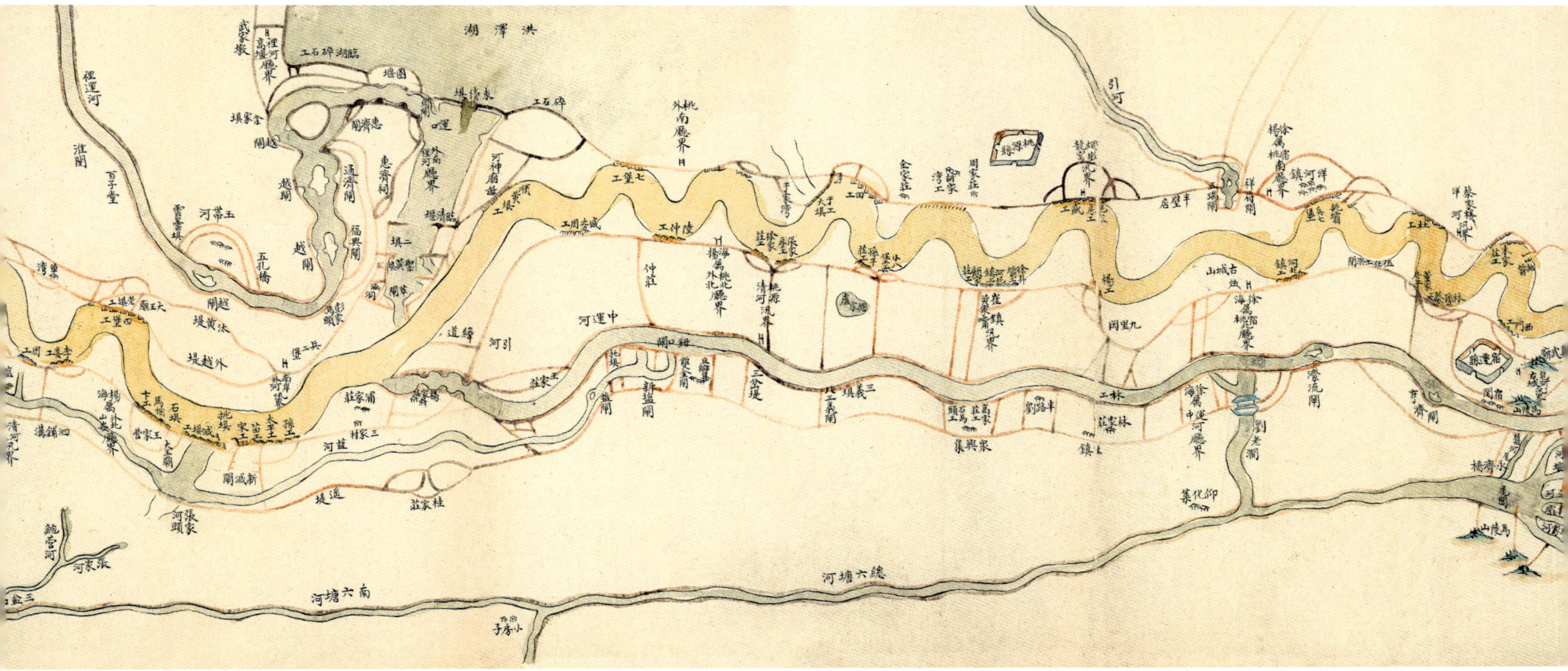
洪澤湖
中運河
引河
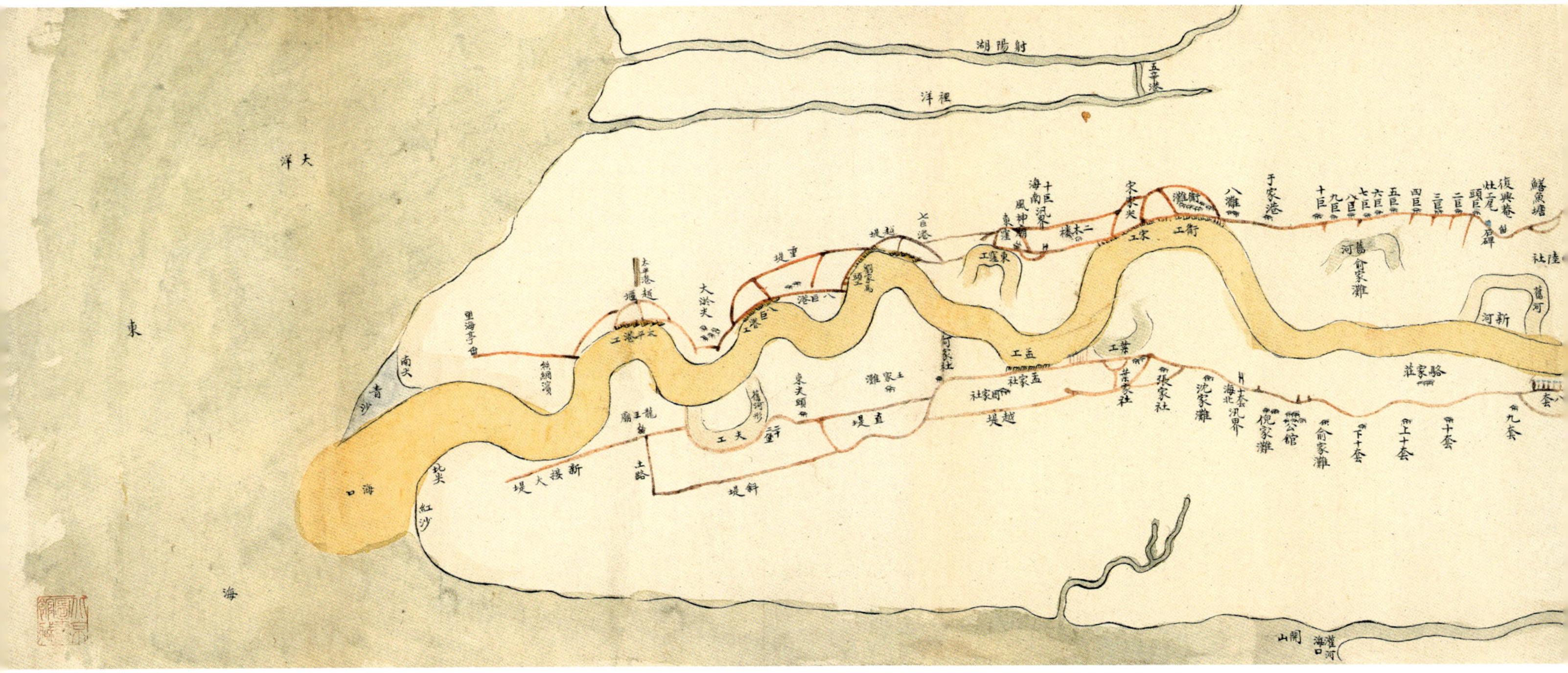
大洋
東
海
海口
射陽湖

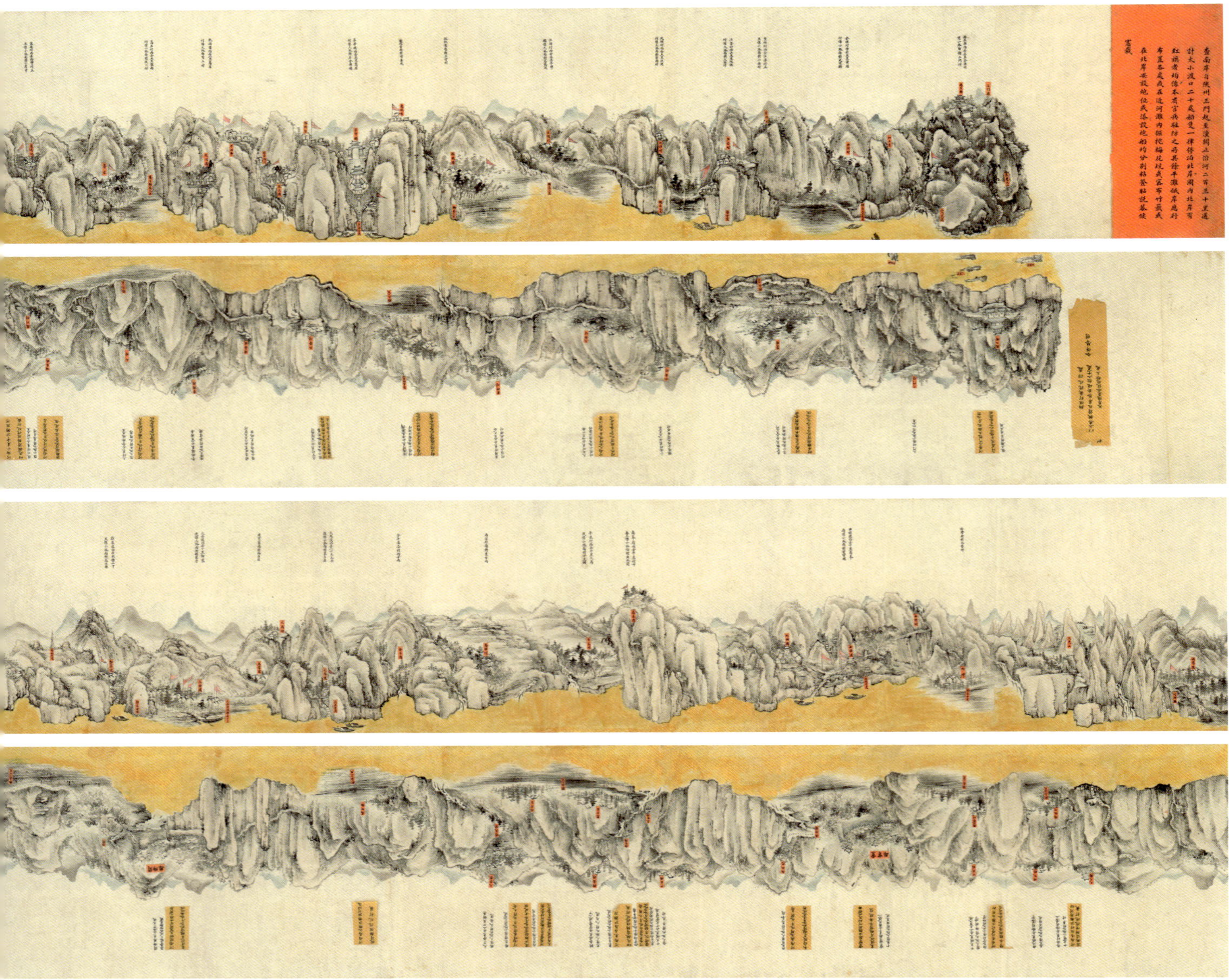

大河南北兩岸輿地（圖）

作　者　不詳
年　代　清同治四年（一八六五）
類　型　紙本彩繪
載體形態　一册
尺　寸　縱三六點一厘米，橫五九一點八厘米
索 書 號　213/068.5/1900

全圖采用傳統形象繪法，繪有晋豫二省交界處黄河南北兩岸地形、城邑、關隘、古迹、道路、駐軍營地、炮臺、炮船分布等要素。注記較爲詳細。在籌劃布防處皆用黄紙簽寫明該河岸段的地勢和布防建議。文中載有大段文字，説明黄河南北兩岸形勢及軍防計劃，表明該圖的性質和作用。

該圖使用了特殊的裝幀形式，繪製時應是一張完整紙張，中間用寬寬的黄色水面表示黄河，且采用對景畫法，對折後正反兩面就分别爲南岸和北岸，且黄河都位於下方。地圖正面的方向爲上南下北，左東右西；地圖背面的方向爲上北下南，左西右東。

圖中範圍，南岸東自陝州起，西至潼關止；北岸東自平陸縣起，西至風陵渡止。陝州城，東據崤山，關連中原腹地，西接潼關、秦川，扼東西交通之要道，南承兩湖，北對晋地，鎖南北通商之咽喉，是古來兵家必争的戰略要地。從圖中可以看出潼關城北臨黄河，南跨鳳凰、麒麟二山，城内有蠍子山、硯臺山和鐘樓，潼水穿城而過，專門標示出南、北水門。潼關城東去五里是大路，北對風陵渡。風陵渡正處於黄河東轉的拐角，是黄河上最大的渡口，自古以來就是河東、河南、關中咽喉要道，爲兵家必争之地。

繪圖人對大河兩岸地勢進行詳細履勘，并一一標注大河兩岸的陡崖、低岸、平灘、沙灘等地形。圖中大河南岸通計陡崖十五處，低岸十一處，平灘十五處；北岸通計陡崖十二處，低岸十八處，平灘十六處。如河南潼關城平灘北對風陵渡平灘、河南西吕店沙灘北對大禹渡低岸。

自陝州三門起，至潼關止，沿河二百三十里，通計大小渡口二十處，船隻一律停泊北岸。圖内北岸有紅旗者均係本省官兵駐防之所，其餘平灘低岸應行布置各處，

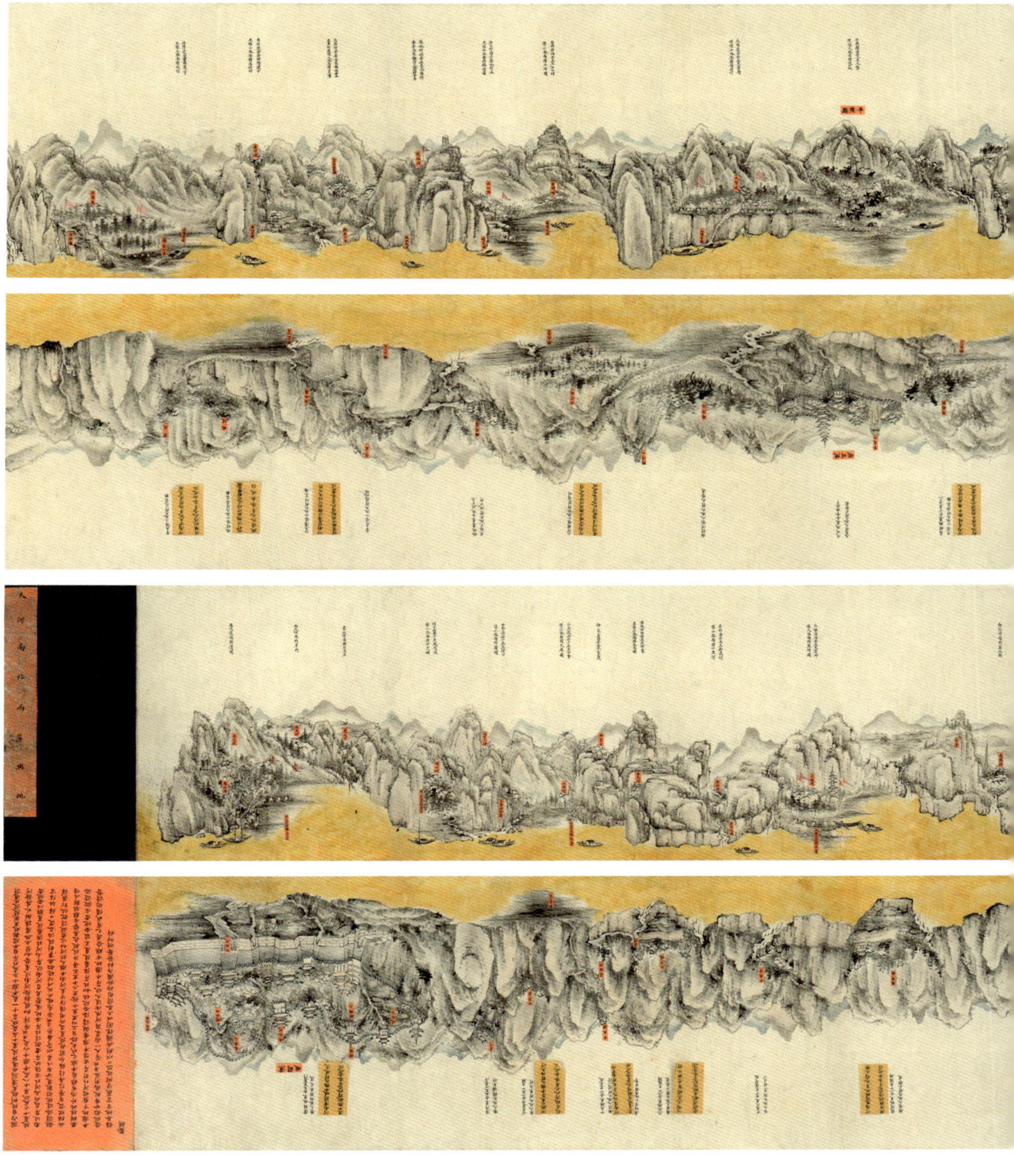

或在近河灘内掘挖梅花坑，或密布竹簽，或在北岸安設炮位，或添設炮船，均分別粘簽貼説。

圖中安炮布防根據地形分爲幾種：一是河南低岸處所，而河北也是低岸者，則擬在北岸安炮遥擊，如『河南潼關城平灘北對風陵渡平灘，擬請於北岸添安炮位』，北岸共添安炮位二十一處。二是河南低岸而河北是陡崖，北岸難以安炮者，擬添造炮船數隻，分布北岸，以資轟擊。如『河南三門龍王廟低岸北對三門嶺陡岸，擬請於北岸添設炮船』，北岸共有三處陡崖添設炮船。若炮船無事，則泊各渡口，歸駐防官兵經理，設有警信，再行飭令，前赴陡崖處所用備防守。三是河南平灘，凡距河切近者，則擬挖坑釘簽擇要辦理。如『河南高北灘沙灘距河切近，擬請辦理挖坑釘簽』，共有高北灘、東呂店、馮左村、小崖寺四處沙灘辦理釘籤挖坑。

此外尚有雖屬平灘，已成大路，自三四里至十餘里、二十里不等者，片段較長，其勢亦難鏟斷，此項平灘，若查明河北對岸亦係平灘者，擬添安炮位，如北岸係屬陡崖不能安炮者，亦擬添造炮船，分布較爲周密。凡低岸平灘地方，雖對岸已有戒備，仍請督飭各地方官嚴守附近隘口，以期共圖保衛。以上各情形均在圖内粘簽説明。

黄河自潼關以下，流經中條山和淆山之間，兩山相夾，河身處在峽谷之中，是黄河最險峻的峽谷河道之一。圖中各座城、鎮、村莊、駐軍營地點綴於崇山峻嶺之間，其間路程用文字標注，從潼關城起至史家灘路程分別爲：潼關城東去五里是岸門，岸門東去五里是七里店，七里店西去二里是十里鋪，十里鋪東去十里是文底鎮……小安村東去八里是史家灘，史家灘東去五里是三門。

國家圖書館另藏《陝西三門至潼關黄河防備圖》是與《大河南北兩岸輿地（圖）》同一類型的地圖，清官府設色繪本一幅，紙本。以黄河爲中心，詳繪兩岸的地形地貌，并用文字注明駐軍及所需添設炮臺、挖掘梅花坑或密布竹簽等防務設施，是清末官府就省境西南部黄河兩岸布軍設防的現狀與籌劃而上奏朝廷的軍事地圖。

關於此圖年代，查《清穆宗實録》卷一百四十七同治四年（一八六五）秋七月丁卯條：『又諭王榕吉奏派兵籌防并添撥動炮位扼守沿河要隘一摺。』時值西北『回亂』，東南太平軍、捻軍北上，西入河南，形勢危急，清廷根據王榕吉奏摺，自風門口東灘渡及平陸縣之茅津渡，永濟縣之風陵渡，中閑大小數十口，綿亘六百餘里，與陝西之潼關，河南之靈寳，閿鄉，陝州，撥銅鐵炮位二百尊，分段安設……故此圖之勘繪即奉諭旨而做。

查南岸自陝州三門起至潼關止沿河二百三十里通
計大小渡口二十處船隻一律停泊北岸圖內北岸有
紅旗者均係本省官兵駐防之所其餘平灘低岸應行
布置各處或在近河灘內掘挖梅花坑或密布竹籤或
在北岸安設炮位或添設炮船均分別粘簽貼說恭候
憲裁

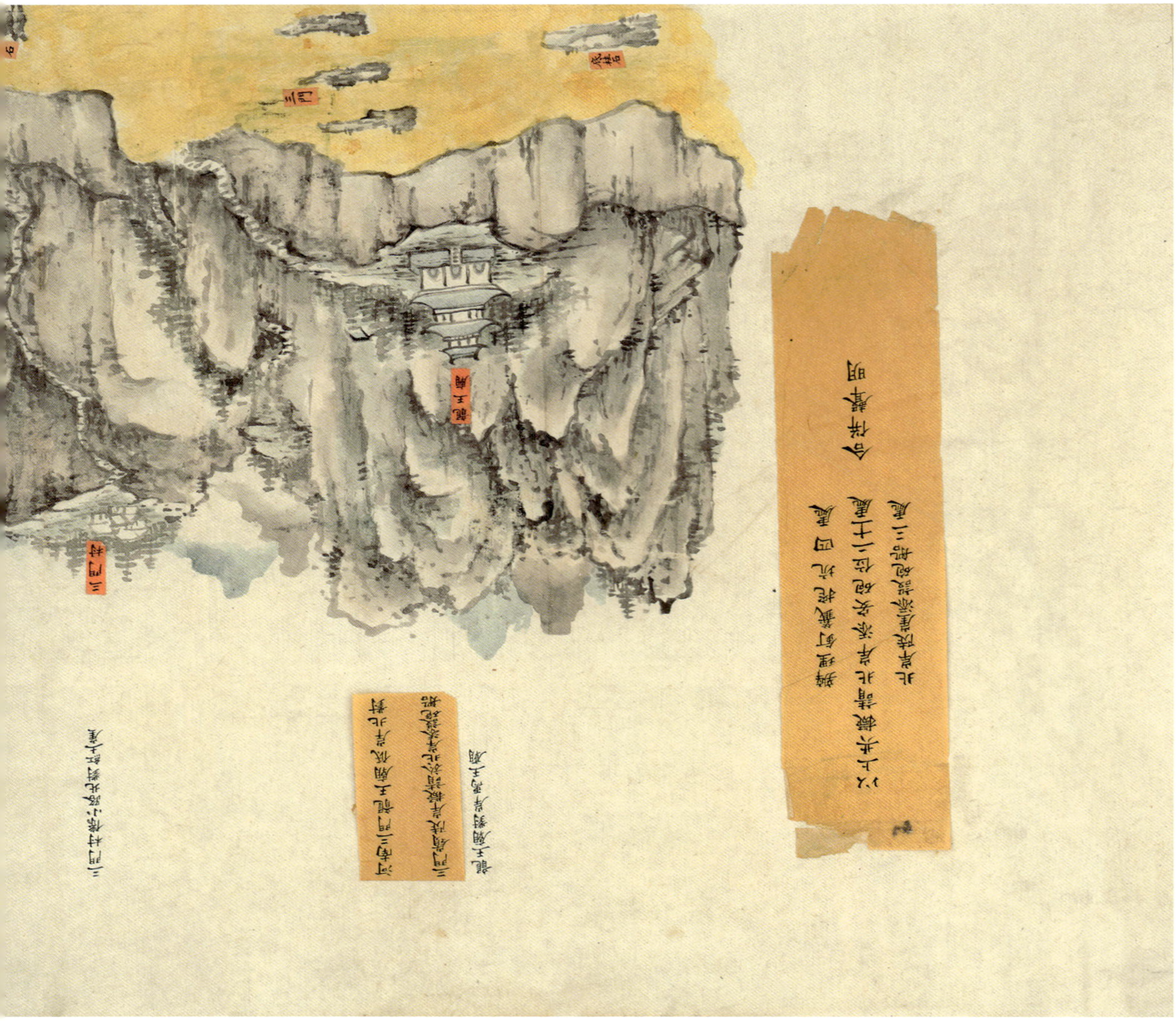

查南岸自陝州三門起，至潼關止。沿河二百三十里，通計大小渡口二十處，船隻一律停泊北岸。圖內北岸有紅旗者，均係本省官兵駐防之所，其餘平灘低岸應行布置各處，或在近河灘內掘挖梅花坑或密布竹籤，或在北岸安設炮位，或添設炮船，均分別粘簽貼說，恭候憲裁。

倉裡村西去五里黃堆村係小路南對史家灘

黃堆村西去沙梁村五里係小路南對小安村

沙梁村西去五里廷裡村係大路南對大安村

廷裡村西去五里沙澗村係大路南對寨頭村

沙澗村西去五里茅津鎮係大路南對馬家河底

大安村東去四里小安村係小路北對沙梁村

河南大安村低岸北對沙梁村低岸擬請於北岸添安砲位

小安村東去八里史家灘係小路北對黃堆村

史家灘東去五里三門係小路北對倉裡村

河南史家灘平灘北對倉裡村平灘擬請於北岸添設砲位

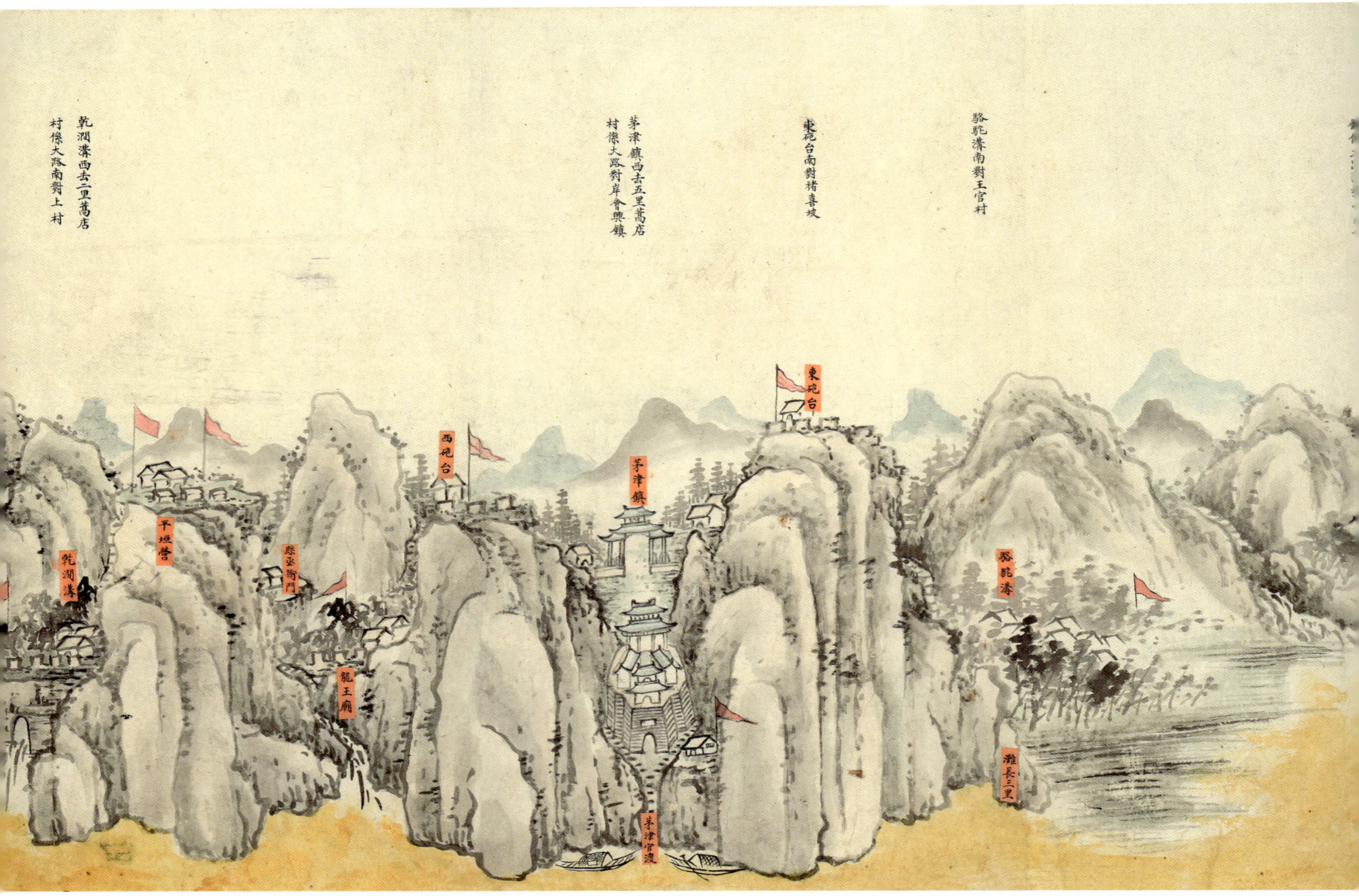

駱駝灘南對王官村
東砲台南對褚喜坡
茅津鎮西去五里蔦店村係大路對岸會興鎮
乾澗灘西去二里蔦店村係大路南對上村
東砲台
駱駝灘
灘長三里
茅津鎮
茅津官渡
西砲台
龍王廟
平垣營
乾澗灘

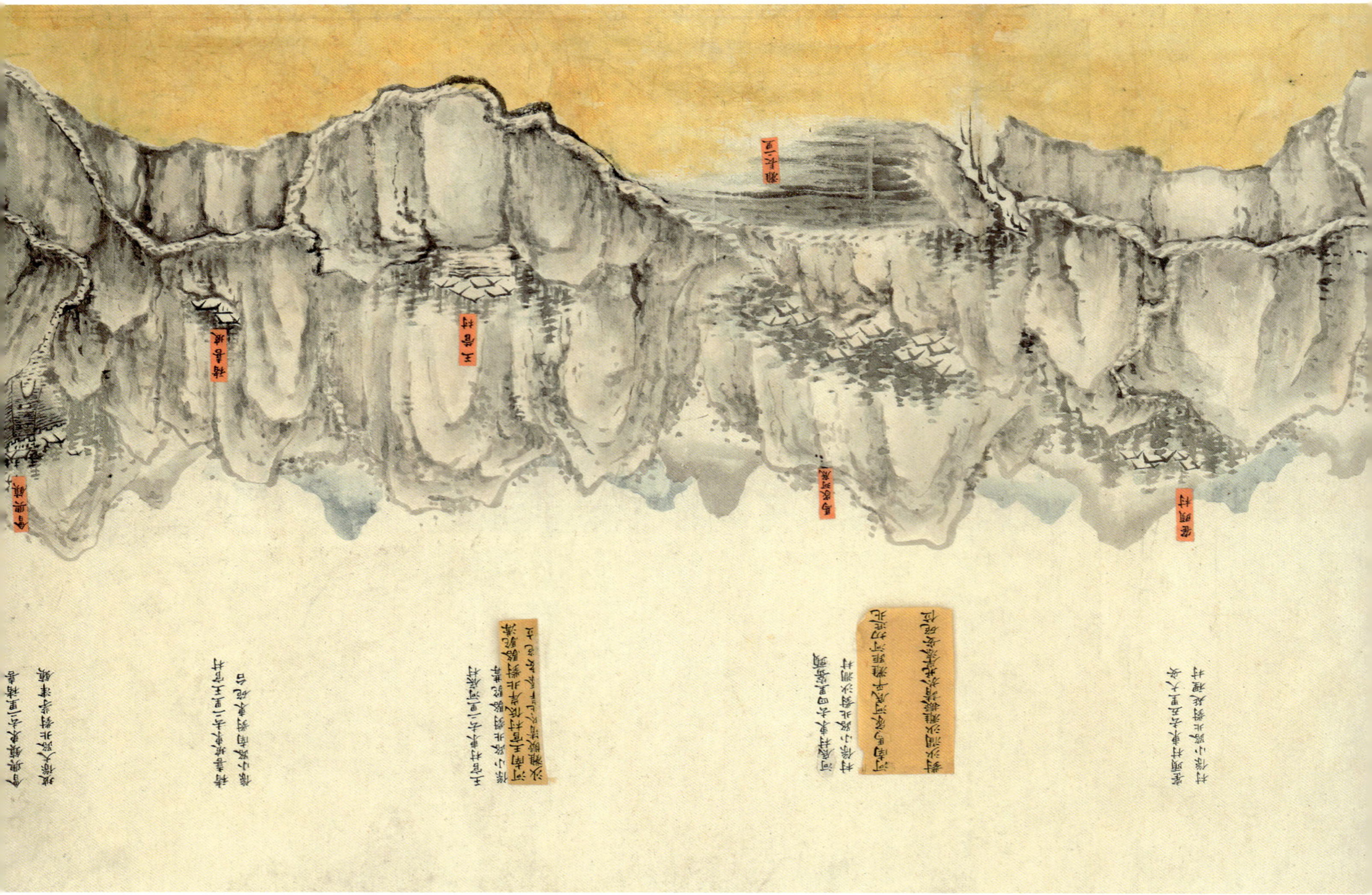

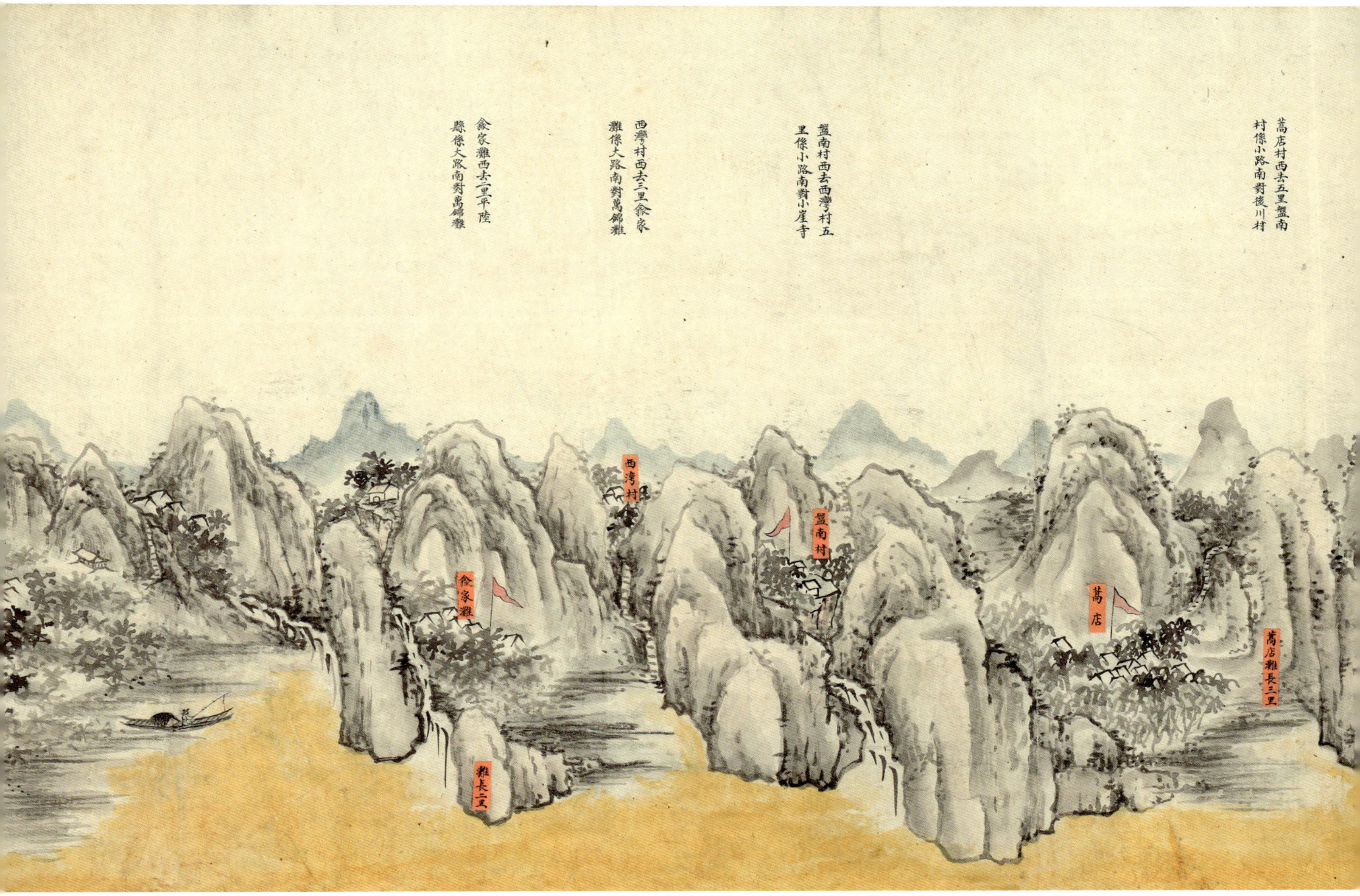
萬店村西去五里盤南村係小路南對後川村
盤南村西去西灣村五里係小路南對小崖寺
西灣村西去三里僉家灘係大路南對萬錦灘
僉家灘西去二里平陸縣係大路南對萬錦灘
西灣村
盤南村
僉家灘
萬店
萬店灘長三里
灘長三里

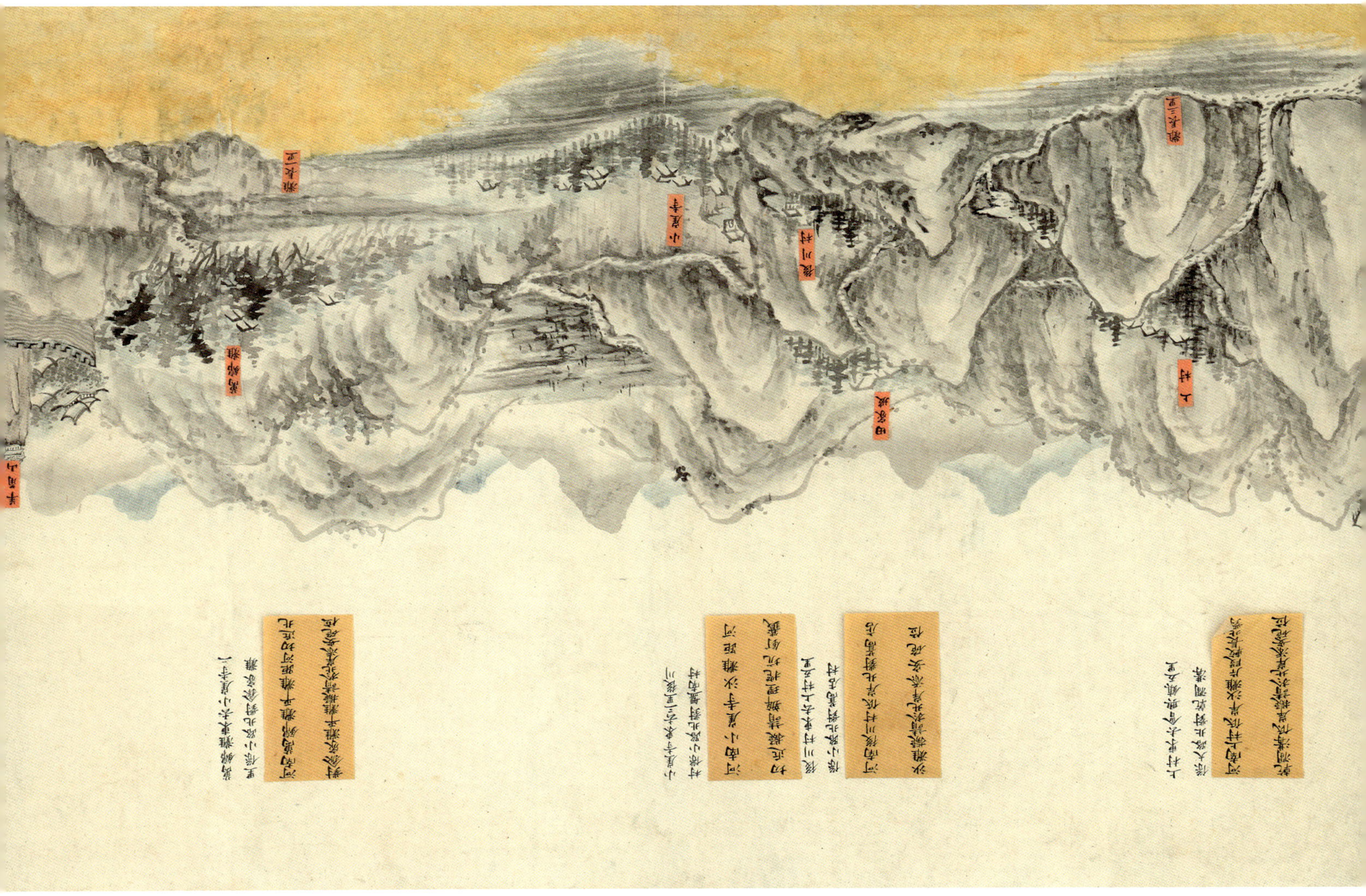

平陸縣西去二里太陽渡係大路南對陜州城
太陽渡西去五里窰頭村係小路南對南澗村
窰頭村西去五里洑口村係小路南對上河頭
洑口村西去張峪村五
平陸縣
太陽渡
太陽官渡
窰頭村
窰頭民渡
洑口村

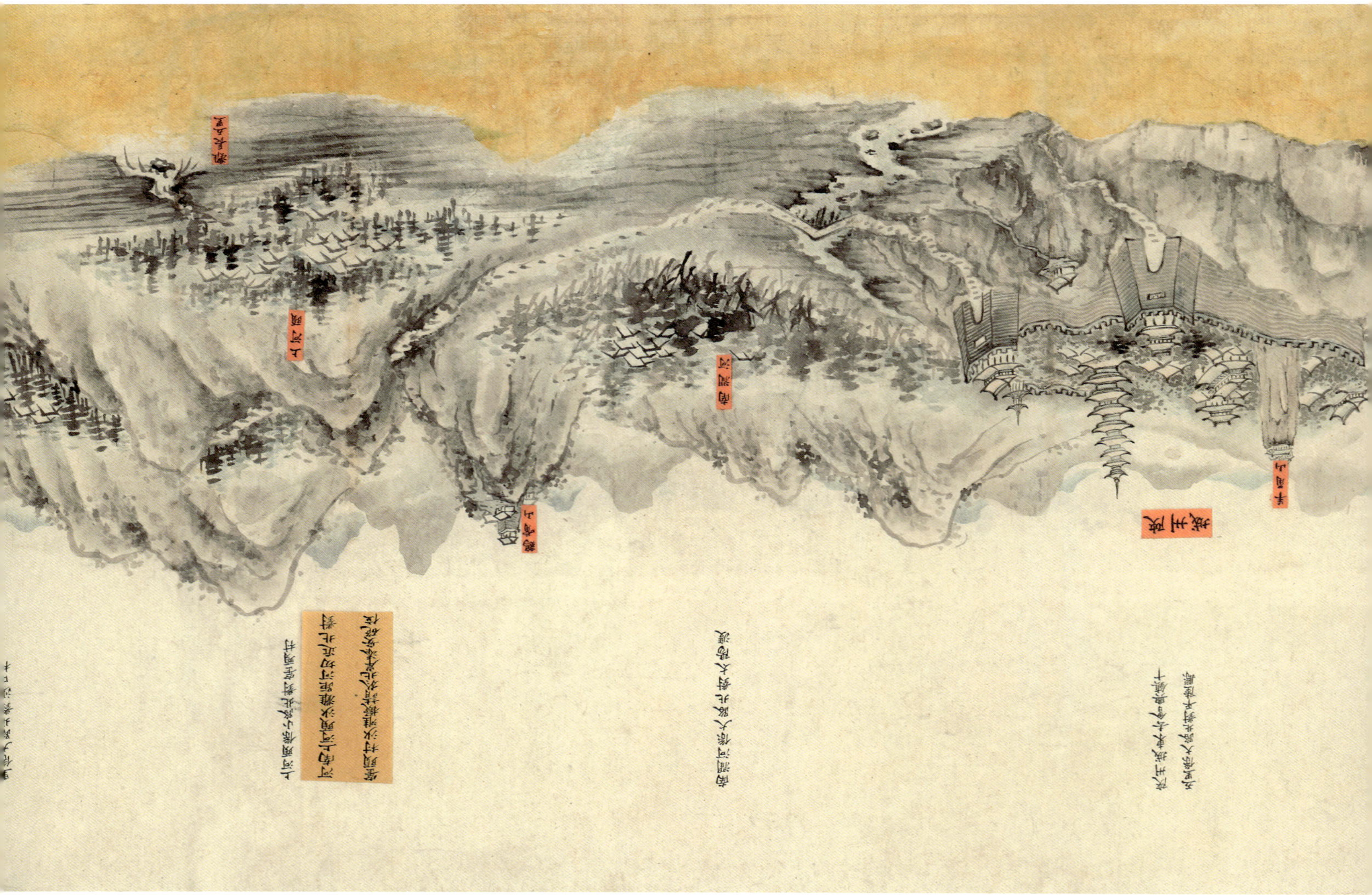
陜州城東去會興鎮十五里係大路北對平陸縣
南澗河係大路北對太陽渡
上河頭係小路北對窰頭村
河南上河頭沙灘距河切近北對窰頭村沙灘擬請於北岸添安砲位
陜州城
羊角山
南澗河
鶴甯山
上河頭
灘長五里

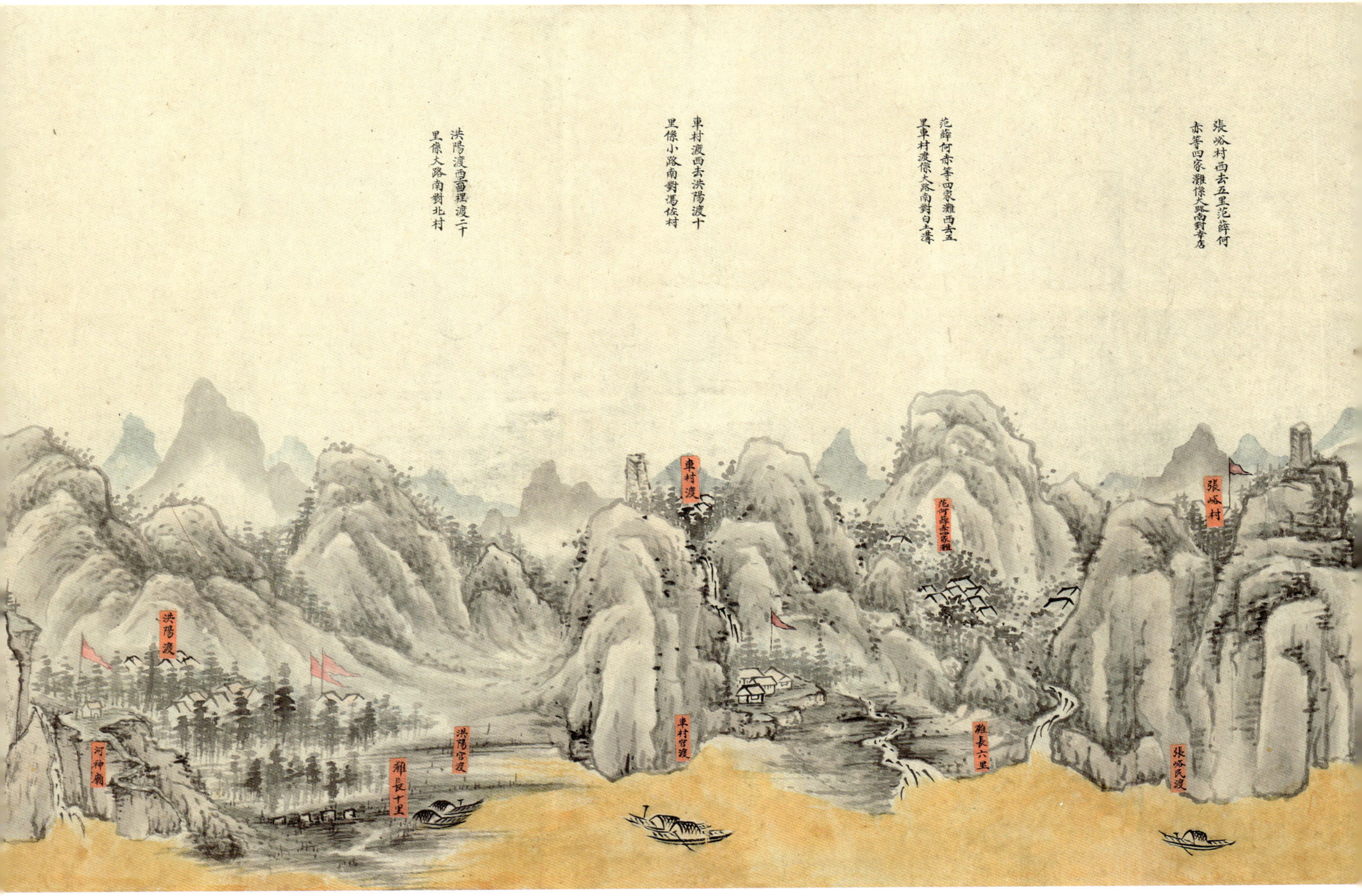
張峪村西去五里范薛何
赤等四家灘係大路南對幸店
范薛何赤等四家灘西去五
里東村渡係大路南對白土溝
東村渡西去洪陽渡十
里係小路南對馮佐村
洪陽渡西去番〔?〕裡渡二十
里係大路南對北村
張峪村
東村渡
洪陽渡
河神廟

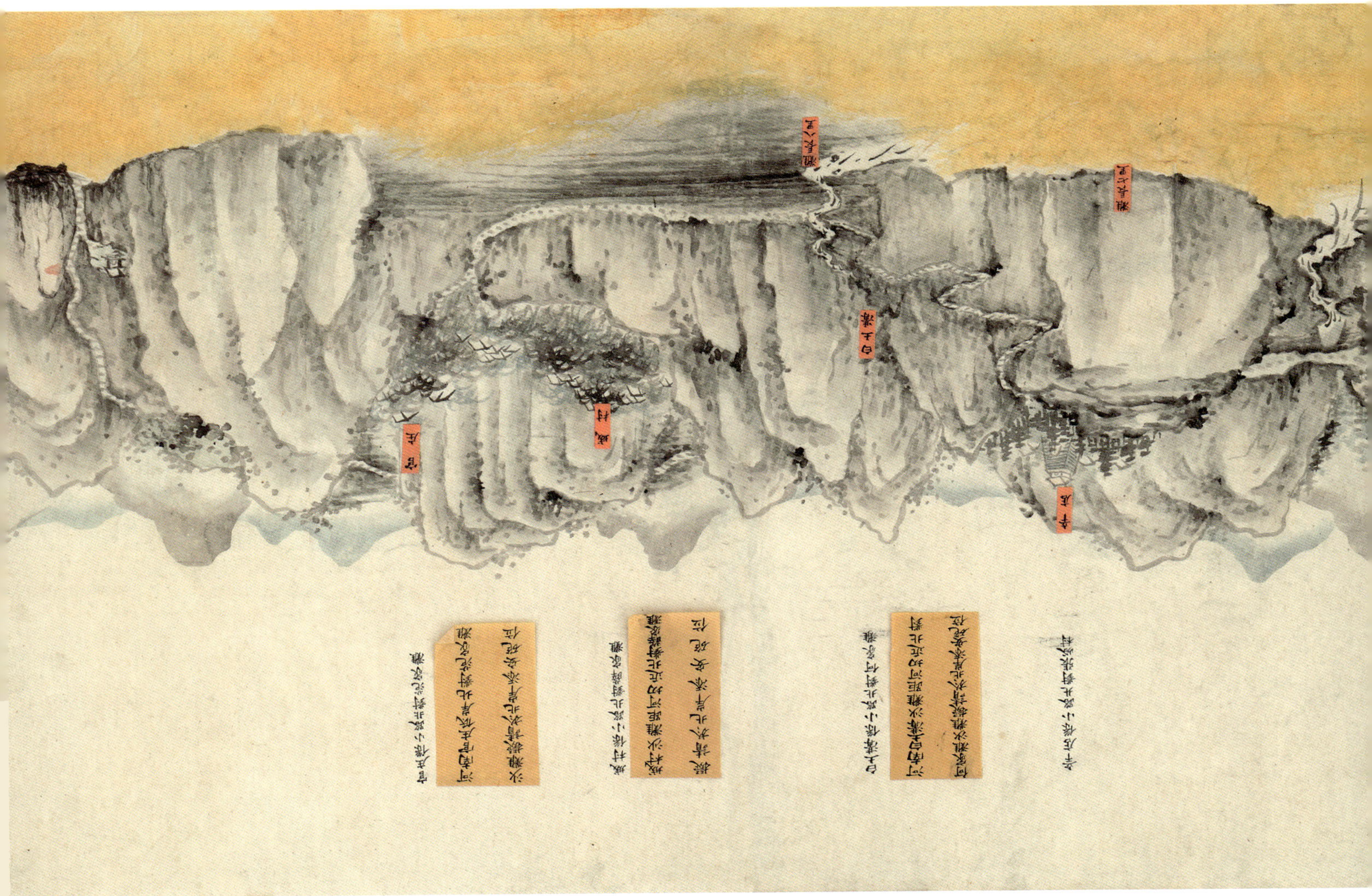
官庄係小路北對范家灘
河南官庄低岸北對范家灘
沙灘擬請於北岸添安砲位
城村係小路北對薛家灘
城村沙灘距河切近北對薛家灘
擬請於北岸添安砲位
白土溝係小路北對何家灘
河南白土溝沙灘距河切近北對
何家灘沙灘擬請於北岸添安砲位
幸店係小路北對張峪村
官庄
城村
白土溝
灘長八里
幸店

曲裡渡西去十里高峯
嶺係小路南對靈寶縣

柳灣南對北營村

靈寶縣沙灘距河切近北對曲
裏渡低岸擬請添安砲位

靈寶縣東去曲沃鎮二
十里係大路北對曲裏渡

十里鋪東去十里曲沃鎮
係大路北對柳樹灣

南北營村係小路北對柳灣

河南南北營村沙灘北對柳
灣平灘擬請於北岸添安砲位

曲沃鎮東去橋頭溝二十
五里係大路北對洪陽渡

馮佐村東去橋頭溝二
十里係小路北對東村

河南馮佐村沙灘距河切
近擬請辦理挖坑釘籤

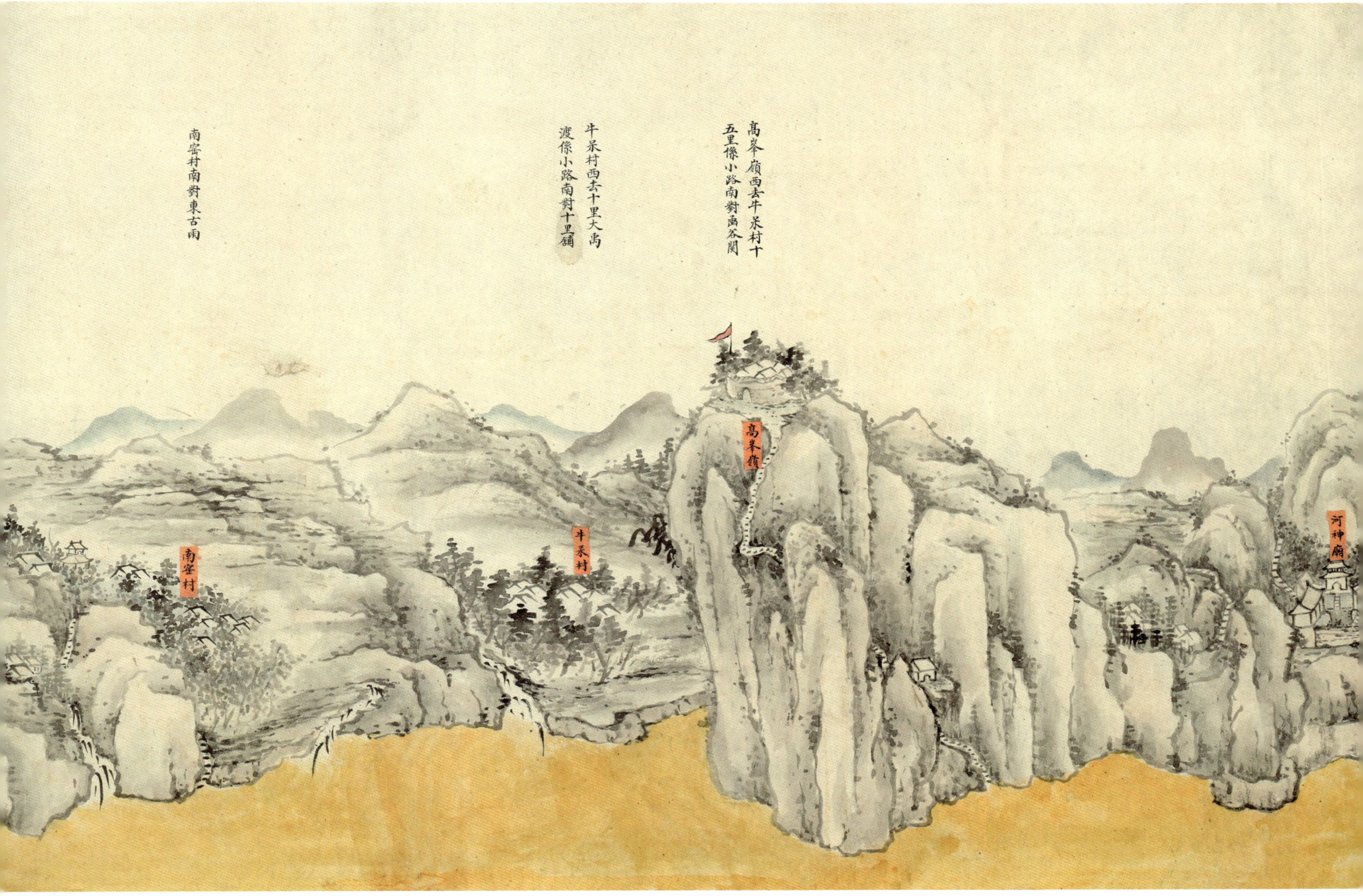

高峯嶺西去牛呆村十五里係小路南對函谷関
牛呆村西去十里大禹渡係小路南對十里鋪
南窑村南對東古雨
河神廟
高峯嶺
牛呆村
南窑村

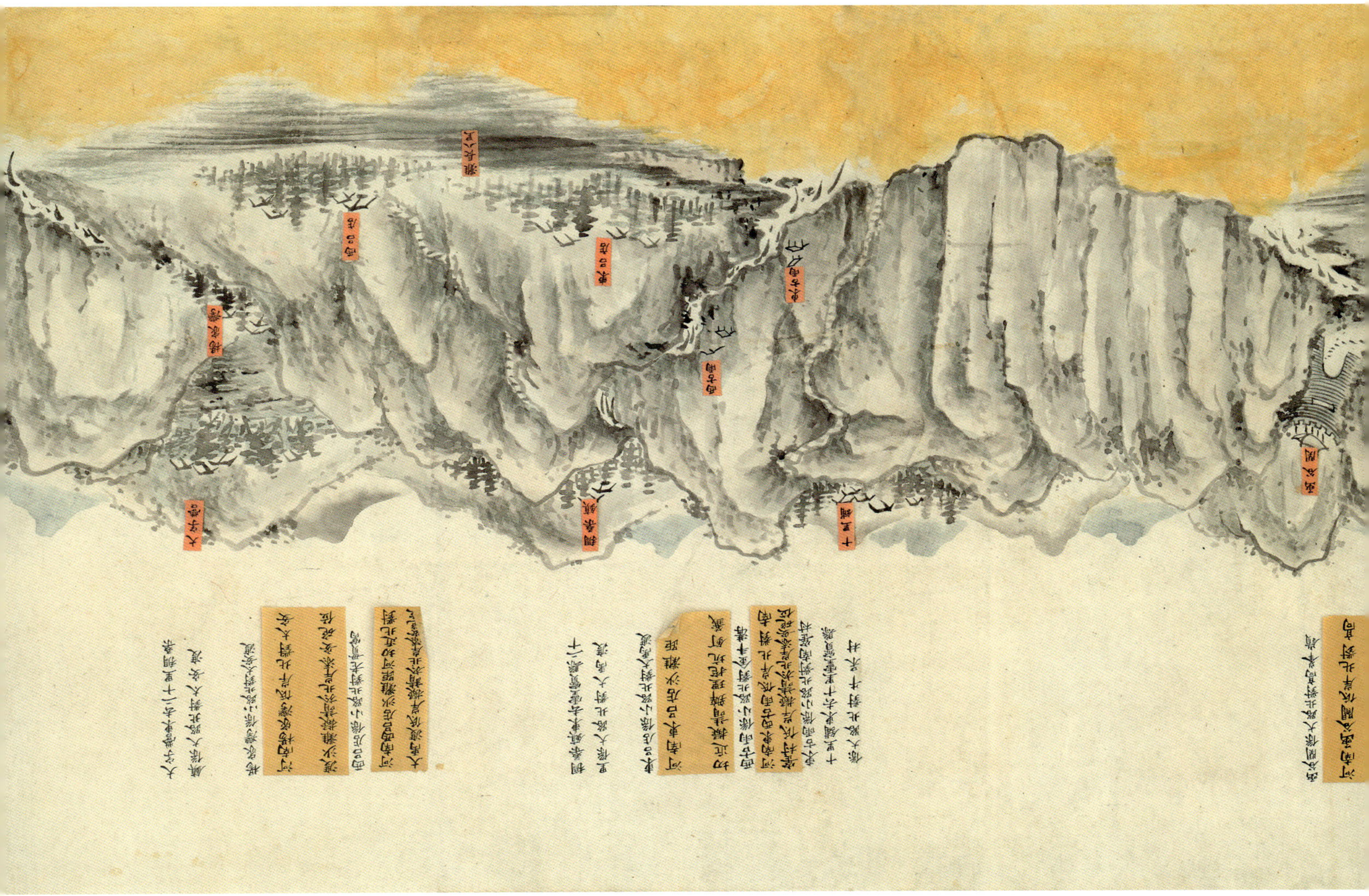

大字營東去二十里稠桑鎮係大路北對太安渡
楊家灣係小路北對太安渡
河南楊家灣低岸北對太安渡沙灘擬請於北岸添安砲位
西呂店係小路北對老貫窩
河南西呂店沙灘距河切近北對大禹渡低岸擬請於北岸添安砲位
稠桑鎮東去靈寶縣二十里係大路北對大禹渡
東呂店係小路北對大禹渡
河南東呂店沙灘距切近擬請辦理挖坑釘樁
西古雨係小路北對金斗溝
河南東西古雨低岸北對南窑村低岸擬請於北岸添安砲位
東古雨係小路北對南窑村
十里鋪東去十里靈寶縣係大路北對牛呆村
函谷関係大路北對高峯嶺
河南函谷関低岸北對高
大字營
楊家灣
稠桑鎮
西呂店
東呂店
灘長八里
西古雨
東古雨
十里鋪
函谷関

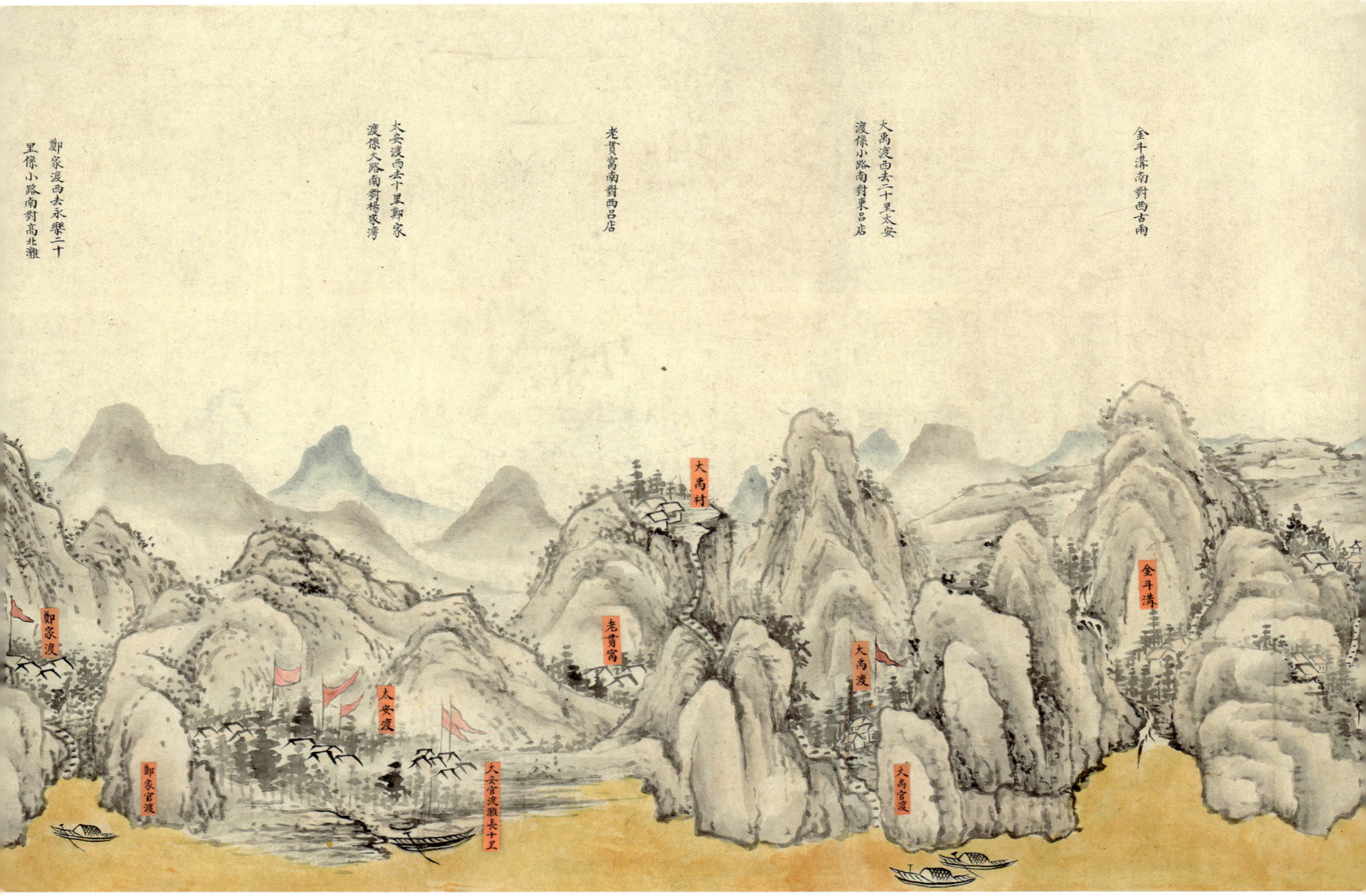
金斗溝南對西古雨
大禹渡西去二十里太安渡係小路南對東呂店
老貫窩南對西呂店
太安渡西去十里鄭家渡係大路南對楊家灣
鄭家渡西去永樂二十里係小路南對高北灘
大禹村
金斗溝
大禹渡
大禹官渡
老貫窩
大安渡
大安官渡灘長十里
鄭家渡
鄭家官渡

永樂渡西去五里原村
係大路南對盤頭鎮
南張村南對高北灘
永樂渡
永樂官渡灘長五里
茶房
南張村
芮永交界

河南盤頭鎮低岸北對永樂
渡沙灘擬請於北岸添安砲位
盤頭鎮東去二十里閿鄉
縣係大路北對永樂渡
盤頭鎮
灘長二十里

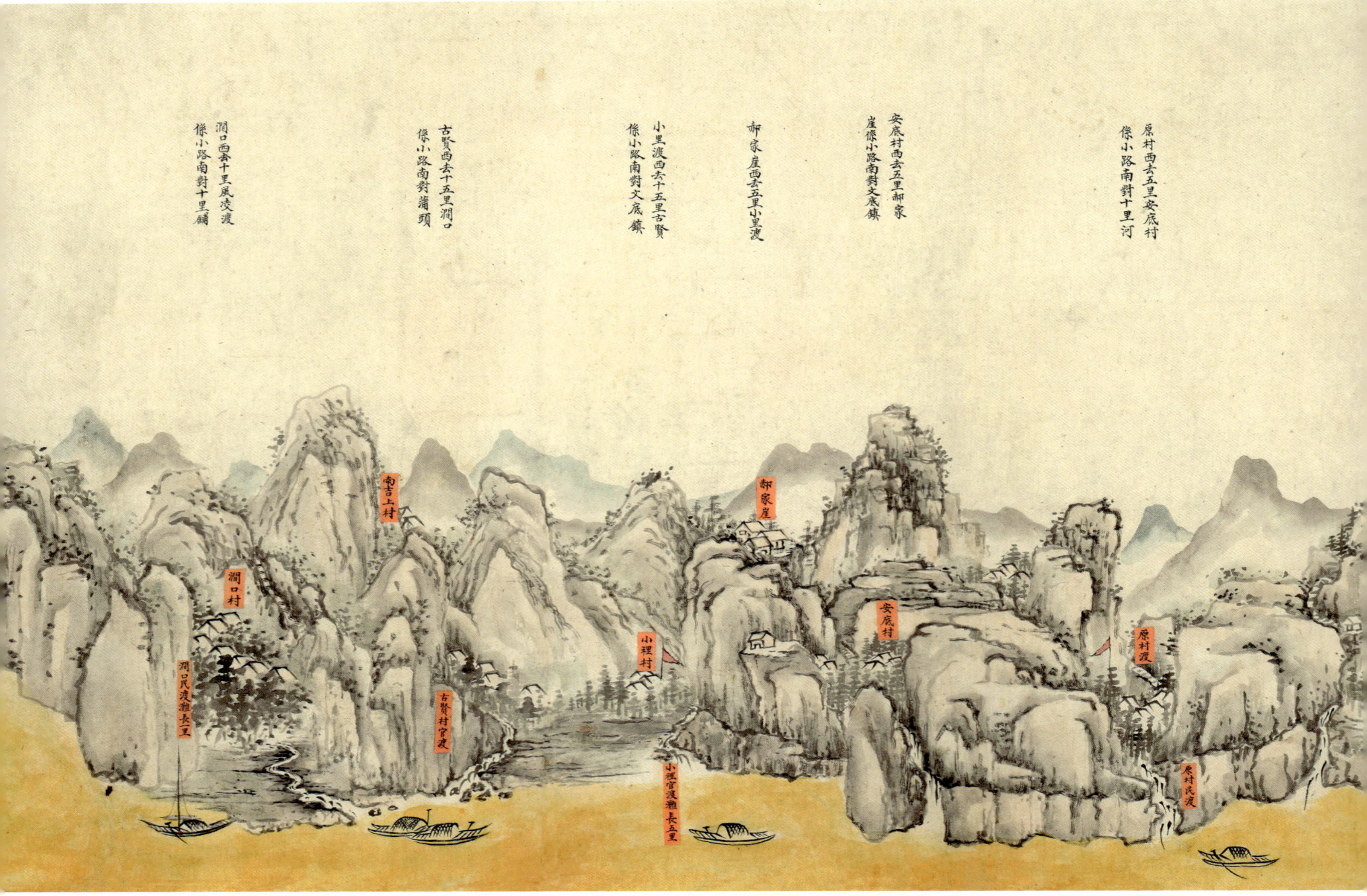
原村西去五里安底村
係小路南對十里河
安底村西去五里郝家
崖係小路南對文底鎮
郝家崖西去五里小里渡
小里渡西去十五里古賢
係小路南對文底鎮
古賢西去十五里澗口
係小路南對蒲頭
澗口西去十里風陵渡
係小路南對十里鋪
南吉上村
澗口村
澗口民渡離岸一里
古賢村官渡
小里村
小里官渡離岸五里
郝家崖
安底村
原村渡
原村民渡

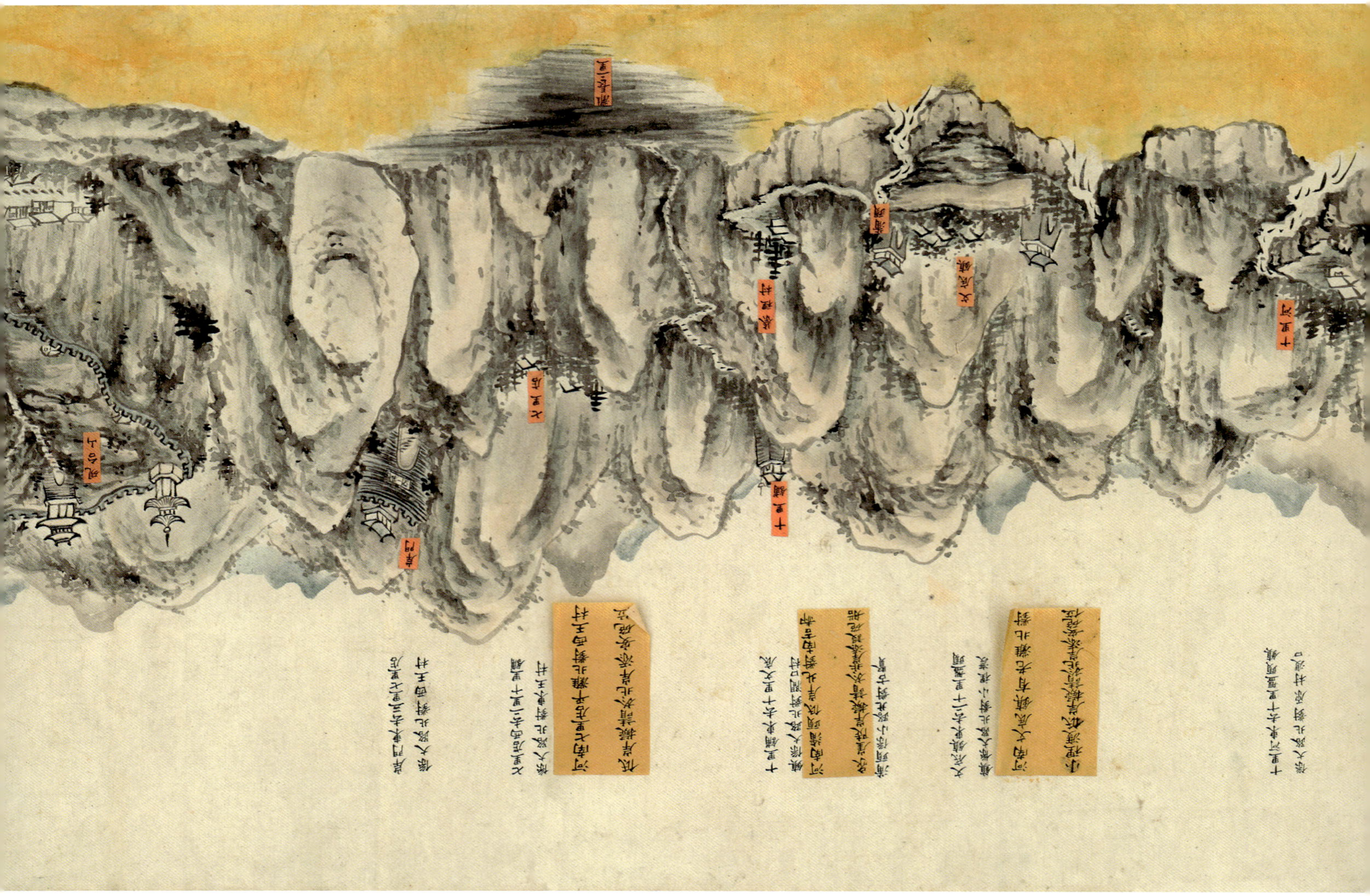
岸門東去三里七里店
係大路北對西王村
七里店西去二里十里鋪
係大路北對東王村
河南七里店平灘北對西王村
低岸擬請於北岸添安砲位
十里鋪東去十里文底
鎮係大路北對澗口村
河南蒲頭低岸北對南吉郝
家崖陡岸擬請於北岸添設砲船
蒲頭係小路北對古賢
文底鎮東去二十里盤頭
鎮係大路北對小裡渡
河南文底鎮有老灘北對
小裡渡低岸擬請於北岸添安砲位
十里河東去十里盤頭鎮
係大路北對原村渡口
硯台山
岸門
七里店
十里鋪
蔡裡村
蒲頭
文底鎮
十里河
灘長二里

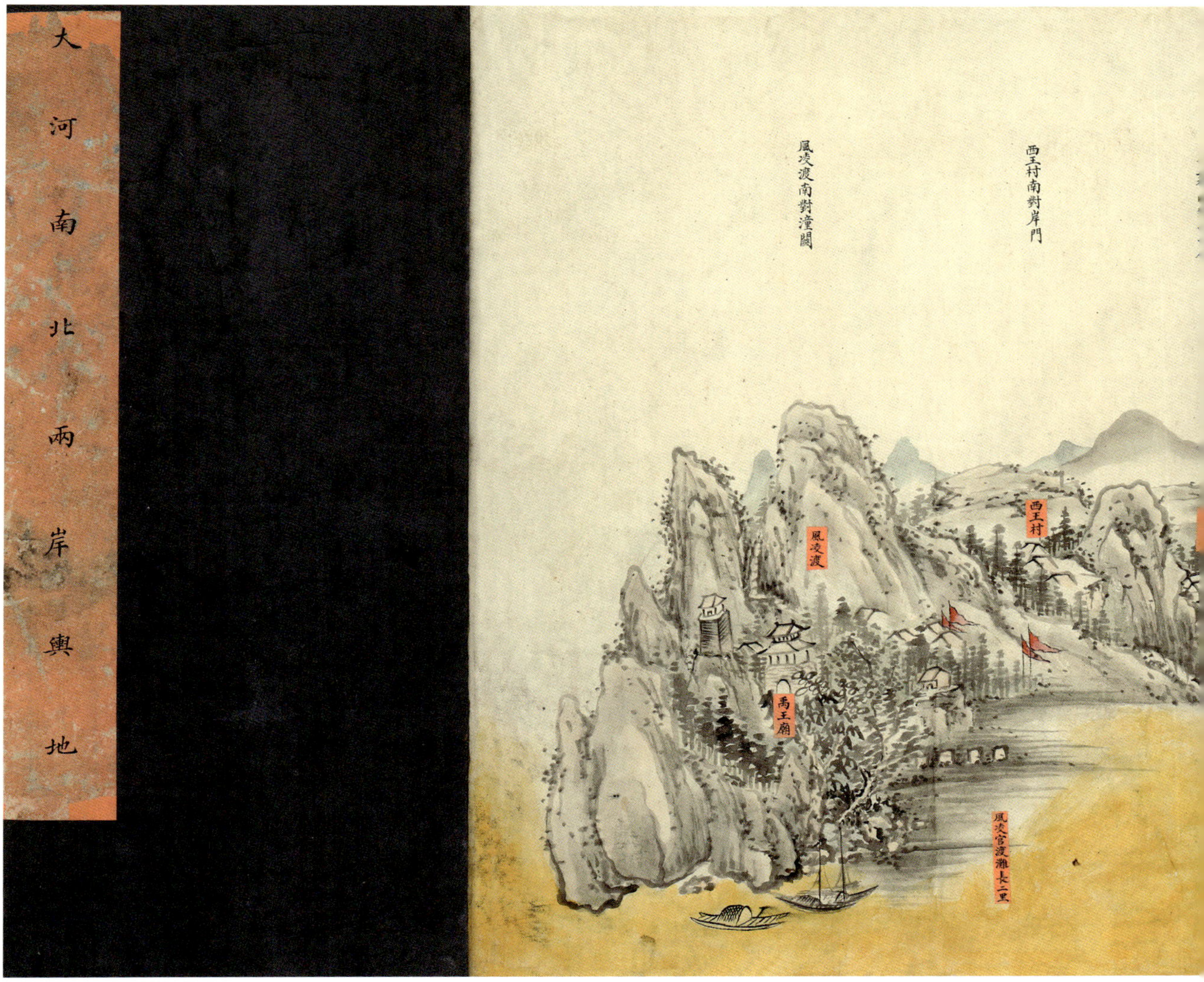

圖内自陝州起至潼關止，通計陡崖十五處，低岸十一處，平灘十五處。北岸自平陸縣起，至風陵渡止，通計陡崖十二處，低岸十八處，平灘十六處，卑職等詳細履勘，除河南陡崖勢如壁立，無庸議辦外，其餘河南低岸處所，而河北亦係低岸者，擬請北岸安炮遥擊。其有河南低岸而河北係屬陡崖，難以安炮者，擬請添造炮船數隻，分布北岸，以資轟擊。卑職等愚昧所及，此項炮船，無事則提泊各渡口，歸駐防官兵經理，設有警信，再行飭令，前赴陡崖處所用備防守。至河南平灘，凡距河切近者，擬請挖坑釘籤，擇要辦理。此外尚有雖屬平灘已成大路，自三四里至十餘里、二十里不等，片段較長，其勢亦難鏟斷，此項平灘地方查明，河北對岸亦係平灘者，擬請添安炮位，如北岸係屬陡崖，不能安炮者，亦擬請添造炮船，分布較爲周密。卑職等又一面稟商河陝汝道，凡低岸平灘地方，雖晉省已有戒備，仍請督飭各地方官，嚴守附近隘口，以期共圖保衛。以上各情形均於圖内粘簽聲明，仰祈鑒核。

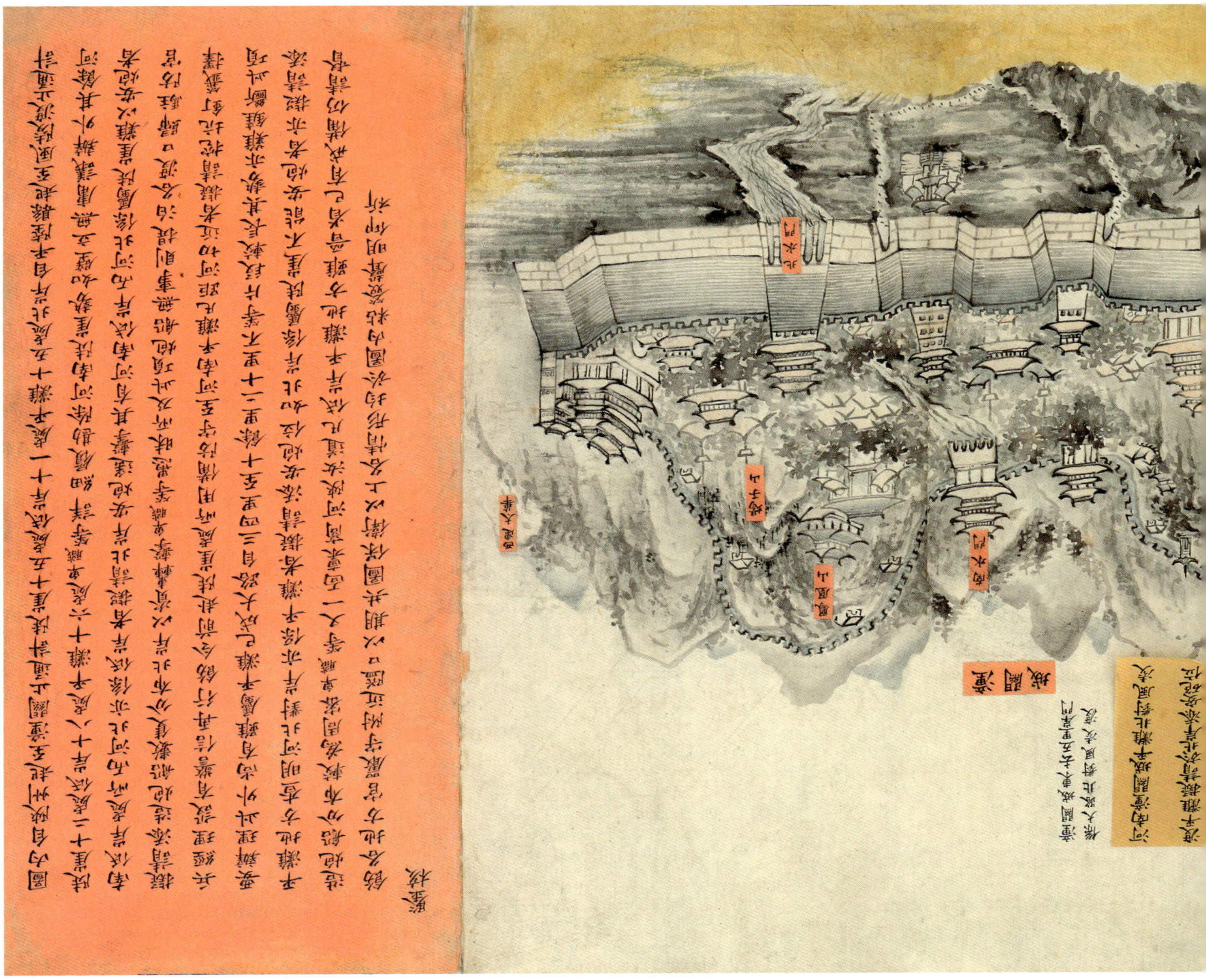

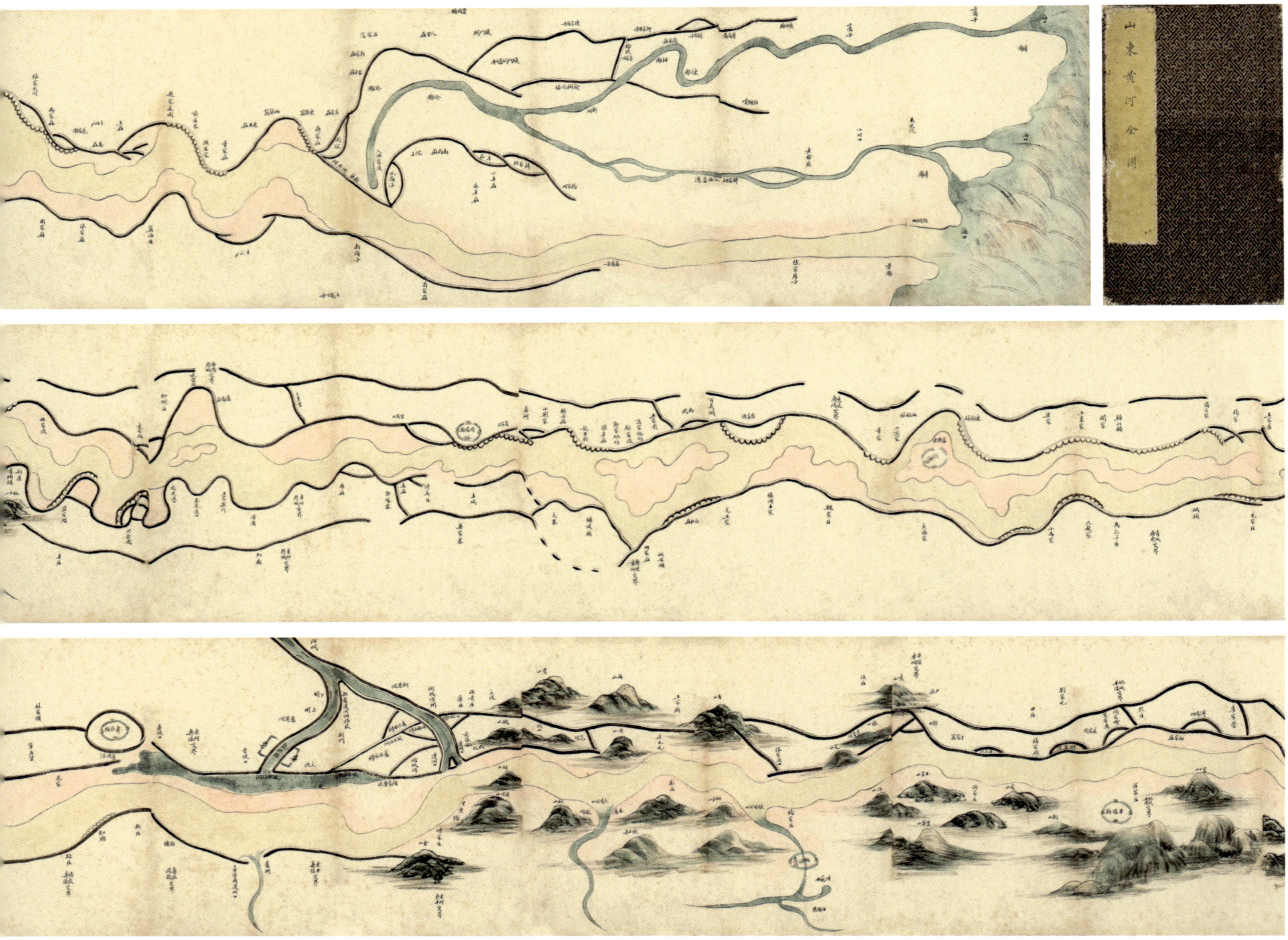

山東黄河全圖

作　者　不詳
年　代　清光緒年間
類　型　紙本彩繪
載體形態　一幅長卷
尺　寸　縱二八厘米，横六五四厘米
索 書 號　212/034.312/1901

本圖采用山水畫法繪出了清末黄河改道後，黄河在山東境內直至入海的流向以及兩岸堤埽、山巒、河流、州縣、村莊等。

咸豐五年（一八五五）以前，黄河過河南，經山東曹縣、單縣，沿江蘇北部運行，最後從雲梯關入海。咸豐五年，黄河在河南蘭考銅瓦厢決口後，黄河改道。據《清文宗實録》記載：『黄流先向西北斜注，淹及封丘、祥符二縣村莊。復折轉東北，漫注蘭儀、考城，及直隸長垣等縣村落。復分三股，一股由趙王河，走山東曹州府迤南下注，兩股由直隸東明縣南北二門分注，經山東濮州、范縣，至張秋鎮匯流穿運，總歸大清河入海。』一八五五年黄河自銅瓦厢決口到同治初的十年之間，清朝忙於對農民起義軍的鎮壓，無心顧及黄河，決口後的黄河水四處泛濫，僅各縣自行築堤，以限制水災的蔓延。直至光緒元年（一八七五），清政府開始全綫築堤，將官堤和民堤連在一起，至此黄河被限制在河堤之間，使全河均由大清河入海，形成了今天黄河下游河道。

《山東黄河全圖》所繪即光緒年間，修築黄河堤壩後，黄河下游河道流路及兩岸情形圖。本圖西起山東直隸交界，黄河經濮州、范縣、壽張縣，在壽張縣張秋鎮穿舊運河、陶城埠穿新運河後沿奪大清河，經東阿縣，平陰縣、長清縣、齊河縣、濟南府、濟陽縣，然後繞過舊齊東縣，經蒲臺縣從利津縣入海。圖大致方位爲上北下南，以黄河爲中心，以土黄色繪出黄河河道，粉色繪出黄河兩岸及中心河灘，深棕色綫條代表堤埽，圖中以方形符號表示府，橢圓表示縣城，草緑色綫

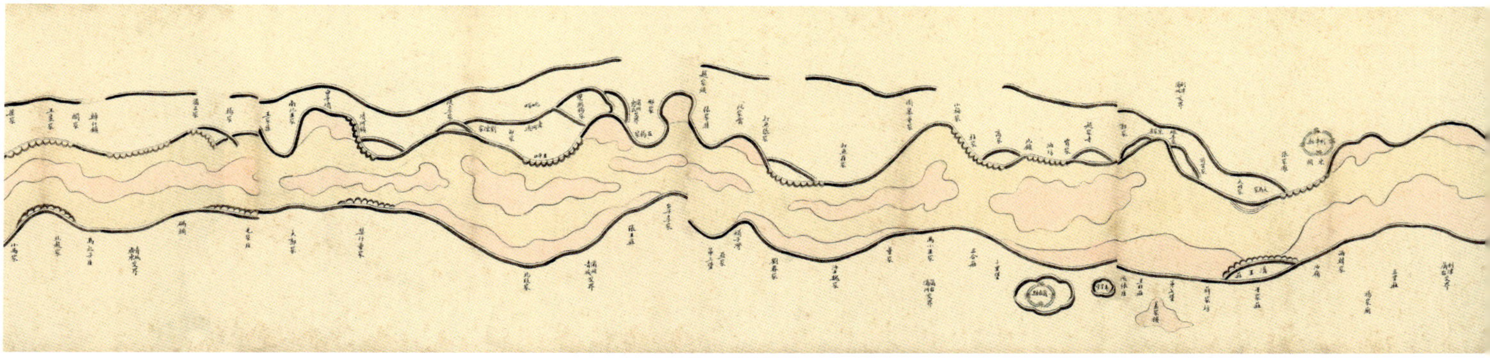

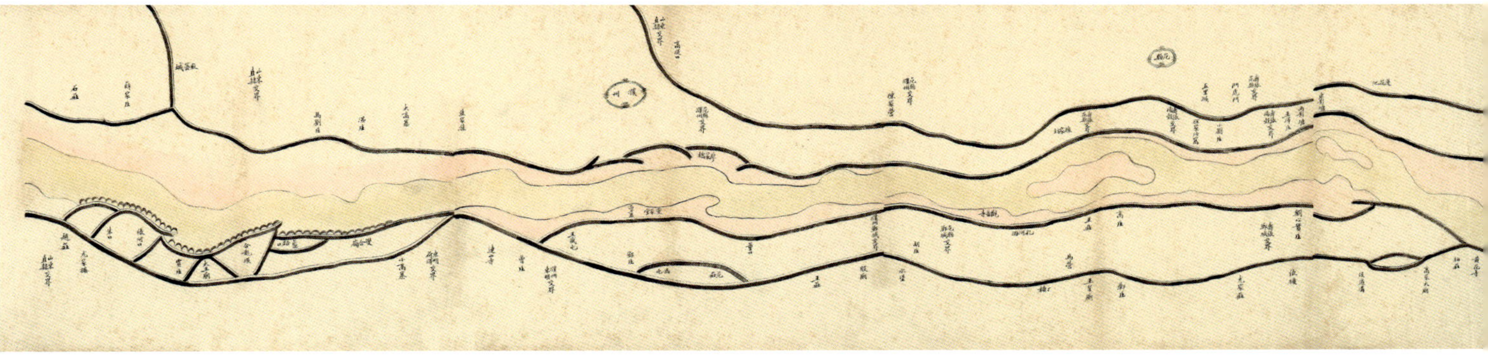

條繪出大清河、運河、衛河河道，以形象繪法繪製沿岸的山脉，并標注了各地名稱及省界縣界。

黄河改道後，由於洪水泛濫，其河道及入海口在山東境内也發生了一些變化，這在《山東黄河全圖》中也有所反映，圖中還反映了黄運相交處運河的變化。《清德宗實録》記載光緒七年（一八八一）山東巡撫周恒祺奏『遵旨濬河利漕，請將運口改在陶城埠并開挖新河以達阿城閘，又以北運河淤淺并飭屬分别挑修』，圖中所繪京杭大運河穿張秋鎮的一段已標注爲舊運河，往東的陶城埠新運河已經開通。圖中繪有一處『舊齊東』城，位於黄河中間河灘，是原來的齊東縣城，本位於黄河南岸，光緒十八年（一八九二），黄河水泛濫，河道南移，齊東縣城被淹，僅剩東南一隅，因此另尋址建新齊東城。另圖中蒲臺縣位於黄河南岸，據記載光緒二十六年（一九〇〇），黄河在蒲臺縣以上張肖堂凌汛決口，蒲臺縣一夜之間由河南變成河北。圖中黄河從利津縣韓家垣、毛絲坨入海，在利津縣北嶺子處繪有『新築攔黄壩』，壩北側標注『入海舊道』，沿入海舊道再往北標注有『鐵門關舊河身』，兩處都是黄河舊入海河道。據《東營市志》記載，清光緒二十三年（一八九七）『五月，利津北嶺子黄河大堤潰決，河水改由絲網口東、團坨子北入海』。雖然此圖沒有標注繪製時間，但從以上所述來看，此圖應繪製於清光緒十八年（一八九二）之後，二十三年（一八九七）之前。

《山東黄河全圖》直觀表現了清光緒年間黄河在山東境内形成新河道的情形，其所繪黄河與城池的位置，黄河穿運河的情形，以及黄河入海河道，是瞭解清光緒年間黄河、運河體系大變遷十分重要的史料，同時也體現了清後期所繪黄河圖在表現形式和繪製技法上的特點，具有豐富的歷史價值和藝術價值。

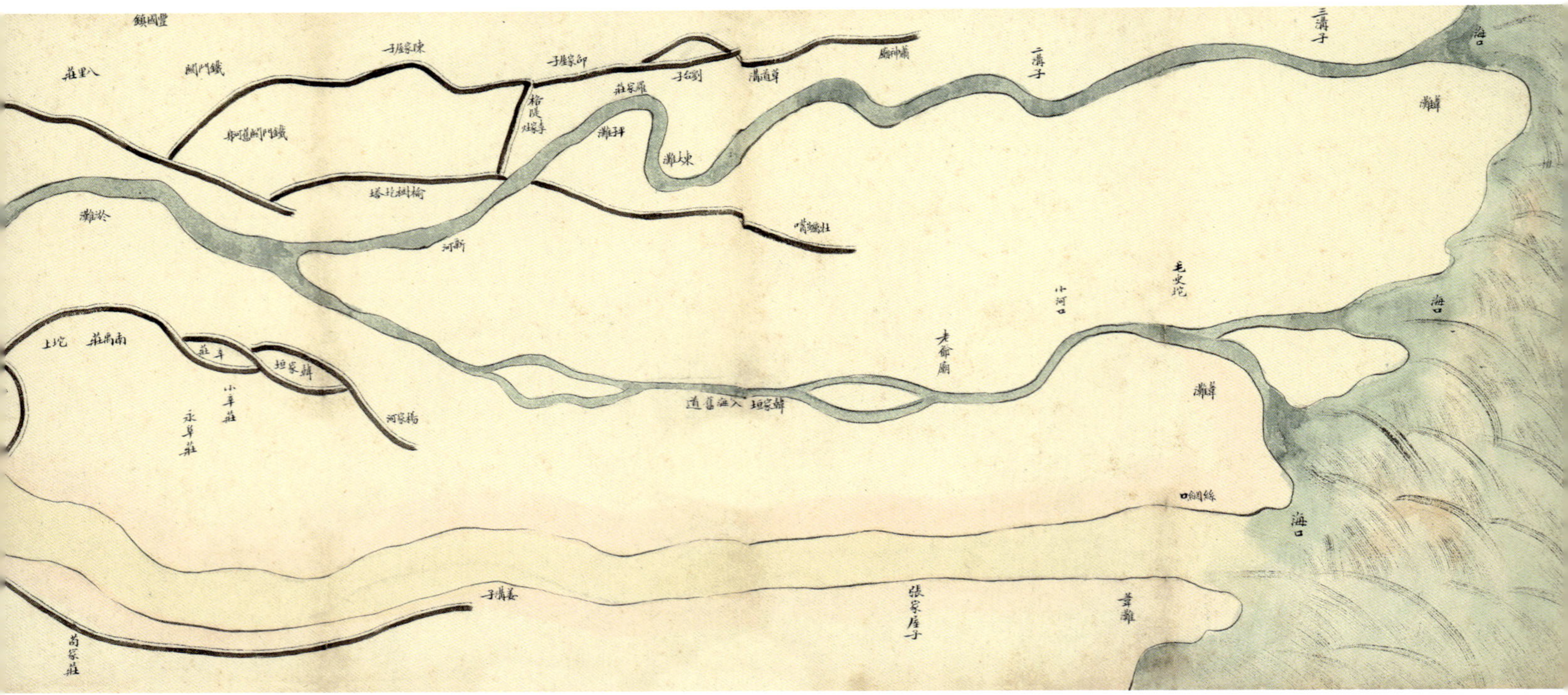
海口
老爺廟
小河口

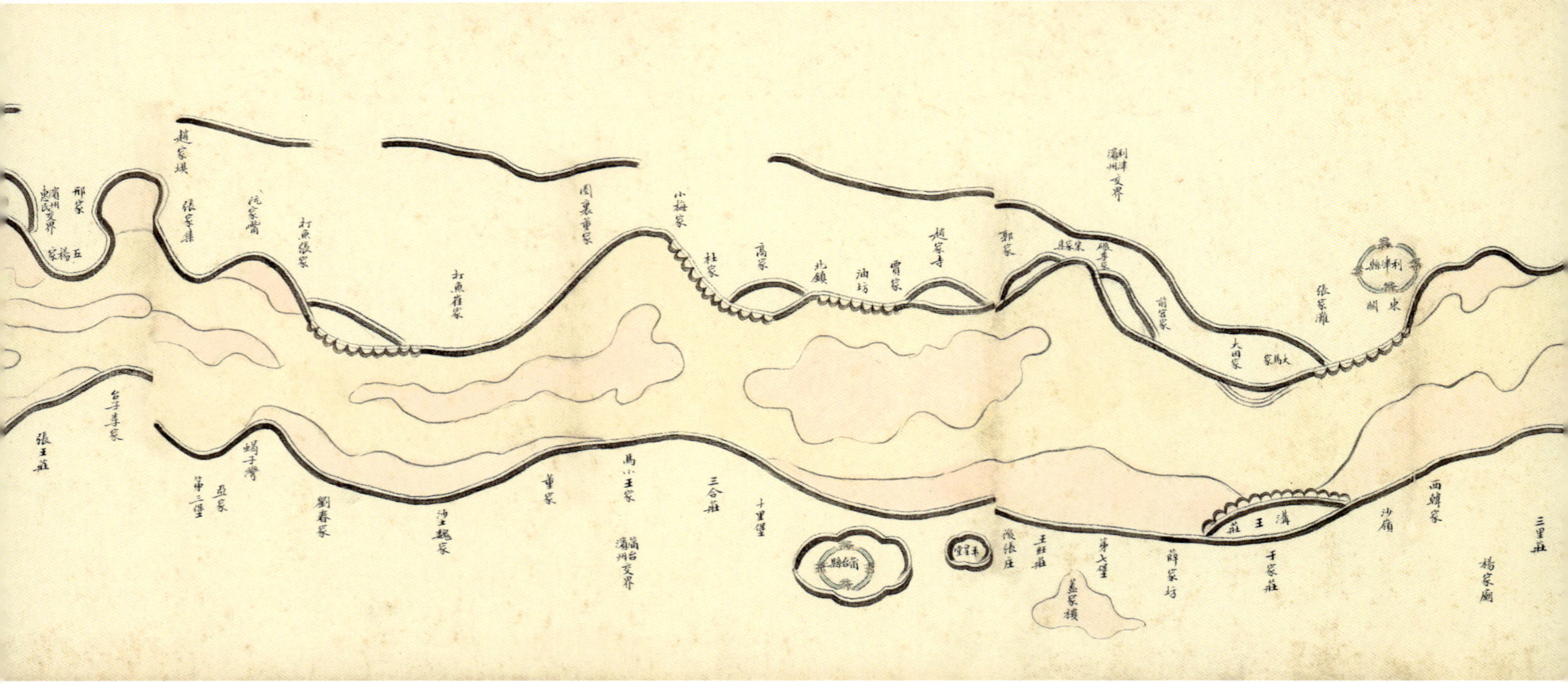
三合莊
楊家廟
三里莊
張王莊

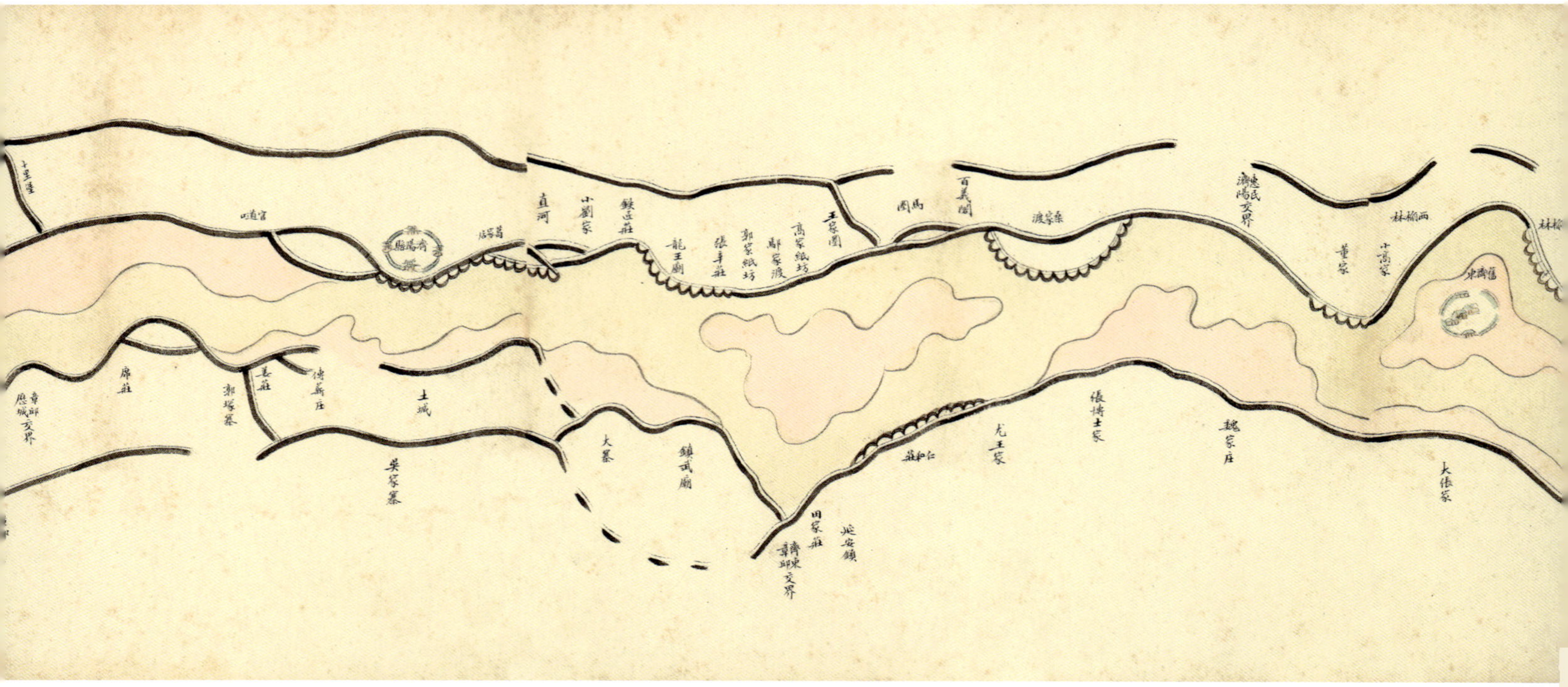
大張家
魏家庄
土城
小劉家

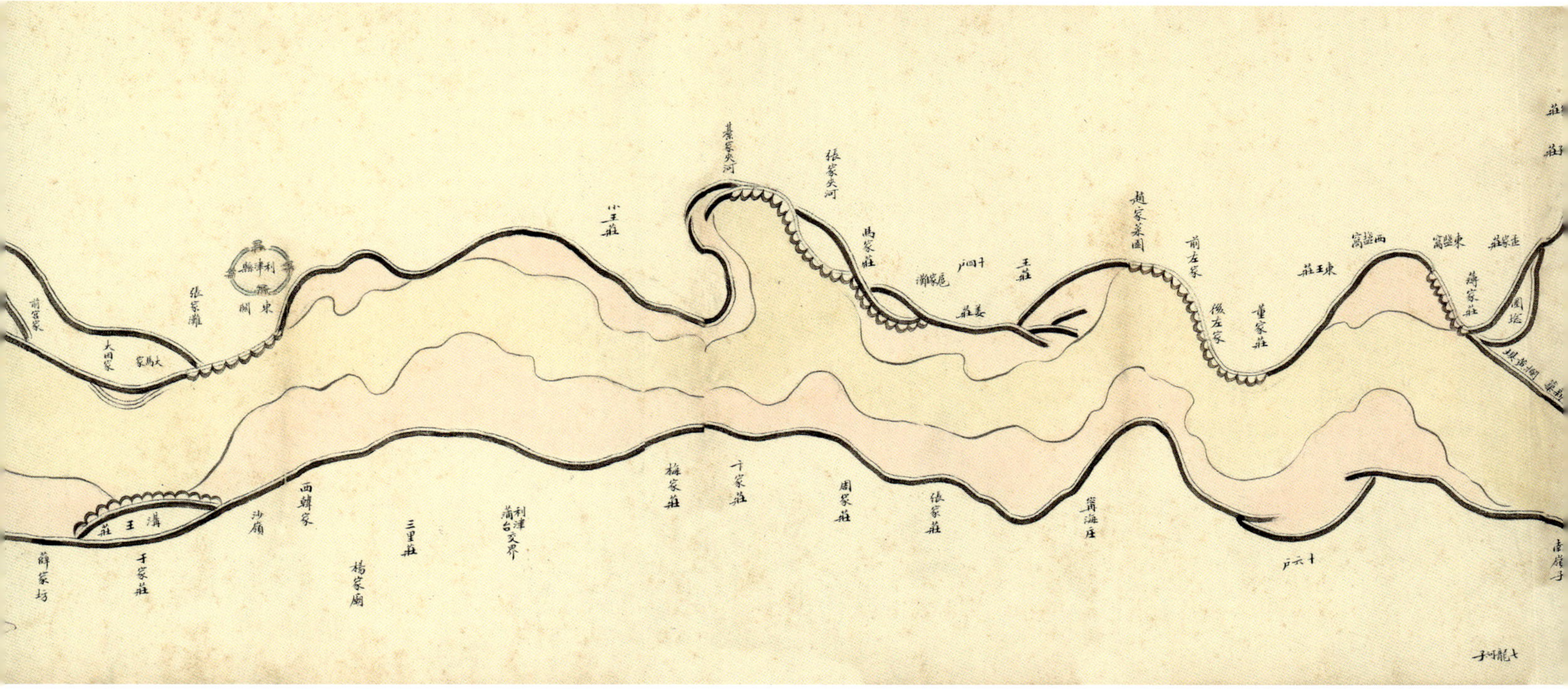
三里莊
楊家廟
利津蒲台交界

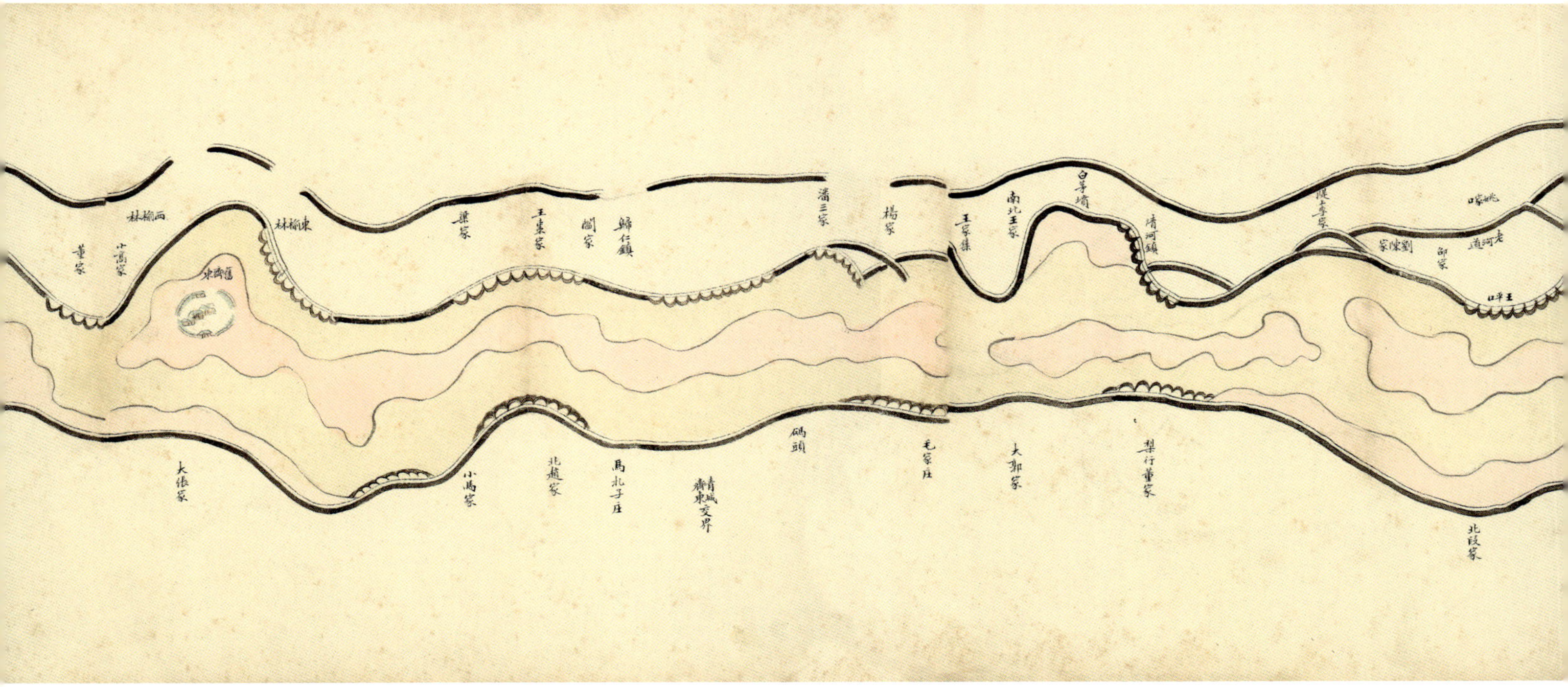
大張家
小馬家
北趙家
青城蒲台交界
大郭家
北段家

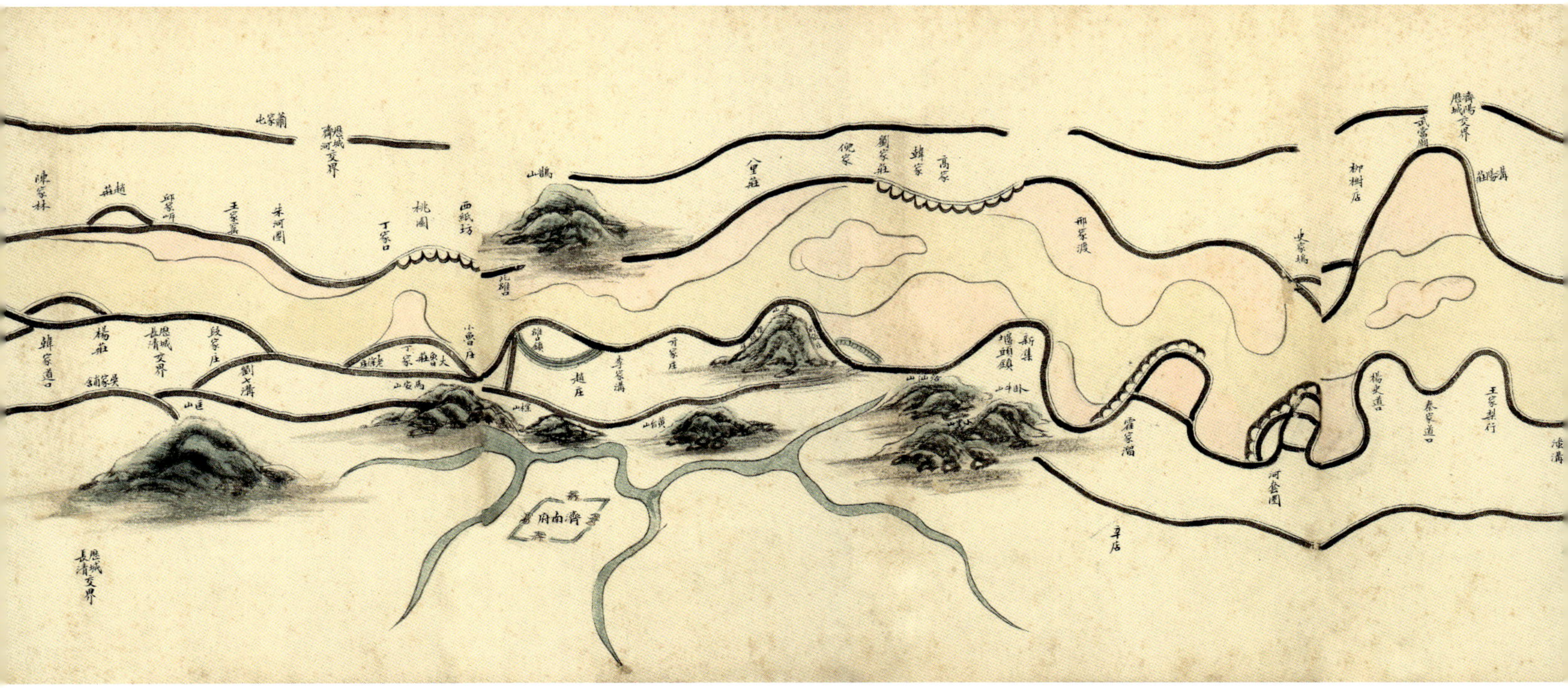
濟南府
歷城長清交界
齊河歷城交界
西紙坊
桃園

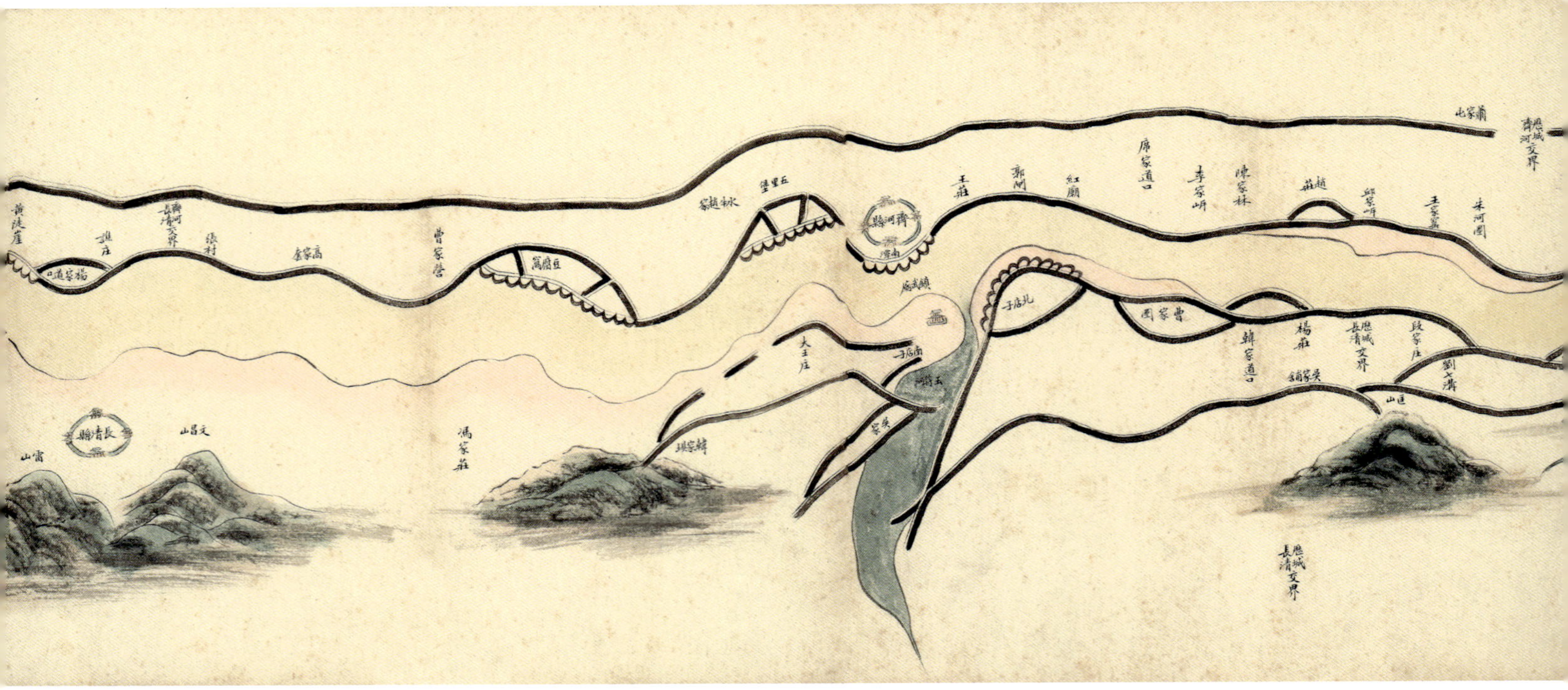

長清縣
齊河縣
曹家營
馮家莊
郭閣
紅廟
陳家林

王家廟
張家道口
彭庄
楊家庄
田庄
劉家屯

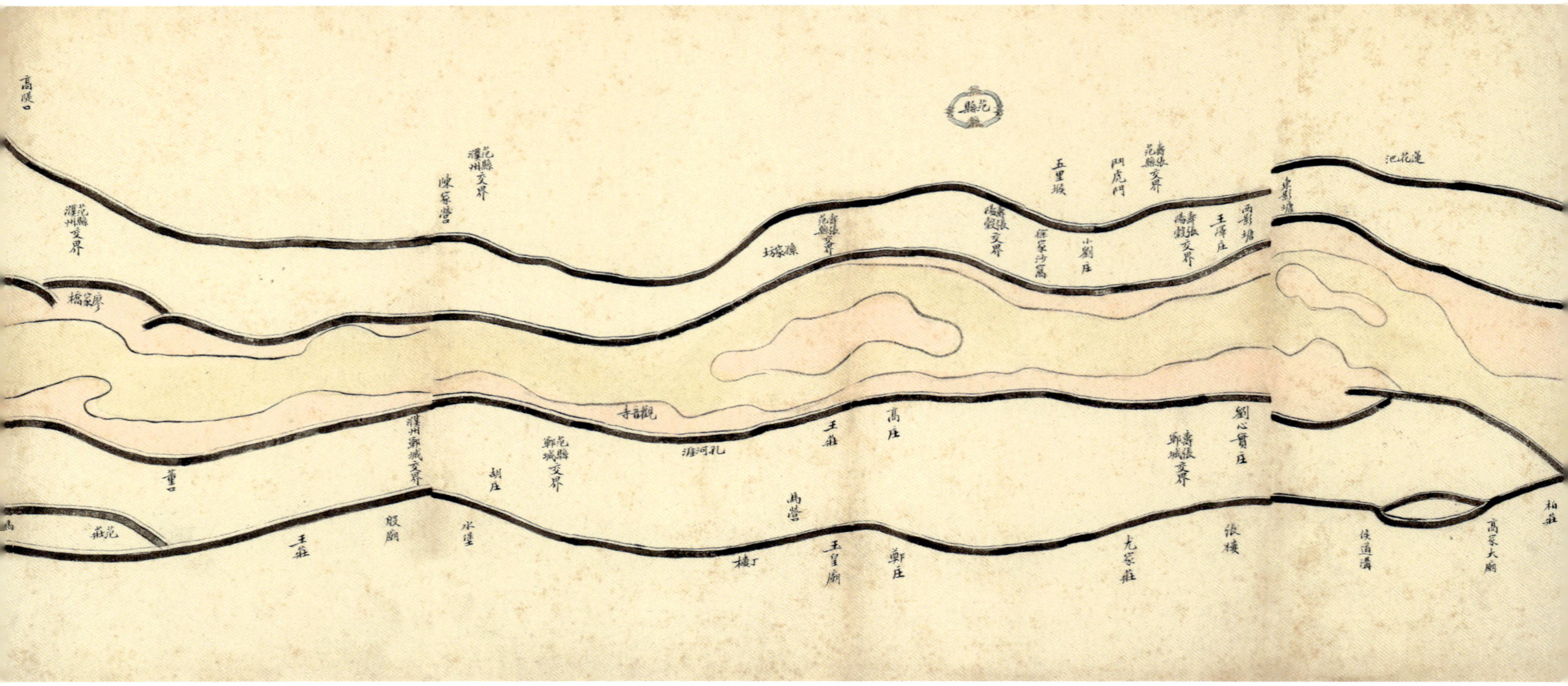

范縣
陳家營
五里堡
觀音寺
高庄
王莊

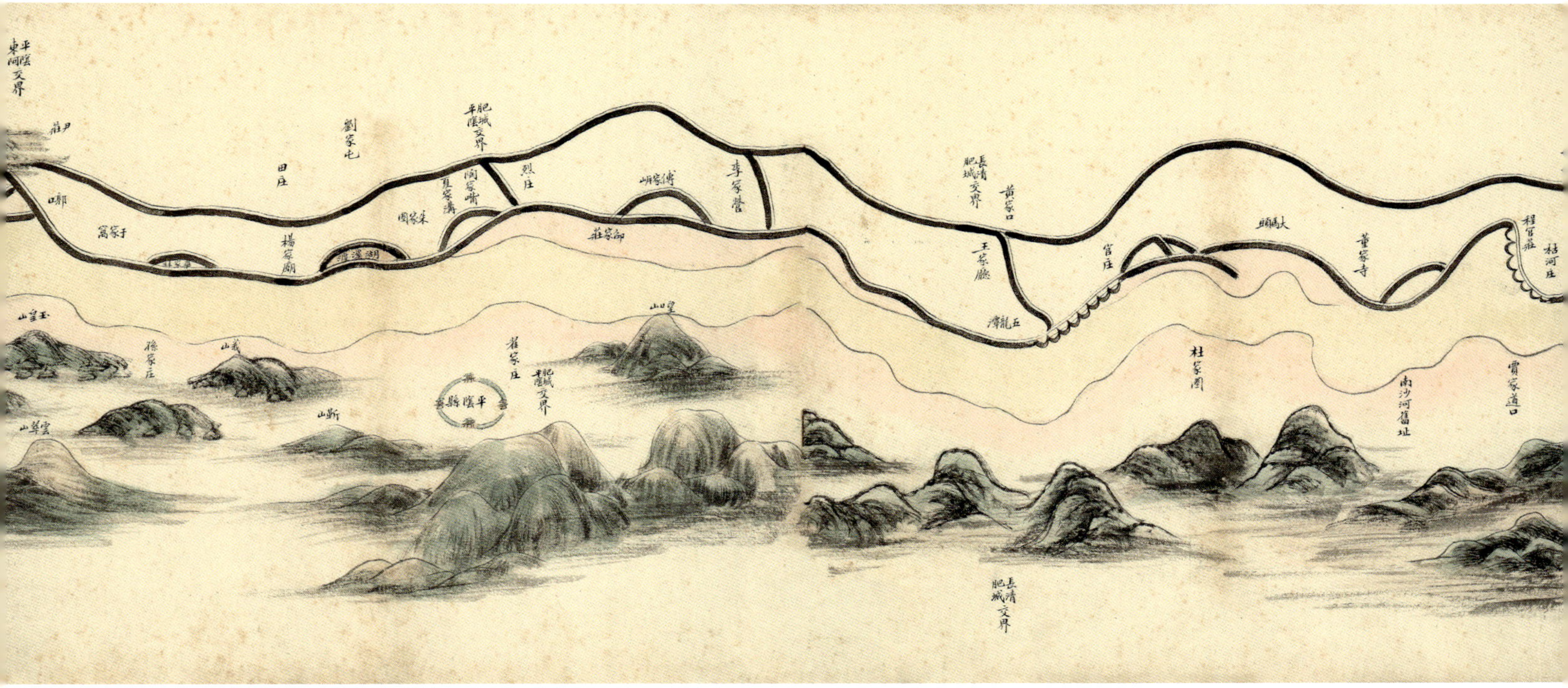
平陰縣
劉家屯
田庄
李家營
杜家閘

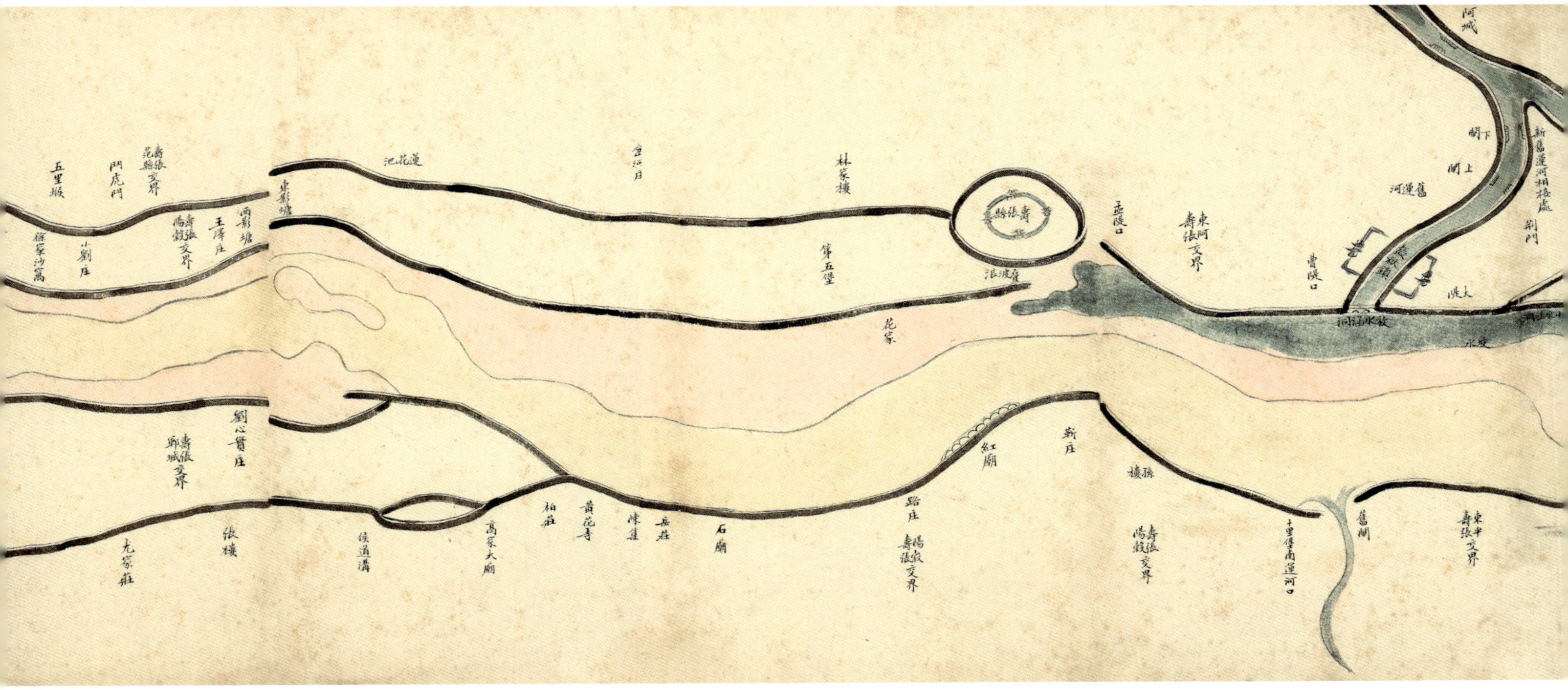
壽張縣
林家樓
五里堡
紅廟

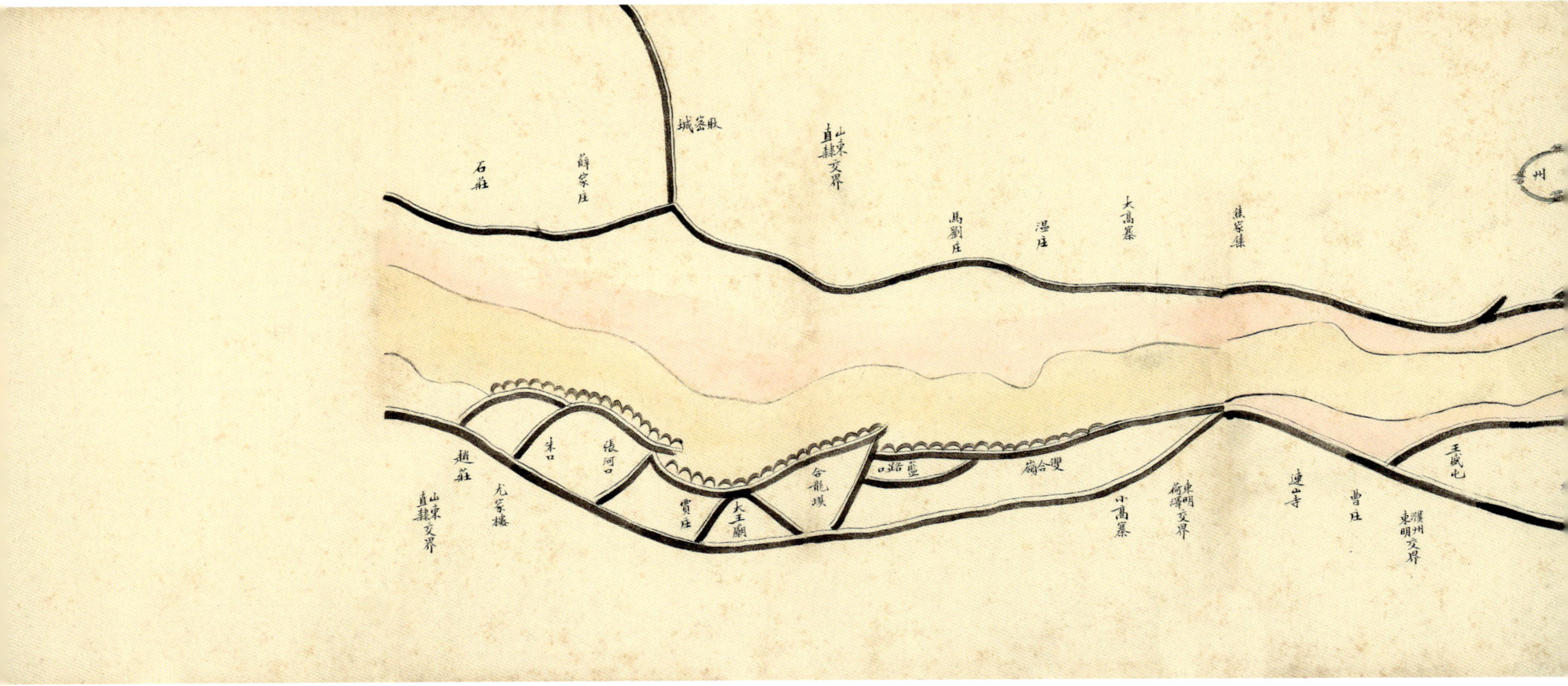
石莊
薛家庄
山東直隸交界
馬劉庄
大高集
連山寺

山東十七州縣運河泉源總圖

作　者　不詳
年　代　清乾隆年間
類　型　絹本彩繪
載體形態　一册
尺　寸　每頁縱三三厘米，橫二九厘米
索 書 號　212/034.34/1790-2

本圖采用青緑山水畫法繪出山東各縣泉源位置以及濟運情況。

明清時期，運河貫通南北，其暢通對於整個國家有着舉足輕重的意義。山東境内的運河段是完全依靠閘壩調蓄水量的人工運河，又稱作『閘河』，爲了保證運河通航，清朝政府采取各種人工措施，如引泉濟運、引汶會泗、南北分水、設置水櫃與斗門調蓄水量等等，試圖將運河沿岸的湖泊、河流、山泉等水源最大限度地納入補給體系，處處引水濟運。本圖就是反映山東運河段引泉濟運的情形。

本圖共十八幅，大致方位爲上南下北，第一幅爲泉源總圖，采用形象畫法繪製了各州縣位置、山脉、河流，未注水泉名稱。其餘十七幅一圖一説，右圖繪製了各州縣内河流、泉源位置及名稱，并繪製運河，標注運河閘壩。左側的文字則詳細描述了本州縣内泉源數量、位置、匯入河流、如何濟運等。十七州縣包括濟寧州、滋陽縣、曲阜

縣、寧陽縣、鄒縣、泗水縣、滕縣、嶧縣、魚臺縣、汶上縣、東平州、泰安縣、平陰縣、新泰縣、萊蕪縣、肥城縣、蒙陰縣。

從文字説明來看，繪圖之時濟運之泉源達四百八十四處，與《續行水金鑒》中記載的十七州縣泉源數量一致，泉水或由汶河、泗河入運，或由白馬河會泗河入運，或由府、洸二河歸馬場河入運，或由蜀山湖、獨山湖入運。根據圖上東平幅所繪清乾隆四十六年（一七八一）發現的新永旺、新西席、新近匯三泉推斷，此圖當繪於乾隆年間。

本圖對於研究山東西南地區歷史地理和清初大運河水源及漕運提供了重要的歷史資料，同時本圖繪製精美，也是一件非常有藝術價值的繪畫珍品。

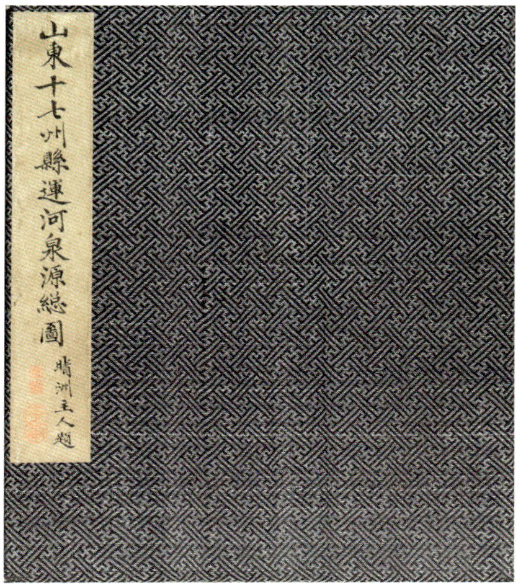

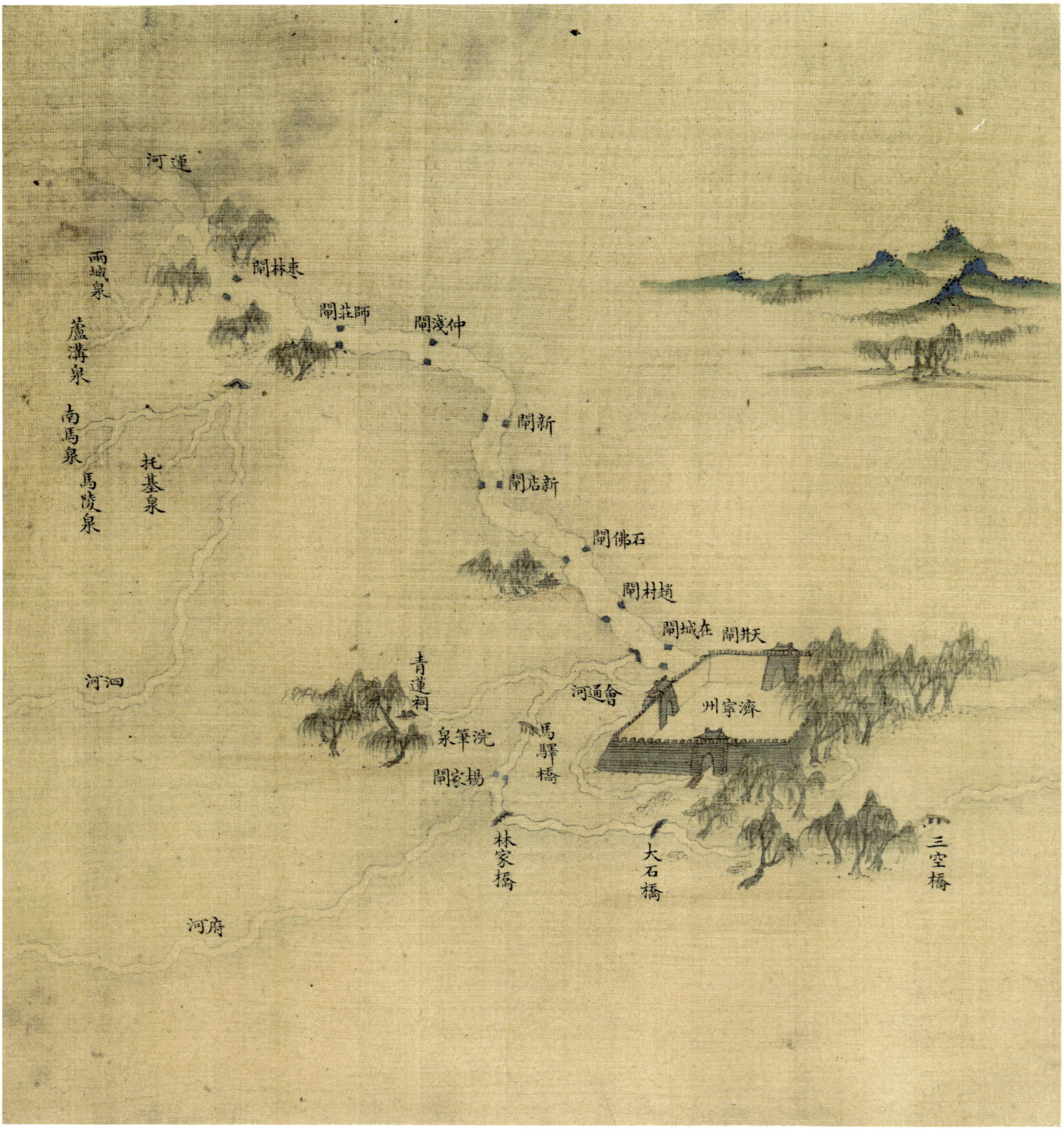

濟寧之泉有六城東曰浣筆泉相傳唐李青蓮浣筆處不數武即入會通河濟運東南五十里之外曰托基泉六十里之外曰馬陵泉南馬泉七十里之外曰蘆溝泉兩城泉均有濟於運道者也

濟寧之泉有六，城東曰浣筆泉，相傳唐李青蓮浣筆處，不數武即入會通河濟運。東南五十里之外曰托基泉，六十里之外曰馬陵泉、南馬泉，七十里之外曰蘆溝泉、兩城泉，均有濟於運道者也。

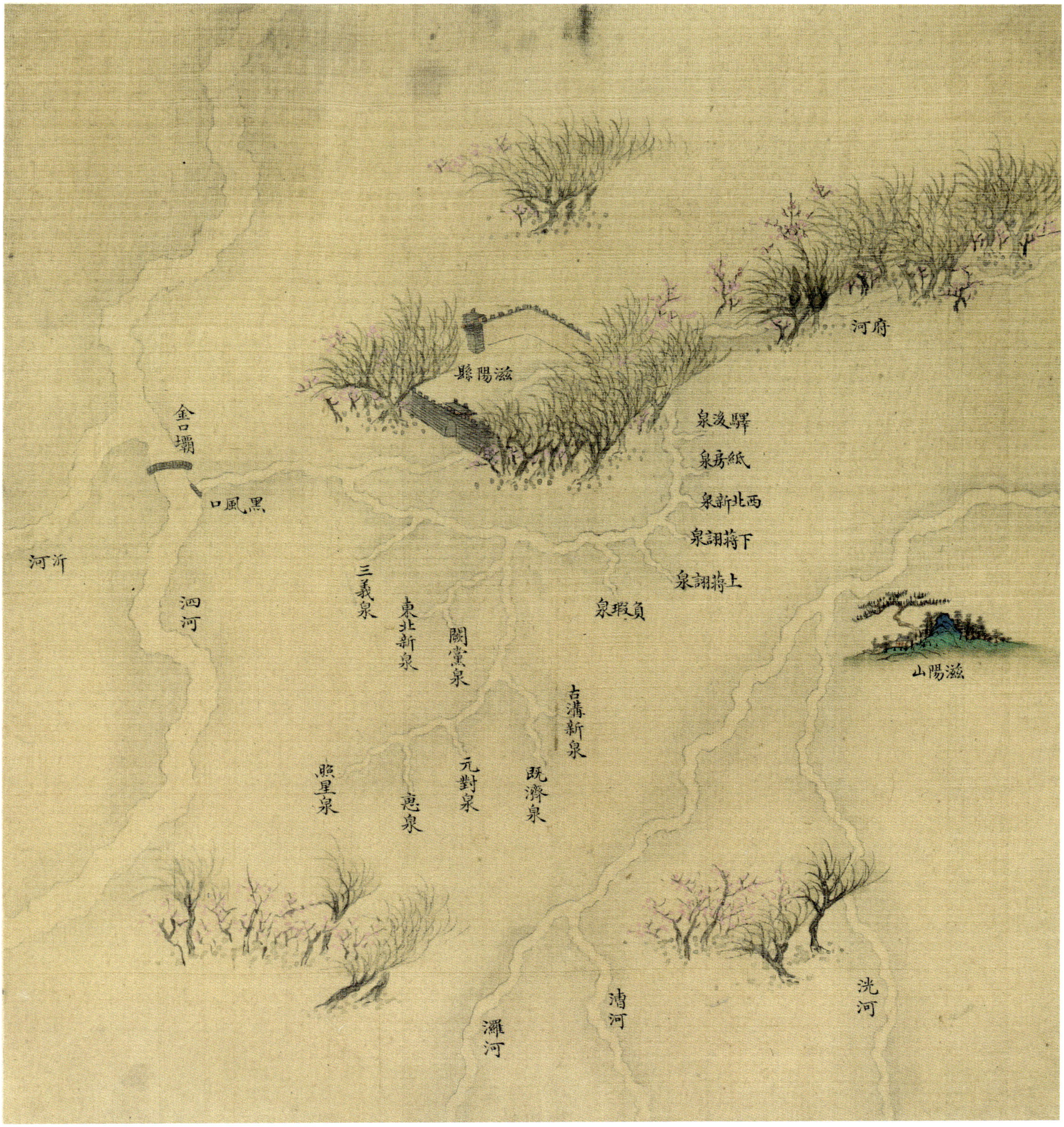

滋陽泉源凡十四處俱羅列於郡城之北自東徂西滙入泗河由黑風口至濟寧之馬場湖入運按泗水發源於陪尾山直趨兖城之東賴金口壩一截逼入黑風口經府城西注入湖此全泗之濟運者也金口壩滲洩之餘又合沂洙之水會鄒縣白馬河出魯橋入運此又泗沂諸水合流之濟運者也

滋陽泉源凡十四處，俱羅列於郡城之北，自東徂西，滙入泗河，由黑風口至濟寧之馬場湖入運。按泗水發源於陪尾山，直趨兖城之東，賴金口壩一截，逼入黑風口，經府城西注入湖。此全泗之濟運者也。金口壩滲洩之餘，又合沂、洙之水，會鄒縣白馬河出魯橋入運，此又泗、沂諸水合流之濟運者也。

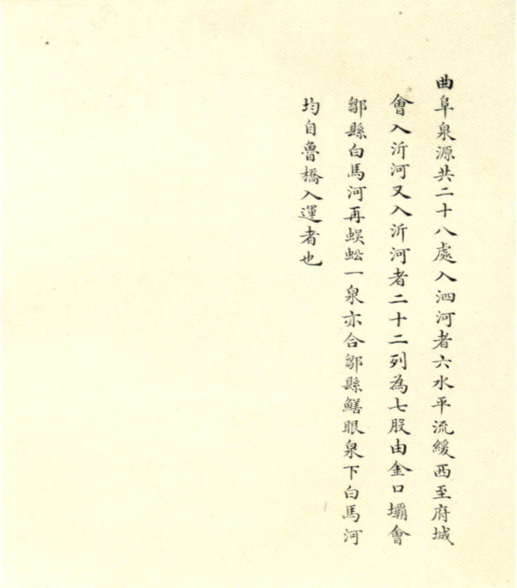
曲阜泉源共二十八處入泗河者六水平流緩西至府城會入沂河又入沂河者二十二列為七股由金口壩會鄒縣白馬河再蜈蚣一泉亦合鄒縣鱔眼泉下白馬河均自魯橋入運者也

曲阜泉源共二十八處，入泗河者六，水平流緩，西至府城，會入沂河。又入沂河者二十二，列爲七股，由金口壩會鄒縣白馬河。再蜈蚣一泉，亦合鄒縣鱔眼泉下白馬河，均自魯橋入運者也。

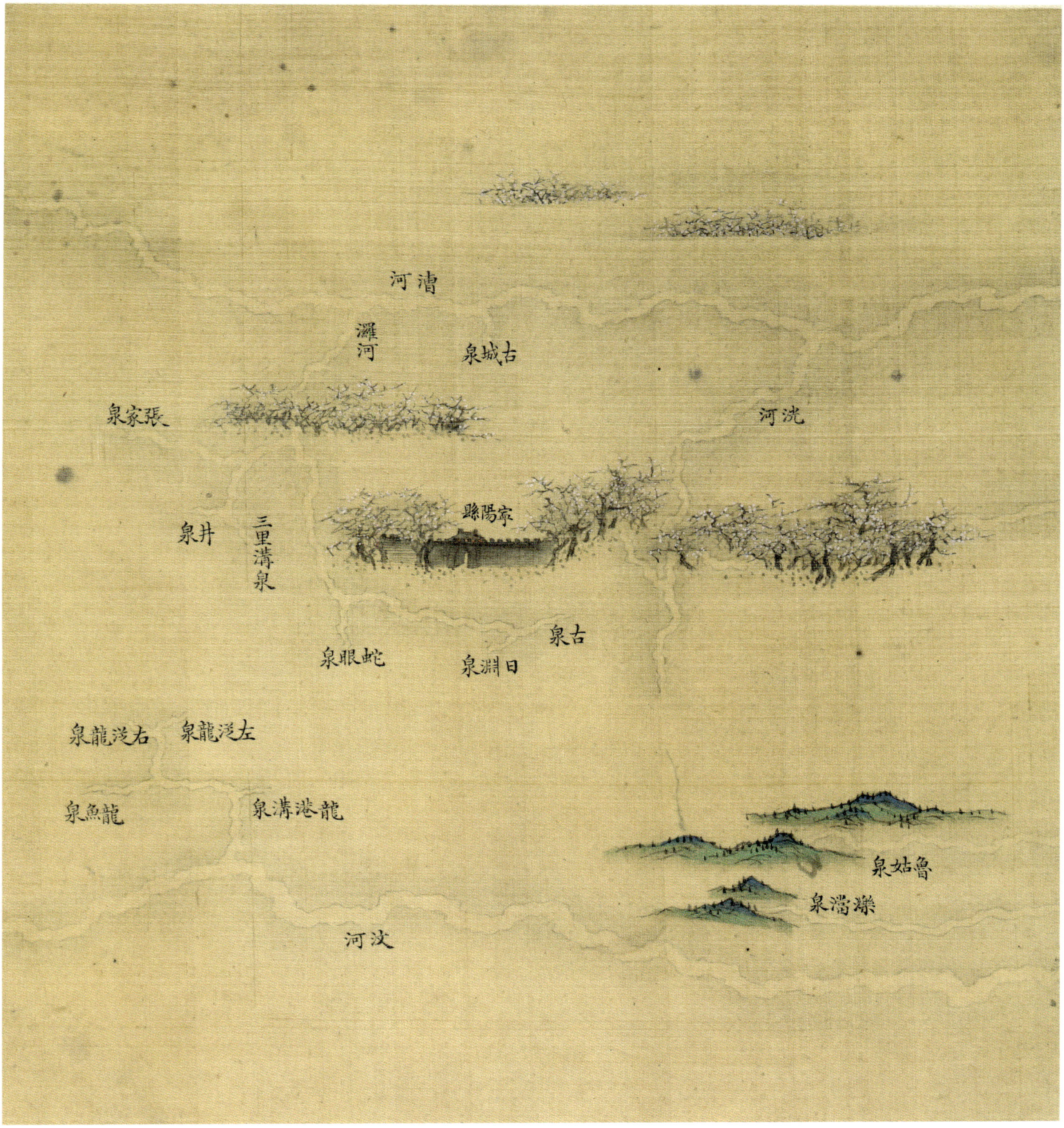

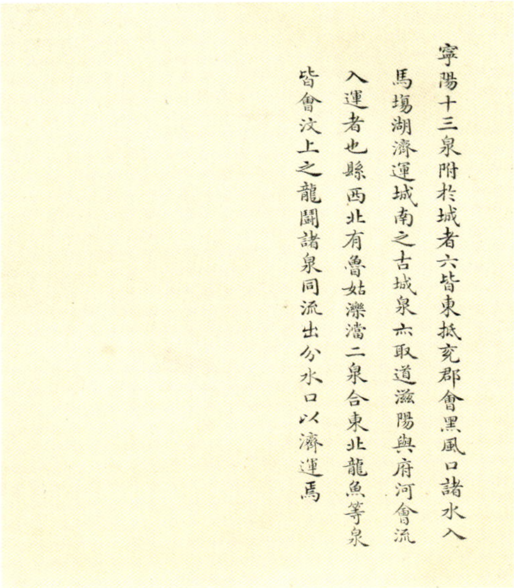
寧陽十三泉附於城者六皆東抵兗郡會黑風口諸水入
馬場湖濟運城南之古城泉亦取道滋陽與府河會流
入運者也縣西北有魯姑濼澢二泉合東北龍魚等泉
皆會汶上之龍鬭諸泉同流出分水口以濟運焉

寧陽十三泉，附於城者六，皆東抵兗郡，會黑風口諸水，入馬場湖濟運。城南之古城泉，亦取道滋陽，與府河會流入運者也。縣西北有魯姑、濼澢二泉，合東北龍魚等泉，皆會汶上之龍鬭諸泉同流，出分水口以濟運焉。

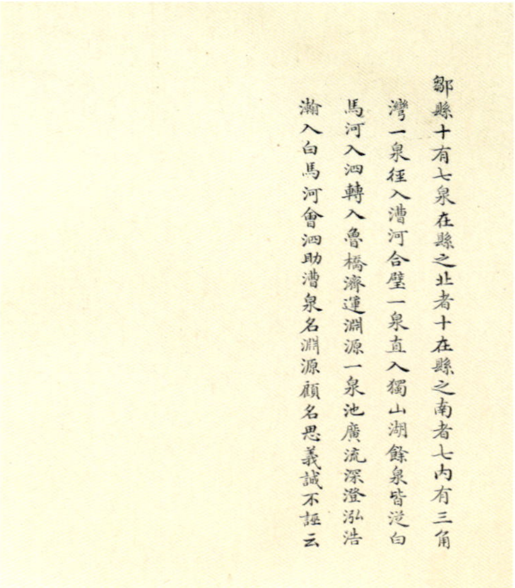
鄒縣十有七泉在縣之北者十在縣之南者七內有三角灣一泉徑入漕河合壁一泉直入獨山湖餘泉皆從白馬河入泗轉入魯橋濟運淵源一泉池廣流深澄泓浩瀚入白馬河會泗助漕泉名淵源顧名思義誠不誣云

鄒縣十有七泉，在縣之北者十，在縣之南者七，內有三角灣一泉，徑入漕河，合璧一泉直入獨山湖，餘泉皆從白馬河入泗，轉入魯橋濟運。淵源一泉，池廣流深，澄泓浩瀚，入白馬河會泗助漕。泉名淵源，顧名思義，誠不誣云。

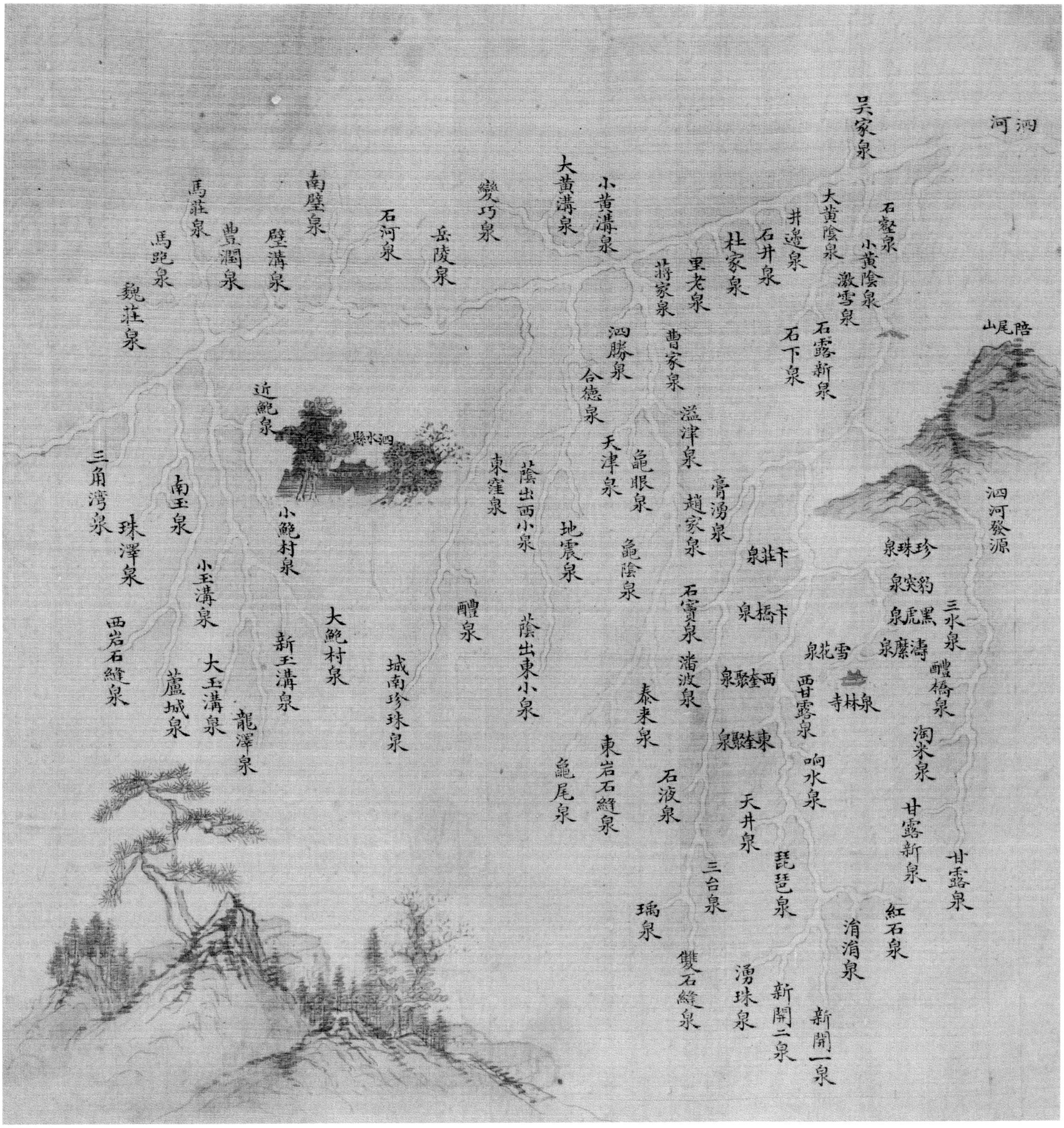

泗水泉源八十有二，泉林五泉在陪尾山之陽，噴珠漱玉，不溢不竭，此子在川上，有不舍晝夜之嘆。旁列山水石壑等泉三十有五，俱滙入泗河，所謂泗河發源於陪尾山者，是也。迤邐而西，又有四十二泉，或在巉巖之旁，或居幽壑之下，或湧於沙底，或出自石縫。水源甚旺，浩浩瀚瀚者，亦有細流微弱、綿綿縷縷者，星羅碁布，灌注泗河。泉流之充暢，當爲諸邑之弁冕，而通漕濟運，挽輸寔首賴焉。

泗水泉源八十有二泉林五泉在陪尾山之陽噴珠漱玉不溢不竭此子在川上有不舍晝夜之嘆旁列山水石壑等泉三十有五俱滙入泗河所謂泗河發源於陪尾山者是也迤邐而西又有四十二泉或在巉巖之旁或居幽壑之下或湧於沙底或出自石縫水源甚旺浩浩瀚瀚者亦有細流微弱綿綿縷縷者星羅碁布灌注泗河泉流之充暢當為諸邑之弁冕而通漕濟運挽輸寔首賴焉

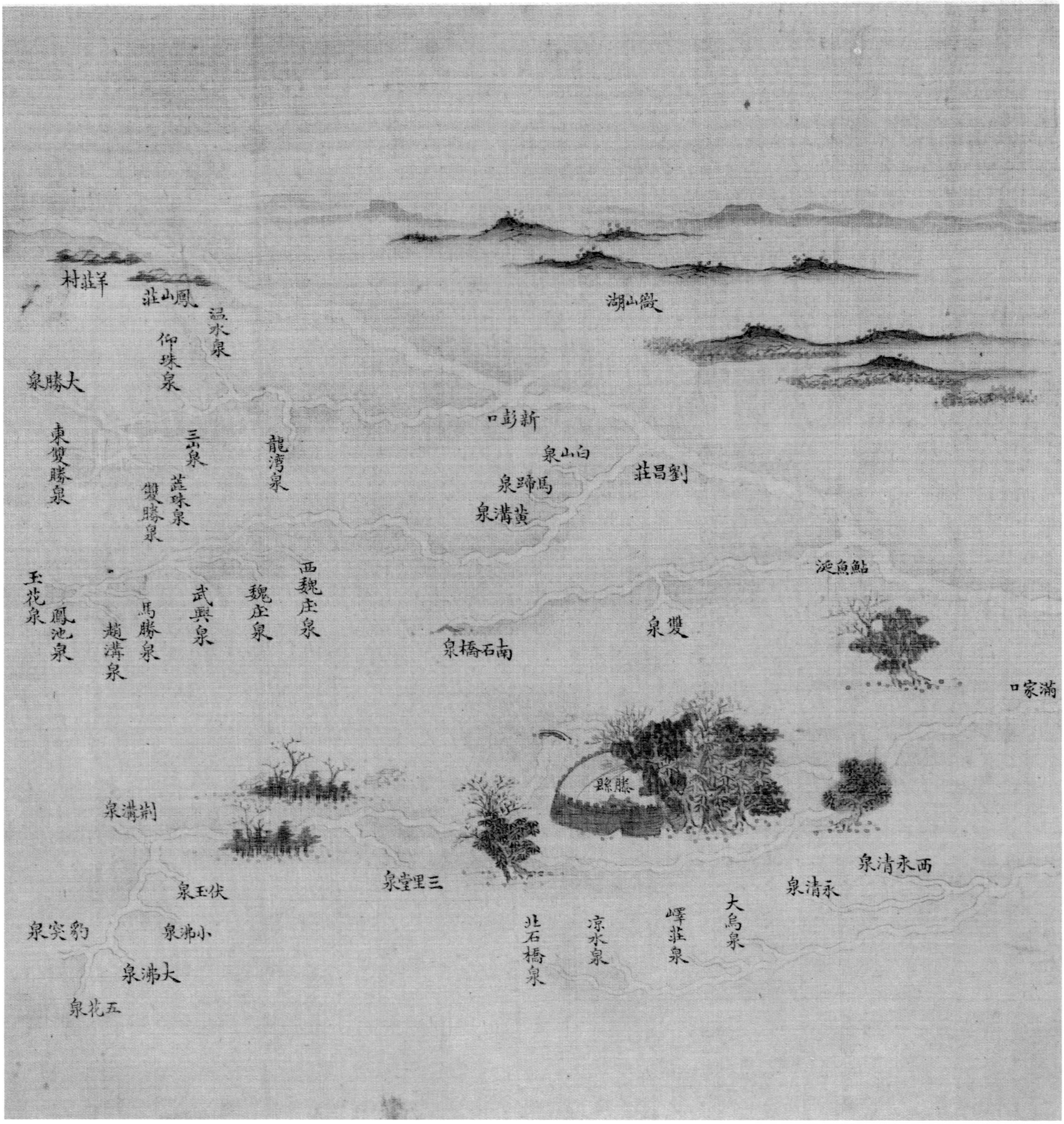

滕縣三十三泉分流以濟運者盖有六焉北石凉水等泉入耿武莊湖豹突等泉入滿家口玉花等泉入劉昌庄三山等泉入彭口他如南石雙泉二泉則獨入鮎魚泛泉雖分道而出實則異派合流總滙歸於運道也

滕縣三十三泉分流，以濟運者，盖有六焉。北石、凉水等泉入耿武莊湖，豹突等泉入滿家口，玉花等泉入劉昌庄，三山等泉入彭口。他如南石、雙泉二泉，則獨入鮎魚泛，泉雖分道而出，實則異派合流，總滙歸於運道也。

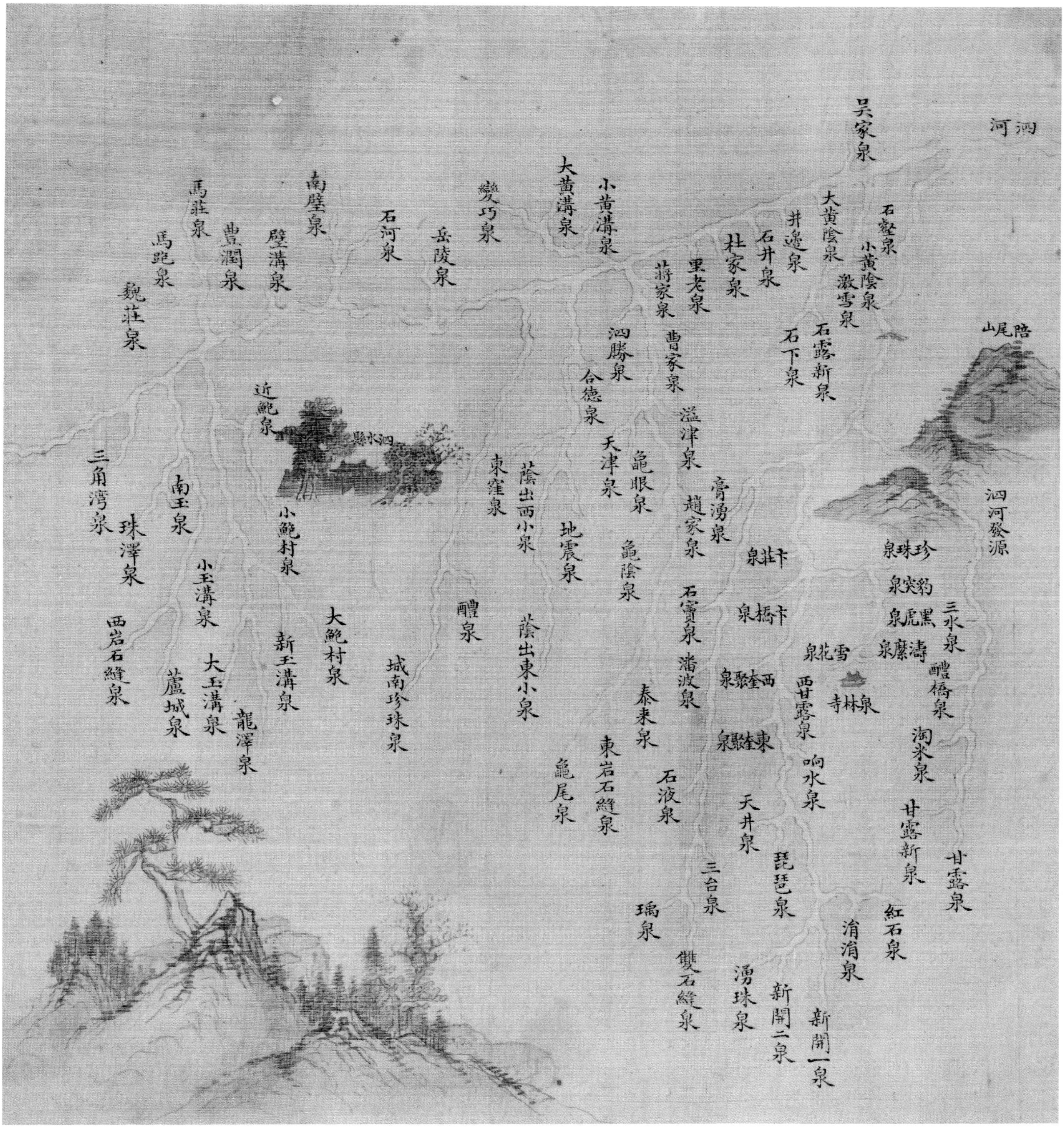

泗水泉源八十有二，泉林五泉在陪尾山之陽，噴珠漱玉，不溢不竭，此子在川上，有不舍晝夜之嘆。旁列山水石壑等泉三十有五，俱滙入泗河，所謂泗河發源於陪尾山者，是也。迤運而西，又有四十二泉，或在巉巖之旁，或居幽壑之下，或湧於沙底，或出自石縫。水源甚旺，浩浩瀚瀚者，亦有細流微弱、綿綿縷縷者，星羅碁布，灌注泗河。泉流之充暢，當爲諸邑之弁冕，而通漕濟運，挽輸寔首賴焉。

泗水泉源八十有二泉林五泉在陪尾山之陽噴珠漱玉不溢不竭此子在川上有不舍晝夜之嘆旁列山水石壑等泉三十有五俱滙入泗河所謂泗河發源於陪尾山者是也迤運而西又有四十二泉或在巉巖之旁或居幽壑之下或湧於沙底或出自石縫水源甚旺浩浩瀚瀚者亦有細流微弱綿綿縷縷者星羅碁布灌注泗河泉流之充暢當為諸邑之弁冕而通漕濟運挽輸寔首賴焉

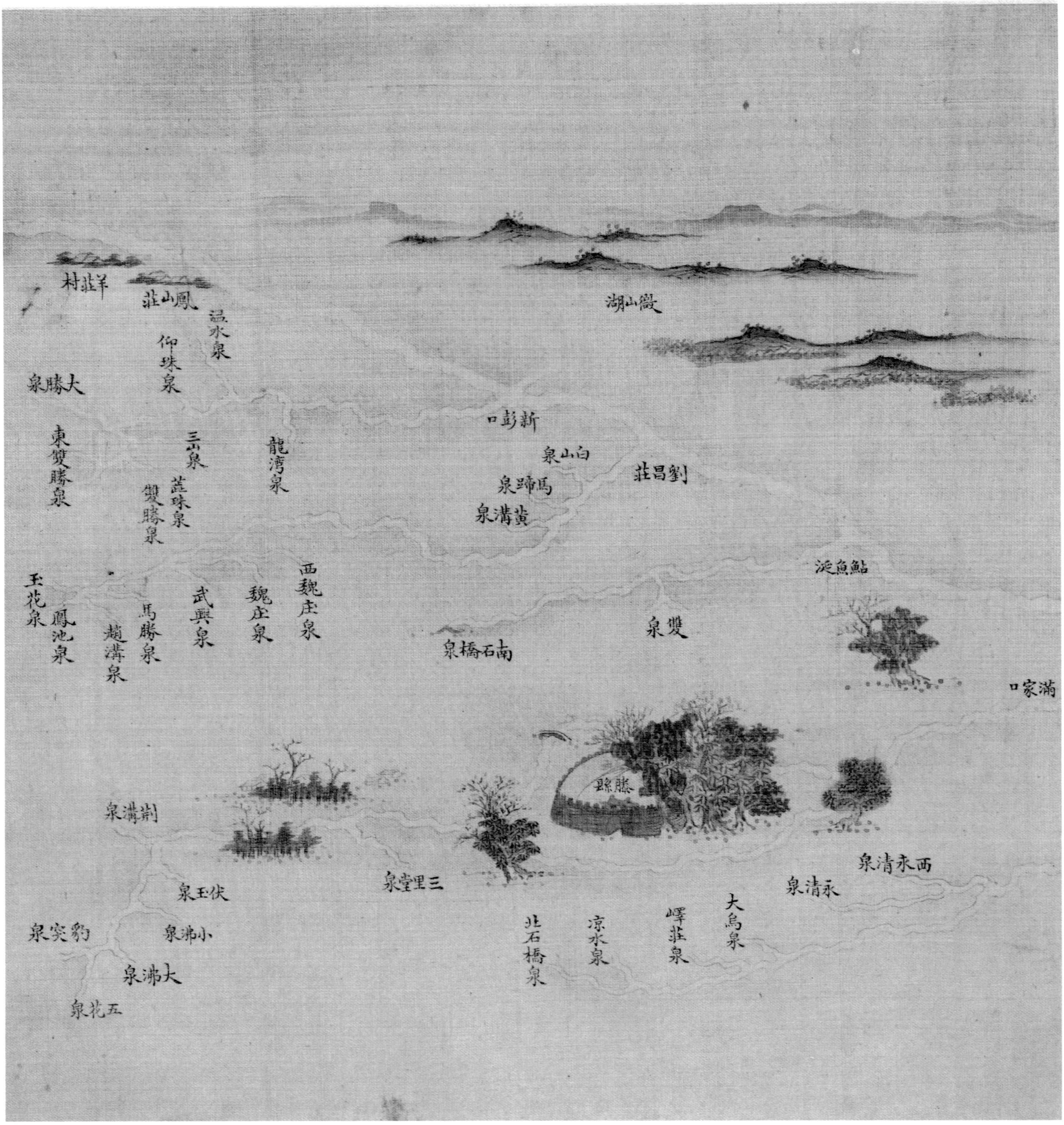

滕縣三十三泉分流以濟運者盖有六焉北石凉水等泉入耿武莊湖豹突等泉入滿家口玉花等泉入劉昌庄三山等泉入彭口他如南石雙泉二泉則獨入鮎魚涎泉雖分道而出實則異派合流總滙歸於運道也

滕縣三十三泉分流，以濟運者，盖有六焉。北石、凉水等泉入耿武莊湖，豹突等泉入滿家口，玉花等泉入劉昌庄，三山等泉入彭口。他如南石、雙泉二泉，則獨入鮎魚涎，泉雖分道而出，實則異派合流，總滙歸於運道也。

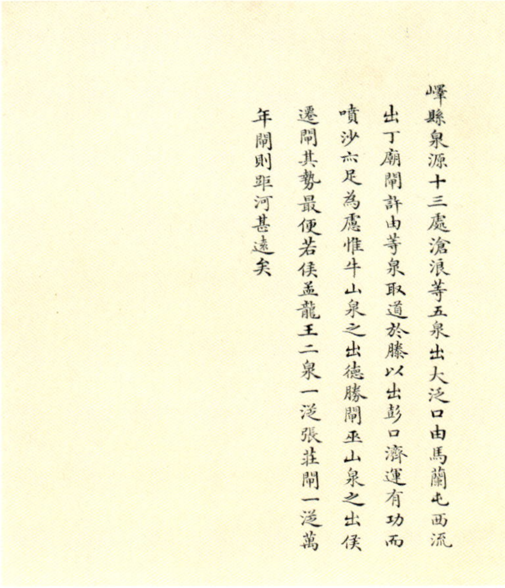
嶧縣泉源十三處滄浪等五泉出大泛口由馬蘭屯西流出丁廟閘許由等泉取道於滕以出彭口濟運有功而噴沙亦足為慮惟牛山泉之出德勝閘巫山泉之出侯遷閘其勢最便若侯孟龍王二泉一從張莊閘一從萬年閘則距河甚遠矣

嶧縣泉源十三處，滄浪等五泉出大泛口，由馬蘭屯西流，出丁廟閘。許由等泉，取道於滕，以出彭口，濟運有功，而噴沙亦足爲慮。惟牛山泉之出德勝閘，巫山泉之出侯遷閘，其勢最便。若侯孟、龍王二泉，一從張莊閘，一從萬年閘，則距河甚遠矣。

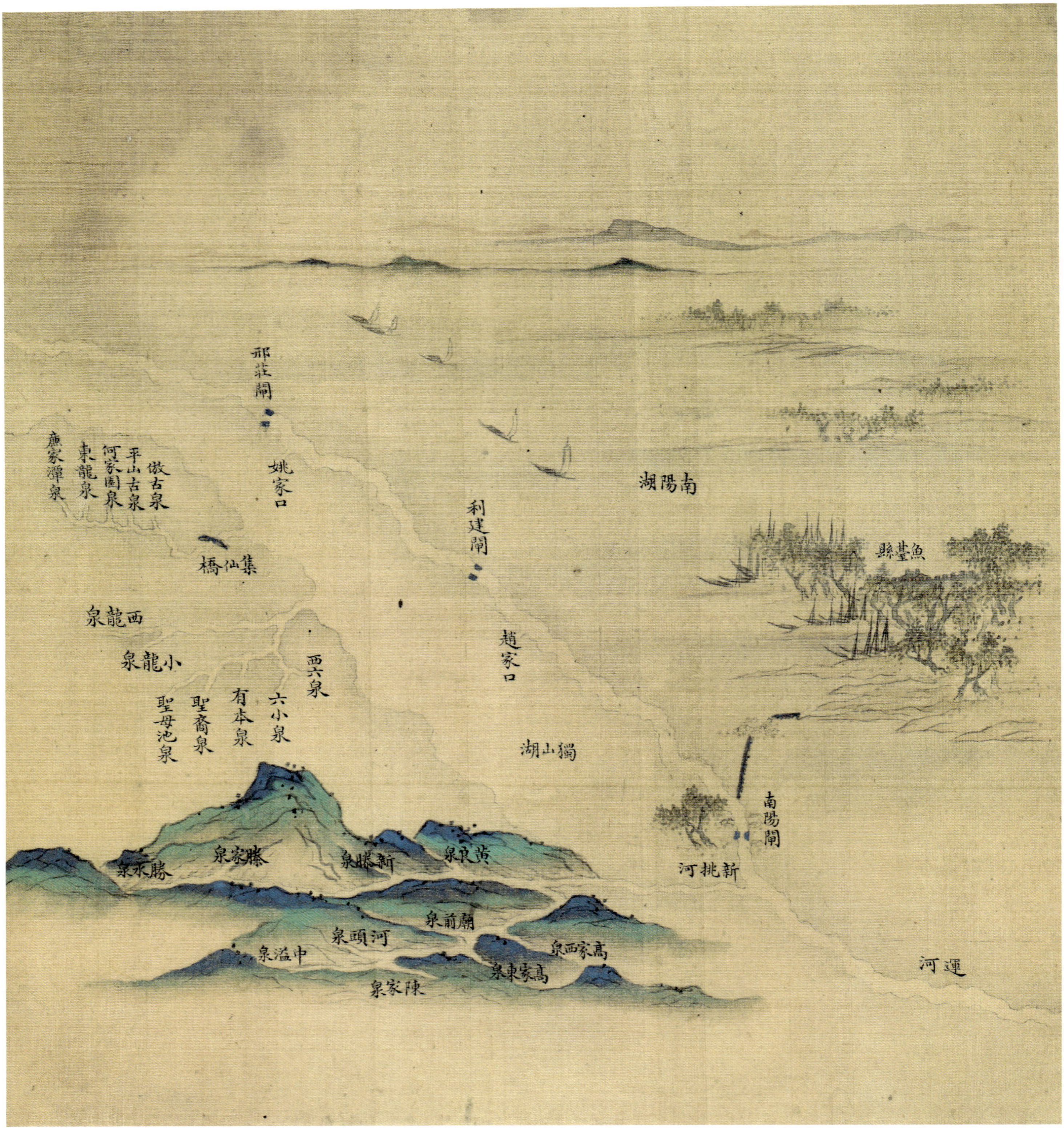

魚臺縣泉源二十二處俱在運河之東黃良等十泉由三岔河會流出新挑河南流八里至南陽閘入運聖母等七泉出趙家口南流五里至利建閘及東龍等五泉由集仙橋會流歸獨山湖出姚家口南流二里至邢庄閘均足以利濟運行者也

魚臺縣泉源二十二處，俱在運河之東，黃良等十泉，由三岔河會流，出新挑河，南流八里，至南陽閘入運。聖母等七泉，出趙家口，南流五里，至利建閘。及東龍等五泉，由集仙橋會流，歸獨山湖，出姚家口南流二里，至邢庄閘，均足以利濟運行者也。

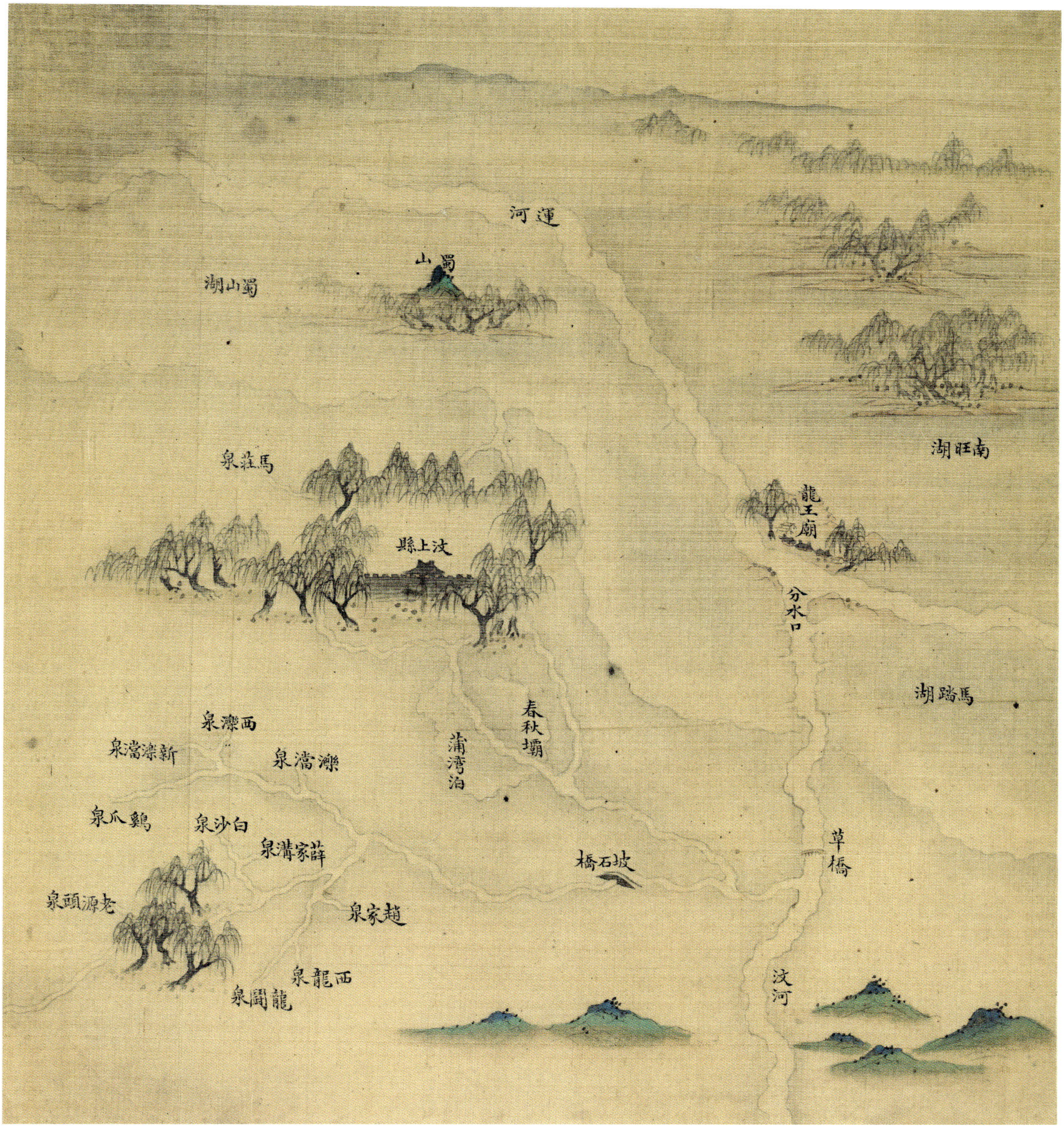

汶上泉源十一處，惟龍鬪一泉爲最，會城北鷄爪等八泉，從坡石橋西下滙汶水，由草橋以達南旺入運。其縣南馬莊一泉，經蜀山湖而注運河。龍鬪諸泉會渠，共長七十五里，南接五里，會寧陽之魯姑、濼當二泉，又會本縣北門外蒲灣泊諸水，經草橋直至南旺分水口濟運，爲汶水要區云。

汶上泉源十一處惟龍鬪一泉為最會城北鷄爪等八泉從坡石橋西下滙汶水由草橋以達南旺入運其縣南馬莊一泉經蜀山湖而注運河龍鬪諸泉會渠共長七十五里南接五里會寧陽之魯姑濼當二泉又會本縣北門外蒲灣泊諸水經草橋直至南旺分水口濟運為汶水要區云

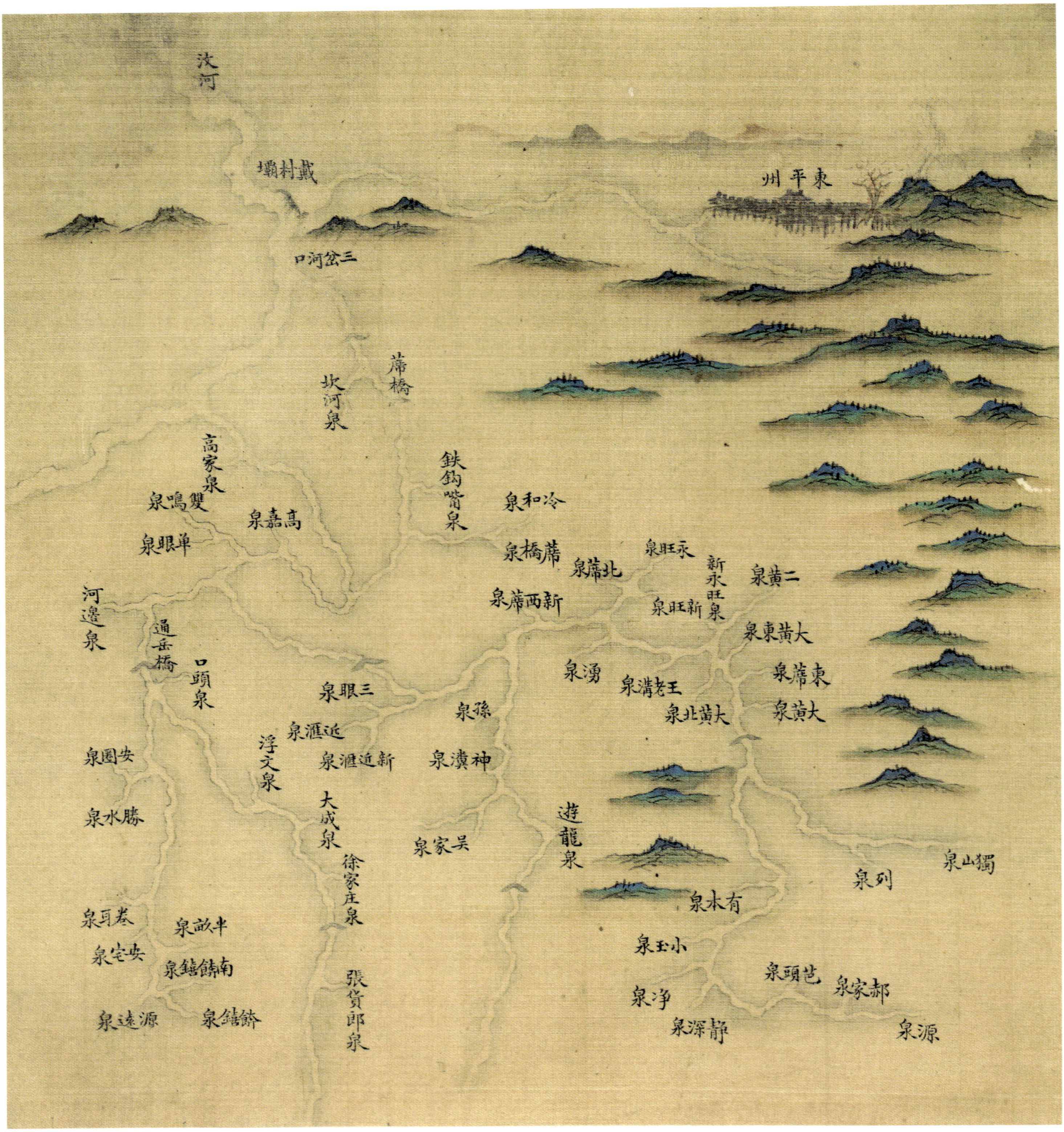

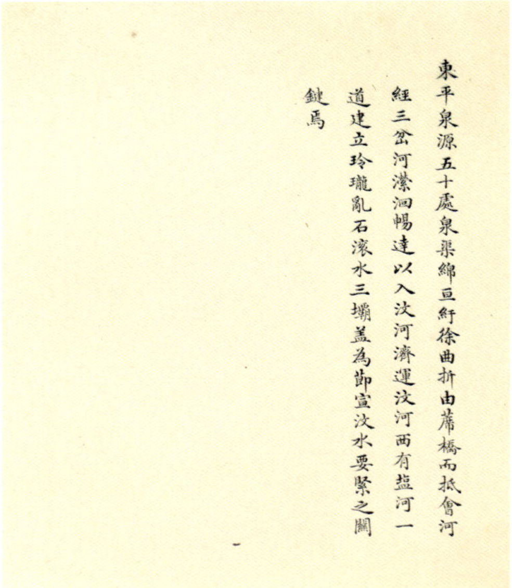
東平泉源五十處泉渠綿亘紆徐曲折由蓆橋而抵會河經三岔河瀠洄暢達以入汶河濟運汶河西有鹽河一道建立玲瓏亂石滾水三壩蓋為節宣汶水要緊之關鍵焉

東平泉源五十處，泉渠綿亘紆徐曲折，由蓆橋而抵會河，經三岔河瀠洄暢達以入汶河濟運。汶河西有鹽河一道，建立玲瓏、亂石、滾水三壩，蓋爲節宣汶水要緊之關鍵焉。

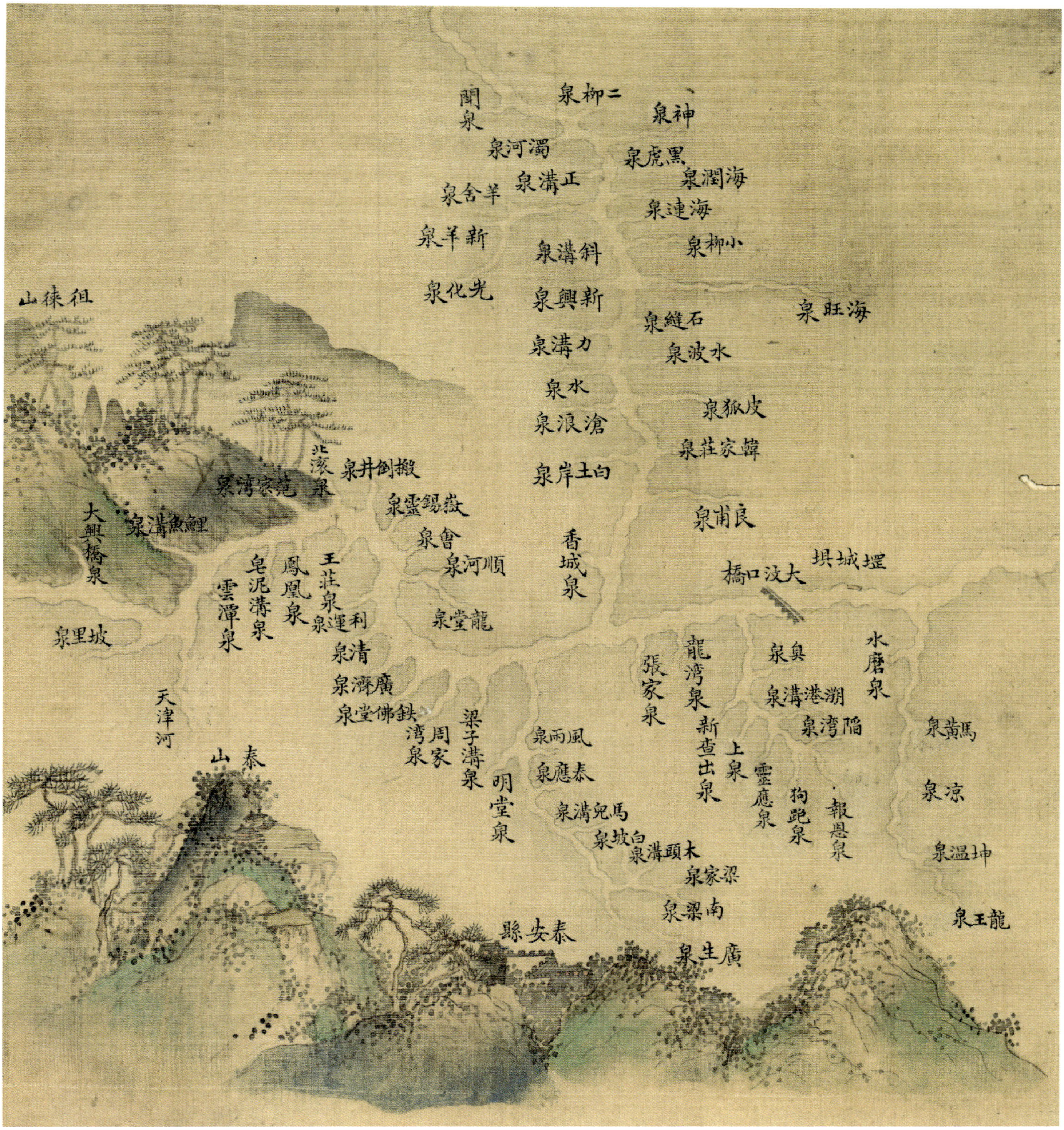

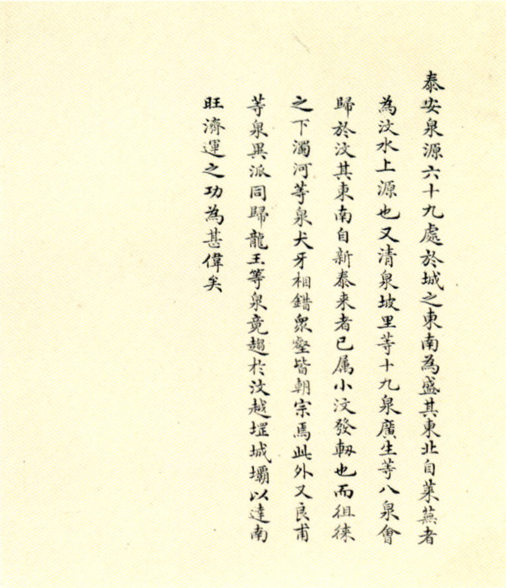
泰安泉源六十九處於城之東南為盛其東北自來蕪者為汶水上源也又清泉坡里等十九泉廣生等八泉會歸於汶其東南自新泰來者已屬小汶發軔也而徂徠之下濁河等泉犬牙相錯衆壑皆朝宗焉此外又良甫等泉異派同歸龍王等泉竟趨於汶越堽城壩以達南旺濟運之功為甚偉矣

泰安泉源六十九處，於城之東南爲盛。其東北自萊蕪者，爲汶水上源也。又清泉、坡里等十九泉，廣生等八泉，會歸於汶，其東南自新泰來者，已屬小汶發軔也。而徂徠之下濁河等泉，犬牙相錯，衆壑皆朝宗焉。此外，又良甫等泉異派同歸，龍王等泉竟趨於汶，越堽城壩以達南旺濟運之功，爲甚偉矣。

柳溝泉
太液泉
衡魚河
平陰縣

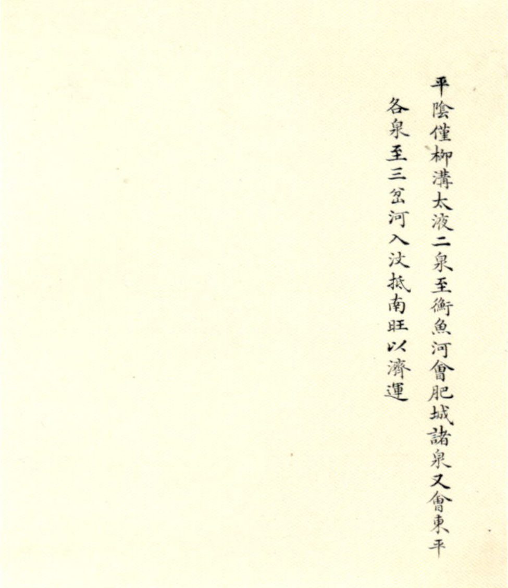
平陰僅柳溝太液二泉至衡魚河會肥城諸泉又會東平
各泉至三岔河入汶抵南旺以濟運

平陰僅柳溝、太液二泉，至衡魚河會肥城諸泉，又會東平各泉，至三岔河入汶，抵南旺以濟運。

新泰泉源三十六處在縣治之東西居多其西北惟和庄一泉由宮山發源之羊流河入汶其直入汶者則有紅河等三泉周家等四泉金溝等五泉孫村張家二泉若南岸靈查等泉分道入汶又自西而漸極於東矣至正北路踏等泉由南師會河入汶與太公等泉之由嶅河入汶總同歸一小汶也蓋自正西靈泉界外始歸大汶漸達南旺實為運河之來源云

新泰泉源三十六處，在縣治之東西居多。其西北惟和庄一泉，由宮山發源之羊流河入汶。其直入汶者則有紅河等三泉，周家等四泉，金溝等五泉，孫村、張家二泉。若南岸靈查等泉，分道入汶，又自西而漸，極於東矣。至正北路踏等泉，由南師會河入汶，與太公等泉之由嶅河入汶，總同歸一小汶也。蓋自正西靈泉界外，始歸大汶，漸達南旺，實爲運河之來源云。

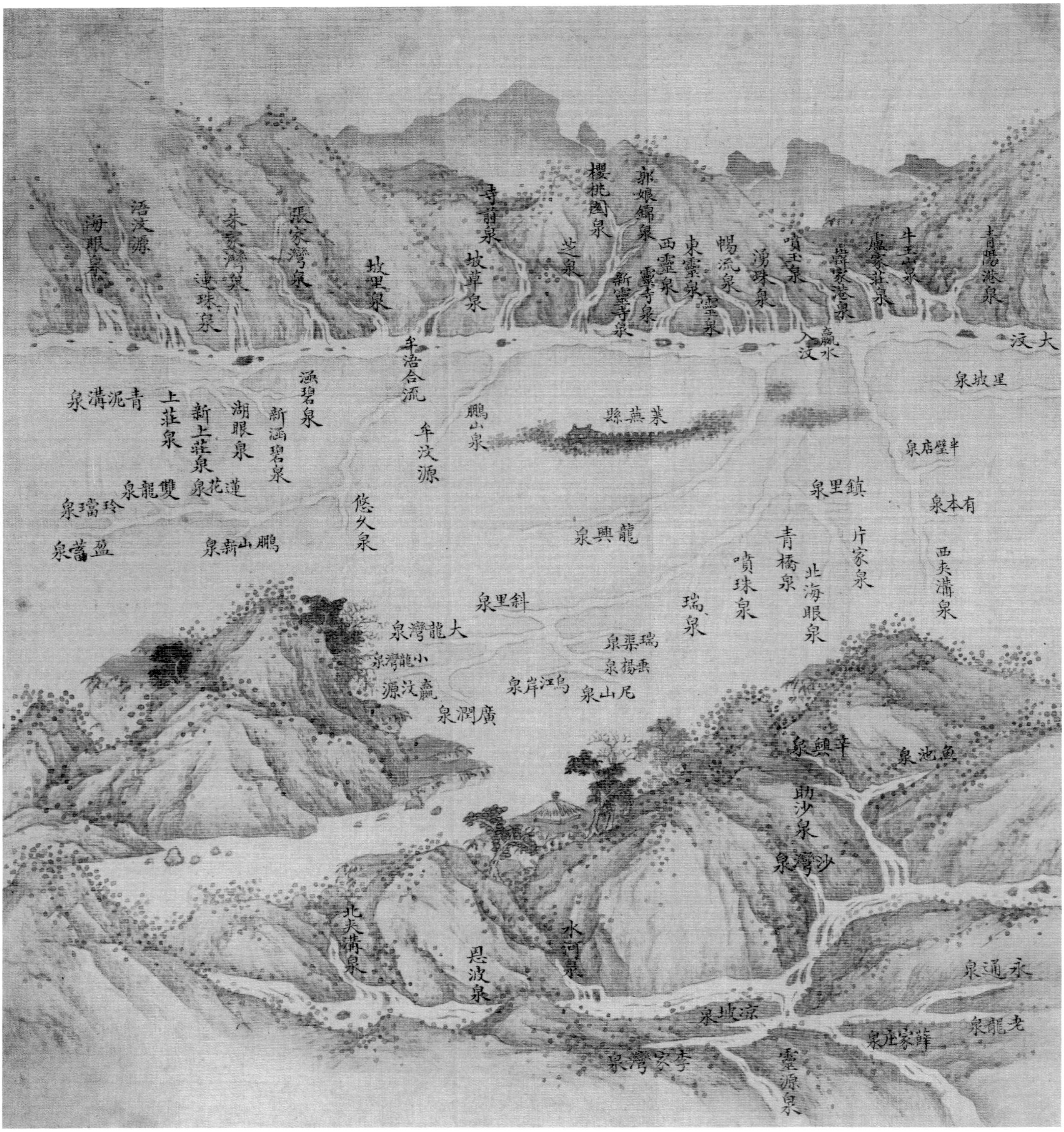

萊蕪泉源六十七處而汶則橫亘城南按汶有五出萊蕪者四一浯汶發源於寨子村連珠等泉是也一牟汶發源於響水灣兩山夾石清流有聲合鵬山等泉並朱家灣各泉至古汶陽地而合入於浯一嬴汶自小龍灣至嘶馬河合斜里等泉以達大汶而會新泰小汶蓋五汶之源流如此他如南岸之坡草等泉次第入汶北岸之龍興泉各為一支以入汶又大龍灣等泉之會於嘶馬河以入汶並星坡泉之自成一派與半壁店西夾溝之合流以入汶而大汶之巨浸成矣水河泉西又有十一泉俱由泰安達汶以濟運者也

萊蕪泉源六十七處，而汶則橫亘城南。按汶有五，出萊蕪者四，一浯汶，發源於寨子村，連珠等泉是也。一牟汶，發源於響水灣，兩山夾石，清流有聲，合鵬山等泉，並朱家灣各泉，至古汶陽地，而合入於浯。一嬴汶，自小龍灣至嘶馬河，合斜里等泉以達大汶，而會新泰小汶。蓋五汶之源流如此。他如南岸之坡草等泉，次第入汶，北岸之龍興泉，各爲一支以入汶。又大龍灣等泉之會於嘶馬河以入汶，並星坡泉之自成一派，與半壁店、西夾溝之合流以入汶，而大汶之巨浸成矣。水河泉西又有十一泉，俱由泰安達汶，以濟運者也。

肥城縣十六泉，在縣城西者曰鹽河泉，會董家等泉，南流會馬房等泉，又合托車、吴家等泉之水入衡魚河，二十里接平陰會河，六十里達汶，惟清泉獨入汶河，皆利濟運行者也。

肥城縣十六泉在縣城西者曰盐河泉會董家等泉南流
會馬房等泉又合托車吴家等泉之水入衡魚河二十
里接平陰會河六十里達汶惟清泉獨入汶河皆利濟
運行者也

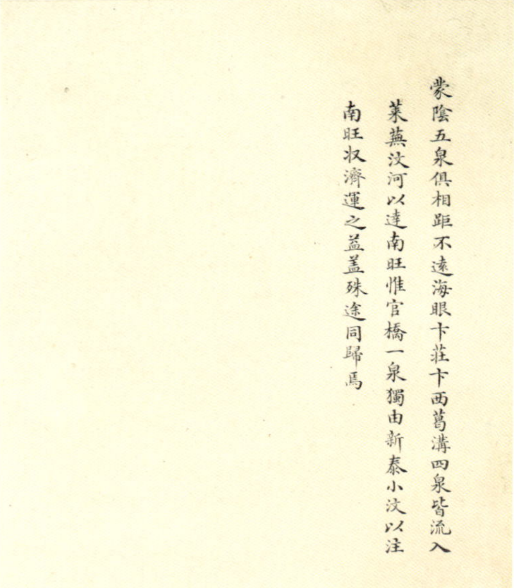
蒙陰五泉俱相距不遠海眼卞莊卞西葛溝四泉皆流入萊蕪汶河以達南旺惟官橋一泉獨由新泰小汶以注南旺收濟運之益蓋殊途同歸焉

蒙陰五泉俱相距不遠，海眼、卞莊、卞西、葛溝四泉，皆流入萊蕪汶河，以達南旺，惟官橋一泉，獨由新泰小汶以注南旺，收濟運之益，蓋殊途同歸焉。

八省運河泉源水利情形圖（湖南、湖北、江西、安徽、浙江、江蘇、山東、直隸）

作　　者　不詳
年　　代　清嘉慶年間
類　　型　紙本彩繪
載體形態　一幅長卷
尺　　寸　縱二七厘米，橫九〇〇厘米
索 書 號　2/034.314/1790

本圖采用山水畫法繪出了自洞庭湖，經長江、運河至北京的水路，其中對山東、江蘇河段兩岸的泉源、河道、湖泊，以及重要閘壩等水利工程標注詳細。

從春秋吴王夫差命人開鑿的第一條人工運河——邗溝，到隋代北至涿郡，南達餘杭的南北大運河，再到元明清的京杭大運河，最後到光緒二十七年（一九〇一）漕運廢止，運河分段通航，京杭大運河這個舉世聞名的偉大工程經歷了多次盛衰變化。

記載京杭大運河盛衰變化的歷史文獻非常豐富，但是反映運河真實面貌的古代專題地圖則爲數不多。到了清代，隨着康乾二帝多次沿運河南巡，關於運河的專題地圖纔多了起來。其中就有一類運河圖，是將長江中下游和運河繪在同一圖卷上。此類型圖的特點就是把南北向的京杭運河和東西向的長江中下游繪在一起，一部分爲運河，一部分則把長江和江南運河并列。因爲長江漕運與運河漕運綫路基本呈現『丁』字形走向。此種圖中漕運走向與實際情形相距甚遠，看似荒謬，實則反映了它的整體價值，因爲它的實際價值就在於記録長江漕運與運河漕運綫路上每一段和每一點（府、州、縣及其閘、壩、來水河口等）的水利情形。因此看來，此類型圖實爲長江運河水上交通路綫圖，有相當重要的實用價值。《八省運河泉源水利情形圖》就是此類運河圖的代表之一。

《八省運河泉源水利情形圖》原件經摺裝，錦緞夾板上圖簽原題『九省運河泉源水利情形圖（廣西、湖南、湖北、江西、安徽、浙江、江蘇、山東、直隸）』，實際圖中未涉及廣西的內容，所以題名應爲：七省運河泉源水利情形圖。

全圖第一部分繪製的是湖南、湖北、江西、安徽、江蘇的長江水路（由洞庭湖至鄱陽湖直至南京）的漕運情況，表明兩湖漕糧運京路綫：先到南京，然後再北上經大運河運往北京，此部分繪製比較簡約，僅占全圖總長的十五分之一。第二部分繪製的是從紹興府及杭州直至京城的大運河。此部分繪製詳盡，詳細反映了運河沿途各府縣周邊水道、湖泊、山川、河流間溝通關聯濟運情形，且有相關文字説明，不失爲一幅很有歷史研究價值的水利工程圖。

『微山湖周圍一百八十里，上承昭陽、南陽諸湖，及金、單、曹、定等州縣水利坡河匯成水櫃，由韓莊、湖口雙閘、宣濟八閘，并江南邳、宿一帶運河。定志收水一丈四尺。』『北運河發源有二。一潮白。自古北口外，由潮河營石閘至密雲縣西南，與白石白河合流。一懷柔縣境内磨石口之七渡河。與該縣螺山河合流處迤下與潮白合會。至通州，又與昌平州之八達嶺河、温榆二河合流，即名北運河矣。以上各河皆係山河，其形北高南低，約數十里，萬山水發建瓴之勢，是以涌猛多險。』圖中的文字將江蘇微山湖運河和北運河的來水情形描述得十分清楚。

圖中未注著者及繪製時間，根據圖中所繪清口地區壩閘等，可推斷此圖繪製於嘉慶年間。嘉慶十六年（一八一一），在清口禦黄壩外添築鉗口壩，在禦黄壩南築禦黄二壩。《清史稿》記載嘉慶二十三年（一八一八）『增建束清二壩於束清壩北，收蓄湖水』。從圖中清口地區所繪河工來看，在靠近黄河處已標注有『鉗口壩』，禦黄壩南標有『二壩』，但是未見束清壩北的束清二壩，因此此圖應繪製於嘉慶十六年（一八一一）之後，嘉慶二十三年（一八一八）之前。

此圖是爲清朝漕運管理而繪。運河漕運，自隋而下，歷來興旺。京城的糧食、織品等主要通過長江、運河運輸，其中長江漕運也十分發達。長江沿岸是盛産糧食的地方，兩湖和江西的糧食集中在九江，從九江開始船運至鎮江，再由鎮江沿京杭大運河送至京城。雖然漕運自蘇杭直達京師的情景已經成爲過去，但我們可憑藉此圖重温以上這些輝煌的歷史，想象運河沿岸檣桅林立的盛景。

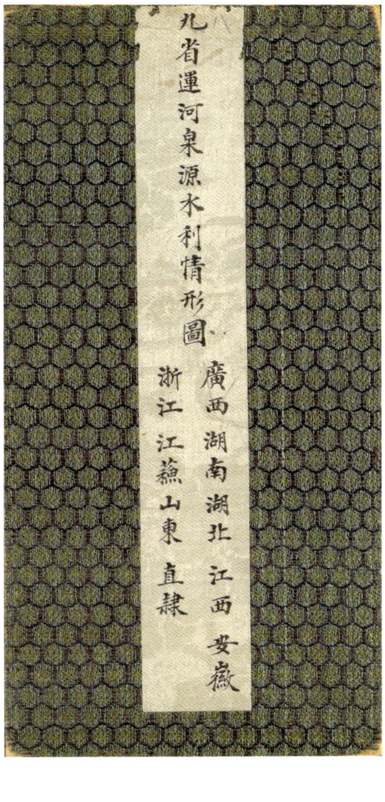

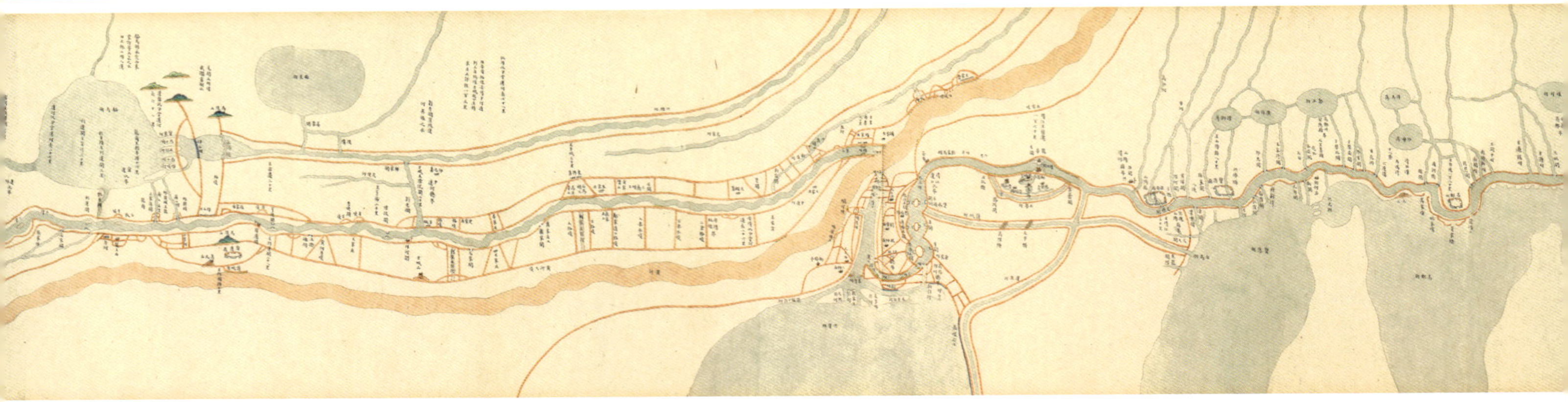
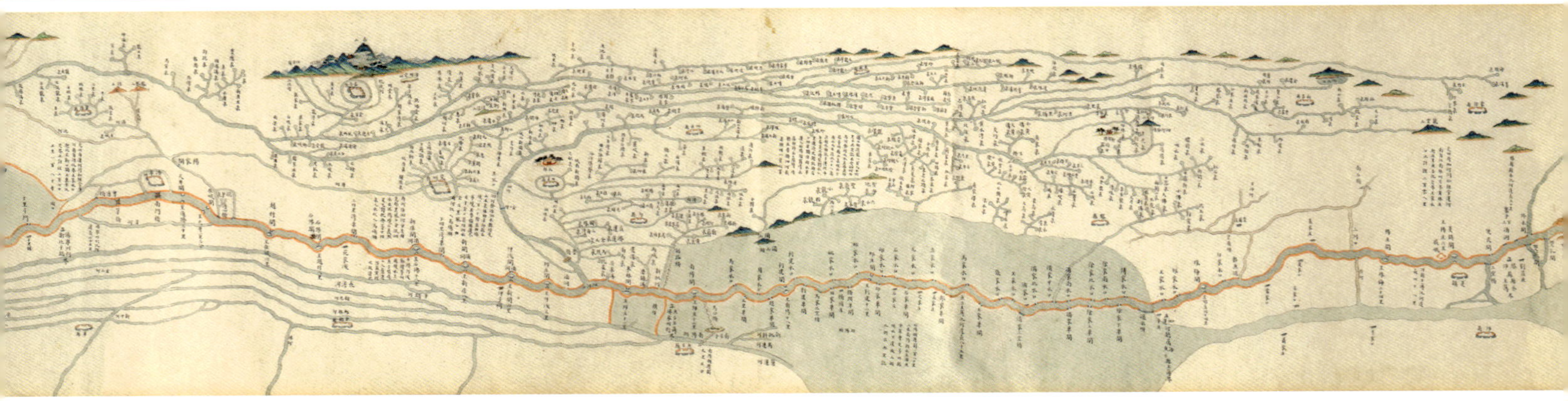
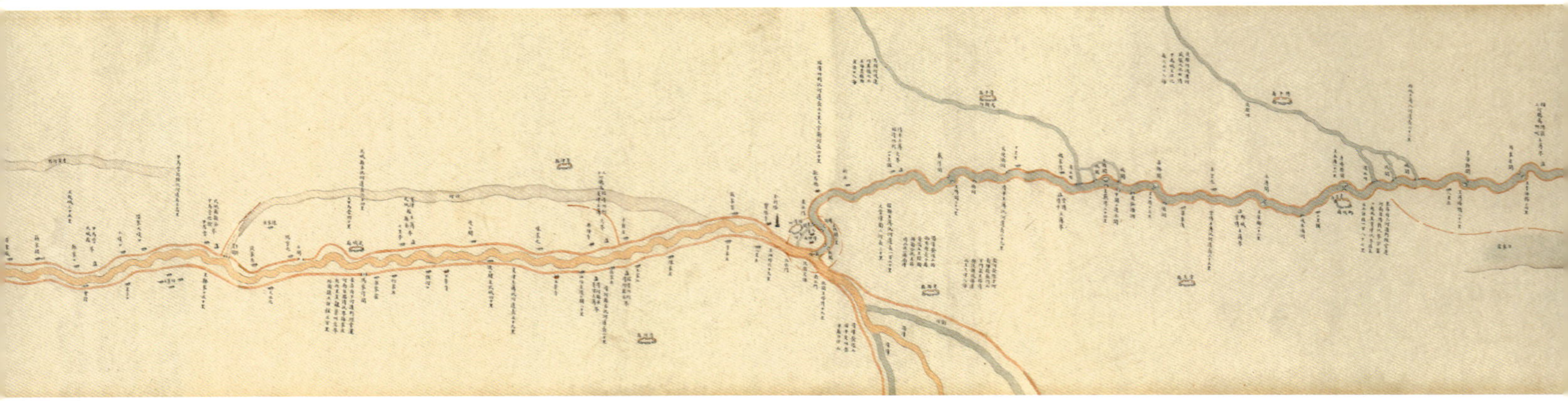
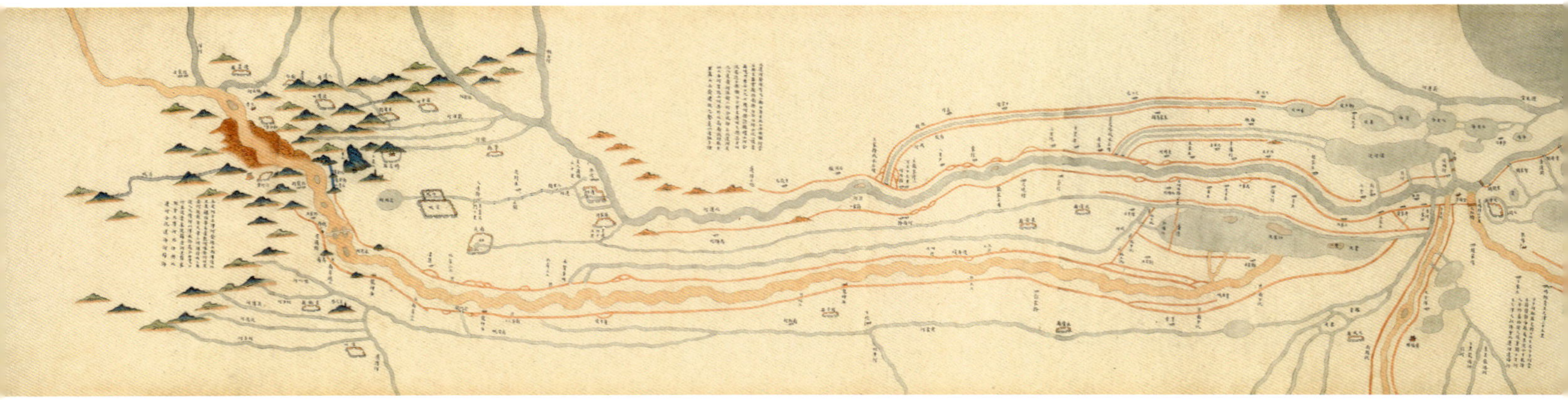

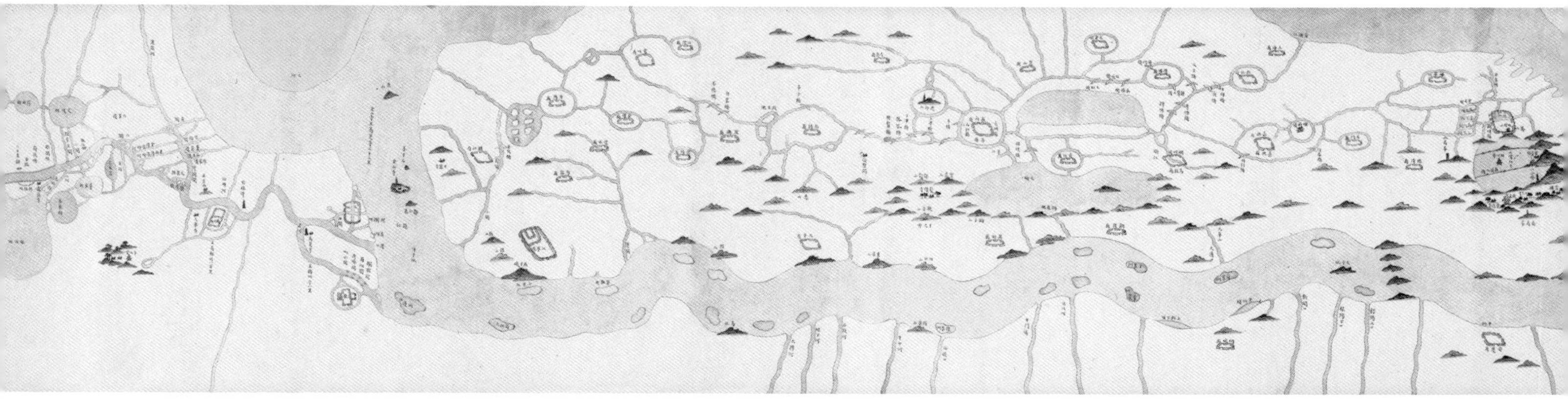
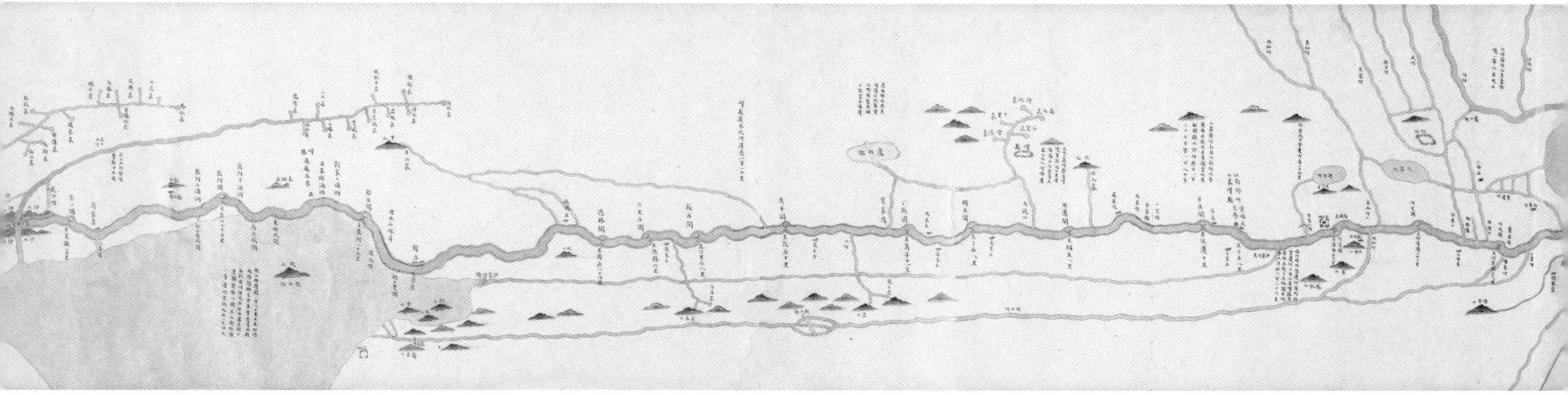
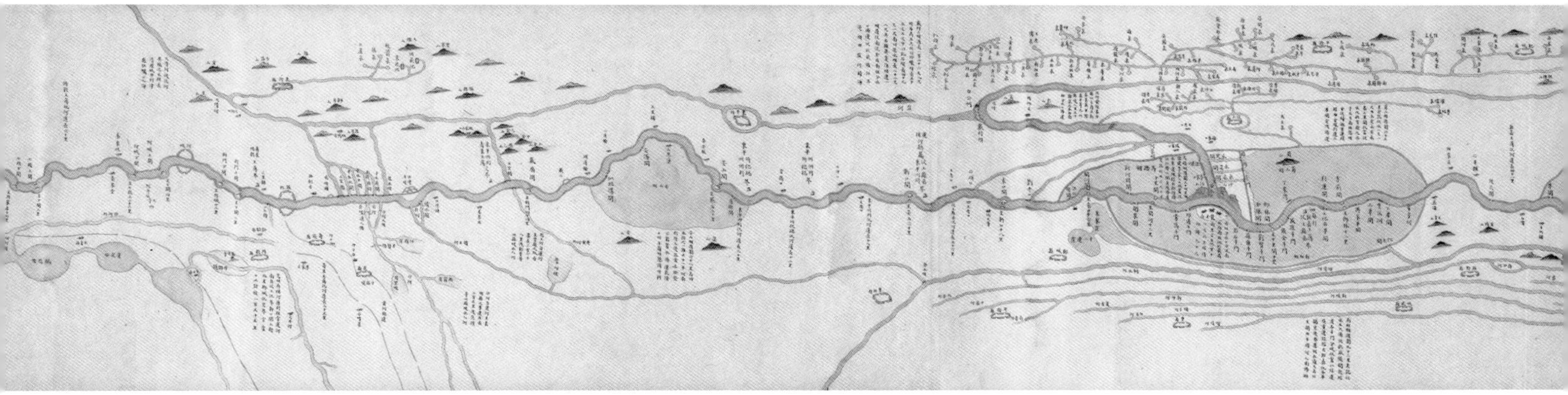
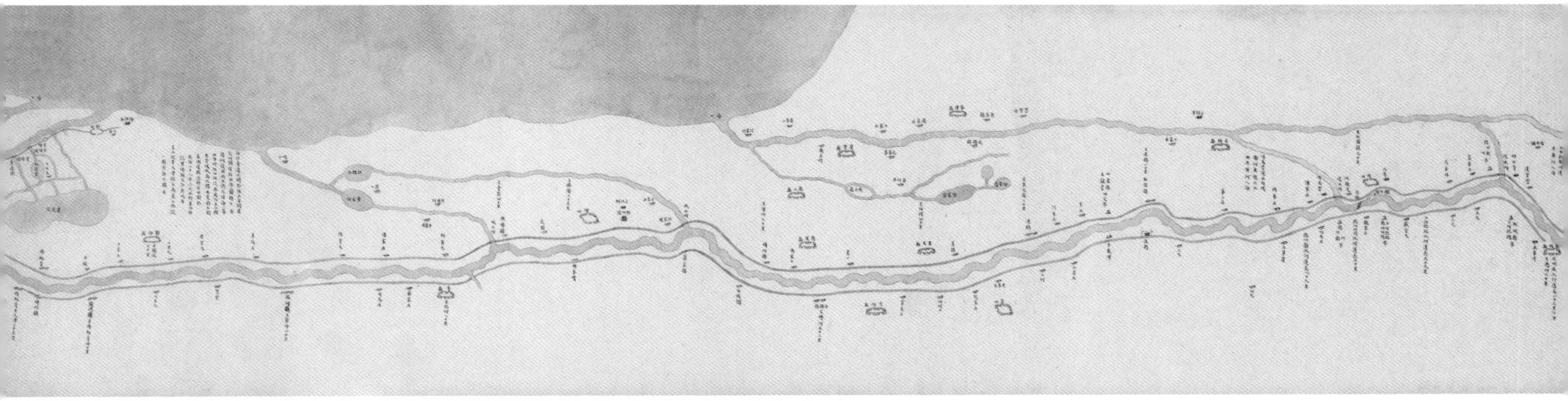

洪山
武昌府
湖北省
江夏縣
嘉魚縣
臨湘縣
岳陽樓
岳州府
巴陵縣
湖南省
君山
洞庭湖
大青山
小青山
白虎山
金口驛
沙洲
六溪口
晴川閣
漢陽府
漢陽縣
漢陽鎮
沙口
五通口
大別山
小河口
龍門
小沙頭
荊河口

紹興府
蕭山縣
南高峯
北高峯
湖口縣
彭澤縣
東流縣
小孤山
安慶府
華陽鎮
雷港
九江府
德化縣
湖廣江西界
小池塘

南昌府
南昌縣
新建縣
滕王閣
昌邑鋪
鄱陽湖
吳城鎮
望湖亭
南康府
星子縣
九江府
德化縣
琵琶亭
湓浦
武昌縣
觀音港
蘄州
黄州府
黄岡縣
武穴鎮
新開鎮

常熟縣
崑山縣
太倉州
上海縣
松江府
蘇州府
長洲縣
元和縣
吳縣
虎邱山
無錫縣
吳江縣
太湖
嘉興府
嘉興縣
湖州府
惠山
蕪湖縣
銅陵縣
太平府
大通口

金山寺
揚子江
太陽河

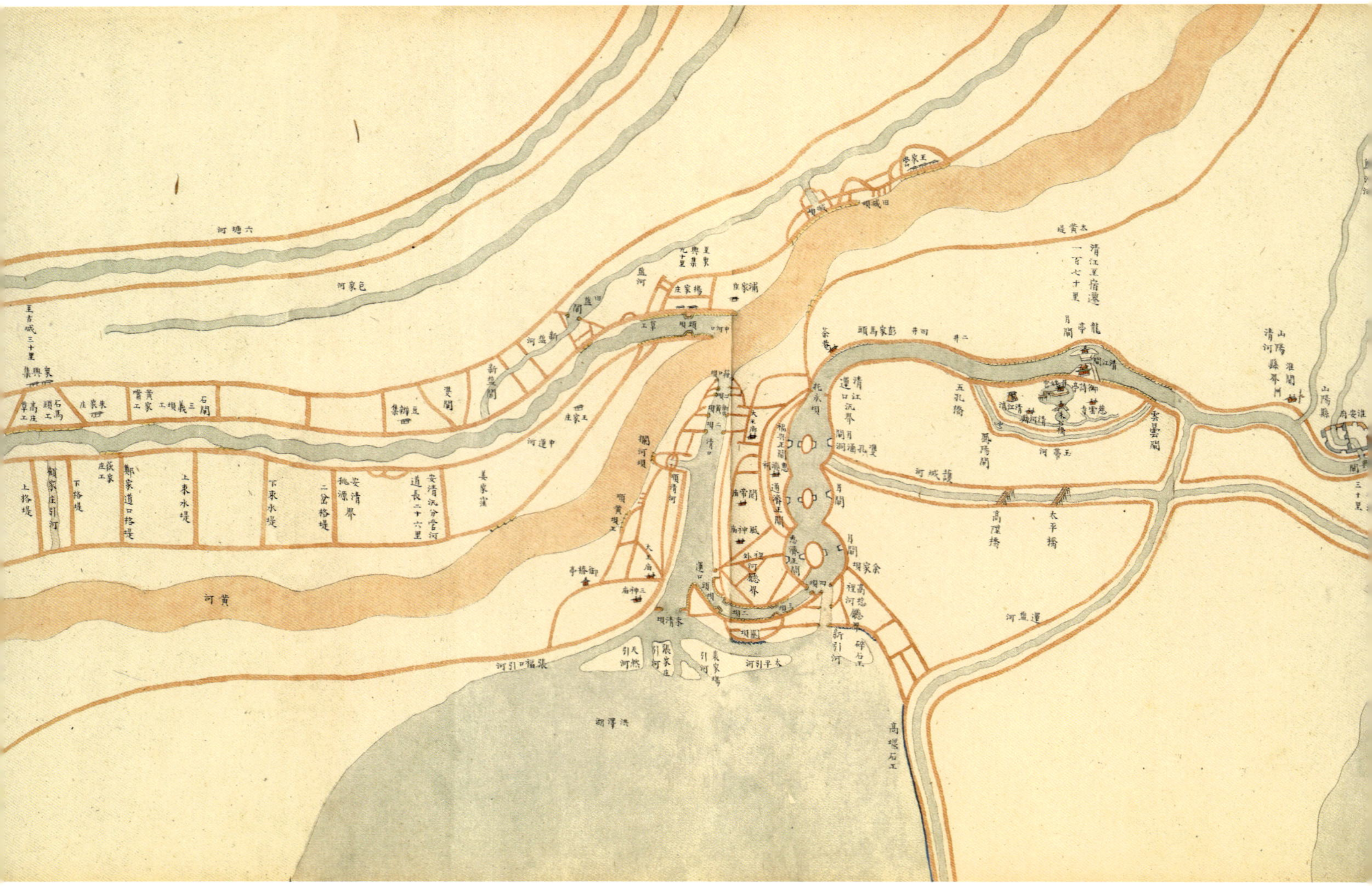
黃河
洪澤湖
運河

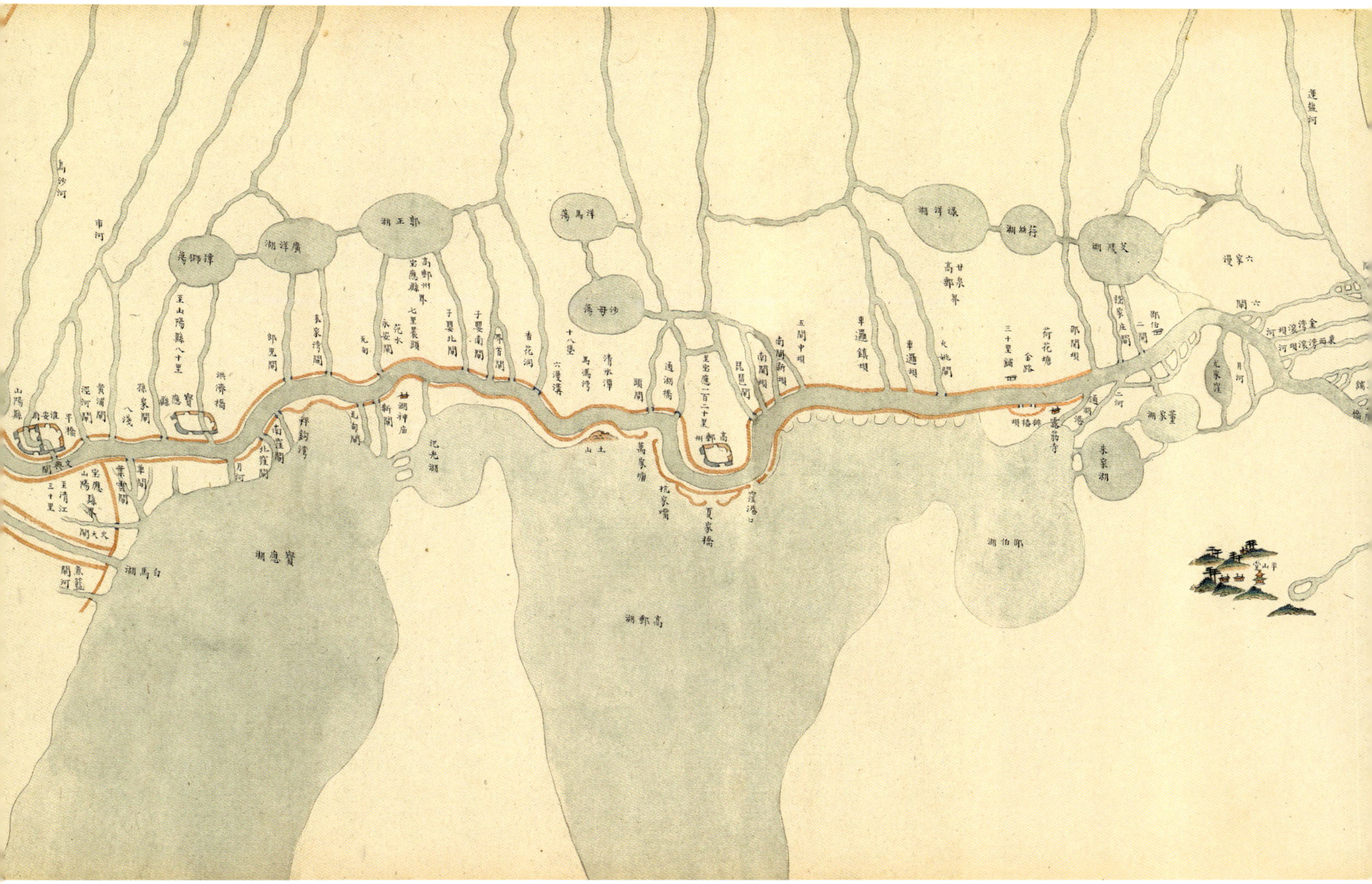
寶應湖
高郵湖
邵伯湖
高郵州

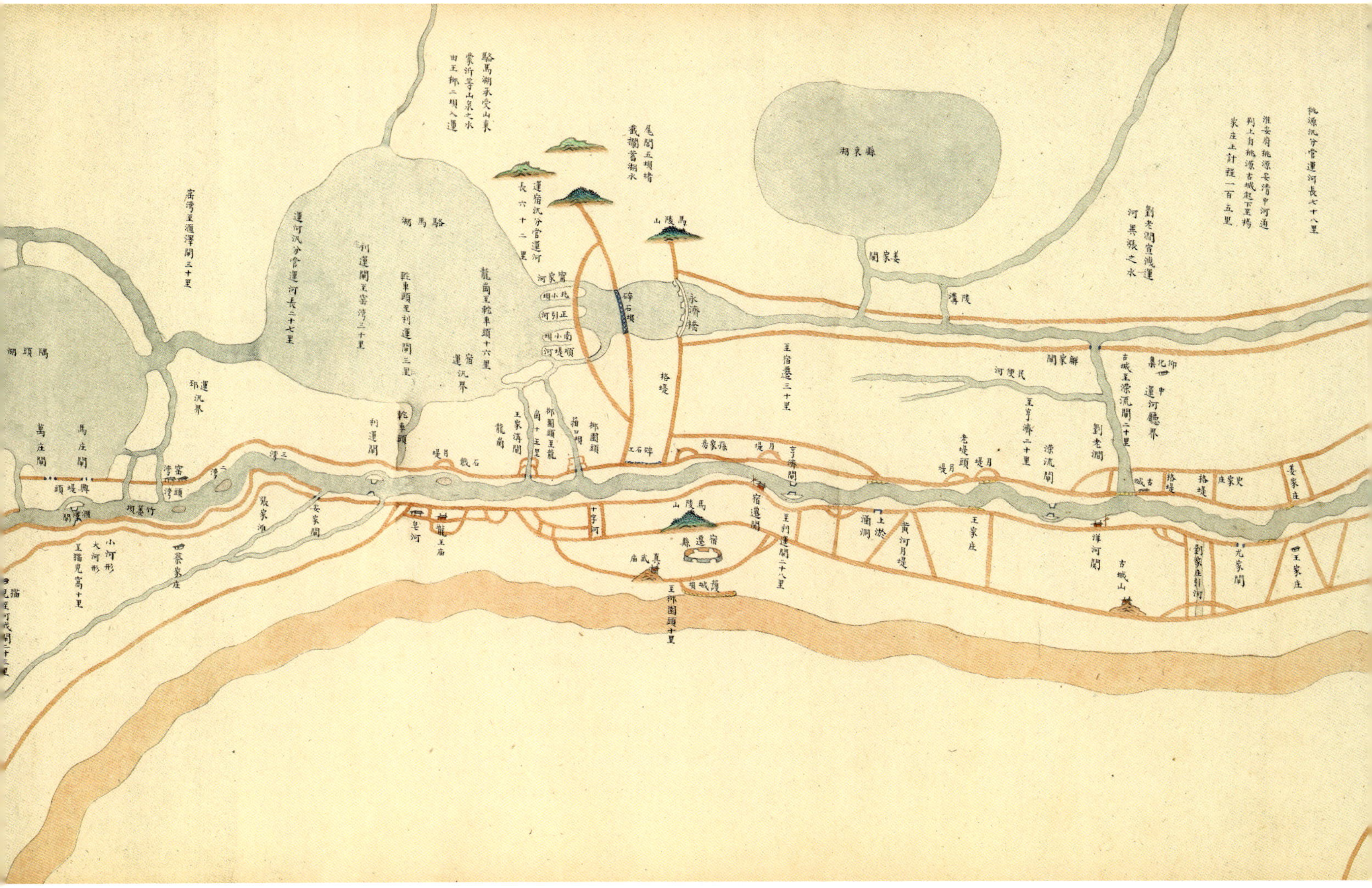
駱馬湖
永濟橋
運河廳界

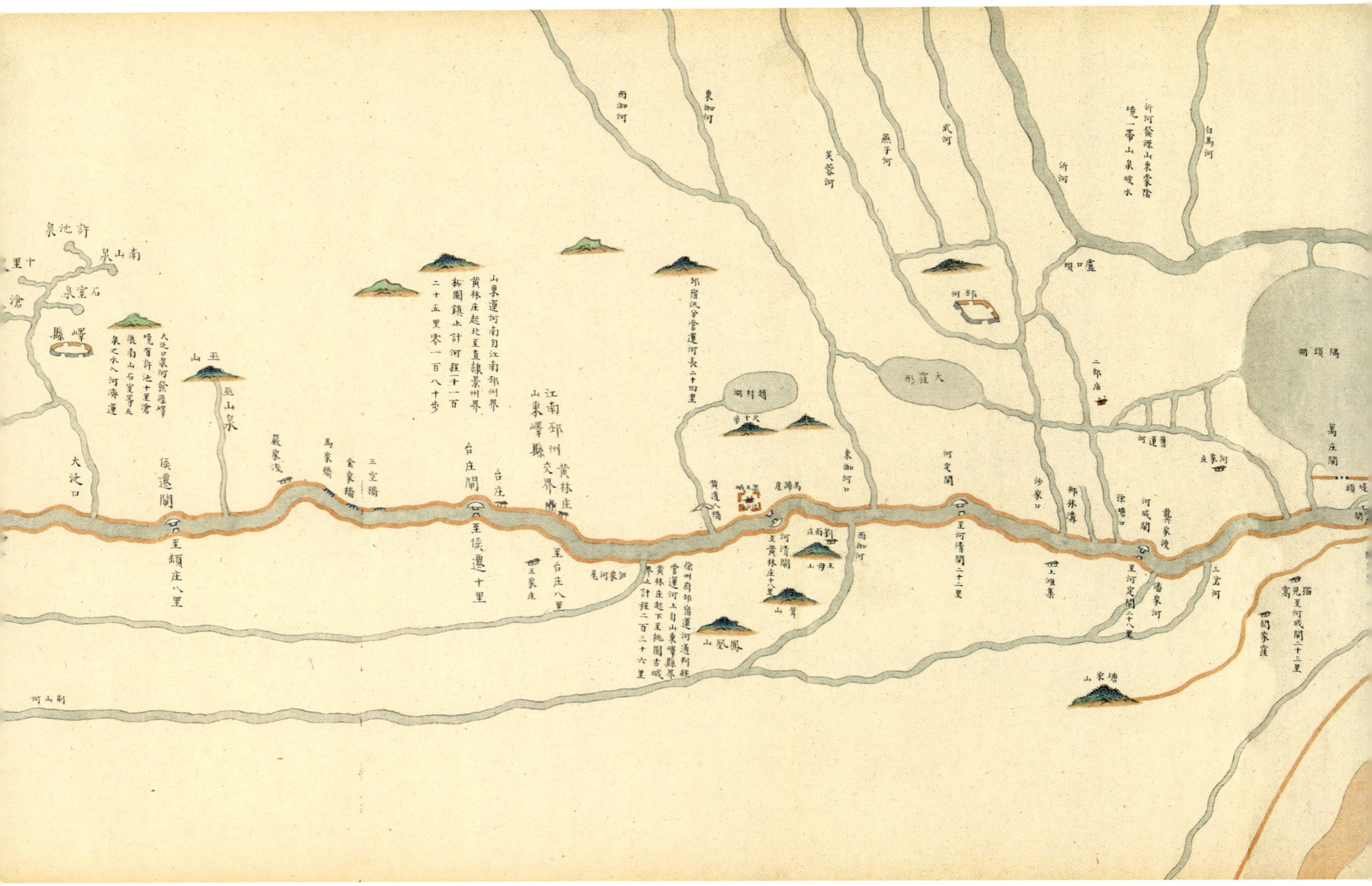
許池泉
南山泉
石室泉
嶧縣
大泛口泉河發源嶧境有許池十里滄浪南山石室等五泉之水入河濟運
巫山
巫山泉
大泛口
侯遷閘
至頓庄八里
嚴家浅
馬家橋
金家橋
三空橋
山東運河南自江南邳州界黃林庄起北至直隸景州界桑園鎮止計河程一千一百二十五里零一百八十步
台庄閘
至侯遷十里
台庄
江南邳州山東嶧縣交界
黃林庄
王家庄
至台庄八里
泇河
邳宿汛分管運河長二十四里
徐州府邳宿運河通判經管運河上自山東嶧縣界黃林庄起下至桃園古城界止計程二百三十六里
黃道八橋
馬蹄崖
趙村湖
河清閘
至黃林庄十八里
劉面庄
東泇河
東泇河口
西泇河
鳳凰山
河定閘
至河清閘二十二里
芙蓉河
燕子河
武河
沂河
沂河發源山東蒙陰境一帶山泉坡水
白馬河
邳州
盧口壩
大窪形
二郎廟
舊運河
沙家口
邳林溝
徐塘口
河成閘
龔家渡
至河定閘二十八里
潘家河
上灘集
三岔河
河家庄
馬頭湖
萬庄閘
堤頭
貓兒窩
至河成閘二十三里
閆家窪
塘家山
荆山河

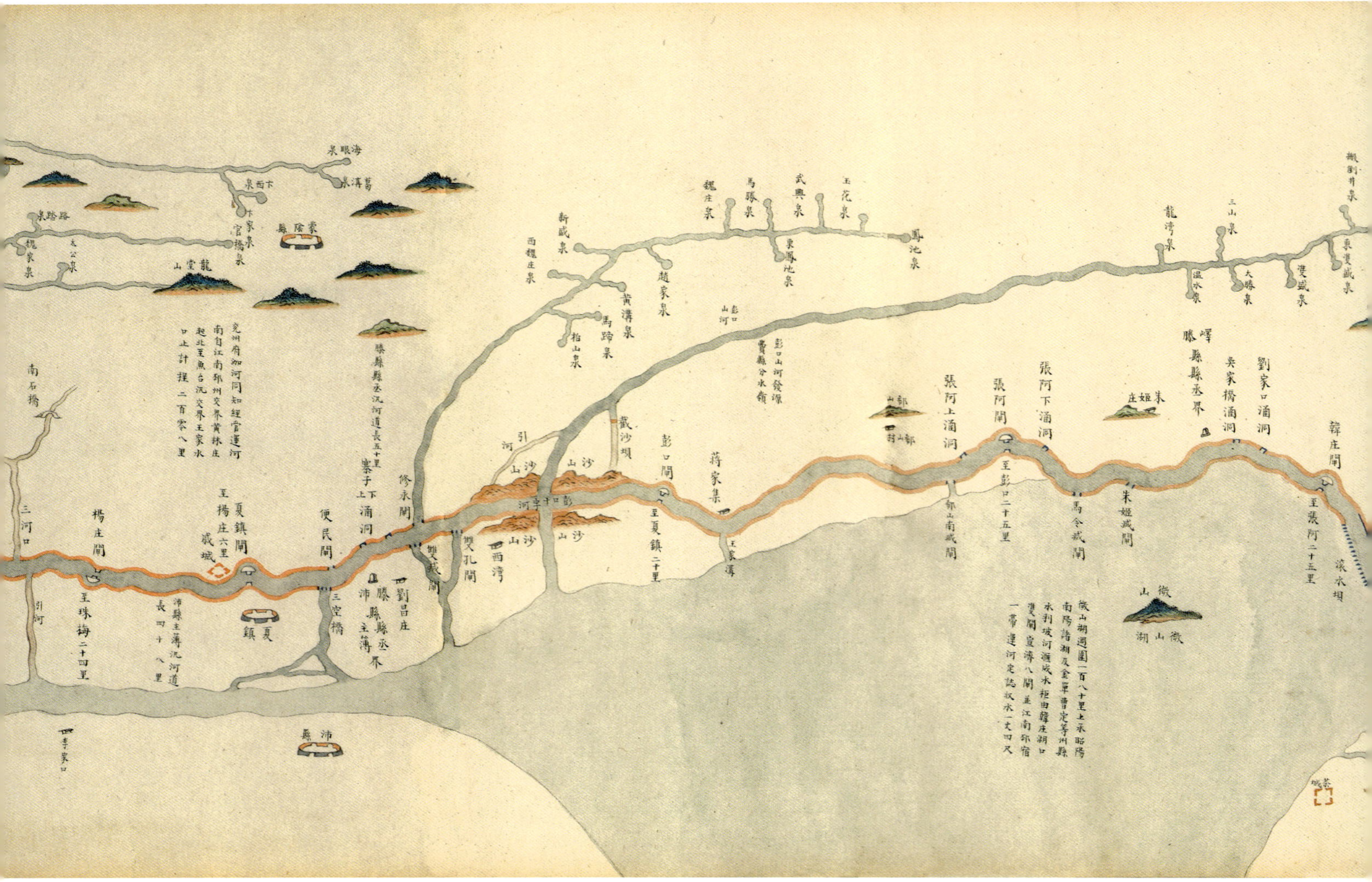
海眼泉
葛溝泉
下西泉
下家泉
官橋泉
路踏泉
魏家泉
太公泉
蒙陰縣
龍堂山
兗州府泇河同知經管運河南自江南邳州交界黃林庄起北至魚台汛交界王家水口止計程二百零八里
滕縣縣丞汛河道長五十里
南石橋
三河口
引河
楊庄閘
至珠梅二十四里
夏鎮閘
至楊庄六里
戚城
夏鎮
沛縣主簿汛河道長四十八里
便民閘
三空橋
寨子上下涌洞
滕縣縣丞沛縣主簿界
劉昌庄
修永閘
雙孔閘
西灣
沛縣
李家口
新戚泉
西魏庄泉
趙家泉
黃溝泉
馬蹄泉
柏山泉
引河
沙山
彭口十字河
截沙壩
彭口閘
至夏鎮二十里
蔣家集
王家溝
魏庄泉
馬勝泉
武興泉
玉花泉
鳳池泉
東鳳池泉
彭口山河
彭口山河發源費縣分水嶺
郗山
郗山村
郗山南戚閘
張阿上涌洞
張阿閘
至彭口二十五里
張阿下涌洞
馬令戚閘
朱姬庄
朱姬戚閘
嶧縣滕縣丞界
吳家橋涌洞
劉家口涌洞
龍灣泉
三山泉
溫水泉
大勝泉
東渡戚泉
渡戚泉
劉井泉
韓庄閘
至張阿二十五里
滚水壩
微山
微山湖
微山湖週圍一百八十里上承昭陽南陽諸湖及金單曹定等州縣水利坡河滙成水櫃由韓庄湖口雙閘宣滹入閘並江南邳宿一帶運河定誌收水一丈四尺
茶城

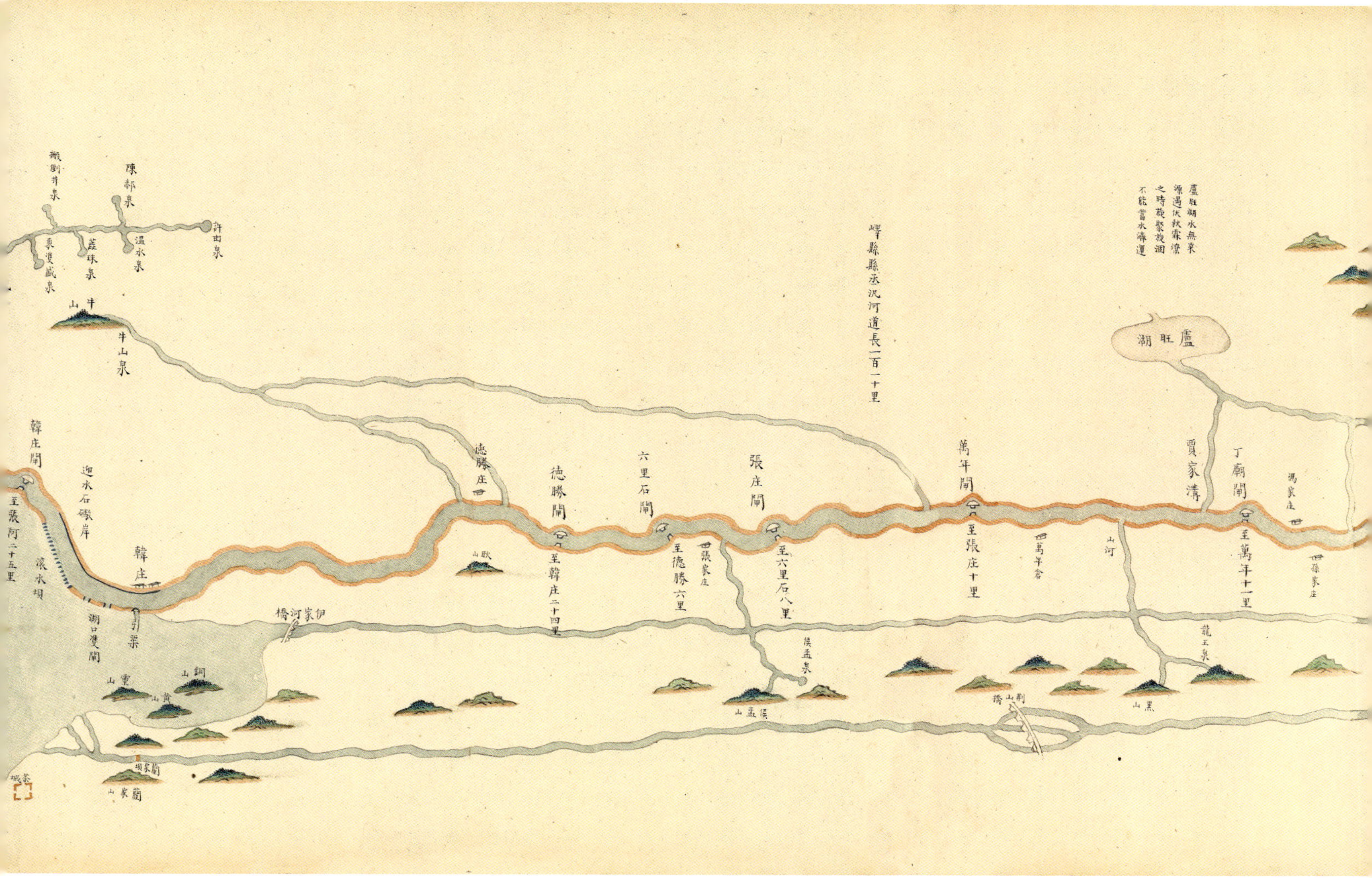

嶧縣縣丞汛河道長一百一十里
盧旺湖水無來源遇伏秋霖潦之時菞聚旋涸不能蓄水濟運
盧旺湖
韓庄閘
德勝閘
六里石閘
張庄閘
萬年閘
丁廟閘
賈家溝
牛山
牛山泉
至韓庄二十四里
至德勝六里
至六里石八里
至張庄十里
至萬年十一里

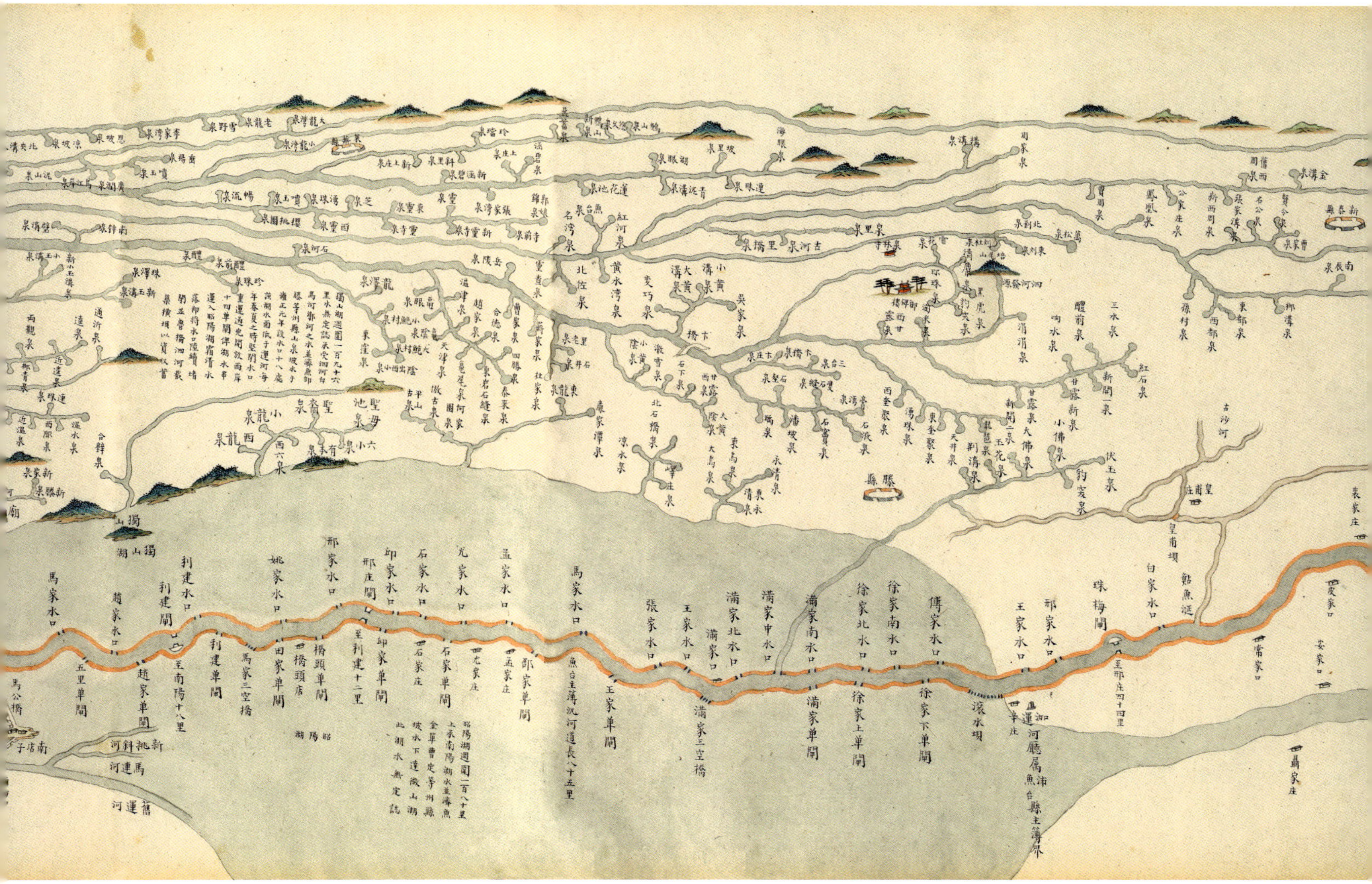

魚台主簿汛河道長八十五里
馬家水口
張家水口
王家水口
王家單閘
郗家單閘
孟家庄
利建閘
利建水口
珠梅閘
馬家水口

泰山
南門橋
天井閘
至通濟三十里
在城閘
趙村閘
石佛閘
新店閘
新閘
仲淺閘
師庄閘
棗林閘
南陽閘
馬家水口
馬公橋

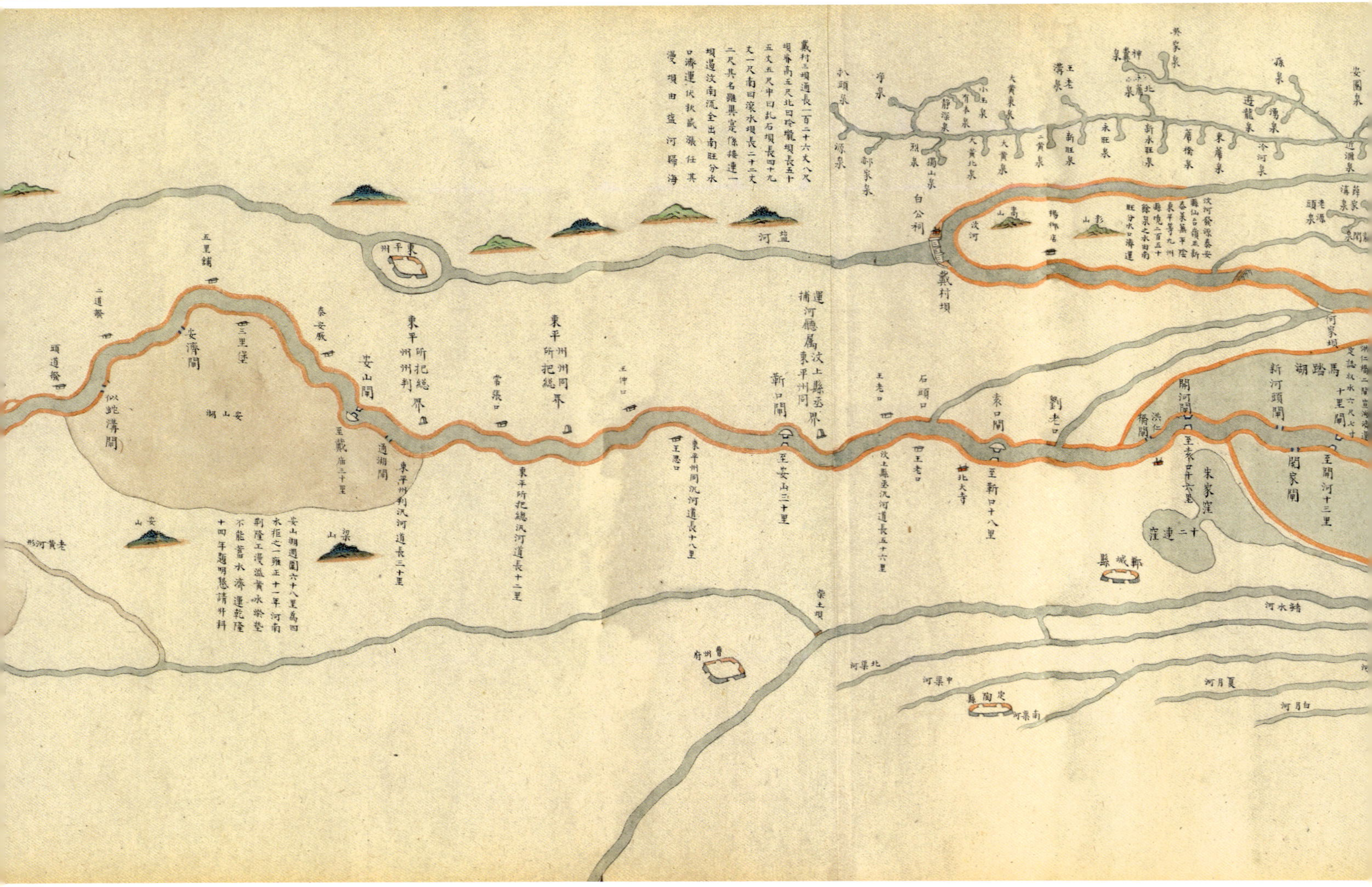
戴村壩
白公祠
安山閘
戴廟閘
新口閘
袁口閘
劉老口
開河閘
東平州

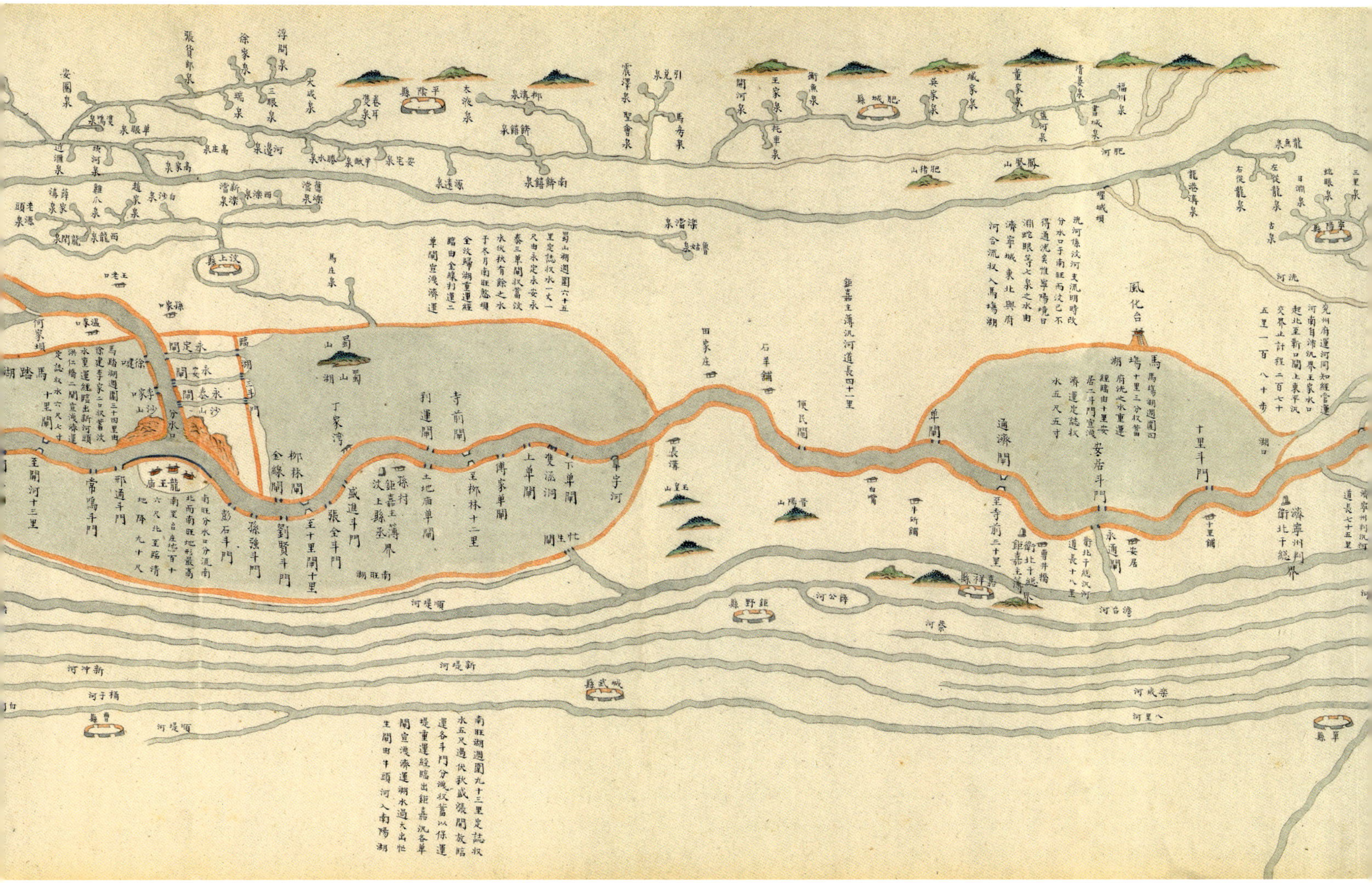
汶上縣
馬踏湖
蜀山
寺前閘
柳林閘
通濟閘
十里閘
濟寧州
鉅野縣
嘉祥縣
肥城縣
平陰縣

陽穀縣
東阿縣
壽張縣
阿城上閘
阿城下閘
荊門上閘
荊門下閘
七級上閘
七級下閘
周家店閘
戴廟閘
張秋
大清河

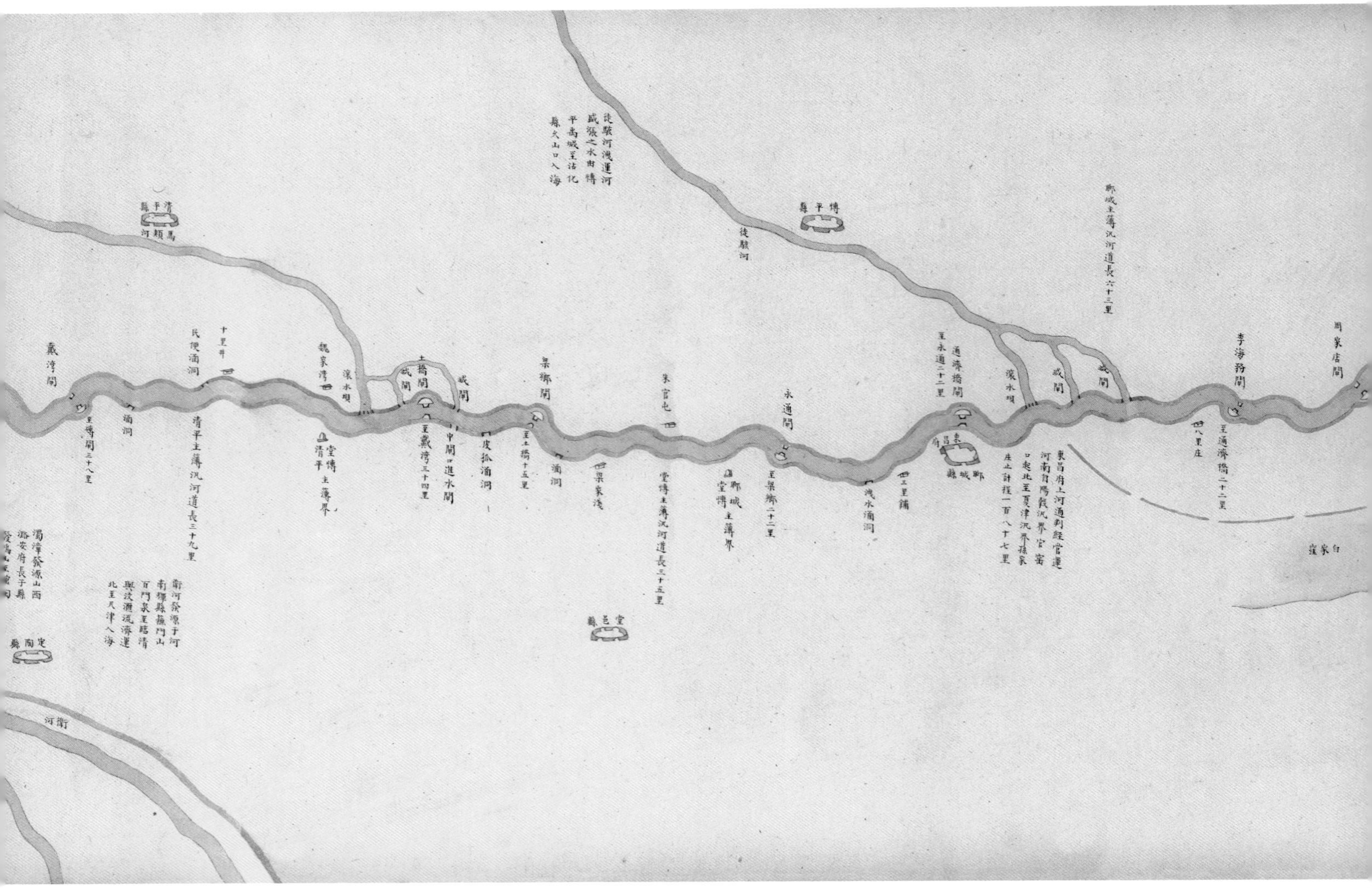
徒駭河洩運河減壩之水由博平高城至沾化縣久山口入海
博平縣
徒駭河
清平縣
馬頰河
聊城主簿汎河道長六十三里
周家店閘
李海務閘
減閘
通濟橋閘
永通閘
梁鄉閘
土橋閘
戴灣閘
東昌府
聊城縣
東昌府上河通判經管運河南自陽穀汎界官窑口起北至夏津汎界梁家庄止計程一百八十七里
清平主簿汎河道長三十九里
堂邑縣
衛河發源于河南輝縣蘇門山百門泉至臨清與汶濟遠漕運北至天津入海
衛河

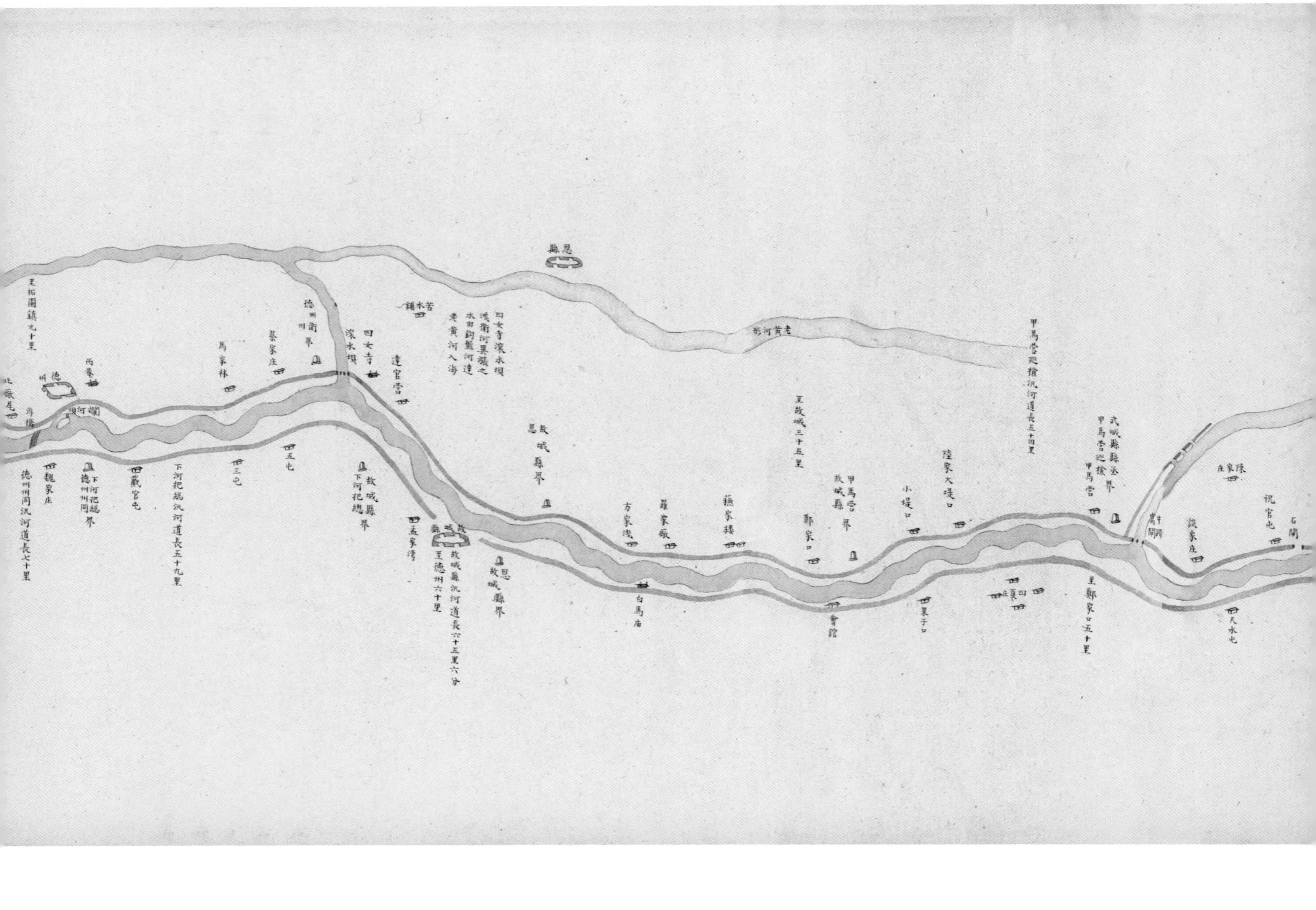
恩縣
老黃河形
甲馬營迎撥汎河道長五十四里
武城縣
德州
四女寺
德州州同汎河道長七十里
下河把總汎河道長五十九里
故城縣
故城縣汎河道長六十五里六分
至德州六十里
鄭家口
陸家大堤口
白馬廟
會館
祝官屯

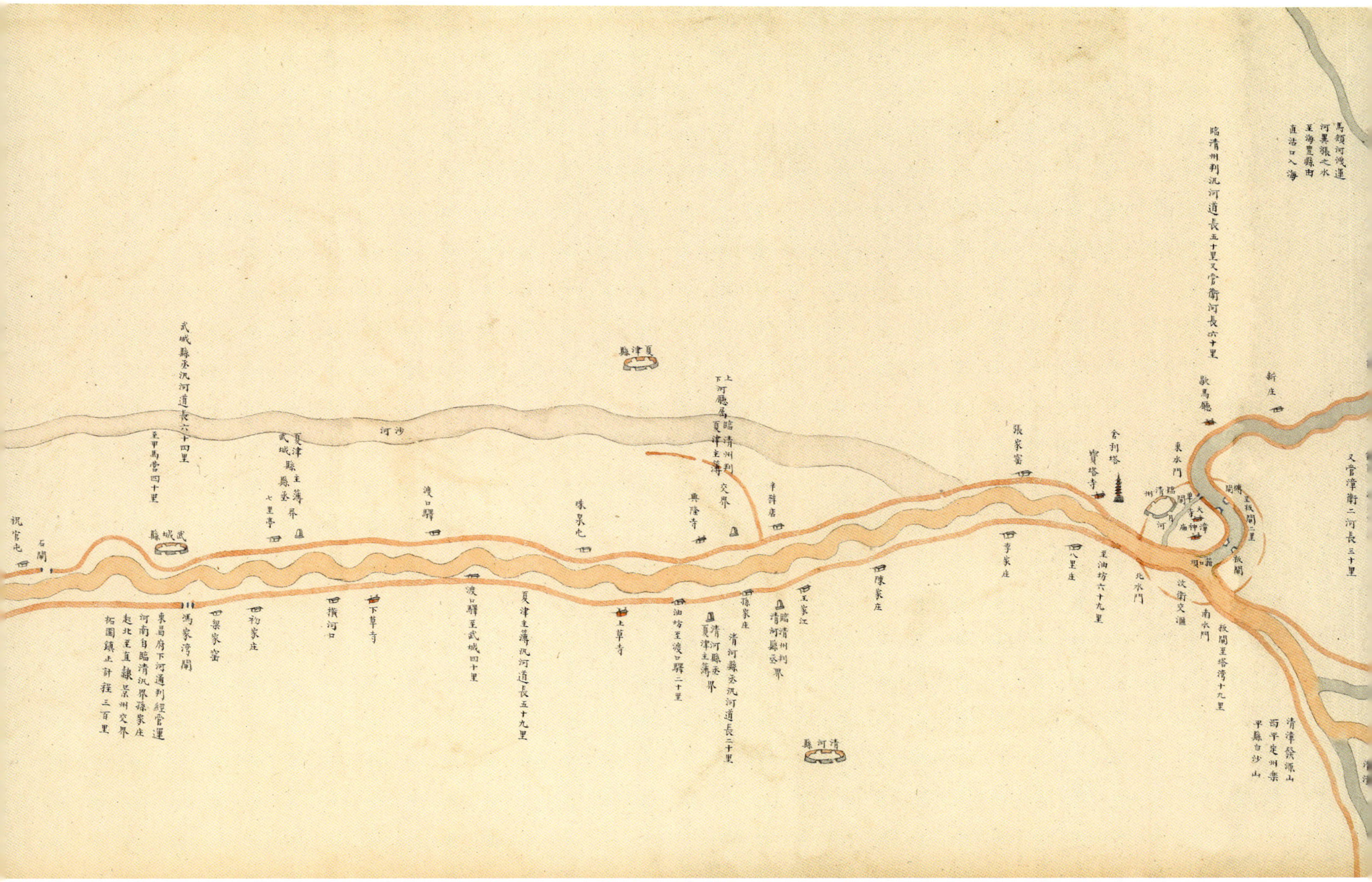

馬頰河減運
河異漲之水
至海豐縣由
直沽口入海
臨清州判汎河道長五十里又管衛河長六十里
新庄
歇馬廳
舍利塔
寶塔寺
東水門
又管漳衛二河長三十里
武城縣丞汎河道長六十四里
至甲馬營四十里
沙河
夏津縣主簿
武城縣丞界
七里亭
渡口驛
武城縣
馮家灣閘
東昌府下河通判經管運
河南自臨清汎界孫家庄
起北至直隸景州交界
拓園鎮止計程三百里
渠家窑
初家庄
横河口
下草寺
渡口驛至武城四十里
夏津主簿汎河道長五十九里

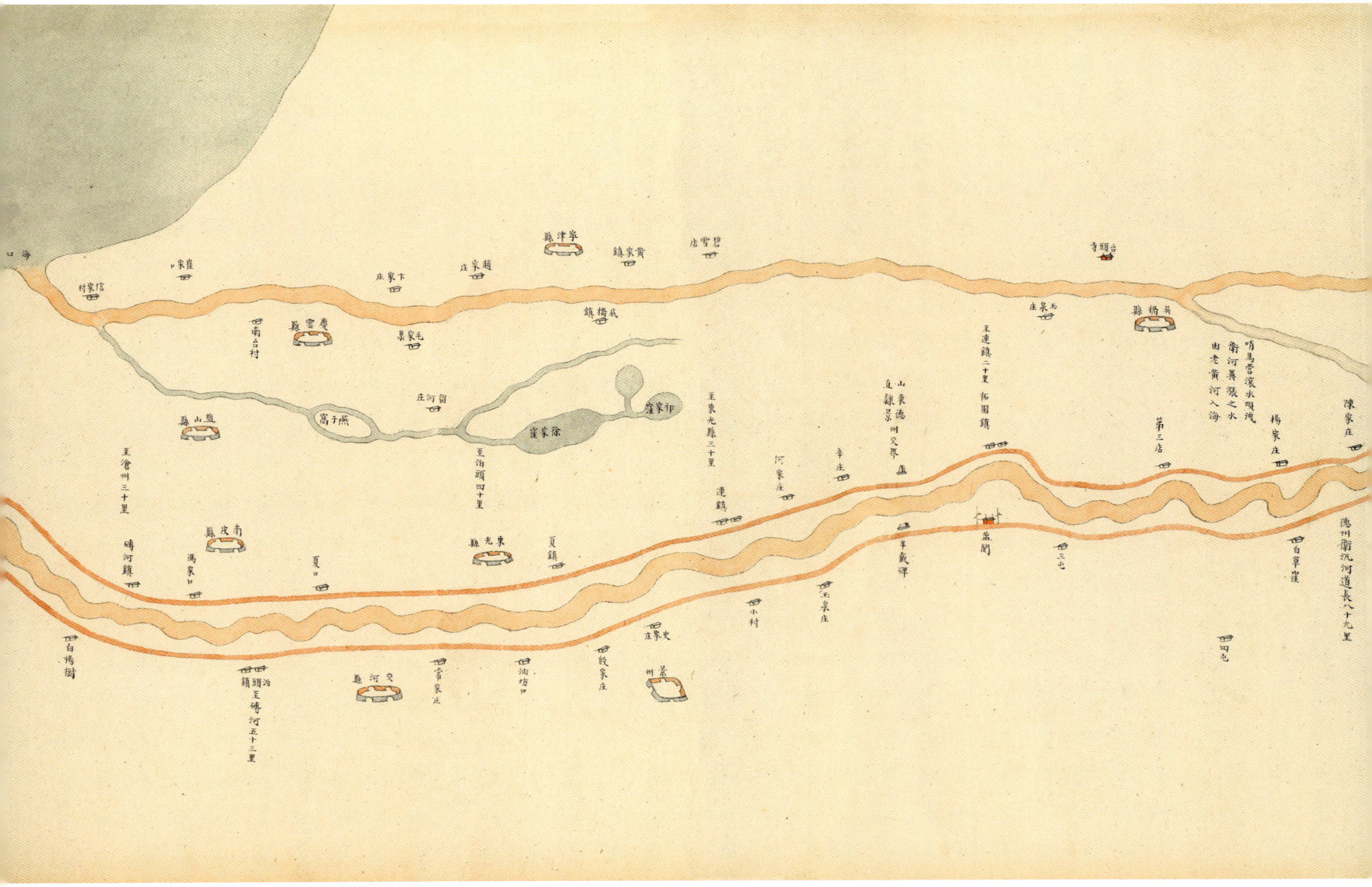

海口
信家村
崔家口
下家庄
趙家庄
寧津縣
南台村
慶雲縣
毛家集
留河庄
燕子窩
徐家窪
鹽山縣
至滄州三十里
至泊頭四十里
南皮縣
磚河鎮
馮家口
夏口
東光縣
夏鎮
白楊樹
泊頭鎮至磚河五十三里
交河縣
常家庄
油坊口
台頭寺
吳橋縣
哨馬營滚水壩減
衛河異漲之水
由老黃河入海
陳家庄
楊家庄
第三店
德州衛汎河道長八十九里
白草窪
四屯

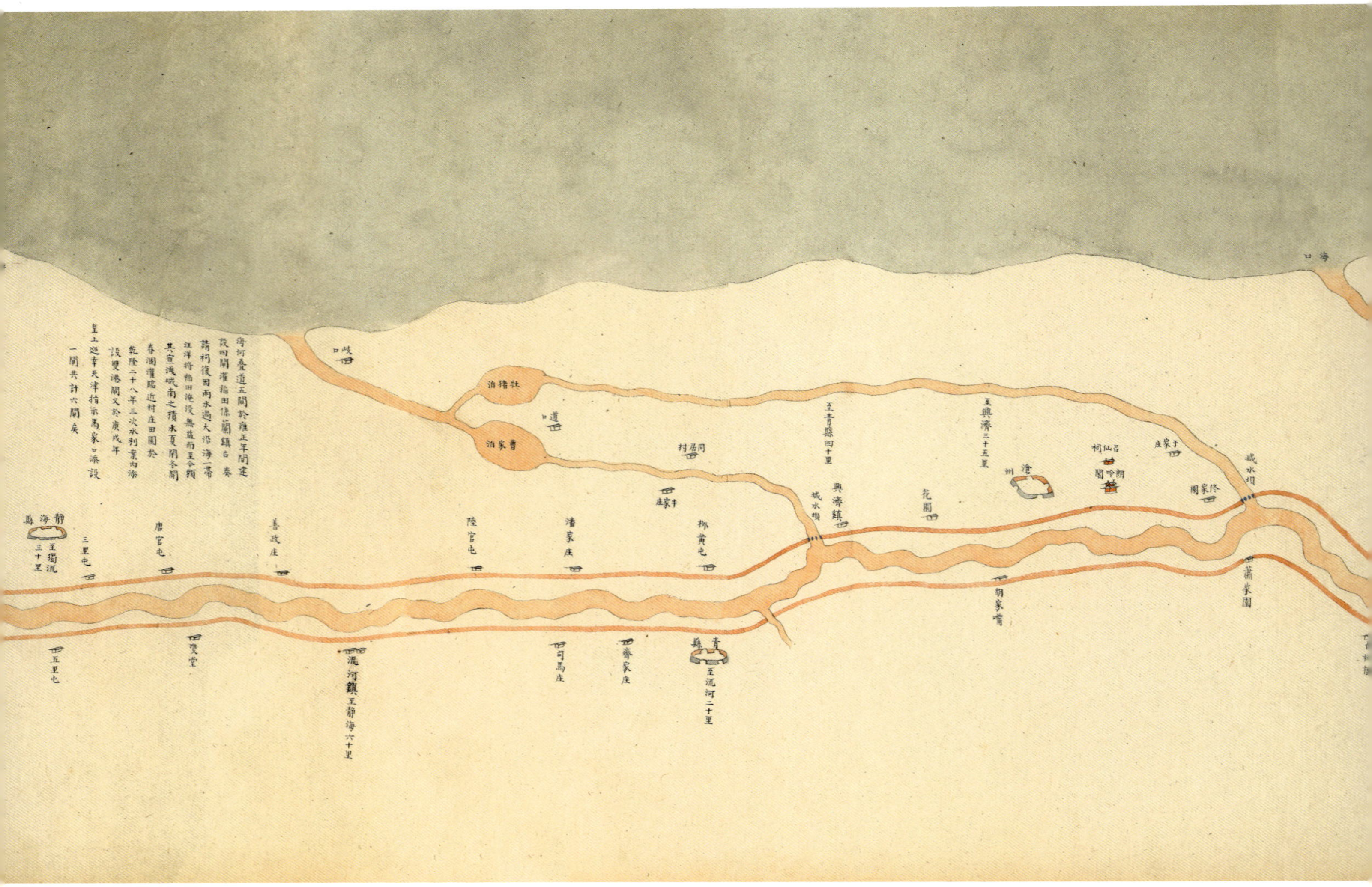
海河疊道五閘於雍正年間建
設四閘灌指田條蘭鎮台 奏
請將復田兩水過大沿海一帶
汪洋將稻田淹沒無益而至今頻
其宣洩城南之積水夏閘冬開
春涸灌臨近村庄田園於
乾隆二十八年三次水利案內添
設雙港閘又於庚戌年
皇上巡幸天津指示馬家口添設
一閘共計六閘矣
海口
靜海縣
青縣
興濟鎮
滄州
流河鎮至靜海六十里
唐官屯
善政庄
三里屯

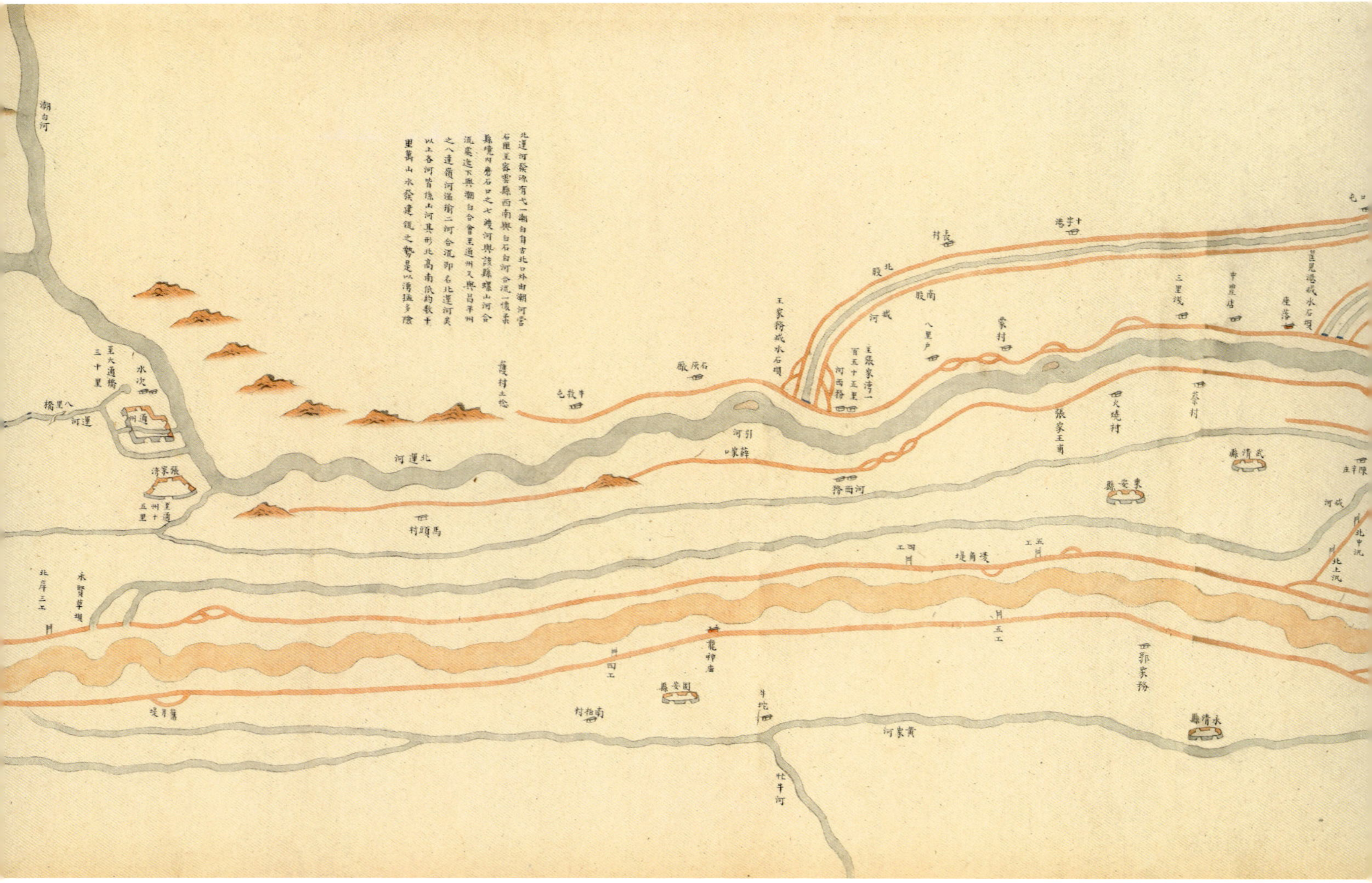
北運河發源有弋一潮白自古北口外由潮河營
石匣至密雲縣西南與白石白河合流一懷柔
縣境內磨石口之七渡河與該縣螺山河合
流處迤下與潮白合會至通州又與昌平州
之人達嶺河溫榆二河合流即名北運河矣
以上各河皆係山河其形北高南低約數十
里萬山水發建瓴之勢是以湧猛多險
潮白河
通州
北運河
東安縣
武清縣
永清縣
龍神廟

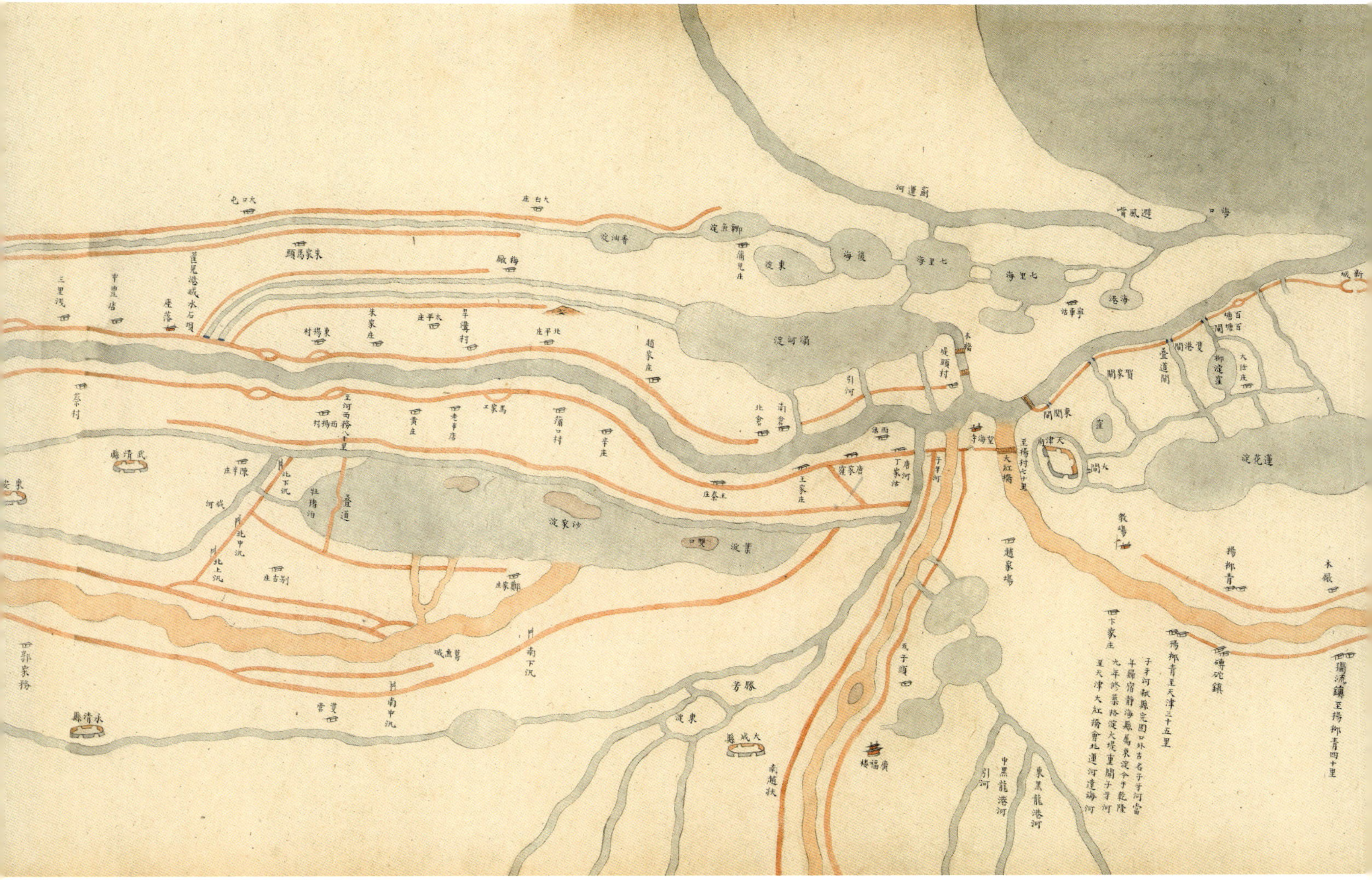
揚柳青至天津三十五里
獨流鎮至揚柳青四十里
子牙河獻縣完固口外古名子牙河當年歸宿靜海縣屬東淀今于乾隆九年修葉格淀大堤重開子牙河至天津大紅橋會北運河達海河
下家庄
磚砣鎮
揚柳青

永定河古名渾河發源山西渾源州至直隸西寧名桑乾河保安州曰定安河從前自天津三河頭村西三角淀入大清河以渾水淤高令由雙口沙家淀葉家淀歸唐河至韓家樹會大清河西沽與北運河合流達海河歸海
長城

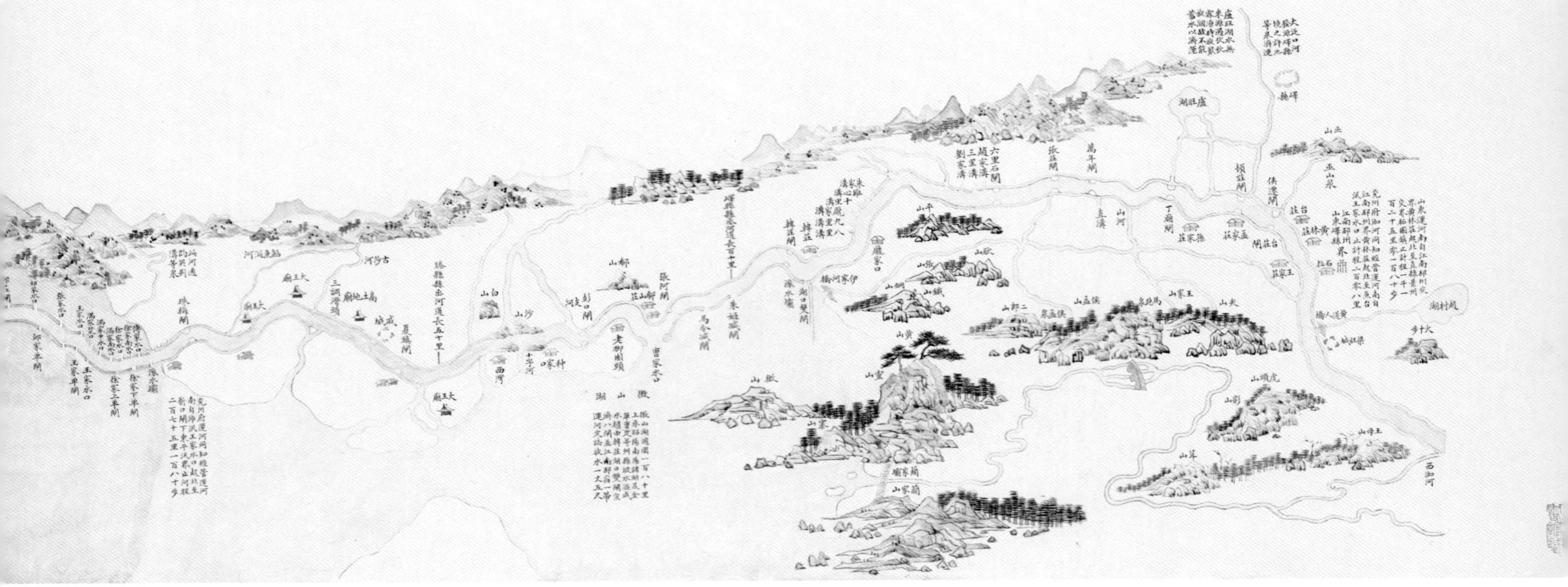

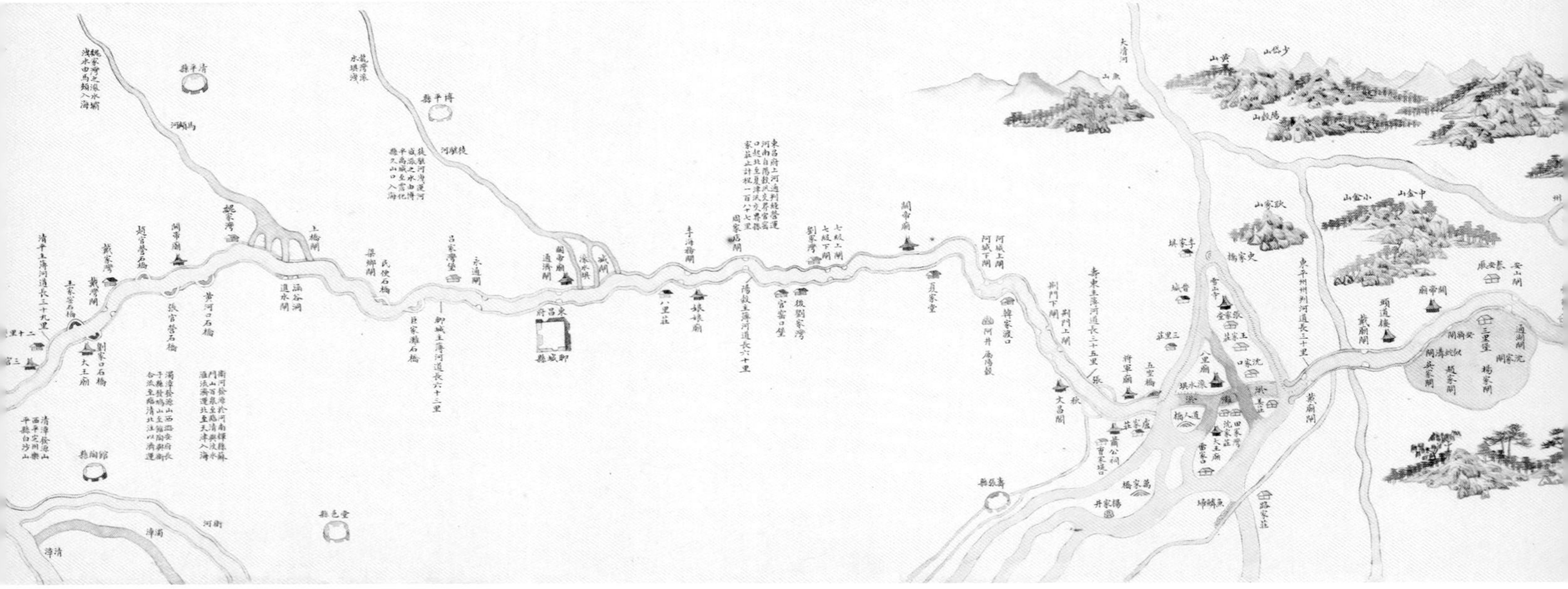

運河圖

作　者　不詳
年　代　清光緒年間
類　型　絹本彩繪
載體形態　一幅長卷
尺　寸　縱二八厘米，横二九一厘米
索書號　212/034.314/1904

本圖采用形象畫法繪出山東省境内運河及沿岸河流、湖泊等，并用文字標注河流、湖泊與運河之關係及省内運河各級管理單位的管理範圍。

本圖從右向左展開，大致方向爲上東下西，左北右南，卷首起自江南邳州（今江蘇邳州市），至山東德州與直隸景州（今河北景縣）交界處。全圖采用形象畫法繪出山東境内運河流向，運河的堤防、閘壩、水口一一繪製并標注名稱。圖中繪製了與運河相交的河流、湖泊，并用文字描述各水系的來源及與運河的關係。圖中黄河著土黄色，不過仍標注爲『大清河』，其他河流、湖泊用青緑色，黄運交匯處以南的運河用青緑色描繪，以北的運河用黄色標繪，表現了黄河穿運，灌入運河的情形。另外運河沿綫城池、山脉、村莊、寺廟也一一采用形象繪法繪製并標注名稱。

圖中有大量的文字注記，對所繪内容進行了詳細的説明。卷首的一段文字説明了該圖的起止及總長度，『山東運河南自江南邳州交界黄林莊起，北至直隸景州交界柘園鎮止，計程一千一百二十五里零一百八十步』。圖中對每條河流、每個湖泊的水源來源、大小、特點以及與運河的關係進行了説明，如『微山湖周圍一百八十里，上承昭陽、南陽諸湖，及金、單、曹、定等州縣坡水匯成水櫃，由韓莊、湖口雙閘、宣濟八閘，并江

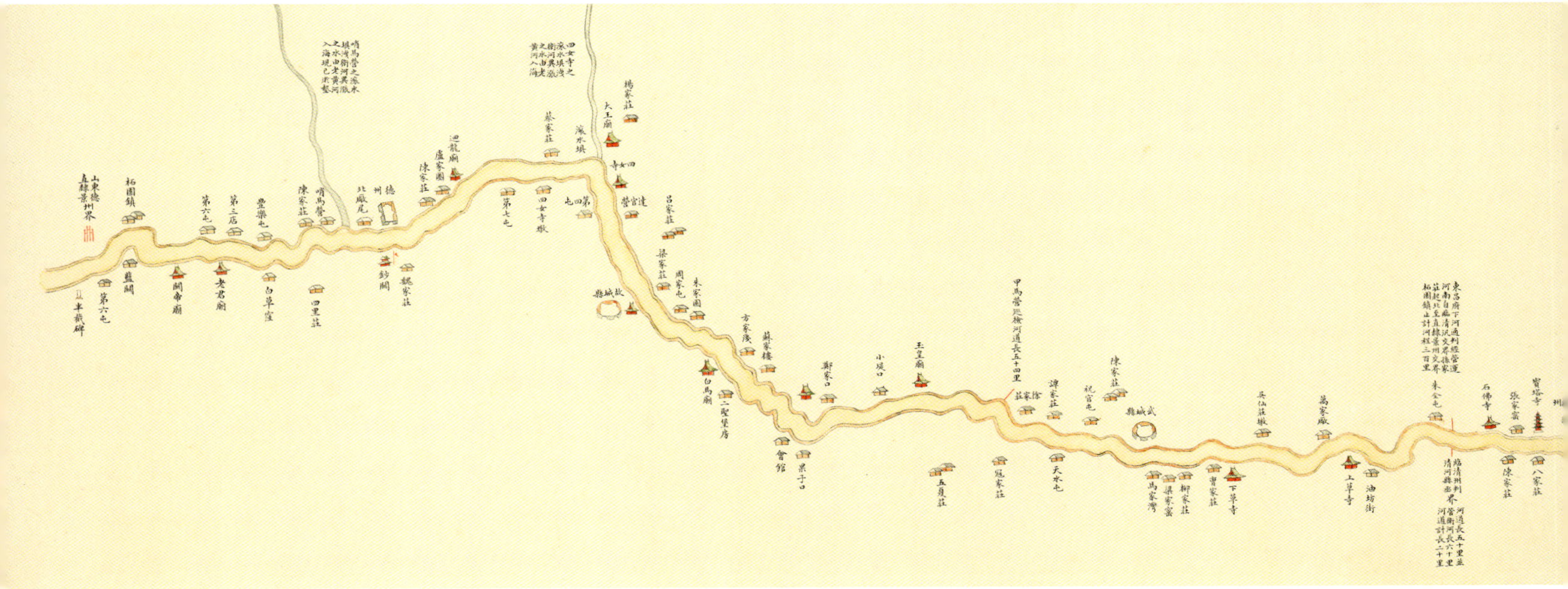

南邳宿一帶運河，定志收水一丈五尺』。另外有文字描述了運河沿綫各級管理機構的管理範圍，『東昌府上河通判經營運河，南自陽穀汛交界官窑口起，北至夏津汛交界孫家莊止，計程一百八十七里』。

咸豐五年（一八五五）黄河在河南蘭考銅瓦廂決口後，改道經山東境内入海。光緒初年，黄河大溜在穿運河處分爲兩股，『一股南注十里堡，一股北經八里廟，北溜漸減弱難行，八里廟運口淤高，又於其内里許建石閘攔黄流……當時漕船往往由黄河南溜下行，至史家橋轉入北溜，至八里廟約行五十里』（姚漢源《京杭運河史》第六〇九頁，中國水利水電出版社，一九九八年）。圖中黄河在張秋鎮穿運河，其中穿黄河的一截運河已淤灘，有紅色虛綫標注運河上漕船穿黄河的路徑，先向東然後在李家壩處調頭，然後經張秋鎮向北，反映了光緒初年黄河穿運的情形。《清宣宗實録》記載光緒七年（一八八一）山東巡撫周恒祺奏『遵旨濬河利漕，請將運口改在陶城埠并開挖新河以達阿城閘，又以北運河淤淺并飭屬分別挑修』。圖中運河雖有淤積，張秋段運河尚未廢棄，陶城埠至阿城間的新運道尚未開通。由此可知，此圖的繪製年代應在光緒元年（一八七五）至光緒七年（一八八一）之間。

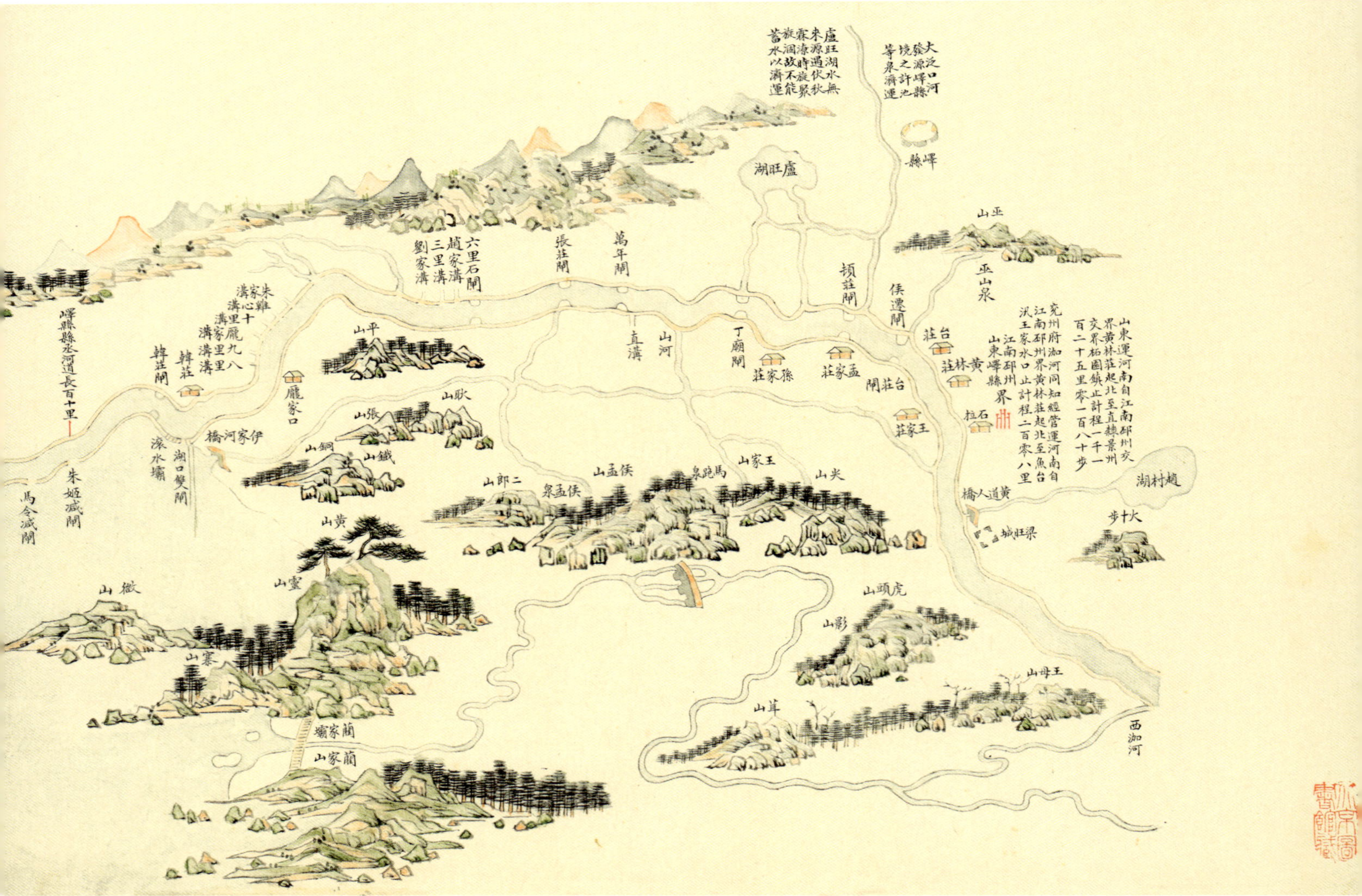
盧旺湖水無來源遇伏秋霖潦時旋聚旋涸故不能蓄水以濟運
大汶口河發源嶧縣境之許池等泉濟運
嶧縣
盧旺湖
巫山
巫山泉
山東運河南自江南邳州交界黃林莊起北至直隸景州交界柘園鎮止計程一千一百二十五里零一百八十步
兗州府泇河同知經管運河南自江南邳州界黃林莊起北至魚台汎王家水口止計程二百零八里
江南邳州山東嶧縣界
六里石閘
趙家溝
三里溝
劉家溝
張莊閘
萬年閘
頓莊閘
侯遷閘
丁廟閘
山河
直溝
孫家莊
孟家莊
台莊閘
台莊
黃林莊
王家莊
趙村湖
大十步
黃道人橋
梁旺城
朱家溝
雞心溝
十里溝
麗家溝
九里溝
八里溝
韓莊閘
韓莊
麗家口
嶧縣縣丞河道長百十里
伊家河橋
滚水壩
湖口雙閘
朱姬減閘
馬令減閘
平山
耿山
張山
銅山
鐵山
二郎山
侯孟泉
侯孟山
馬跑泉
王家山
夾山
黃山
靈山
徵山
寨山
虎頭山
影山
王母山
茸山
西泇河
藺家壩
藺家山

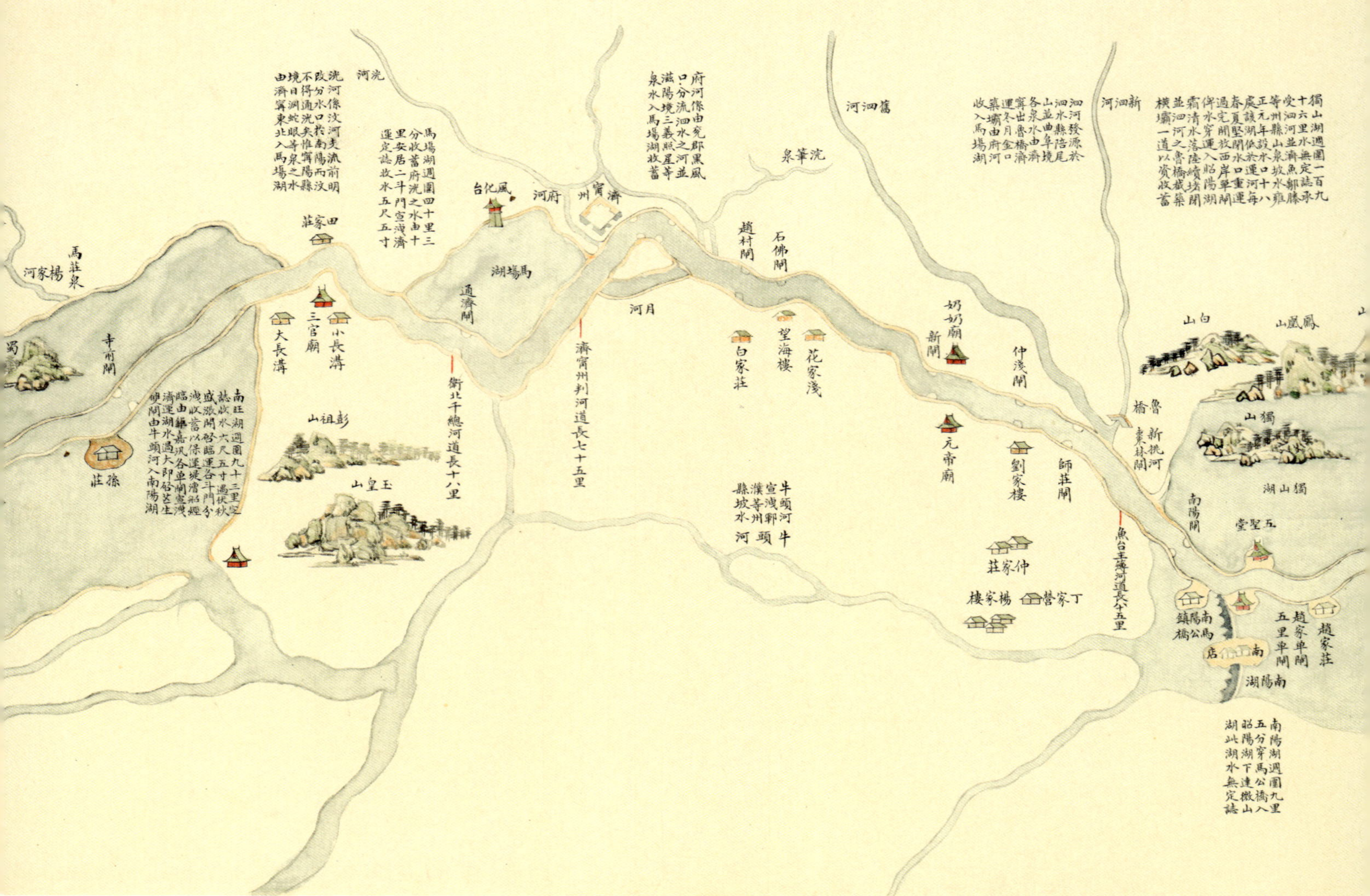
洸河係汶河支流前明改分水口於南陽而汶不得通洸矣惟寧陽縣境日洲蛇眼等泉之水由濟寧東北入馬場湖
洸河
馬場湖週圍四十里三分收蓄府洸之水由十里安居二斗門宣洩濟運定誌收水五尺五寸
府河係由兗郡黑風口分流泗水之河並滋陽境三義照星等泉水入馬場湖收蓄
泗河發源於泗水縣陪尾山並曲阜境各泉水由濟寧出魯橋濟運冬月金口築壩由府河收入馬場湖
新泗河
獨山湖週圍一百九十六里水無定誌承受泗河並濟魚鄒滕等州縣山泉坡水雍正元年設水口十八處該湖低於運河每春夏堅閉水口重運過完開放西岸單閘俾水穿運入昭陽湖霜清水落陸續堵閉並泗河之魯橋截築橫壩一道以資收蓄
舊泗河
風化台
府河
濟寧州
田家莊
馬場湖
通濟閘
月河
趙村閘
石佛閘
馬莊泉
楊家河
寺前閘
三官廟
小長溝
大長溝
衛北千總河道長十八里
濟寧州判河道長七十五里
望海樓
花家淺
白家莊
彭祖山
玉皇山
南旺湖週圍九十三里定誌收水六尺五寸遇伏秋盛漲開啓臨運各斗門分洩收蓄以保運堤漕船經臨由鉅嘉汎各單閘宣洩濟運湖水過大即啓芝生雙閘由牛頭河入南陽湖
孫莊
牛頭河宣洩濮州鄆城等州縣坡水
牛頭河
奶奶廟
新閘
仲淺閘
元帝廟
劉家樓
師莊閘
仲家莊
楊家樓
丁家營
魚台主簿河道長八十五里
魯橋
新挑河
棗林閘
白山
鳳凰山
獨山
獨山湖
南陽閘
五聖堂
南陽鎮
馬公橋
南店
趙家單閘
五里單閘
趙家莊
南陽湖
南陽湖週圍九里五分穿馬公橋入昭陽湖下達微山湖此湖水無定誌

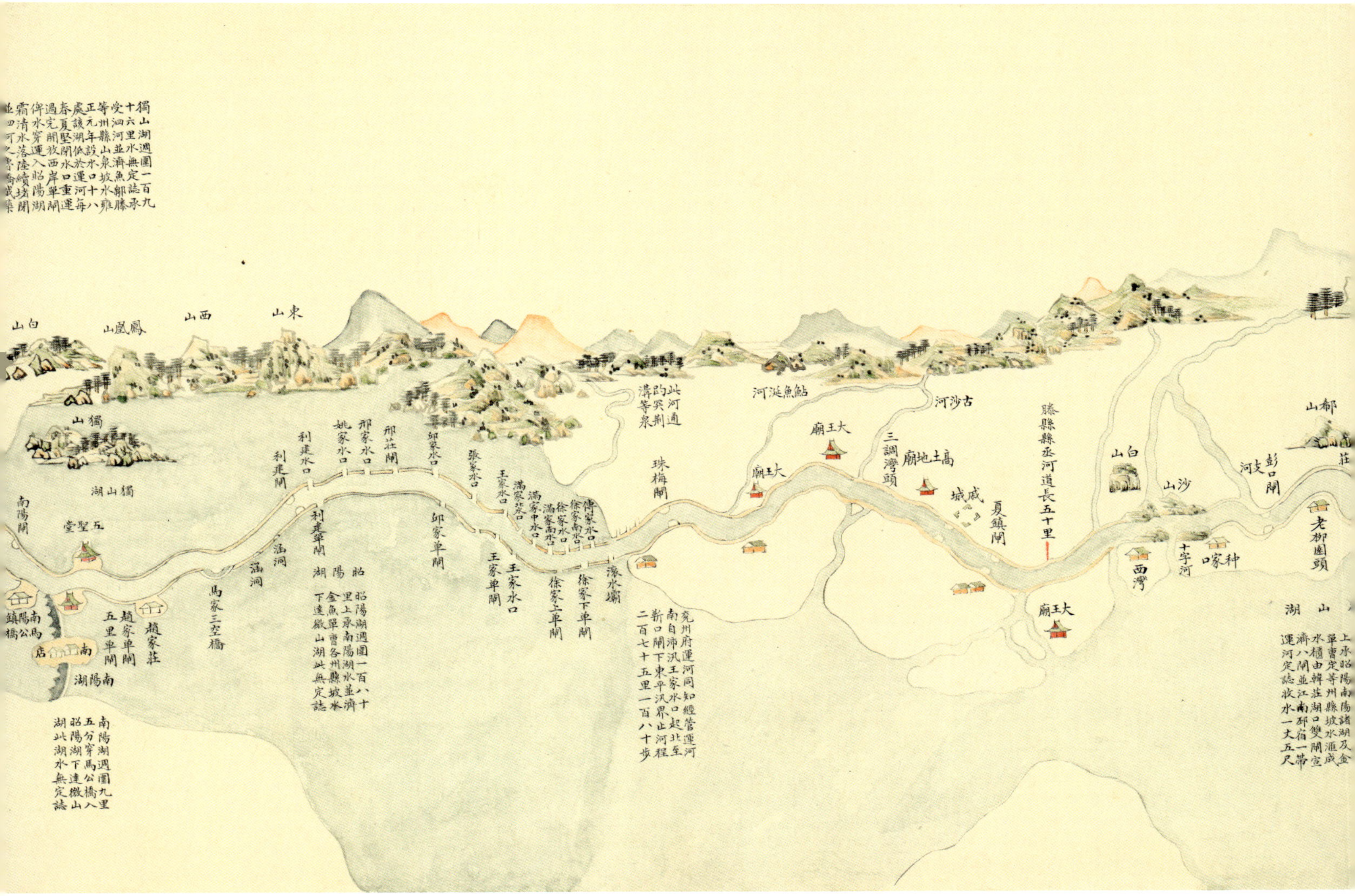

獨山湖週圍一百九
十六里水無定誌承
受泗河並濟魚鄒滕
等州縣山泉坡水雍
正元年設水口十八
處該湖依於運河每
春夏堅閉水口重運
過完開放西岸單閘
俾水穿運入昭陽湖
霜清水落陸續堵閉
白山
鳳凰山
西山
東山
獨山
獨山湖
南陽閘
五聖堂
南陽鎮
馬公橋
南店
南陽湖
趙家單閘
五里單閘
趙家莊
馬家三空橋
涵洞
涵洞
利建閘
利建水口
姚家水口
邢家水口
邢莊閘
邱家水口
張家水口
王家水口
滿家水口
滿家中水口
滿家南水口
徐家水口
徐家南水口
傅家水口
利建單閘
邱家單閘
王家單閘
王家水口
徐家上單閘
徐家下單閘
滚水壩
昭陽湖
昭陽湖週圍一百八十
里上承南陽湖水並濟
金魚單曹各州縣坡水
下達微山湖此無定誌
南陽湖週圍九里
五分穿馬公橋入
昭陽湖下達微山
湖此湖水無定誌
此河通
跑突荊
溝等泉
珠梅閘
兗州府運河同知經管運河
南自沛汛王家水口起北至
新口閘下東平汛界止河程
二百七十五里一百八十步
鮎魚泓河
古沙河
大王廟
大王廟
大王廟
夏鎮閘
滕縣縣丞河道長五十里
白山
沙山
彭口閘
支河
郗山
老柳園頭
西灣
十字河
种家口
上承昭陽南陽諸湖及金
單曹定等州縣坡水滙成
水櫃由韓莊湖口雙閘宣
濟八閘並江南邳宿一帶
運河定誌收水一丈五尺

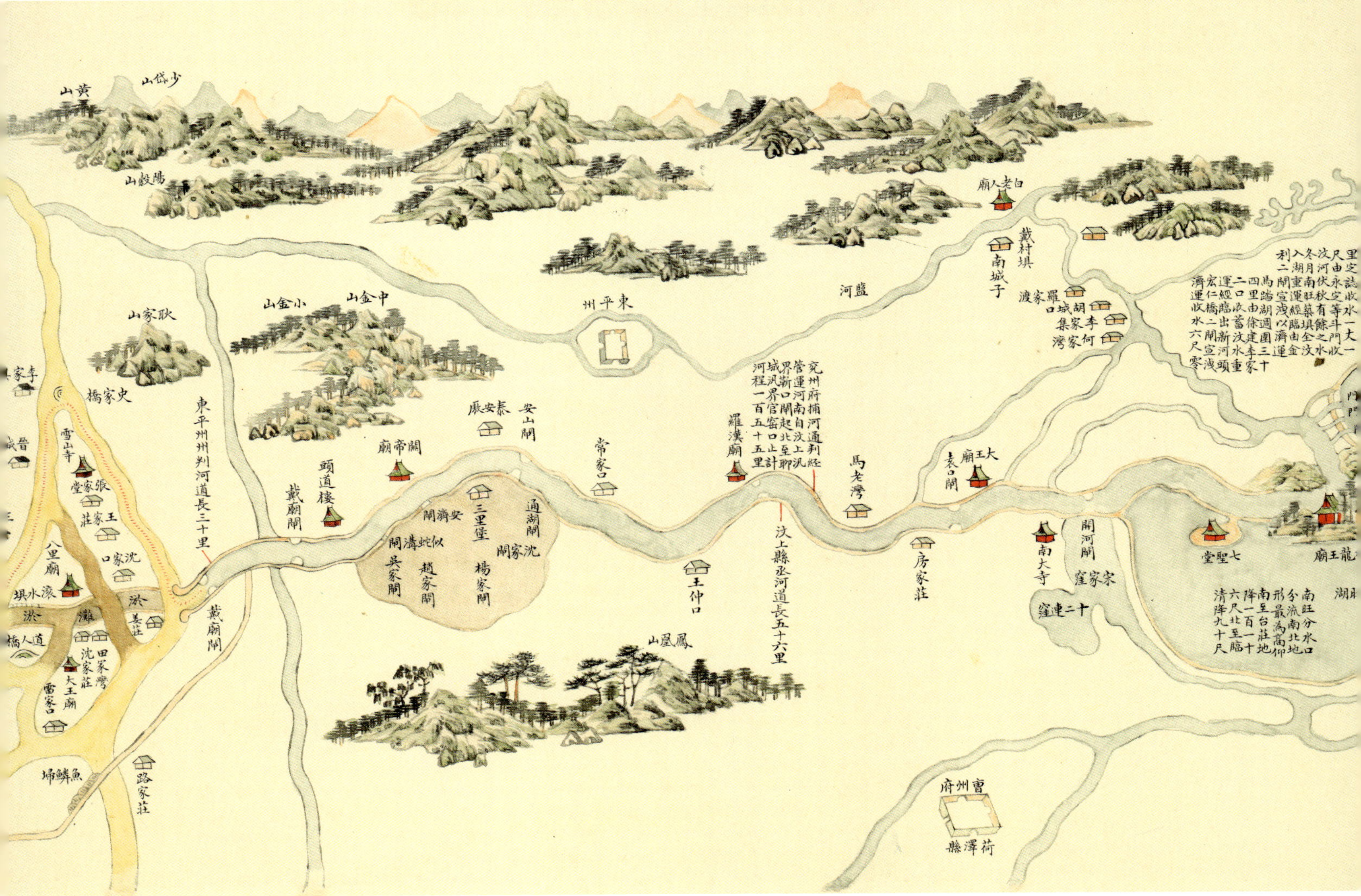

黄山
少岱山
陽穀山
耿家山
小金山
中金山
東平州
鹽河
白老人廟
戴村壩
南城子
羅家渡口
胡城口
李家集
何家灣
里定誌收水一丈一
尺由永定等斗門收
汶河伏秋有餘之水
冬月南旺築填全汶
入湖重運經臨由金
利二閘宣洩以濟運
馬踏湖週圍三十
四里由徐建李家
二口收蓄汶水重
運經臨出新河頭
宏仁橋二閘宣洩
濟運收水六尺零
史家橋
雪山寺
張家堂
王家莊
沈家口
八里廟
滚水壩
淤
灘
淤
姜莊
道人橋
田家灣
沈家莊
大王廟
雷家口
魚鱗埽
路家莊
東平州州判河道長三十里
戴廟閘
戴廟閘
頭道樓
關帝廟
泰安廠
安山閘
常家口
安濟閘
三里堡
通湖閘
似蛇溝閘
沈家閘
吳家閘
趙家閘
楊家閘
王仲口
鳳凰山
羅漢廟
兗州府捕河通判經
管運河南自汶上汛
界靳口閘起北至聊
城汛界官窑口止計
河程一百五十五里
汶上縣丞河道長五十六里
馬老灣
袁口閘
大王廟
房家莊
南大寺
開河閘
宋家窪
十二連窪
七聖堂
龍王廟
南旺分水口
分流南北地
形最為高仰
南至台莊地
降一百一十
六尺北至臨
清降九十尺
曹州府
荷澤縣

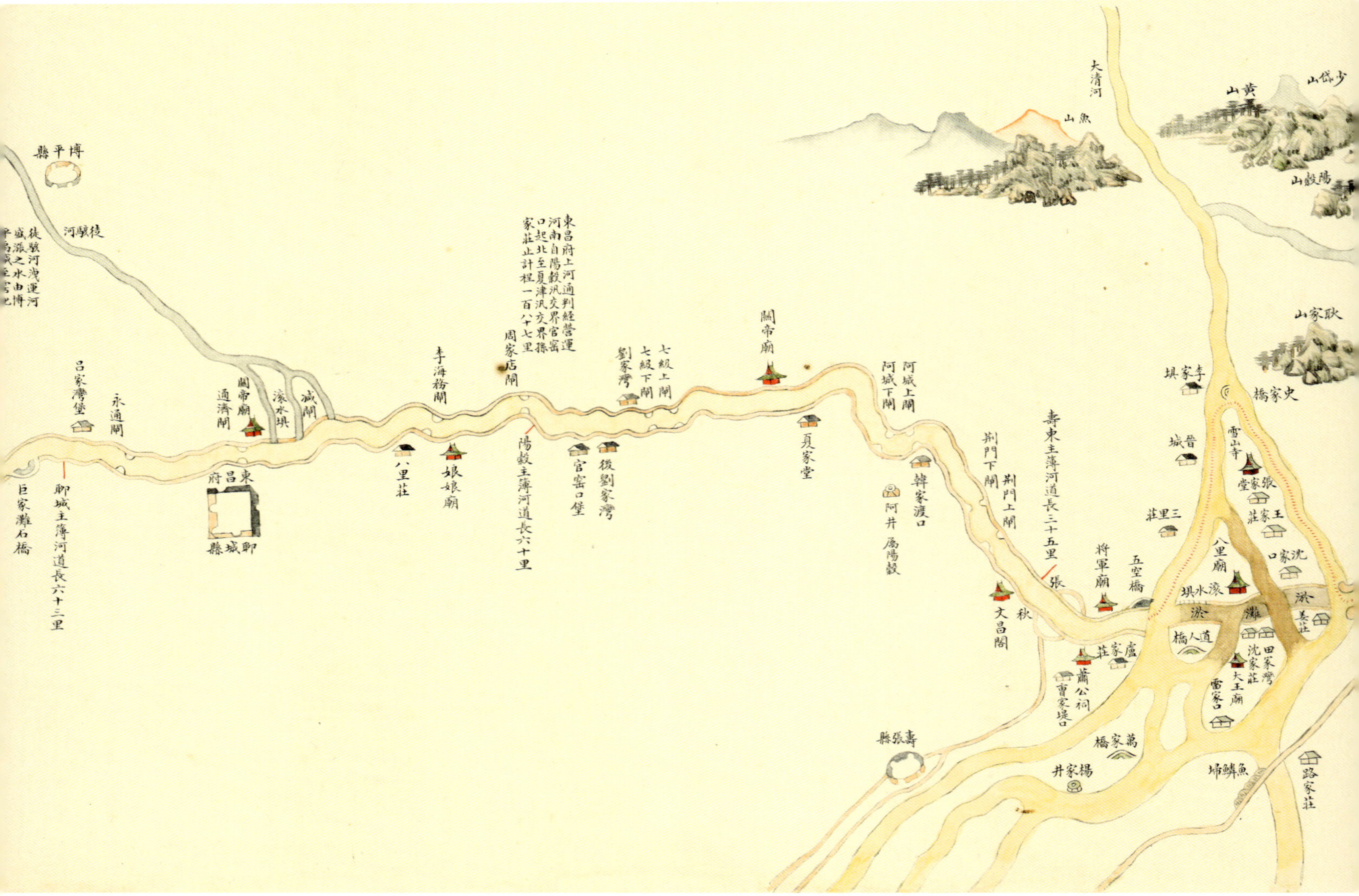
博平縣
徒駭河
呂家灣堡
永通閘
通濟閘
關帝廟
滚水埧
減閘
東昌府
聊城縣
巨家灘石橋
聊城主簿河道長六十三里
李海務閘
八里莊
娘娘廟
東昌府上河通判經營運河南自陽穀汎交界官窑口起北至夏津汎交界孫家莊止計程一百八十七里
周家店閘
陽穀主簿河道長六十里
官窑口堡
劉家灣
七級上閘
七級下閘
關帝廟
阿城上閘
阿城下閘
韓家渡口
阿井
屬陽穀
荊門下閘
荊門上閘
壽東主簿河道長三十五里
張秋
文昌閣
大清河
魚山
黃山
少岱山
陽穀山
耿家山
李家埧
史家橋
晉城
雪山寺
張家堂
王家莊
三里莊
沈家口
八里廟
五空橋
將軍廟
滚水埧
沙灘
人道橋
盧家莊
蕭公祠
曹家堤口
沈家莊
田家灣
大王廟
雷家口
壽張縣
萬家橋
楊家井
魚鱗埽
路家莊

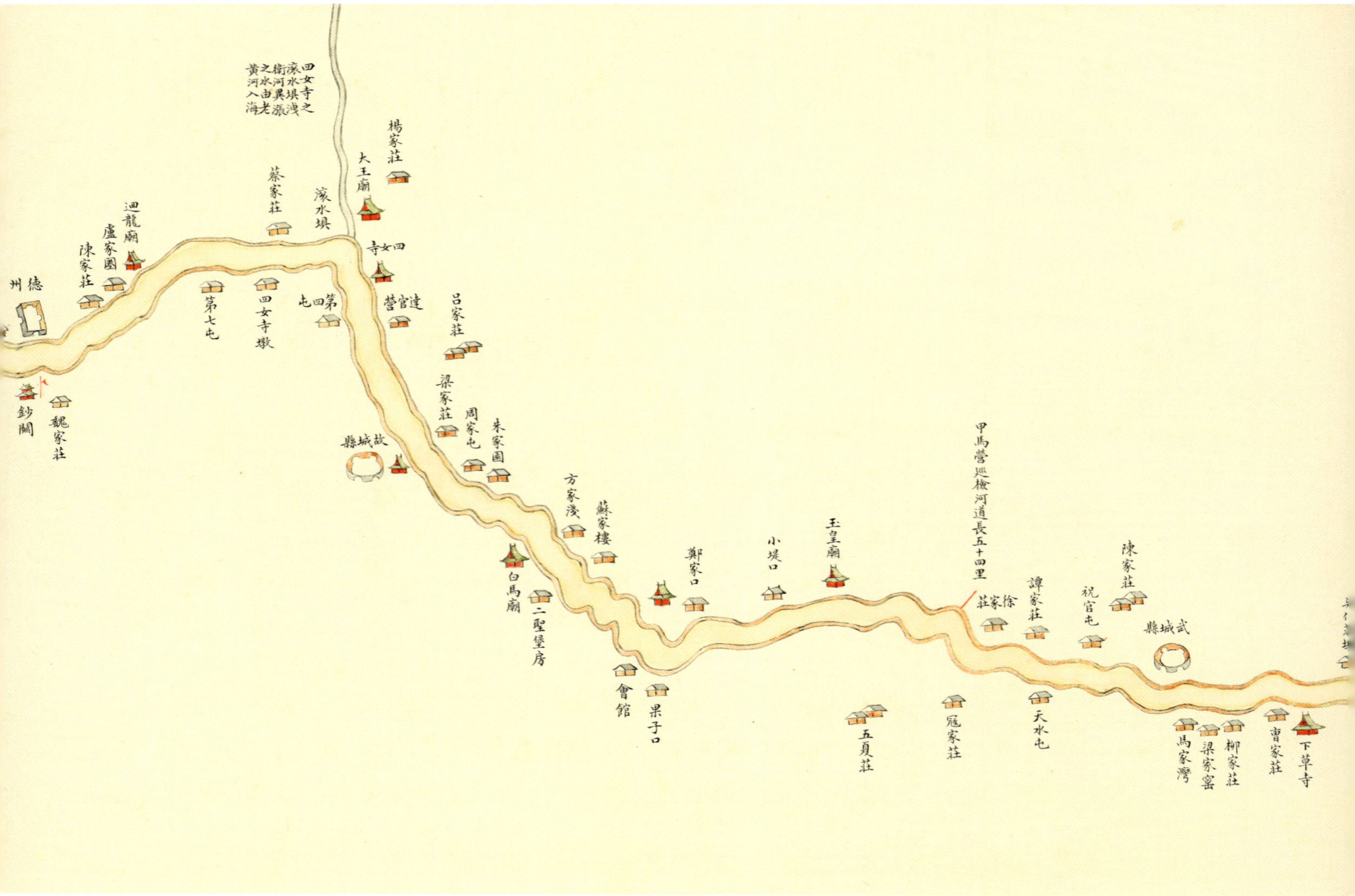
四女寺之滚水埧洩衛河異漲之水由老黃河入海
楊家莊
大王廟
滚水埧
蔡家莊
四女寺
迴龍廟
盧家園
陳家莊
德州
第七屯
四女寺墩
第四屯
建官營
呂家莊
鈔關
魏家莊
梁家莊
周家屯
朱家園
故城縣
方家淺
蘇家樓
白馬廟
二聖堂房
會館
果子口
鄭家口
小堤口
玉皇廟
五貝莊
甲馬營巡檢河道長五十四里
徐家莊
譚家莊
寇家莊
天水屯
祝官屯
陳家莊
武城縣
馬家灣
梁家窑
柳家莊
曹家莊
下草寺

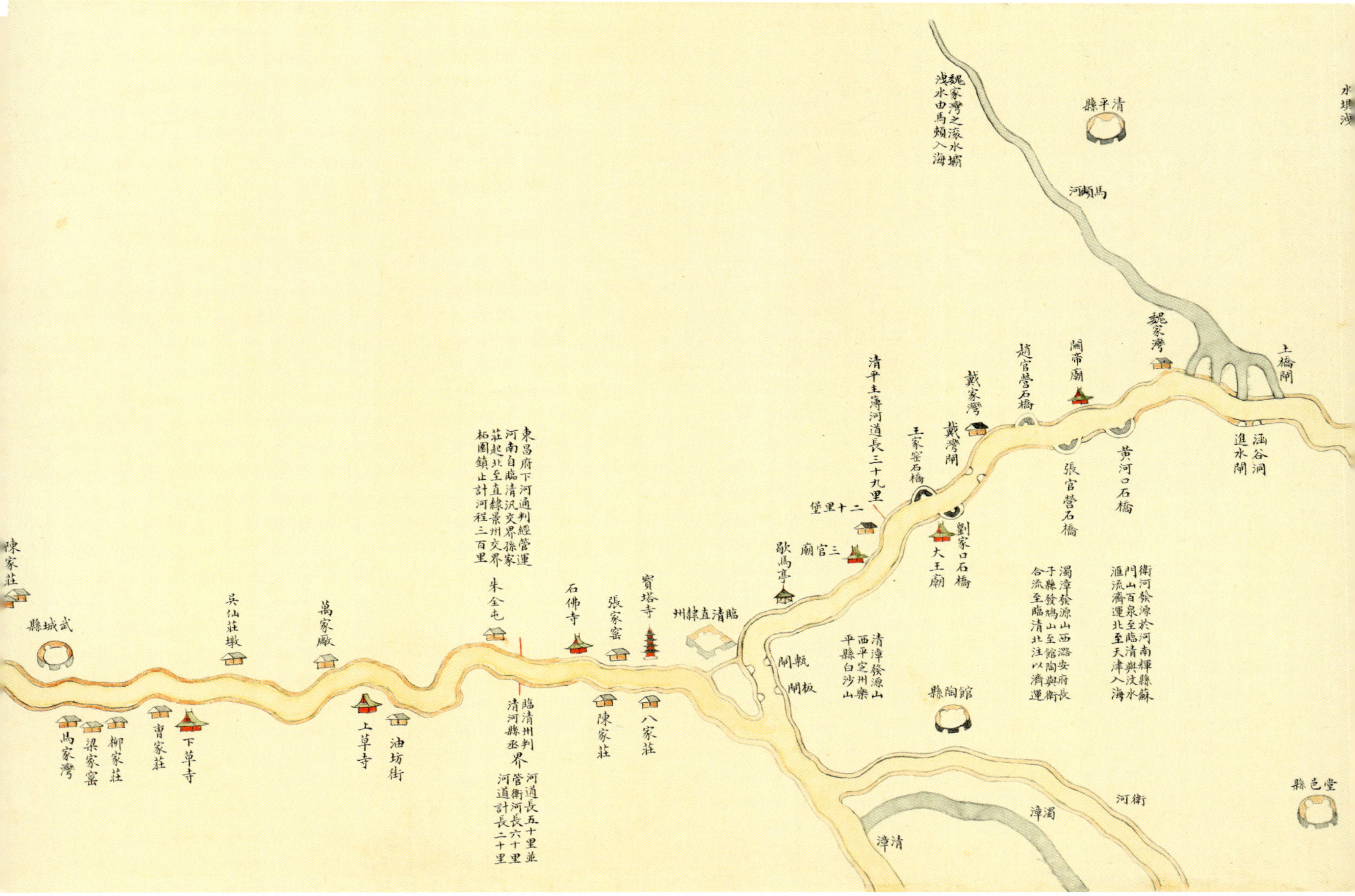

魏家灣之涿水壩
洩水由馬頰入海
清平縣
馬頰河
魏家灣
土橋閘
涵谷洞
進水閘
關帝廟
趙官營石橋
戴家灣
戴灣閘
清平主簿河道長三十九里
王家窑石橋
二十里堡
三官廟
劉家口石橋
大王廟
黄河口石橋
張官營石橋
歇馬亭
衛河發源於河南輝縣蘇門山百泉至臨清與汶水滙流濟運北至天津入海
濁漳發源山西潞安府長子縣發鳩山至館陶與衛合流至臨清北注以濟運
清漳發源山西平定州樂平縣白沙山
館陶縣
堂邑縣
衛河
濁漳
清漳
臨清直隸州
甎閘
板閘
寶塔寺
張家窑
石佛寺
朱全屯
東昌府下河通判經管運河南自臨清汎交界孫家莊起北至直隸景州交界柘園鎮止計河程三百里
臨清州判清河縣丞界
河道長五十里並管衛河長六十里
河道計長二十里
八家莊
陳家莊
油坊街
上草寺
萬家廠
吳仙莊墩
下草寺
曹家莊
柳家莊
梁家窑
馬家灣
武城縣
陳家莊

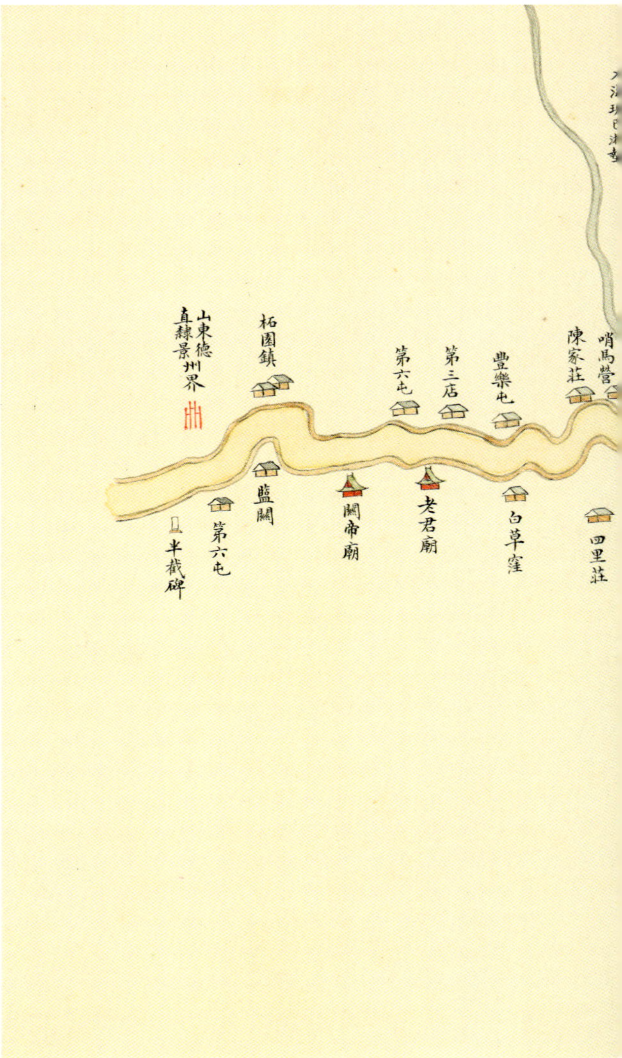

山東德州
直隸景州界
柘園鎮
第六屯
第三店
豐樂屯
陳家莊
哨馬營
盬關
第六屯
半截碑
關帝廟
老君廟
白草窪
四里莊

西湖全圖

作　者　（清）沈明繪
年　代　清乾隆四十七年（一七八二）
類　型　紗本彩繪
載體形態　一幅
尺　寸　縱一〇一厘米，橫一六五厘米
索書號　223.01/074.2/1799

此圖采用形象畫法，畫出西湖湖山全景，布局合理，畫工精美。唐宋以來，西湖風光受到歷代文人推崇。康熙、乾隆皇帝南巡之後，西湖湖山風光成爲清宮畫者反復描繪的主題。《西湖全圖》具有清宮畫的風格特徵，是清中期西湖勝景導覽圖的代表。

《西湖全圖》采用由東向西的視角，好似畫者站在西湖東堤府城，眺望西湖全景。因此，此圖遵循上西下東、左南右北的圖向，以西湖東堤爲畫面近處，由低到高，畫面布景地勢逐漸擡升。湖景占據畫面主體，湖面寬廣。三面山景爲輔，環繞湖景，成爲湖景的襯托。湖面被蘇堤和白堤一分爲三。孤山是湖景中的絕對主體。湖面之上，島嶼、船舫點綴其中，更顯湖面開闊。湖景東側，另繪舊城城門、水門和城墻。湖景背靠西側低山，是山景的主體。山景掩映在雲霧之中，宛如仙境。群山遠景用青緑色繪就，亭臺樓閣的灰瓦紅墻掩映其中。湖山之間，所繪宮殿、寺廟、橋梁等建築都十分精細，與分幅繪製的《西湖三十二景圖》畫風類似。各處景點松柳環繞，營造意境。湖景與山景之間，由通向各處

的道路相連。寫實的建築刻畫、細緻的景點標注和精確的道路走向，突出反映了這幅圖畫的導覽功能。顯然，這是一幅山水畫與地圖相結合的西湖勝景導覽圖。

《西湖全圖》符合大多數清代西湖山水圖畫的布局和風格，畫面左下角有題款『壬寅初秋武林沈明寫』。畫者沈明，杭州人，西湖勝景早已爛熟於心。壬寅初秋，説明了作畫的時間。又圖上不見嘉慶五年（一八〇〇）浙江巡撫阮元疏浚西湖後堆筑的阮公墩。據此推測，此圖繪製年代應是乾隆四十七年（一七八二）。

畫面右上方，另有圖名和題記。這幅西湖山水圖，原圖無名，因清末民初社會名流宋小濂題名『西湖全圖』，遂得此名。題記『己未正月，得於都門，褒成題識』。鈐印『小濂』『鐵梅題記』。題記和鈐印説明這幅圖畫的過往藏家和收藏經歷。一九一九年是己未年，時任北洋政府中東鐵路督辦的宋小濂在北京得到此圖。宋小濂被譽爲『吉林三傑』之一。在從政救國的同時，他深受傳統舊式教育影響，工詩善書，愛好書畫收藏鑒賞。他的吉林宋季子古觀室收藏歷代書畫精品，其中不乏清宫舊藏字畫。後來，宋季子古觀室的收藏再次流散，藏品經常出現在各地拍賣會之中。慶幸的是這幅清繪本《西湖全圖》經過一番坎坷的經歷，最終入藏國家圖書館。圖畫左下角有『吉林宋季子古觀室收藏金石圖書之印』訴説着它的過往。

西湖全圖
保俶塔
大佛寺
景帶橋
断橋残雪

己未五月
得於都
门装成
题後
宋小濂
虎頭岩
蘇小墓
西泠橋
西爽亭
四照亭
梅林歸鶴
曲院風荷
行宮
平湖秋月
湖心平眺

行春橋
雙峰插雲
金沙港
玉帶晴虹
東浦橋
蘇堤春曉
望山橋

天竺香市
三生石
中天竺
三天竺
神尼塔
雲棲梵徑
雲棲牌坊
南高峰
水樂洞
蕉石鳴琴
理安寺
留餘山居
法相寺
丁家山
六和塔
映波橋
南屏晚鐘

断橋残雪
碑亭
昭慶寺
响水閘
聖塘橋
翠華亭
錢塘門

行宫
湖心半航
御舫
御舫
閘水亭
水門

三潭印月
放生池
柳浪聞鶯
學士港

丁家山
映波橋
南屏晚鐘
萬工池
壬寅初秋武林沈明寫
長橋
瑞石古洞
吳山
清波門

西子湖圖

作　　者　（清）陳允升繪

年　　代　清光緒二年（一八七六）

類　　型　單色石印本

載體形態　一幅

尺　　寸　縱六九厘米，横一三五厘米

索 書 號　223.01/074.2/1876

此圖以西湖湖面爲中心，形象地繪出西湖湖山相映的自然風光。

西湖山水是中國傳統山水風景畫的創作母題之一。唐宋以來，隨着西湖景區的逐步建成，以西湖山水爲主題的山水字畫、詩詞曲賦層出不窮。清代以來，隨着帝王南巡頻率驟增，西湖山水的政治性增强。隨之，應制而作的西湖山水畫成爲官方繪圖的主流。因此，具有官宦背景的文人雅士，想要通過繪畫來抒發個人感受的西湖風景圖，受到無形地壓制。描繪西湖勝景的名勝地圖也受到了這種情緒的影響，構圖趨同，功能亦趨同。幸運的是，作爲傳統山水畫的母題，西湖還是衆多未入仕途的民間人士無法割舍的内容。還有，西湖的湖光山色，并没有被清代皇家園禁獨享，而保留了開放的游覽通道，使自然風光融入城市景觀之中。這樣的背景，給民間創作西湖山水圖提供了自由的空間。西湖勝景名揚天下，民間繪製的西湖勝景圖、西湖名勝地圖在民間廣爲流傳，成爲曾經游歷和未曾去過西湖的人瞭解西湖景色的重要途徑。光緒二年（一八七六）石印本《西子湖圖》就承載了這樣的功能。《西子湖圖》使用的石印方法，是十九世紀中葉（道光年間）傳入中國的先進印刷方法。這種方法大大地提高了畫作的印刷數量，使更多人可以觀看瞭解到西湖優美的山水風光。

《西子湖圖》是一幅在民間刻繪、印刷，流行在坊肆之間的西湖勝景地圖。繪圖風格兼顧山水畫的意境和地圖的如實標繪。全圖布局以湖景爲中心，山景遍布湖景四周，遵循着上南下北、左東右西的圖向。此畫以西湖北側低山爲畫者視角，好像畫者站在西湖北山，俯視整個西湖全景。這樣的構圖方式打破了大多數西湖圖由東向西的視角，也打破了由近及遠，地勢由低到高的畫面布局。杭州府城處於畫面的左側，其餘三面均是山景。三面環山一面城，湖景占據畫面中心，被山和城環繞起來。全圖對西湖湖景和山景均有細緻描繪。畫面近處是靠近西湖北岸的孤山。蘇堤幾乎處於湖面中央，將湖面分割。湖景之中，島嶼、船隻、堤壩、橋梁、垂柳等要素均描繪清晰。山景環繞湖景，而大部分山景均在雲端。低山之中，遍布亭臺樓閣。山景的一大特色是詳細繪製了入山的各條道路，將山中景點串聯起來。這是名勝導覽地圖的重要特徵。西湖臨近杭州府城一面，可見府城全貌及環繞杭州城的城門城墻。通過此圖，我們可以瞭解清代杭州府城的城市布局。此外，畫面遠端，隱約可見錢塘江邊桅杆林立的景色。

作爲一幅石印山水導覽圖，這幅《西子湖圖》對西湖全景的描繪可謂精細。繪者不拘泥於傳統構圖，不受時政影響。繪者陳允升，全心投入西湖景色的刻畫之中，遂成就了這幅經典的石印本《西子湖圖》。陳允升，字仲升，號紉齋，祖籍鄞縣（今浙江寧波），清末海上畫派的中堅人物，常年寓居上海，以賣畫爲生。其畫作倍受任伯年推崇。《西子湖圖》應該是陳允升寓居上海，在陳氏得古歡室創作完成的作品。圖上附有同治十二年（一八七三）嘉定錢元涪題記，另有陳允升題詩一首，鈐印『紉齋』。錢元涪是乾嘉學派錢大昕的玄孫。文人題記和自題詩附於畫上，爲畫作增添風雅志趣。

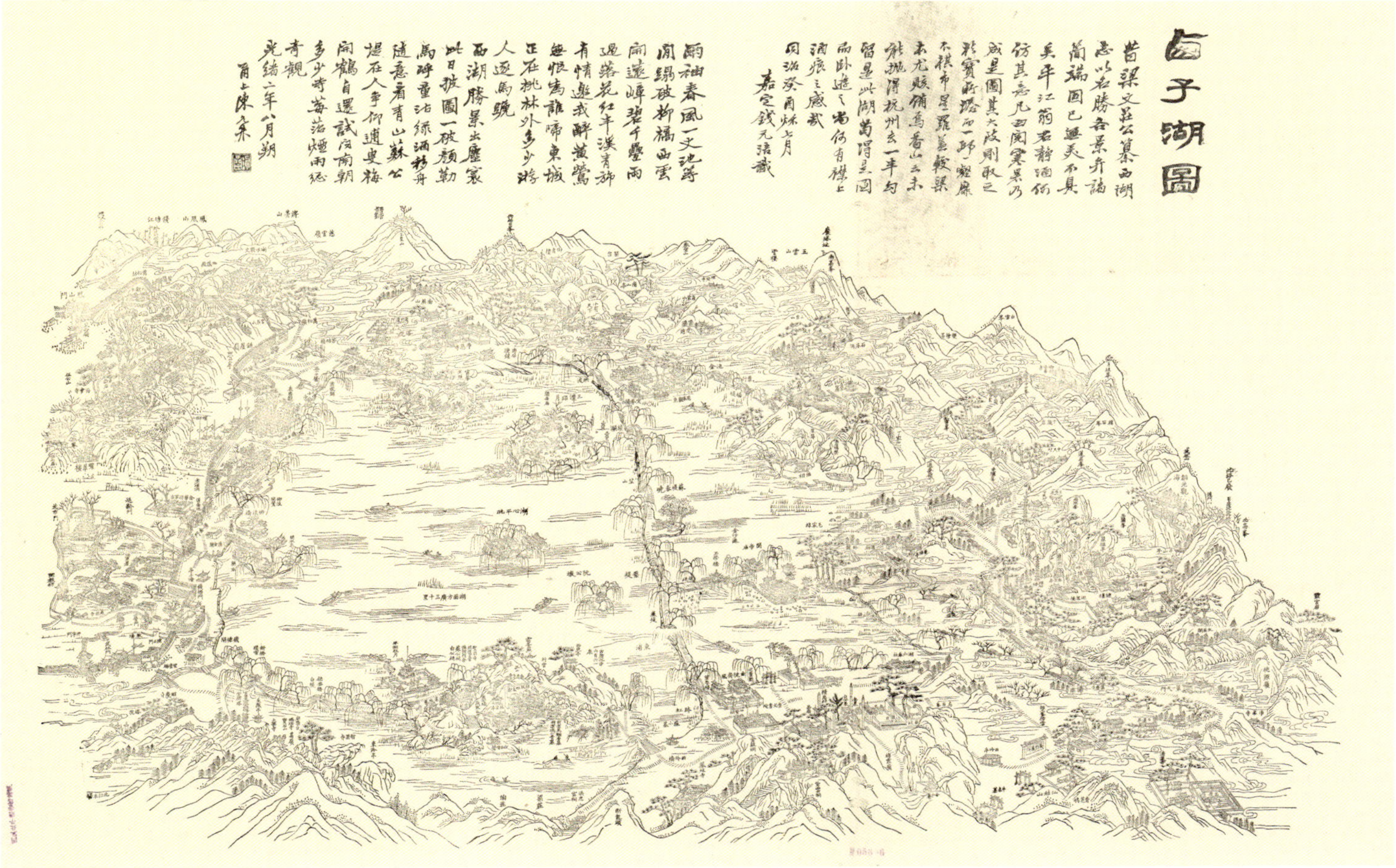

昔梁文莊公纂《西湖志》，以名勝各景弁諸簡端，固已無美不具矣。平江翁君静涵偶仿其意，凡四閱寒暑，乃成是圖。其大致則取之於寶所塔。而一邱一壑，靡不棋布星羅，蓋較梁本，尤賅備焉。香山云：『未能抛得杭州去，一半勾留是此湖。』留得是圖而卧遊之，尚何有襟上酒痕之感哉？同治癸酉秋七月，嘉定錢元涪識。

兩袖春風一丈池，等閒踢破柳橋西。雲開遠嶂碧千疊，雨過落花紅半溪。青旆有情邀我醉，黃鶯無恨爲誰啼。東城正在桃林外，多少游人逐馬蹄。

西湖勝景出塵寰，此日披圖一破顔。勒馬呼童沽緑酒，移舟隨意看青山。蘇公堤在人争仰，逋叟梅開鶴自還。試問南朝多少寺，莓苔煙雨總奇觀。光緒二年八月朔，甬上陳允升。

西子湖圖

昔梁文莊公纂西湖志以名勝各景弁諸簡端圖已遍矣不具矣平江翁君靜涵依仿其意凡四閱寒暑乃成是圖其大段則取之於寶所塔而一邱一壑靡不棋布星羅蓋較梁本尤賅備焉香山云未能拋得杭州去一半勾留是此湖當得是圖而卧遊之尚何有襟上酒痕之感哉

同治癸酉秌七月

嘉定錢元浯識

肩綠破柳橋西雲
闌遠嶂碧千疊雨
過落花紅半溪青旆
有情邀我醉黃鶯
無恨為誰啼東城
正在桃林外多少游
人逐馬蹄
西湖勝景出塵寰
此日披圖一破顏勒
馬呼童沽綠酒移舟
隨意看青山蘇公
堤在人爭仰逋叟梅
閑鶴自還試向南朝
多少寺苺茫煙雨認
奇觀
光緒二年八月朔
甬上陳久采

西湖全景圖

作　者 不詳
年　代 清後期
類　型 彩色繪本
載體形態 一幅
尺　寸 縱二六六厘米，橫一三二厘米
索 書 號 223.01/074.2/1820

此圖以形象畫法，濃墨重彩地繪出西湖湖光山色，推測爲内府舊藏。

杭州西湖，江南自然山水與人文景觀相結合的典型代表。因獨特的湖山風光和人文歷史，西湖成爲歷代文人吟詩作畫的母題。唐宋以來，與西湖有關的詩畫創作從未間斷。清代，西湖是康熙、乾隆皇帝頻繁巡幸江南的景點。因此，帝王南巡給西湖增添了强烈的政治色彩和濃重的皇家氣派。同時，與巡幸西湖有關，描繪盛世勝景的應制之作層出不窮。有清一代，描繪西湖山水風景的畫卷達到空前繁榮的局面。在這些山水風景畫中，畫工最好，品質最高的畫作無疑出自宫廷或官宦名流。此外，歌頌帝王功績、贊美皇帝駐蹕之地的西湖專志也開始出現。雍正年間浙江總督李衛領銜纂修的《西湖志》，乾隆年間大學士梁詩正、禮部尚書銜沈德潛等人集體纂修的《西湖志纂》，都是官修西湖專志的代表。山水畫與西湖專志互爲説明，爲我們留下有關清代西湖最權威的官方資料。在此背景之下，出現了《西湖全景圖》這樣由内府繪製收藏、流傳至今的西湖山水圖。推斷這幅圖是内府舊藏，原因有三。其一，這幅圖是中國傳統山水輿圖中，十分罕見以皮質爲載體的畫作。近觀此圖，皮質柔軟，推測爲羊皮。此圖幅面巨大，畫面上隱約可見羊皮之間的接縫處。皮質可延長畫作保存時間，使之存之永久，不易損壞。如此材質的巨作手筆，衹有内府可以做到。其二，此圖以金粉打底，如果不仔細辨識，很難看出畫作繪於羊皮之上。在畫作山水之間，所有景致均貼黄簽標注。金粉底色和明黄色貼簽都是皇家專屬用色。其三，畫作中青緑山水，保留明末清初山水圖的遺韻。濃墨重彩，注重湖山之中建築物的細緻刻畫，與《南巡圖》《西湖三十二景圖》等宫廷畫作非常相似。

《西湖全景圖》以西湖東南側爲畫者視角。全圖大致遵循上西下東，左南右北的圖向。由於畫作幅面限制，湖景和山景被人爲壓縮爲東西長、南北短的畫面。圖中山景放大，湖景縮小。環繞西湖的武林山遍布西湖周圍。整幅畫作掩映在祥雲之中。山巒起伏，山勢層叠，雲霧之中，山水空濛。湖景之中，湖心三島三堤增大，顯得湖面局促。其中，蘇堤和孤山刻意拉長，占據湖面中心位置。縮小湖面，增加湖心島、堤壩和山景，可以用更多的空間描繪坐落其間的宫殿、橋梁、塔廟等人文景觀，增加畫圖的導覽功能。

《西湖全景圖》的繪圖風格更像是一幅青緑山水畫，而不是地圖。如果不是貼簽標注，我們很難想象如此鋪陳的畫面具有實用的指示功能。顯然，這幅畫作表現勝景如『聖境』的山水風光，遠比指示功能更重要。這樣一來，圖上某些錯畫的地點也就可以理解了。雖然從畫作上無法找到畫者的蛛絲馬迹，但畫作圖説摘抄於乾隆十八年（一七五三）纂修的《西湖志纂》。圖説來源再次印證畫作强烈的官繪背景和濃重的政治色彩。而從圖上所見嘉慶年間堆筑的『阮墩』，由阮元於嘉慶五年（一八〇〇）開辦的『古今精舍』（應爲『詁經精舍』），光緒六年（一八八〇）建於湖心的『退省庵』，可推斷這幅畫作應是繪製於晚清時期的清宫内府作品。

西湖，在浙江會城之西，方廣三十里。受武林諸山之水，下有淵泉百道，瀦而爲湖，蓄潔停深，圓瑩若鏡，中有孤山，獨峙水心。山之前爲外湖，山後曰後湖。西湖蘇堤，堤以内爲裏湖。湖分爲三，而路則有五。由白沙堤入，經孤山而西，屆蘇隄，合趙隄楊隄爲一路，曰孤山路。出湧金門而南，經南屏山至南高峰，復自方家峪，經龍山，越鳳凰山，達錢塘江爲一路，曰南山路。由湧金門之北，經錢塘門，循葛嶺，入靈竺至北高峰爲一路，曰北山路。面臨吴山，背負西溪，又各爲一路，曰吴山路、曰西溪路。風景天成，形勝地設。翠華之所臨幸，聖藻之所留題，以及名賢肇跡之地、仙佛之宫、高隱之室，與夫忠孝節烈，凡功德之在人者，俎豆薦歆之宇，遠近相屬，樓臺錯峙，亭館銜接，金碧輝映。昔人擬之十洲三島，有非圖畫所能畫者。兹第標舉大凡，括其梗概，薈萃尺幅，繪爲總圖。而湖山名勝，星羅棊布，如在几席間矣。

西湖全景圖

西湖在浙江會城之西方廣三十里受
武林諸山之水下有淵泉百道瀦而為湖
薰瀠停渟圓瑩若鏡中有孤山獨峙
水心山之前為外湖山後曰後湖西湖
蘇堤〻以內為裏湖〻分為三而路
則有二由白沙堤入經孤山而西屆
蘇堤合趙堤楊堤為一路曰孤山
路出湧金門而南經南屏山至南
高峰渡自方家峪經龍山越鳳凰
山達錢塘江為一路曰南山路
由湧金門之北經錢塘門循
葛嶺入靈竺至北高峰為
一路曰北山路面臨吳山背
負西溪又各為一路曰吳山路
曰西溪路風景天成形
勝地設翠華之所
臨幸聖藻之所留題
以及名賢摩跡之
地仙佛之宮高隱之宅
與夫忠孝節烈凡功德
之在人者俎豆薦歆
之宇遠近相屬樓

金碧輝映昔人擬之
十洲三島有非
圖畫所能畫者
茲第標舉大
凡括其梗概
薈萃尺幅
繪為總
圖而湖山
名勝星
羅碁布
如在几席
閒矣
月桂峰

大佛寺
跨虹橋
東坡橋
東冷亭
昭慶寺
張公祠
四照亭
六一泉
萬壽宮
歲寒岩
空谷傳聲
聖因寺
斷橋殘雪
錦帶橋

理安寺
卧龍橋
半山亭
壓堤橋
小有天下
花港觀魚
御書樓
流金橋
定香橋
鎖瀾橋
望山橋
映波橋
慧日峰
仙人洞
三潭印月
玉皇宫

平湖秋月
湖心平眺
雷峰夕照
望湖亭
問水亭
學士亭
柳浪聞鶯
柳浪橋
湧金門
三義廟

西湖勝景圖

作　者　（清）吴小樓繪

年　代　清末期

類　型　彩色繪本

載體形態　一幅

尺　寸　縱二一五點四厘米，橫七六點三厘米

索 書 號　223.01/074.2/1900

全圖采用山水形象畫法，畫出西湖全景及湖中山色，是一幅展現清代晚期西湖景色的風景名勝圖。

西湖，位於浙江省杭州市市區西南部，是最具江南特色的自然與人文景觀相結合的風景名勝。西湖，在漫長的地質時代曾是西靠陸地，東臨大海的淺海灣。西湖南側的錢塘江在淺海灣附近入海。經過長時間的江流和海浪沖刷，泥沙沉積，淺海灣東側開始形成沙洲。沙洲與海灣東、西陸地相連，形成瀉湖。沙洲面積逐漸增大，形成現在杭州主城區所在的平原地帶。所以，西湖是西、北、南三面環山，東面緊鄰平原的地形。周邊低山丘陵流下來的溪水和錢塘江是西湖的水源。西湖通過東部平原密布的水網，北與京杭運河相連，南與錢塘江溝通。處於亞熱帶季風氣候下的西湖，湖山相映，景色優美，成爲古人營建人文景觀，駐足游覽的勝地。此地《漢書·地理志》稱武林水，《水經注》稱明聖湖，但流傳更廣的名字，還是與錢塘江相關。秦始皇統一六國，在西湖北側建立錢塘縣。隋朝統一天下後，將錢塘縣城由湖西遷建到湖東的平原之上。一池湖水在縣治之西，於是，隋唐之後，便出現了錢塘湖和西湖的名稱。隋唐時期，全國經濟重心開始南移。江南經濟的開發爲西湖景區的開發帶來前所未有的契機。經過隋唐、吴越國和北宋年間的持續建設，直至南宋遷都臨安，西湖景區主要的人文景觀大都建成，形成自然與人文景觀兼具的盛世景

象。元明清時期，西湖建設仍在繼續。西湖景觀也在不斷發生變化。隨着孤山清代皇家行宮的修建，西湖景觀又增添了新的功能。至此，『一山、二塔、三島、三堤、五湖』的景觀格局最終形成。

《西湖勝景圖》是光緒年間由西泠印社成員吴小樓繪製的風景名勝圖。全圖以黑色爲底，在衆多西湖風景圖中獨具特色。此圖遵循上西下東，左南右北的視角，仿佛看圖人站在西湖東堤不遠處，眺望湖光山色。畫面近處是西湖東堤的景色，隱約可見杭州舊城門城墻。畫面正中是被白堤和蘇堤分開的三個湖面。湖面之中，湖心島、小瀛洲、三潭印月都繪製出來。畫面遠處中心是孤山景區。再遠處，清晰可見寶石山上的保俶塔。與傳統地圖相比，這幅風景名勝圖更像是一幅寫實的山水畫，既不標注地名和景點名稱，也不在意道路水系，而著重繪製清末西湖的一時春色。黑底之上，金色綫條繪製亭臺樓閣，灰褐色顔料繪製低山丘陵。山間斑駁的藍緑色表示樹木草叢。畫面上，紅墻、緑樹、彩船、白馬點綴其中。身著各式服裝的男女老少，在湖上泛舟，在岸邊踏青賞景。湖山之間，游玩駐足的游客不經意間又成爲他人眼中的風景。

光緒三十年（一九〇四）一群執迷於篆刻的浙派篆刻家，在西湖孤山南麓西泠橋畔，建立西泠印社。《西湖勝景圖》就是西泠印社的早期成員浙江吴小樓女士一時感懷而作。畫面上方，有題記一篇。題記前後各有鈐印一枚，表達了吴小樓女士在西泠印社『研究印學、兼及書畫』的初心。想象一下，身處西泠印社的畫者，沿東堤遠眺西湖春景，不由想起白居易當年流連西湖春景的心情。隨着時光流逝，白居易眼中的西湖春景與畫者眼中的春景已然大相徑庭。『湖上春來似畫圖』，美好的春景轉瞬即逝。爲何不將這難得的春景畫出來，存至永久呢？

西湖勝景
昔梁
文莊公
纂西湖志
以名勝
名景并
諸詠編固已
無美
不備矣
然西湖山
風景
今昔殊觀
勝迹名
區隨時增改

勝迹名
區隨時增改
乐山
有云未能
抛得
杭州去半
勾留是
此湖偶得
是當
向游游
當何
襟上迹痕
感哉
吳小樓
寫于
西泠印社
小樓

西子湖圖

作　者　不詳
年　代　二十世紀摹繪本
類　型　彩色繪本
載體形態　一幅分切四軸
尺　寸　縱一九六厘米，橫一七二厘米
索 書 號　223.01/074.2/1908

本圖采用傳統形象畫法，繪製以西湖爲中心的湖光山色，幅面廣闊，筆觸細膩，是一幅難得的西湖勝景山水圖。

西湖，因獨特的湖山風景和厚重的人文氣質，被歷代文人青睞。唐宋以來，無數文人墨客在此駐足，寄情山水，吟詩作畫。清代的杭州城，經濟富庶，文化繁榮。隨着康熙、乾隆皇帝數次南巡，西湖增加了許多與帝王有關的人文景觀。同時，帝王南巡也賦予了西湖勝景濃重的政治含義。於是，皇家御用畫師、官宦士人聚焦西湖，修湖志、寫詩詞、作書畫。這些作品不但記録了西湖山水，還歌頌了盛世繁華。當然還有一類就是具有實用功能的名勝地圖和游覽説明。清代西湖名勝地圖多與描繪盛世景觀爲主，且數量衆多。

北宋文壇領袖蘇軾在杭州爲官時，曾疏浚西湖河道，恢復西湖景觀。他用古典美人比喻優美的自然山水，寫出《飲湖上初晴後雨》一詩。『欲把西湖比西子，淡妝濃抹總相宜』，以西湖比西施，一語道出西湖神韻。此後，西湖又多了一個美稱——『西子湖』。《西子湖圖》圖名便由此而來。清晚期《西子湖圖》遵循中國傳統山水畫的構圖方式，來繪製山景與湖景。全圖以西湖東堤外杭州城舊城門城墻爲畫者觀察視角，保持上西下東、左南右北的圖向。這樣的視角使畫面呈現出負山面水的開闊景象。由近及遠，地勢逐漸擡升，湖面與低山形成强烈的反差。圖上，湖山之間的亭臺樓閣、道路橋梁，以及相應的人文景觀十分寫實。湖景是畫面的主體。湖面之上，小瀛洲居中，蘇堤、白堤列於兩旁。三湖之中，舟楫星星點點。湖邊，保俶塔與雷峰塔交相輝映。山景爲湖景的依靠。湖島孤山靠近西側低山丘陵。群山生在雲端，仿佛仙境。青緑色的低山在雲中若隱若現，紅墻灰瓦的亭臺樓閣點綴其中。一半山景，一半湖景，造就了湖山相映的西湖全景。這幅地圖除了對西湖景觀的寫實描繪，還細緻準確地標注各個景觀的名稱。地名標注使這幅西湖山水圖又有了地圖的指示性質。顯然，《西子湖圖》不單單是要記録西湖山水，還具有勝景導覽的實用功能。

案：一、該圖中『雷峰夕照』没有用康熙所改名的『雷峰西照』。

二、由此圖題附文與同卷五四六頁《西湖全景圖》的附文對照，本圖文有脱字：『合趙隄楊』下脱『隄』一字；『形勝地設』下脱『翠華之所臨幸，聖藻之所留題』十二字；『高隱之室』下脱『與夫忠孝節烈，凡功德之在人者，俎豆薦歆之字，遠近相屬』二十三字；『亭館銜接』下脱『金碧輝映。昔人擬之十洲三島，有非圖畫所能畫者』二十字。

以上脱字多涉及對清廷的歌功頌德，有違辛亥革命以後之風氣。據此而推知該圖屬於民國時期的摹繪品。

三、該圖左下角鈐有『佑甫』印，或爲藏圖印。

西子湖圖

西子湖圖
西湖在浙江會城之西方廣三十里受武
林諸山之水下有淵泉百道瀦而為湖蓄
潔渟深貞瑩若鏡中有孤山獨
峙水以山之前為外湖山後曰后湖
西亘蘇隄之以內為裏湖
之分為三而路則有五曲
白沙隄入經孤山而西居
蘇隄合趙隄楊為一路曰
孤山路出湧金門而南經南
屏山至南高峰復自方家峪
經龍山越鳳皇山達錢塘江
為一路曰南山路由湧金門之
北經錢塘門循葛嶺入靈竺
至北高峰為一路曰北山路西
臨吳山背負西溪又各
為一路曰吳山路曰西溪
路風景天成形勝地設
以及名賢肇跡之地仙
佛之宮高隱之室樓台
錯峙亭館銜接茲第
標舉大凡括其梗概
薈為成圖而湖山
名勝星羅碁布如
在几席
間
矣

卦田
慈雲嶺
雷峯夕照
萬松嶺
敷文書院
夕照寺
慧日峰
長橋
紫陽山
淨慈寺
吳山

江浙太湖全圖

作　者　（清）徐傳隆繪
年　代　清光緒三十一年（一九〇五）
類　型　紙本彩繪
載體形態　一幅
尺　寸　縱七二厘米，橫一〇二厘米
比例尺　十里方
索書號　221.003/034.32/1905

全圖采用計里畫方的方法，每方十里，用簡約的符號標繪地跨蘇、浙兩省的太湖全貌。其間湖面廣闊，湖島遍布，湖邊水網縱横，港瀆清晰，岸邊城鎮山川一目了然。

太湖，中國面積第三大淡水湖，位於長江下游南岸，横跨江蘇、浙江兩省。北臨無錫市，南接湖州市、嘉興市，西連宜興市、長興縣，東抵蘇州市。太湖西側和西南側是低山丘陵地帶，北側、東側和東南方向是遍布河網的平原地帶。太湖周邊，水網密布，京杭大運河最南段——江南運河，環繞太湖東岸，直抵杭州。貫通南北的大運河成爲太湖水網的一部分。太湖流域，河湖縱横，地勢平坦，氣候濕潤，交通便利，成爲江南經濟開發的中心。唐宋以來，以太湖爲中心的江浙地區是全國的經濟中心，也是主要的糧食産區。這裏富甲天下，成爲歷代王朝的依靠。所謂『蘇湖熟，天下足』就是這個道理。近代以來，隨着外國列强進入中國，清政府面對内憂外患局面，無力經營江南。如此，太湖流域水利工程年久失修，蓄水排水能力減弱，造成水旱災害頻發，良田被毀，農民漁民流離失所。大批流民聚集在太湖周圍，利用太湖的水道河網、湖島山丘以及遍布港瀆的蘆葦蕩，落草爲寇。他們在這裏販賣私鹽，搶奪商船、漕糧。加之太平天國對江南經濟的破壞，舊式軍隊裁撤，流民增加。一時間，富庶的魚米之鄉，竟然造成了『無地不有匪蹤，無時不有匪患』的局面。

《江浙太湖全圖》就是在這樣的歷史背景之下測繪完成的。與其説這幅地圖是繪製太湖的湖泊地圖，不如説是反映太湖地理特徵的官方剿匪用圖。地圖采用西式的方位針表示方向，并標注圖例。圖上雖然没有比例尺，但有計里畫方的方格，并標注『每方十里』。顯然，這是一幅傳統製圖與西方測繪製圖方法相結合的産物。對太湖的地圖繪製，更多受到西方測繪圖影響，用簡單的綫條畫出太湖湖面、湖中島嶼、臨岸港瀆、橋梁城池等。其中，陸地用淡黄色表示，河道用淡藍色表示。島嶼低山，采用假等高綫的畫法表明山丘。太湖通往蘇州府、宜興縣等重要城池的水路，用黑色虚綫標繪。運河河道以及正在建設中的滬寧鐵路也都標繪在圖上。

光緒三十年（一九〇四），時任兩江總督的端方委派江南提督，負責太湖湖面測繪，考察官兵駐防要塞，商討江浙兩省聯合剿匪等事宜。繪圖者徐傳隆，作爲江南福山鎮和福建寧鎮總兵，接受太湖測繪的任務，并完成地圖繪製。曾經作爲南洋水師的代表將領，徐傳隆在洋務運動的影響下，接受西式水軍訓練，掌握駕駛、槍炮等技能，所以他對西式地圖的繪製方法較爲熟悉，因此太湖全圖的繪製深受西式製圖影響。除地圖繪製外，在畫面右側另附圖説，説明繪圖原因，并交代太湖駐防水師的規制。誠然，實地勘察山川形勢是平匪必須要做的工作，新式水師作戰經驗和西式製圖方法也是平匪的重要技能，但清政府以剿滅平定爲目的的剿匪活動，終究不能真正解決問題。緩解清末江南社會危機，改變百姓窘困的生活狀態纔是根本。

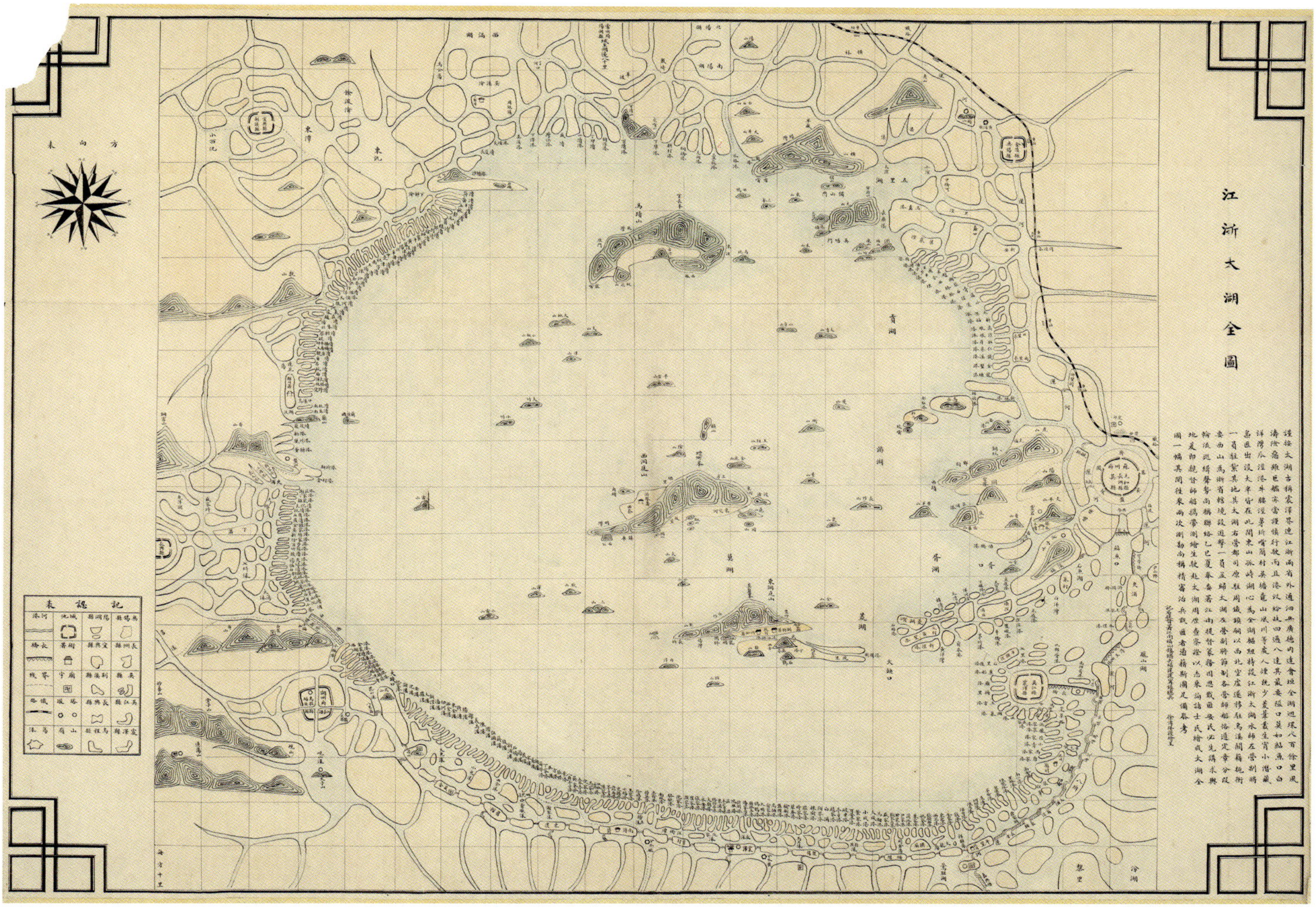

謹按，太湖，古稱震澤，界連江浙兩省，外通泗安、廣德，内達會垣。全湖迴環八百餘里，風濤險惡，雖巨艦亦當謹慎行駛。而且港汊紛歧，四通八達，其最要隘口，莫如鯰魚口、白洋灣、瓜涇港、牛腰涇、茅圻嘴、簡村、吴塘、黿山、凰川等處，人煙既少，菱葦叢生，宵小潛藏，梟匪出没，大半皆在此間。東山孤峙湖心，爲全湖樞紐，特設江浙太湖水師左營副將一員，駐紮其地。其太湖右營都司，原駐周鐵鎮，嗣以西北空虚，遂移駐烏溪鬭，藉扼衝要。西山爲浙省轄境，設遊擊一員，並歸太湖左營副將節制。各營師船，恪遵定章，分段輪流巡緝，聲勢尚稱聯絡。乙巳夏，奉委署江南提督篆務，因思戢匪安民，必先講求輿地，爰即親督師船，攜帶測繪生，駛赴太湖。周歷查察，證以志乘，詢諸士民，繪成《太湖全圖》一幅。其間，往來兩次，測勘尚稱精審，治兵戢匪者，憑藉斯圖，足備參考。

記名提督署江南福山鎮總兵福建建寧鎮總兵徐傳隆謹繪呈。

江浙太湖全圖

謹按太湖古稱震澤界連江浙兩省外通泗安廣德內達會垣全湖迴環八百餘里風濤險惡雖巨艦亦當謹慎行駛而且港汊紛歧四通八達其最要隘口莫如鮎魚口白洋灣瓜涇港牛腰涇茅圻嘴簡村吳塘黿山凰川等處人煙既少菱葦叢生宵小潛藏梟匪出沒大半皆在此間東山孤峙湖心為全湖樞紐特設江浙太湖水師左營副將一員駐紮其地其太湖右營都司原駐周鐵鎮嗣以西北空虛遂移駐烏溪關藉扼衝要西山為浙省轄境設遊擊一員並歸太湖左營副將節制各營師船恪遵定章分段輪流巡緝聲勢尚稱聯絡乙巳夏奉委署江南提督篆務因思戢匪安民必先講求輿地爰即親督師船攜帶測繪生駛赴太湖周歷查察證以志乘詢諸士民繪成太湖全圖一幅其間往來兩次測勘尚稱精審治兵戢匪者憑藉斯圖足備叅考

記名提督署江南福山鎮總兵福建建寧鎮總兵 徐傳隆謹繪呈

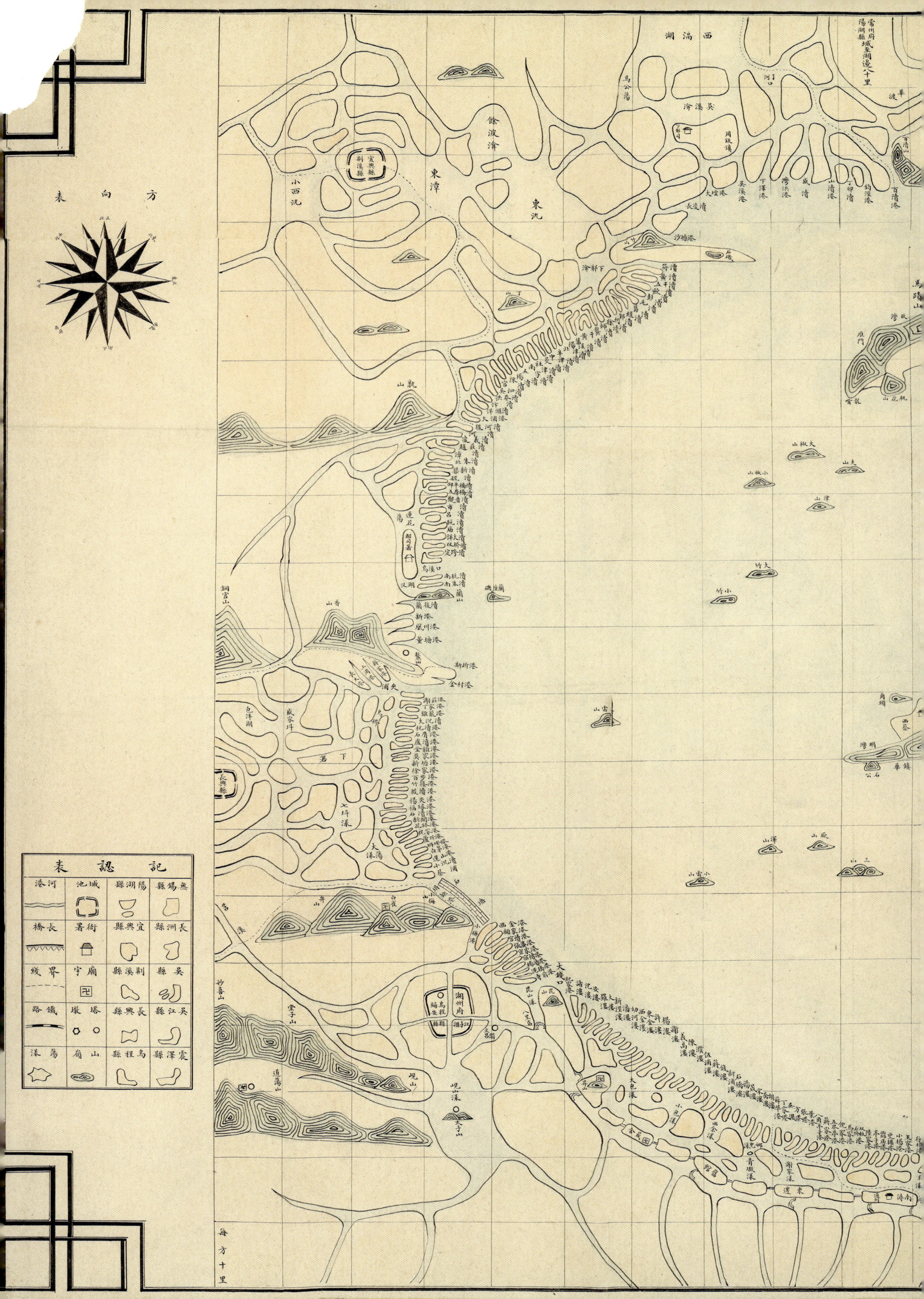

常州府陽湖縣城至湖邊八十里
方向表
記認表
河港
城池
陽湖縣
無錫縣
長橋
衙署
宜興縣
長洲縣
界綫
廟宇
荊溪縣
吳縣
鐵路
塔
墩
長興縣
吳江縣
蕩漾
山嶺
烏程縣
震澤縣
西湖
東沉
小西沉
湖州府
每方十里

洞庭全圖

作　者　（清）謝賡雲繪
年　代　清末期
類　型　紙本彩繪
載體形態　一幅
尺　寸　縱一一五厘米，橫六九厘米
比例尺　十里方
索書號　226/034.32/1908

全圖采用計里畫方的方式，每方折十里，相對精確地繪製了清代晚期洞庭湖湖面，及匯入洞庭湖的支流、湖心島洲、港汊情况，并詳細標注此區域内的各級行政建置和河流島洲名稱。

洞庭湖，位於長江中游荆江段南岸，湖南省北部，是中國面積第二大的淡水湖，歷史上曾經是中國疆域之内面積最大的淡水湖。現在的洞庭湖可大致分爲東洞庭湖、南洞庭湖、西洞庭湖三部分。在洞庭湖的西部和南部有多條河流匯入，其中，西北有澧水流入，西南有沅江流入，南側有資水、湘江流入。在洞庭湖的北部，洞庭湖通過松滋河、虎渡河、藕池河、華容河（調弦河）與長江相連。唐代李思密在《湘妃廟記略》中記載：『洞庭，蓋神仙洞府之一也，以其爲洞庭之庭，故曰洞庭。後世以其汪洋一片，洪水滔天，無得而稱，遂指洞庭之山以名湖，曰洞庭湖。』也就是説洞庭湖名始於山名。在古代，洞庭湖面積廣大，號稱『八百里洞庭』。唐宋文人經常在詩詞中提到洞庭湖的浩蕩氣象。後來，隨着圍湖造田，湖面開始縮小，調節水量的能力也越來越差。明代以來，爲確保荆江北岸江漢平原糧食産區免遭水患，荆江南岸的洞庭湖畔成爲主要泄洪區。通過通江河道，洞庭湖成爲長江中游最重要的調蓄湖泊。也正因爲如此，洞庭湖區成爲水患經常泛濫的重災區。這種情况一直持續到清代晚期。洞庭周邊，凡河流匯入之處，特别是通江水系，是明清時期治理洞庭水患的核心區域。

《洞庭全圖》采用十里方，嚴格遵循上北下南、左西右東的圖向，并在四個方位標注。在地圖的左下角，另繪圖例和比例尺。雖然繪圖方法仍是傳統的計里畫方，但這幅地圖已經滿足現代製圖的三要素。因此，《洞庭全圖》是傳統地圖向現代地圖過渡的代表作品。地圖之上，以河流、湖泊爲主體，北至荆江，南到湘潭，西起常德、澧州，東達湘陰。凡水流經區域，用淡藍色繪製。河道周邊山脉，采用棕褐色形象繪出。河道寬、山脉小，突出地圖表現的主體。洞庭湖面周邊，澧水、沅江、資水、湘江匯入洞庭之前的河道支流分布，以及荆江與洞庭北岸之間的河道分布，都標繪十分詳細。

《洞庭全圖》繪製於清末亂世。咸豐同治年間，荆江南岸通江水系堤壩多次決口。處於荆江與洞庭之間的華容、石首、安鄉等處水患嚴重。時任華容知縣的謝賡雲，爲解決水患，親自踏查洞庭湖周邊，一邊考察測繪，一邊記録製圖。在製圖的同時，他思考改變沿荆江堵築堤壩的方案，變爲疏導港汊，修築堤垸。希望通過這樣的方法減小洪水對通江水系流經區域的影響。民國年間，圍湖造田造成洞庭湖湖面進一步萎縮，形成大大小小的洲灘。後來，華容河上又建起水閘，用來調節洞庭湖水量。如今的洞庭湖，與地圖上的湖面、河道已有較大變化。因此，《洞庭全圖》成爲我們瞭解清末民初洞庭湖及周邊河道最直觀的地圖資料。

洞庭東北屬岳州，西南屬常德、長沙，周圍八百餘里，爲海内藪澤之冠。顧其名，不見《禹貢》，惟宋胡氏以洞庭即九江，則《禹貢》顯有明文，其曰『九江孔殷』，繫於荆州賦貢之下。又曰『過九江至於東陵』，東陵即今之巴陵，其地濱臨洞庭，皆明証也。又《楚地記》曰：『巴陵，瀟湘之淵，在九江之間。』《水經》亦言：『九江在長沙下雋西北（下雋，今之湘陰）。』參互攷證，九江之爲洞庭益明，故蔡沈《書傳》云：『漸、元、辰、酉、溆、沅、澧、資、湘，九水皆滙于洞庭，是爲九江，即九水。』攷之其載于《水經》者頗詳。如元、溆、辰、酉、漸，五水先後皆會于沅。沅水，出益州牂牁郡，東經無陽縣，有水從東南來，入之，是爲無水。或作潕，或作潕，後人以『無』省作『旡』，又以『旡』訛作『元』，究即《水經》所載之無水也。沅既合無而下，東與序溪合。按『序』與『叙』通，加水作『溆』，即今之溆浦縣，是爲溆水。又歷辰州府西南，西水入之。又東，辰水入之。又入常德府桃源縣境，經府城南，東流，過龍陽縣境，合漸水入于洞庭。澧水，源出慈利縣西歷山下，合漊水，至石門縣，渫水、涑水入之。又流至澧州城下，左合岑水，右合澹水。又東過安鄉，北入洞庭。資水，源出武岡東北，歷夫夷（今之新甯）、邵陽、新化、安化、益陽，東至湘陰臨資口，與湘水合入洞庭。湘水，源出粵西陽朔，至永州，瀟水入焉，曰瀟湘，至衡州，蒸水來會，曰蒸湘，卒與沅水合，曰沅湘，入洞庭。此九水皆入洞庭，所以爲九江也。合而論之，沅、湘二水爲經，資、澧二水緯于西南。九派奔流，羣趨東北，浩浩蕩蕩，真宇内之大觀也。顧水勢之漲落無常，河道之遷徙不一，淤洲四塞，港汊紛歧。昔之横無際涯者，今則滄海桑田，半成沃壤之區矣。而每當夏秋之交，湖水泛濫，隄防一潰，田畝盡淹，室廬不保，則以荆水之爲害也。荆水，當洞庭之北，太平口一潰而澧安當其衝。陡護隄藕池一潰而中和、雷灣、南洲受其突。調弦一潰，而華容受其厄。南北會合，水勢滔天，而沅、湘下流盡成澤國。洞庭之水，如是其虐乎。故欲治洞庭者，不在于洞庭，而在于荆河。荆河治則洞庭治。所謂治病必求其源，荆河爲洞庭水患之源也。治之奈何？亦爲慎築隄防，疏通淤塞，東水之勢，順水之性，使無旁溢而已。若洞庭而無水患，則稼穡告成，萬億及秭，其功豈淺鮮哉？賡雲親歷重湖，測繪數月，隨筆所記，未敢云詳，謹就見聞所及，開方繪成一圖，並載符號，聊備查攷云爾。是爲説。

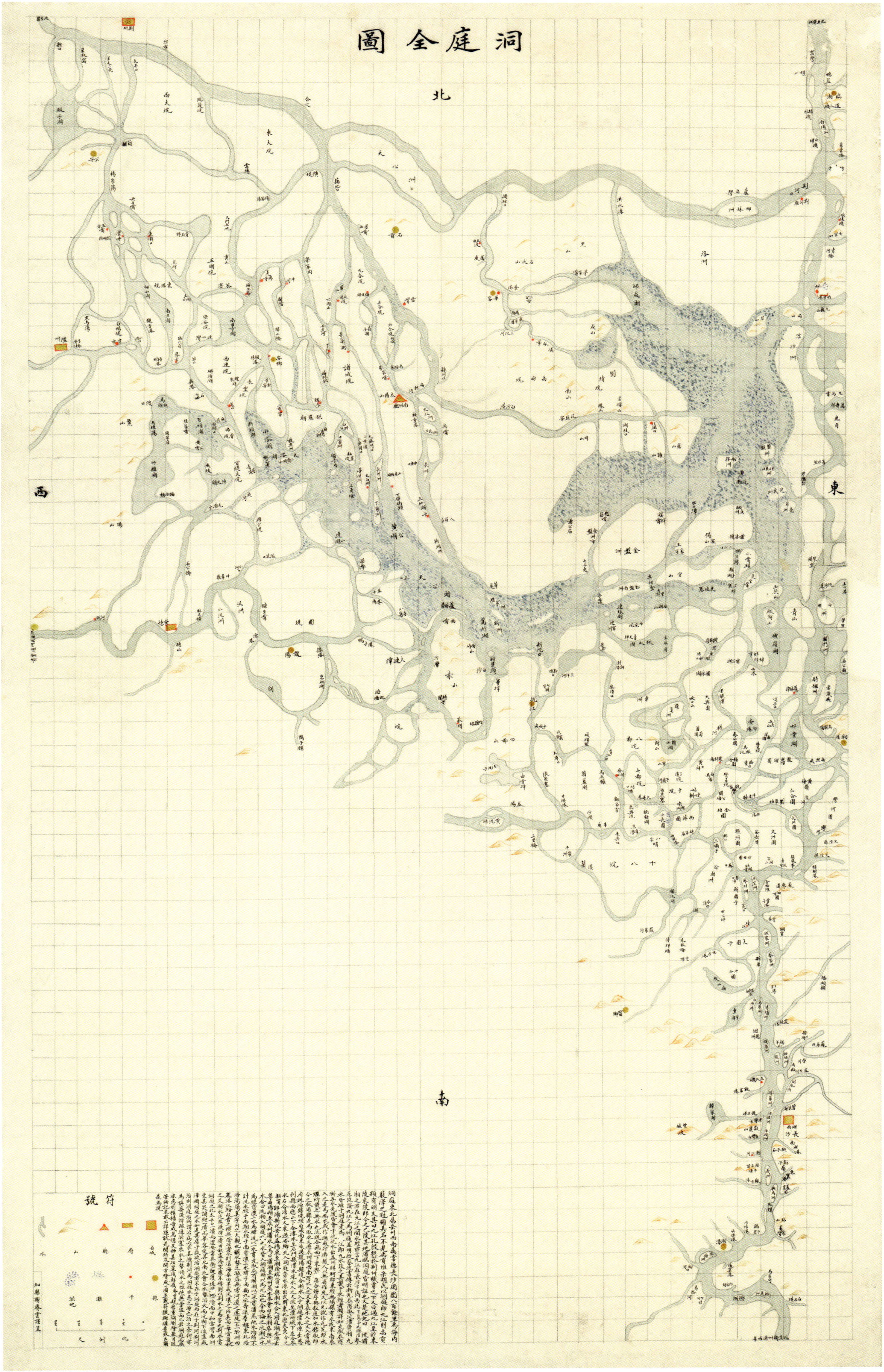
洞庭全圖
北
南
東
西
符號
省城
府
廳
山
水
縣
卡
灘
淤地
比例尺
知縣謝奉雲謹呈

洞庭

東

江漢至武
臨湘道
寨灣
螺山
鴨蘭磯
湘人藏
林攝磯
南陽洲
白螺磯
泉眷港
荊河口
荊河服
城陵磯
七里山
青河橋
岳州
岳軍港南
臨几山
烏山
浮沙洲
君山
九萬壽湖
馬首
鹿角
高沙堂
老鸛台

蘆席洲
柳林洲
洪水灘
灣
洛洲

調絃口
黑山
茅家嘴
師成湖
成山

馬股東
容華
紫港
三市分
喬墩
三泉市
三汊河
董林溝
劉績墩
鳳山
古樓山
南山
島甸
坵
白沙磯
花藍嘴客
明山
湖枝口
主藏口
團山
雛山

碧洲
娘洲娘州
桿洲
船洲
黃瓜洲
晒魚洲
武洲

光
月亮洲
東

楼琴堂
關門洲
吳公廟

萧公廟
菊喻
金洲市
七子灣
蘆南洲
金盤洲
蘆菱藏
連珠湖
迎壹
蘆尾藏

祺嘴桿
出口潭
錫山
玉方家
官山
粟禄湖
七星湖
牛尾洲
青秋坪
鐵
大水湖
彭家湖
老潭口

镇康蕭
剁刀河
猴湖
蒙坡東
小青頭
灵宫嘴
正湖
玉照山
顱湖山
横荷湖
蚌湖市
活水口
湖林團
西
漳林嘴

尾罗家洲
新洲
蕭竹湖
竹湖山
七里
新屺口
將軍頭
沙白
昌坪
郑洲
三洋河
湖
堂潭口
鹿港

志巷
沙坑港
白石洲
晉田
青山

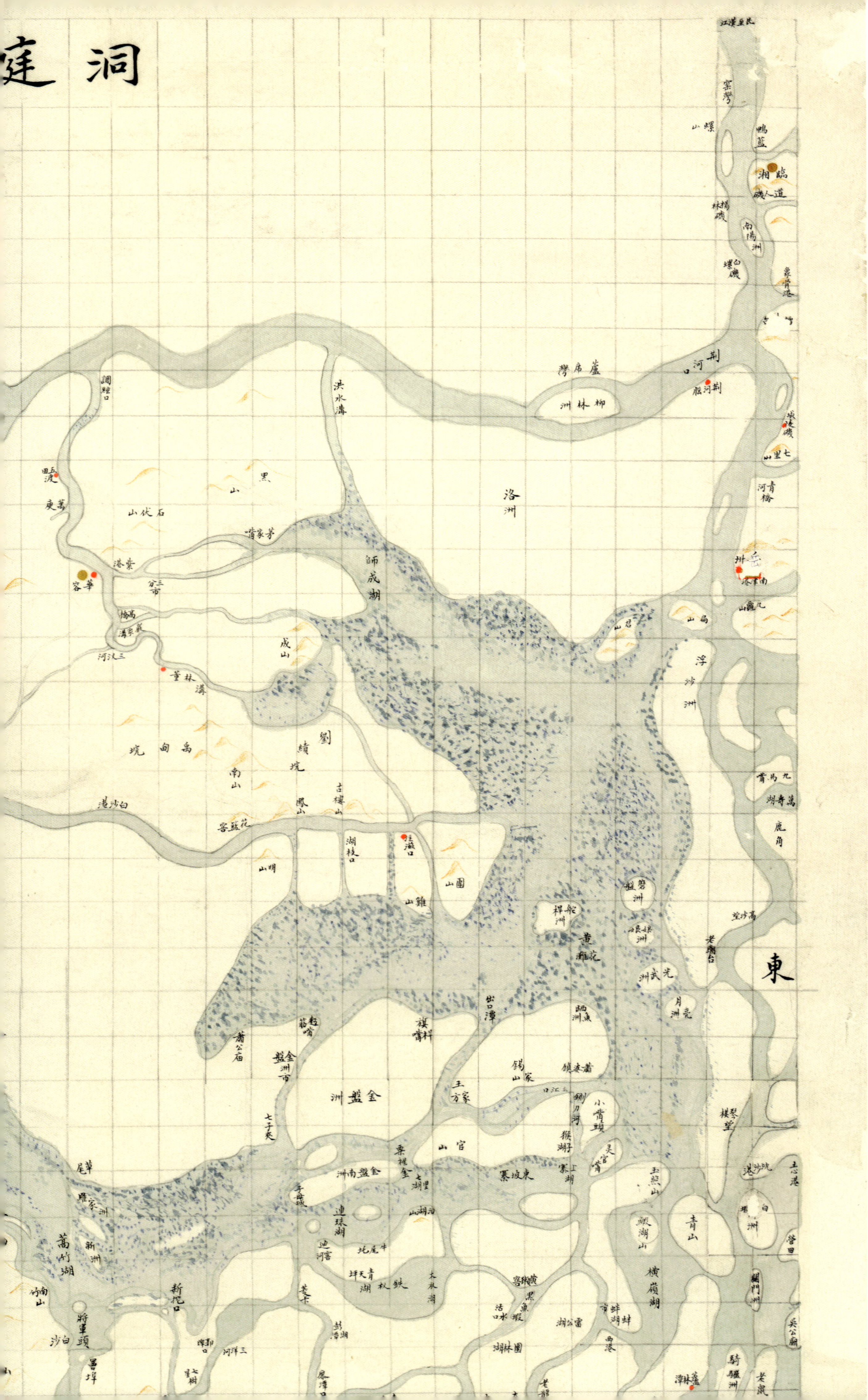

全圖
荊州
沙市
新口
岩板窩
太平口
西大垸
合穴
東大垸
瓏子湖
公安
楊家壋
天心洲
石首
五湖垸
澧州
西
陽山
常德
龍陽
黃山
南田寺湖
安鄉
諸城垸
西連垸
竹雞湖
百頭湖
黃湖
三角堤
梁家岡
九合垸
三合垸
六合垸
白楊堤
觀音港
太陽山
調弦口
石公橋
汛洲
圍堤
鴨子港
大連障
南洲
牛鼻灘

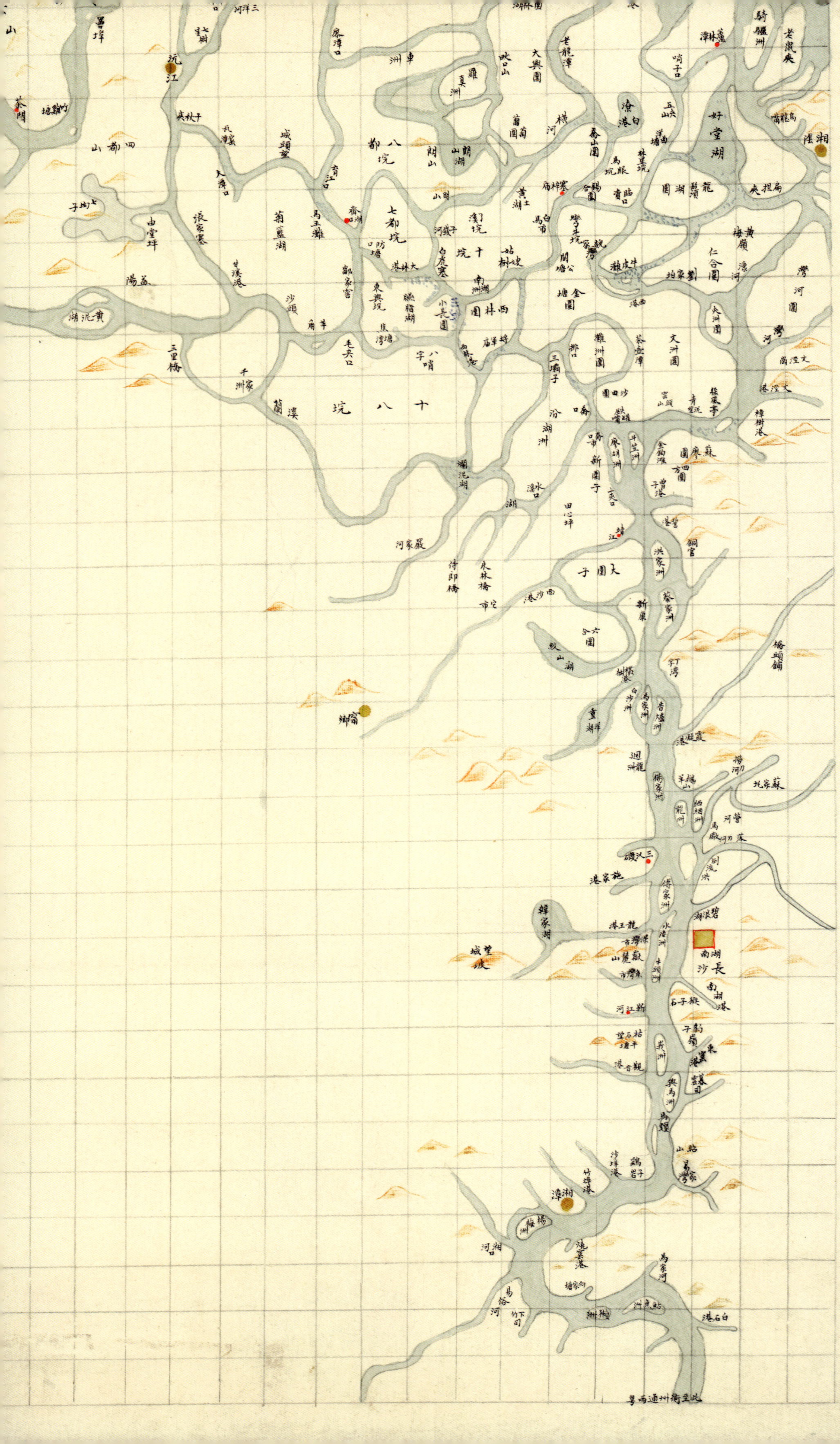
沅江
湘陰
益陽
寧鄉
好堂湖
十八垸
蘭溪
三里橋
大圍子
新康
三汊磯
長沙
南湖港
湘潭
湘河
止至衡州通兩粵

洞庭東北屬岳州西南屬常德長沙周圍八百餘里為海内藪澤之冠顧其名不見禹貢惟宋胡氏以洞庭即九江則禹貢顯有明文其曰九江孔殷敷於荊州賦貢之下又曰過九江至於東陵東陵即今之巴陵其地濱臨洞庭皆明証也又楚地記曰[illegible]陵瀟湘之淵在九江之間水經亦言九江在長沙下雋西北下雋今之湘陰參互攷證九江之為洞庭益明故蔡沈書傳云漸元辰酉敘沅澧資湘九水皆滙于洞庭是為[illegible]江即九水攷之其載于水經者頗詳如元敘辰酉漸五水先後皆會于沅沅水出益州牂牁郡東經無陽縣有水從東南來入之是為無水或作潕或作潾後人以無省作无又以无訛作元究即水經所載之無水也沅既合無而下東與[illegible]漵合按序與敘通加水作溆即今之溆浦縣是為溆水又歷辰州府西南酉水入之又東辰水入之又入常德府桃源縣境經府城南東流過龍陽縣境合漸水入于洞庭澧水源出慈利縣西歷山下合漊水至石門縣渫水淶水入之又流至澧州城下左合夲水右合澹水又東過安鄉北入洞庭資水源出武岡東北歷夫夷今之新甯邵陽新化安化益陽東至湘陰臨資口與湘水合入洞庭湘水源出粵西陽朔至永州瀟水入焉曰瀟湘至衡州蒸水來會曰蒸湘卒與沅水合曰沅湘入洞庭[illegible]九水皆入洞庭所以為九江也合而論之沅湘二水為經資澧二水為緯沅以一水貫元敘辰酉漸湘以一水貫瀟蒸他水均所不計沅水經于西湘水經于南資澧二水緯于西南九派奔流羣趨東北浩浩蕩蕩真宇內之大觀也顧水勢之漲落無常河道之遷徙不一淤洲四塞港汊紛歧昔之橫無際涯者今則滄海桑田半成沃壤之區矣而每當夏秋之交湖水泛濫隄防一潰田畝盡淹室廬不保則以荊水之為害也荊水當洞庭之北太平口一潰而澧安當其衝沅護隄垸[illegible]池一潰而中和雷灣南洲受其災調絃一潰而華容受其厄南北會合水勢滔天而沅湘下流盡成澤國洞庭之水如是其虐乎故欲治洞庭者不在于洞庭而在于荊河荊河治則洞庭治所謂治病必求其源荊河為洞庭水患之源也治之奈何亦為慎築隄防疏通淤塞束水之勢順水之性使無旁溢而已若洞庭而無水患則稼穡告成萬億及秭其功豈淺鮮哉賡雲親歷重湖測繪數月隨筆所記未敢云詳謹就見聞所及開方繪成一圖並載符號聊備查攷云爾是為說

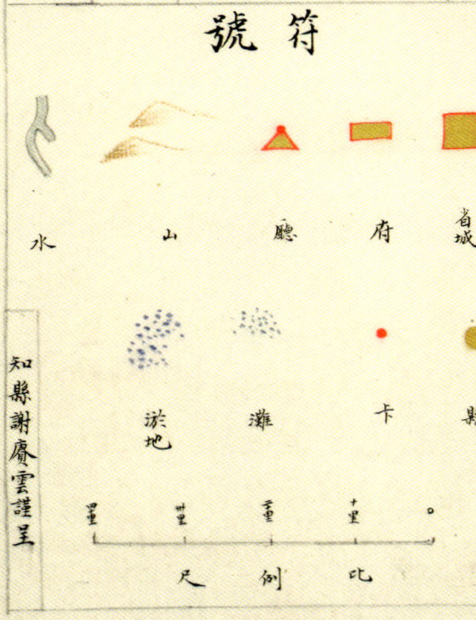

知縣謝賡雲謹呈

薊門湯泉全圖

作　者　（明）黃沛繪

年　代　明萬曆五年（一五七七）

類　型　單色拓本

載體形態　一幅

尺　寸　縱一三五厘米，橫一〇八厘米

索 書 號　237057211.421/074.2/1577

該圖鐫刻於有蓮花寶頂的六面塔幢中部的陰側三面。石幢現立於河北省遵化市湯泉療養院。

圖中方位爲上北下南、左西右東。該圖範圍：西起魏進河，東至元遺址，北起大邊城（明長城的一部分，現殘存烽火臺兩處），南至湯泉鄉村莊稻田。采用了中國傳統的寫實繪畫手法，描繪了湯泉地區的山石林泉、寺廟僧院、橋亭碑表、邊城古迹等該區域内的地形地物，大邊長城上的敵臺、鋪房、垛口、旌旗等表現得十分醒目，甚至磚石結構長城墻體的墻身和敵樓建築所用石料也做了明顯的區分，前者爲大鵝卵石，後者爲人工條石。這些敵臺和邊墻，或高聳於山巔，或扼立於隘口，圖中還繪出了垛口、鋪房、旌旗，還原了當年邊關金戈鐵馬的景象。

因歷經數百年風化侵蝕，文字圖像已漫漶不清。現存碑上能判讀識別的地圖内容有：山有七十二峰，仙掌峰、普陀山、浮圖峰、真假山等，洞石有仙舟洞、獅子石、飛來石、芙蓉石、站魚石（今圖上仍標有此石）、試劍石等，水有魏進河（今仍有此名，又稱湯河）、瀑布河、大湯池、出水池、洗馬池等，寺院有福泉寺、觀音殿，以及三處僧院、五處僧舍等，殿堂軒館有觀音殿、鐘鼓樓、賜沐堂、恩沐堂、福泉公館、聽泉館、近泉館、四時館、東館、西館，得月軒、索吟軒、蒸雲館、無垢室等，廊房廡門有書吏房、東廊房、西廊房、東廊廡、西廊廡、方丈門、東月門、西月門等，橋亭碑表有試劍橋、九新亭、水月亭、寺碑、圖記碑、雙石表等，大邊城及空心敵樓（臺）七個、元遺址等。此外，圖上還繪示有銀杏樹、竹林、稻田等。

同一石幢的陽面所刻《薊門湯泉記》記載：『明萬曆歲次丁丑夏四月望日前福浙江廣仲威總兵官定遠戚繼光撰』，『分守馬蘭路副總兵官署都指揮僉事太原白福立石，南海陳經翰書，古歙黃沛刻』。由此推斷該石刻爲四百多年前明朝萬曆年間（一五七三至一六二〇）遺物。立石人太原白福，由南海人陳經翰書，歙人黃沛所刻。

隆慶元年（一五六七），明朝廷急調抗倭名將戚繼光鎮守薊州、昌平、保定三鎮，擔任練兵都督兼薊鎮總兵，以加强京師北方邊地的防務。戚繼光雖營紮三屯，却也常駐於薊門湯泉一帶。他看到昔日刻石如林的湯泉勝地廢圮殆盡，爲保戍邊將士康健，兵强馬壯，迎接巡視邊防的朝廷命官，便動員兵役，集資修葺了湯泉勝地。隆慶五年（一五七一）春，命士卒修成休沐池。隆慶六年（一五七二）冬、萬曆二年（一五七四）至萬曆四年（一五七六）仲夏，屢次進行修葺。戚繼光親自撰寫了與《薊門湯泉全圖》同刻在一座石幢之上的《薊門湯泉記》，曰：『遵化，古屬范陽鎮。迤北一舍而遥，山麓有湯泉，甃爲湯池久矣。旁寺乃因兹而賜名福泉焉。余弱冠時部戍過之，環堵所刻如林。迨總鎮之初再至，求其片石而不得，或以授梓無有也。盖竊傷之，而徘徊不能去。且泉淤過半，亭館多簡陋，何以清游目而壯山水之奇勝哉？隆慶辛未春，命越卒修爲休沐池，皆踴躍用命，因各賭射爲觴亭，并治旁之石洞，督學御史閩中陳公記之矣。然地當邊垣土中，而兹原之廣，可容數十萬衆，就兹以便休沐。壬申之冬，大閲，少司馬新安汪公視師，制府而下，葺席以處，促膝以觴，不足以示威重。萬曆甲戌有秋，士豫乃闢亭館以待後之視師者至，而丙子仲夏告成，嚮者之至此也。……兹當范陽之狹，幸不爲之污，雖傳有蕭后遺迹，然歷金元弗著，豈非地靈之所秘者與？至我大明，乃歸中國。武宗雖游獵，未嘗興驪山之役，而賢嬪有咏，爲兹泉所藉重，則聖朝之德，其過前代遠矣。余幸士有暇力繕館以備冬狩。萬軍若挾纊免於皸瘃之苦。馬患霜雪，而疸洗之，可以騰驤將帥，幸就以休沐，非苟太平有兹哉。故拜諸大夫，命敢假日而爲之。』

關於戚繼光於萬曆年間動員駐防卒役重修湯泉之事，《帝京景物略》中也有記載。如今寺已廢圮，湯池及同時建的晾甲亭尚存。

薊門湯泉是明代邊鎮薊州的一處温泉，位於河北省遵化市西北二〇千米處的燕山叢中，馬蘭峪盆地北緣的湯泉村，其北、東、南三面山嶺環繞，草木蒼翠，景色宜人，這裏的温泉水温約五五攝氏度至五八攝氏度，每一分鐘熱水的涌流量約爲二〇〇升。它屬於淡温泉，含有鈉、氟、硫等多種化學元素，對人體的運動系統疾病、神經系統疾病、皮膚病等有一定療效，對全身機體功能有調節作用，故有『返老還童泉』之稱。

早在六世紀，著名地理學家酈道元就在巨著《水經注》中有『漁陽之北有温泉』的記述。

《遵化縣志》記載，唐太宗李世民當年東征曾駐居於此，因見士卒洗温泉浴後，療疾爽身，筋骨舒展，大有獲益，遂賜泉名爲『福泉』。又於貞觀二年（六二八）建福泉寺（湯泉寺），及福泉公館。宋遼時期，遼國的蕭太后在湯池東南山前修建梳妝樓。現存石刻明《薊門湯泉全圖》上顯示的大湯池之東的元遺址，可能即指此太后梳妝樓址。明正德四年（一五〇九），武宗巡獵駐蹕於此，并修建觀音殿，賜名『福泉庵』。清初，順治、康熙朝在此營建了規模相當可觀的湯泉行宫。《康熙起居注》上還記載，康熙十一年（一六七二）、康熙十七年（一六七八），帝后在此湯泉浴療達四五十天之久。由此可見，薊門湯泉早在唐代就已成爲一處常有帝王后妃巡幸駐蹕的温泉風景療養勝地。

該圖雖與明代專門服務於軍事目的的邊防圖、江防圖和海防圖不同，但也反映了明代邊防設施大邊城情形。該圖是一幅湯泉風景療養勝地全景圖，是對當年邊關一帶湯泉勝地全境的寫真。它不衹是風景名勝圖，也不同於一般的廟産圖，還含有行宫圖的意味，是一幅精湛的珍貴古圖。

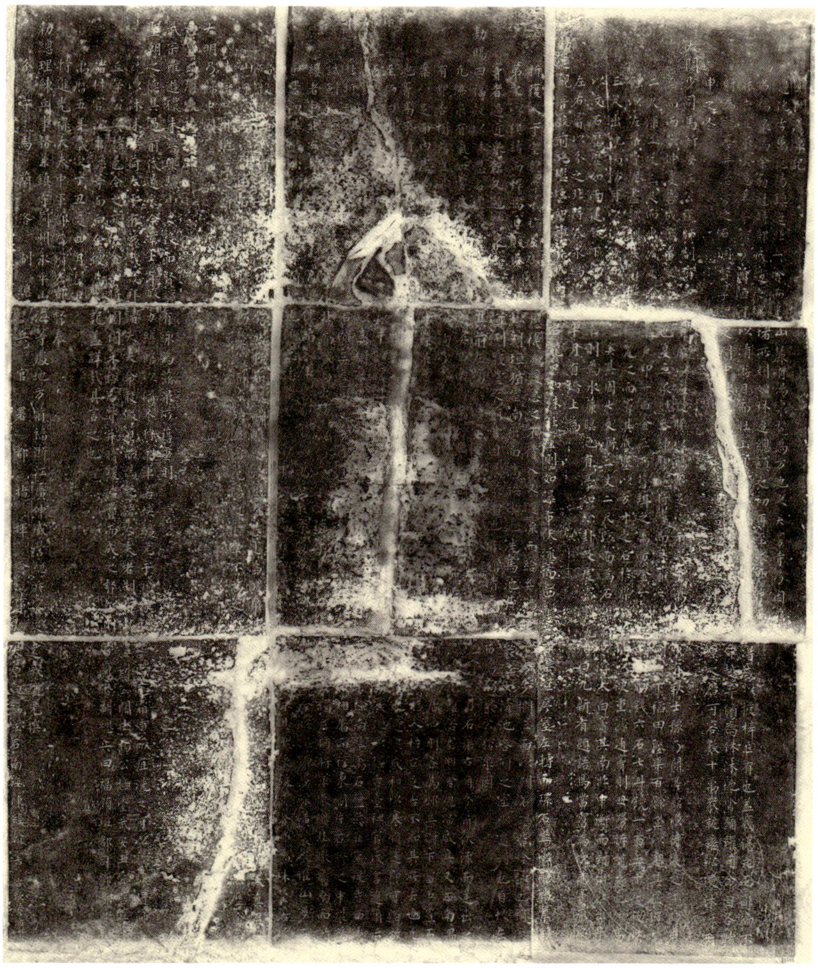

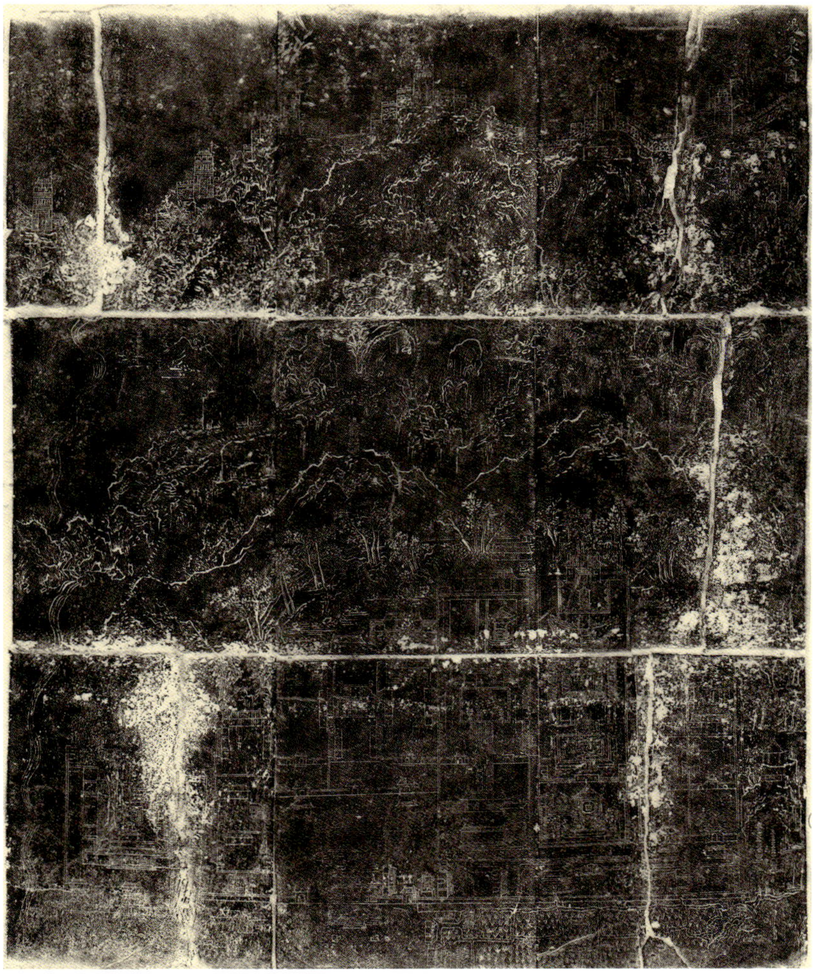

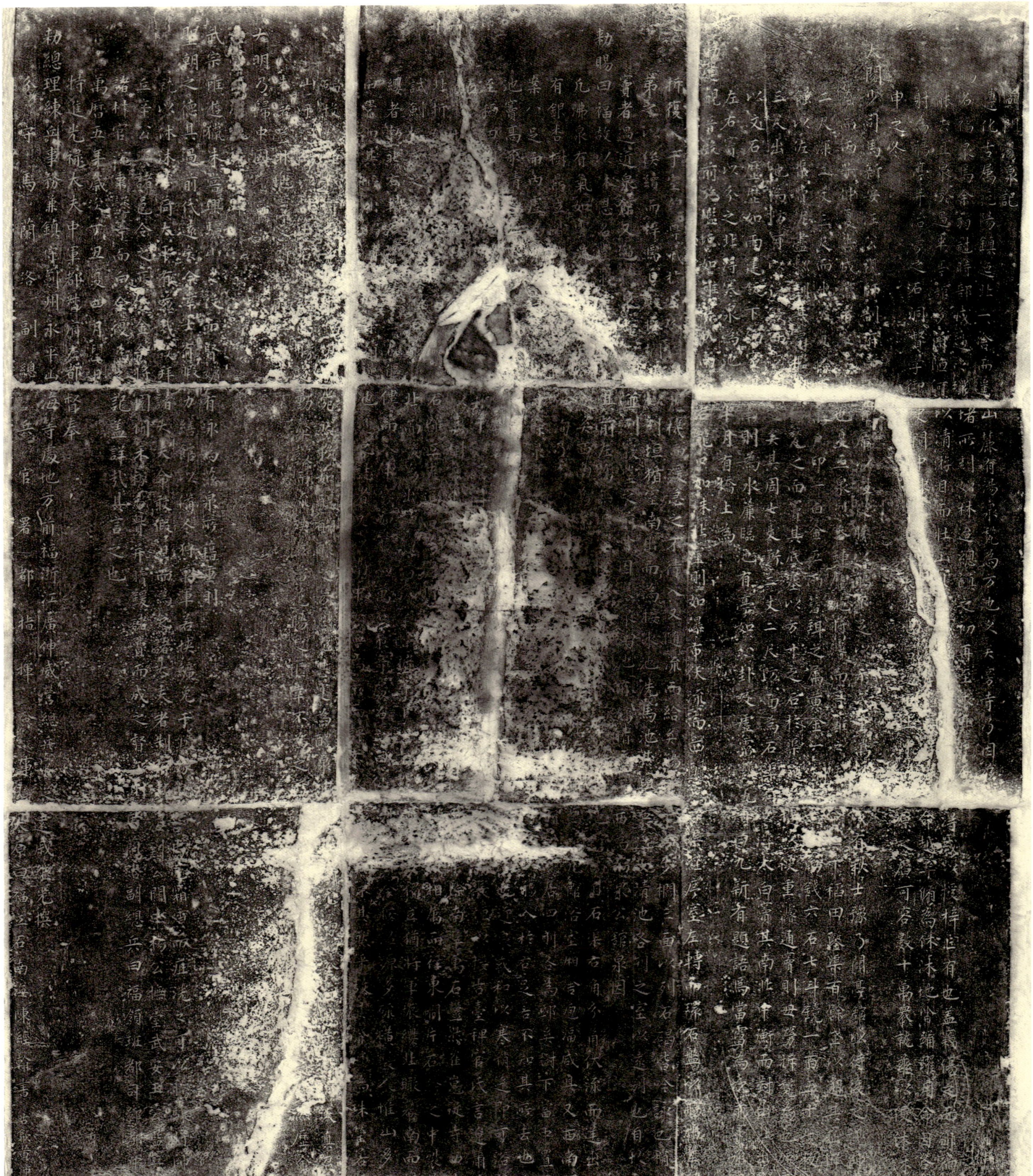

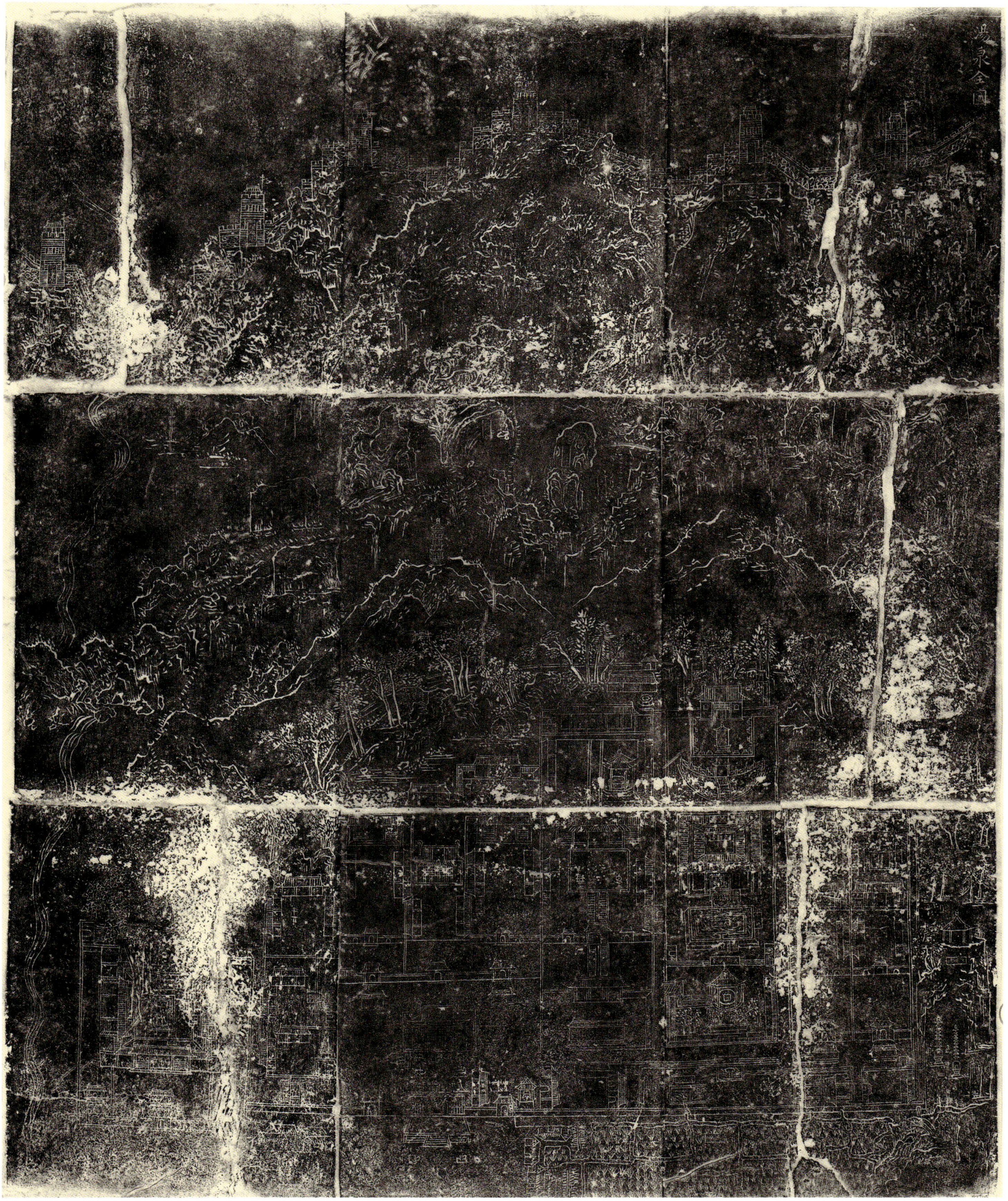
湯泉全圖

衛河全覽

作　者　（清）馬光裕編繪

年　代　清順治八年（一六五一）

類　型　單色刻本

載體形態　一册

尺　寸　每頁縱二七厘米，横一六厘米

索書號　213.002/034.315/1651

全圖采用傳統的形象畫法，繪製出衛河從太行山上的河源至匯入臨清南運河之間的河道，河道兩旁的山脉、城池、村莊、樹木，以及河道之上的橋梁、船隻。

衛河，因與南運河相連，成爲海河水系最南端的支流，又因主要流經地域是春秋時期衛國的封地，所以被稱爲衛河。衛河發源於太行山南麓，由山西省南部始，流經河南省新鄉市、鶴壁市、安陽市，河北省邯鄲市、館陶縣，山東省聊城市、臨清市，在臨清市匯入南運河，然後一路向北，最終流入海河。衛河的開發利用，始於漢獻帝建安九年（二〇四）。此時，衛河稱白溝。曹操將白溝作爲運糧通道。《三國志》記載：『曹操渡河，遏淇水入白溝以通糧道。』生活在南北朝時期的酈道元，在《水經注》中也曾記載：『清河水又東南流，吴澤陂水注之。水上承吴陂於修武縣之故城西北……西側長明溝水入焉。水有二源。北水上承河内野王縣東北界溝，分枝津爲長明溝。』這裏的『清河水』就是後來的衛河。隋朝開鑿京杭大運河，永濟渠是其中的重要部分。隋大業四年（六〇八），隋朝在清水和白溝的基礎上開鑿永濟渠。《隋書》記載：『詔發河北諸郡男女百餘萬，開永濟渠，引沁水，南達於河，北通涿郡。』從此，永濟渠成爲溝通黄河水系和海河水系的重要水道。北宋以後，更名爲御河。明清時期，開始稱衛河。

《衛河全覽》是時任工部都水司主事、衛河使的馬光裕編繪而成的。爲司濟漕運、疏浚河道，衛河使馬光裕曾親自踏查衛河流經區域的山川形勢、匯入支流、途徑府縣，并最終完成衛河河道地圖及相關圖説。根據圖説記載，馬光裕認爲衛河發源於輝縣蘇門山下搠刀泉，也就是現在輝縣市的百泉。小丹河、淇水、洹水是衛河的支流，爲衛河通漕增加水量。然而，在地圖上，河道并不是從輝縣蘇門山下搠刀泉開始繪製，而是從太行山南麓沁河和丹河的發源處開始繪製。圖上河道從右至左，依次展開。畫面始於太行山南麓，止於臨清州衛河與運河交匯處。（案：册頁長卷圖，没有固定的方位。衛河實際是從西南流向東北。）從圖上看，沁河發源於沁州，丹河發源於澤州境内。丹河在太行山南麓分爲兩支。一支在懷慶府河内縣附近匯入沁河。沁河又向東經武陟縣，注入黄河。另一支小丹河是衛河的支流。小丹河流經清化鎮、寧郭驛、修武縣、獲嘉縣、輝縣。在和合鎮附近，匯入衛河。小丹河入衛河後，變得河道寬闊、水量充足。圖上清晰可見往來於河道上的零星船隻。此後，衛河流經新鄉縣，衛輝府汲縣、淇縣。在新鎮附近，淇水匯入衛河。又經滑縣、浚縣、湯陰縣、内黄縣、彰德府安陽縣。在安陽縣下游河道，洹水匯入衛河。後又流經大名縣、大名府元城縣。在元城縣附近，河道變寬，圖上可見三船并排的水運場景。衛河流經小灘鎮，可見河道兩側有存儲糧食的米廠。小灘鎮是明清時期河南漕糧交兑的重要地點。在小灘鎮下游河道，停着大量運輸糧食的貨船。衛河河道上的各種船隻，帶着漕糧順流而下。經過館陶縣，最終在臨清州外城，匯入南運河河道。地圖至此爲止。

《衛河全覽》卷首有明末清初理學家孫奇逢寫下的《叙衛河圖説》、衛河使馬光裕寫的《衛河圖説小引》《衛河圖説》《小丹河圖説》《淇水圖説》《洹水圖説》，圖末卷尾另有張肇昇的跋文。順治八年（一六五一），馬光裕治衛期間，曾將自己在共城的田宅贈與名儒孫奇逢。馬光裕以進士身份入仕。一介儒生傾力治水，這與明末清初興起的『實學』風氣完全吻合。宣導『實學』的名儒孫奇逢，看到馬光裕躬行實踐的經歷，於是《衛河全覽》就有了名儒孫奇逢的題説。《衛河全覽》的刊刻，與清初流行的『實學』思想有關，更與衛河在明清運河中的歷史地位密切相關。時至今日，《衛河全覽》仍是我們研究明末清初運河水道的珍貴史料。

衛河全覽

敘衛河圖說

予丙寅遊京師一時士大夫相戒勿言朝政因而自棄其職掌鄙者薰灼利路高者浮慕禪心兩者皆譏識者早憂其治功之日隳也夫

國家設官分署各有所司人人修明職掌而治定功成千古不易水部玉銜馬先生奉

命蒞衛源其責任以水道之疏壅爲職掌之修廢一日謂予曰衛河發源百門受丹淇洹三水千里流注以達於漕助飛輓之洪波爲

國家之急務但前此受事之人以蒞任未久體統未立俱未及留心爲圖爲說令當事者無所考豈修明職掌之意乎予曰先生知所重矣疏鑿排瀹明德甚遠莫謂泠署閑曹無關緩急也先生於是躬自涉歷崎嶇千餘里周廻審視携畫工繪而爲圖凡河渠所經山川道里橋梁林墅曲折詳細畢具又按圖各著爲說俾觀者一覽如指掌且嘿寓疏導之方歸以圖與說示予予曰先生知所重矣在河言河道固應爾然全體大用已於一河見其端先生醇儒也道韵素心於應事接物間無不一一中窾予知其識定萬變不能淆其氣沉萬慮不能亂有用之學猶有泉之水出之不窮酌焉不竭豈可以尋常涯岸測哉行將以修明一已者與內外大小臣工合而共修明之可以經國可以經世明珠在前有目者共寶又何俟予言

歲寒老人金容孫奇逢題於共城之留雲舍

衛河圖說小引

光裕襪線微材甫登仕版隨受

簡書於是乎有衛之役衛無錢穀關稅無讞决案牘綮惟疏濬是司濟漕運也弗躬弗親譬盲之捫鑰鮮克悉其情形矣考亭釋格致謂卽物窮理因所學知服官匪曰優游苙昧遂稱任使也乃廼相泉流廼勤胼胝蘇門而下溯源而上逕流曲折無不畢到西歷單懷底績之境而鄴郡天雄足跡遍及焉或步河干或穿石渠衛丹淇洹由源以逮委者十得五六矣考之志乘詢之故老佐聞見所未逮繪圖而謬爲之說庶幾在河言河少資觀覽云爾

昔

順治辛卯仲冬之長至日

衛河使者安邑馬光裕謹識

衛河圖說

衛河發源輝縣蘇門山下搠刀泉泉通百道故名百泉詩曰毖彼泉水又曰泉源在左即此其泉湧自山麓石竇及平地仰噴纍纍若貫珠滙為巨陂淵渟數百畝乘春初農隙督閘夫增修堤岸淘去沙石蓋澄其源也由是雙流東瀉一橋如東名曰雙溪橋又名曰馬家橋過橋復分兩股南股經仁字閘北股經義字閘至大橋合流即普明橋也南為禮字閘又南智字閘又南信字閘五閘視啓閉為諸洩通漕灌田

朝與野咸利賴焉非時盜决者有禁迤前為雲門橋輝米登舟於兹焉始水勢屈曲至合河鎮凡三十里此衛水受小丹處也稍紆而東逕流新鄉縣北門民樂橋歷河透曲里二村落凡六十五里昔人建議挽沁入衛以殺黃河之勢識者謂沁水猛漲衛水淺狹大小之勢不敵則淹沒之害難免其患不專在新鄉衛輝而貽患於漕矣此說之難行者也東流經賀生屯灝衛輝府西門有德勝橋焉流至西馬頭村歷盧家板橋過淇門雙鵝頭凡一百四十五里淇水西來入之繼東北流逕新鎮石羊李家道口柴家灣出滑縣地界由八里井周口村環大伾浮丘山前過濬之西門雲溪橋出童山白寺善化諸山河岸分東西濬縣西湯陰也由屯子馬頭北泥灘口至五陵固凡一百七十五里又延袤北流逕韓西口草城村賓公集入內黃縣界歷焦家庄潭頭口至固城鎮凡一百四十里直趨運陽寺

必督春鋤從事乃克順流東注抱許良由劉綦二橋折而南繞清化鎮復東流至金墻村凡四十里又稍折而北紆曲東行歷南謝村凡三十五里環修武城至司家橋凡五十里逕獲嘉縣北迤邐而東至三橋凡四十里達新中合河鎮三十里有奇入衛水此小丹河渠資益漕運者也或曰旱則虞其涸也澇則虞其溢也夫障而疏之存乎人耳昔文潞公謂决溢非天災當事者尚三復斯語

洪水圖說

按水經云淇水出林慮縣大號山東北流逕淇陽故城即今浪子城也遶孔尖山後東流十里許至臨淇鎮呂兒庄合洪泉之水逕荷花村至合河口淅水入焉又流至萬泉山衆流如蚓悉會之自石門寺至黃花營峭壁奇峰攀緣幾絕而水之紆曲蜿蜒隨山側轉迤將軍墓凡四十里東流小姑塔下圍盤石頭近嫂嫂塔復屈而南至卜尖山凡三十里縈洄出谷至高村浮橋距淇縣八里東注薛村口入衛

洹水圖說

洹水出上黨洹氏縣洹山春秋左氏傳曰聲伯夢涉洹水是也發源於山洑而再發過隆慮平地涌出初甚微小至安陽縣界泉脉漸大則溯洹水者當自安陽之善應村始泉如綴星噴湧成川至方山多細流赴之抵高平村漫水橋北流迤邐至固縣村有水一泓為珍珠泉逕水冶鎮西來與洹水合東流至鄴城之北過涼背喬

楚王集至甘家庄又衛水受洹水處也北至張兒庄凡一百二十五里至此丹淇洹三水皆入衛水衛水始專爲一以通漕矣又東北流驫櫓相望逕大名縣南寺南村由曹家堤逯家堤繞元城縣南抵龍王廟曹家道口凡九十六里順流而下自趙家站注苑家灣趨岔道店穿小灘鎮而鎮爲聚米之所中州漕糧十三萬有奇自此開幫北行則小灘一都會也歷横堤村草廟善樂營凡七十三里過此入山東界由遷堤及枰鈎灣南舘陶黃花台舖東帶舘陶縣至尖塚舖流入臨清外城南水口而各閘支分矣汶水從東南來與衛水合其閘善人橋小閘天橋問津橋由工部東橋入北水口若磚閘鈔關橋板閘由工部西橋入北水口而衛河分理止於此南北數百萬漕粟從此達天津抵通州飛輓

帝京所關軍

國甚鉅理河者不憚胼胝日汲汲惟疏濬是務若藉口涓滴不足助

高深而以委頓溺職謂

簡書何竊懼三褫所不免矣

小丹河圖說

覃懷東北十餘里丹河在焉源出山西澤州界内穿太行名曰丹口南流三十里入沁河沁源亦出山西沁州綿山穿太行達濟源逕武陟入黄河其流湍駛而瀕城遞駛則善齧而遍則爲害也乃若小丹河分丹口之水别爲一支石閘斗門而下涓涓如綫每值秋霖漲泛壅以沙石

歷永稚鎮至伏恩村入衛河凡紆曲九十里或曰洹氏縣在澤州高平然無洹水盖邑遷改不常天下之水皆自山出有洑數百里乃發者淄沔之合古人能嘗而知之洹水洑發於隆慮浸發於安陽亡可疑矣

爰夫水註酈經瀆銘褒製榮光靈草渙出江萟耨達板桐遠稽梵典至于上俾

國略或匪訏謨下澤民生有憖康濟兹讀馬先生衛河圖説抉泒撥源履疆陟巘寫丹淇洹之紆折朗若列眉立功德言之偉哉歎寧拊掌艮繇先生虚懷谷王比德川涵植梅東閣香沁塵緜酌水石門韻饒蟎杓櫛効珍修貢之秀爲朝宗委壑之編司農借爲艮籌下吏奉以從事昔吾鄉三原王公端毅志河有書太原王公德華理漕

有紀合此可嘗鐺脚後先會躋鼎鉉昇問馬荒曹跡流末屬挈瓶何智荷枌榆之廣陰望洋自驚仰璣鏐之鉷列授之剞氏贅以蕘言附大雅者不朽挹龍門濺沫足鬬坳堂續太空者難工竭蟬緌露吟無資劒吷云

有鄰河臣張肇昇謹跋

懷慶府
河内縣
丹河入沁
許良村塢
秦家橋
劉家橋
丹河口
小丹河
沁河源出山西沁州綿山穿大行
太行
丹河源出山西澤州界内
孫登祠
嘯臺
聖人殿
關帝廟
呂祖祠
三仙洞
貢院
九山
獲嘉縣
三橋
司家橋至此凡四十里

武陟縣
沁水東流入黄河
木欒店
南謝村
金墻至此凡三十五里
修武縣
司家營
南謝至此凡五十里
寧郭驛
小丹至此凡四十里
禮字閘
大橋又名善明橋
仁字閘
義字閘
輝縣
馬家橋又名雙溪橋
搠刀泉
噴玉亭
清暉閣
洗心亭

新鄉縣
民樂橋
河透村
合河鎮
雲門
信字閘
智字閘
大伾山
浮丘山
滑縣
八里井
周口村
宜溝驛
新鎮
李家道口
石羊村
柴家灣
淇水入衛
薛村口
浮橋
高村
黃花營

盧家板橋
淇縣
荷花村
合河口
淅水
淇河

西馬頭
洪泉
呂堡
臨淇鎮係林縣地方在縣東南八十里

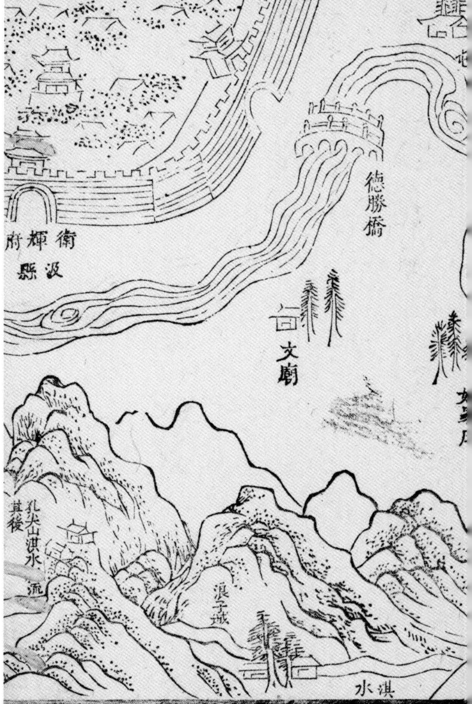
衛輝府
汲縣
德勝橋
文廟
孔尖山淇水流其後
浪子城
淇水

焦家庄
內黃縣
豆公集
潭頭口
源水頭
方山
洹河

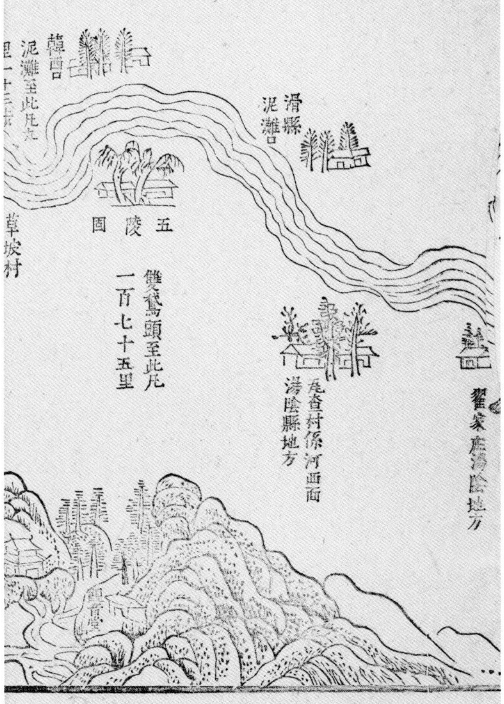
韓固
泥灘至此凡九十三里
滑縣泥灘口
五陵園
草坡村
雙鸞鳥頭至此凡一百七十五里
五查村係河西面湯陰縣地方
翟家庄湯陰地方

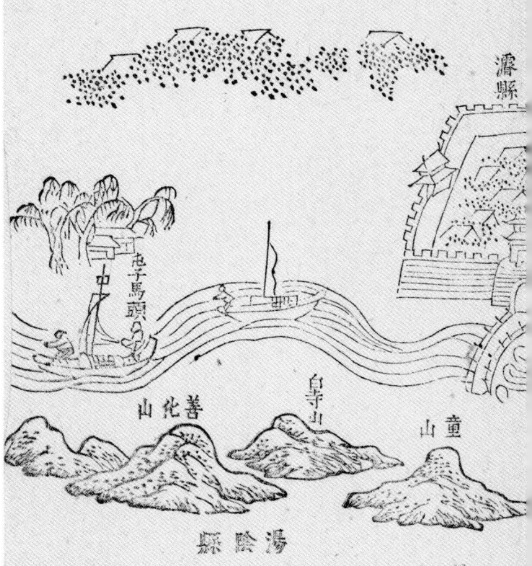
濬縣
屯子馬頭
善化山
白寺山
童山
湯陰縣

井家庄
伏恩村
洹水入衛河
善應至此凡九十里
小韓村
水亭

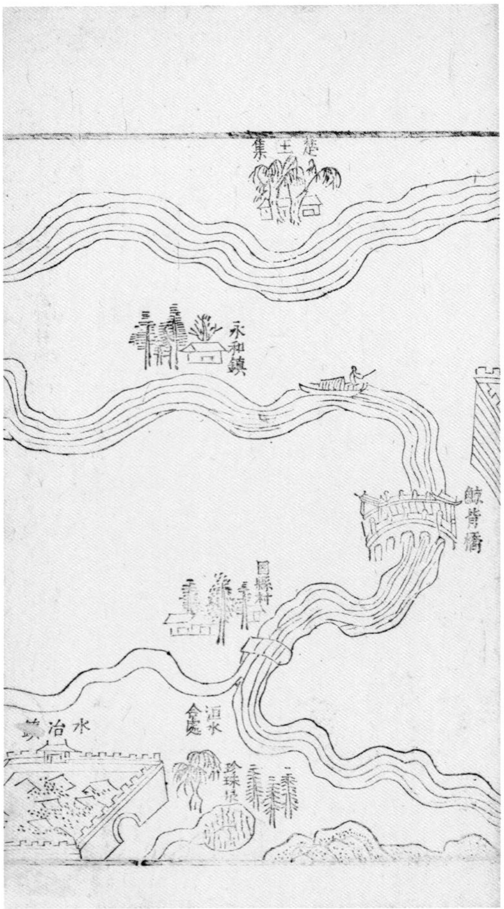
永和鎮
水冶鎮
珍珠泉

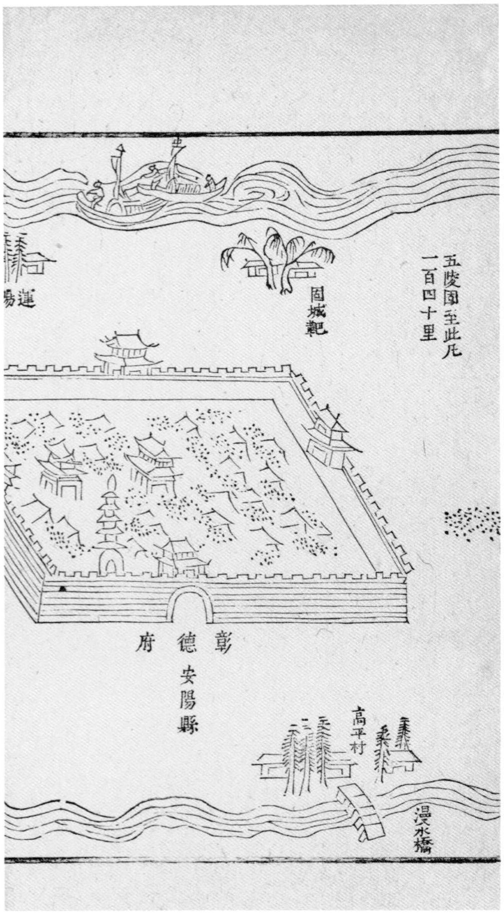
五陵岡至此凡一百四十里
彰德府
安陽縣
高平村

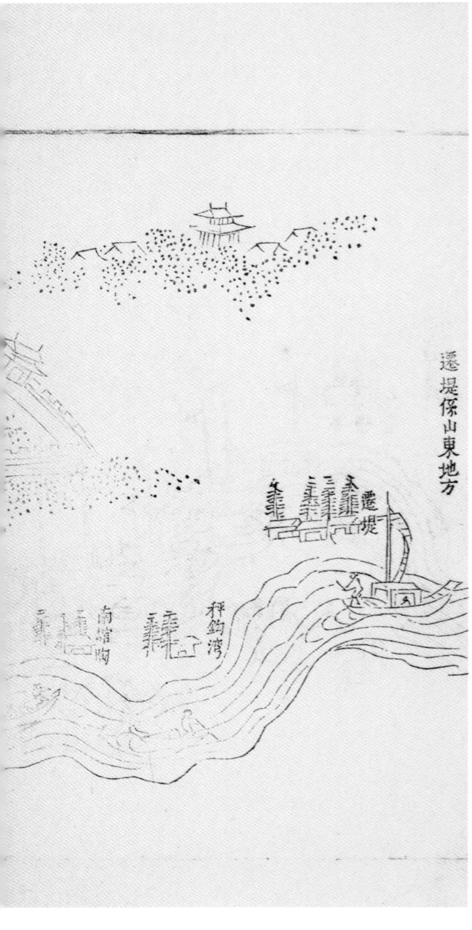
遷堤係山東地方
遷堤

趙家站至此凡七十三里
善樂營
草廟
横堤村

十七

小灘鎮
東河
東米廠
西河
西米廠

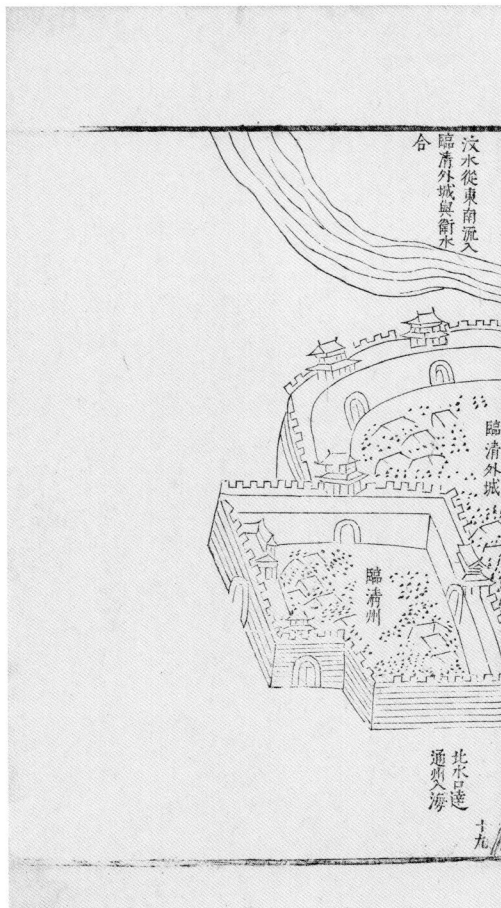

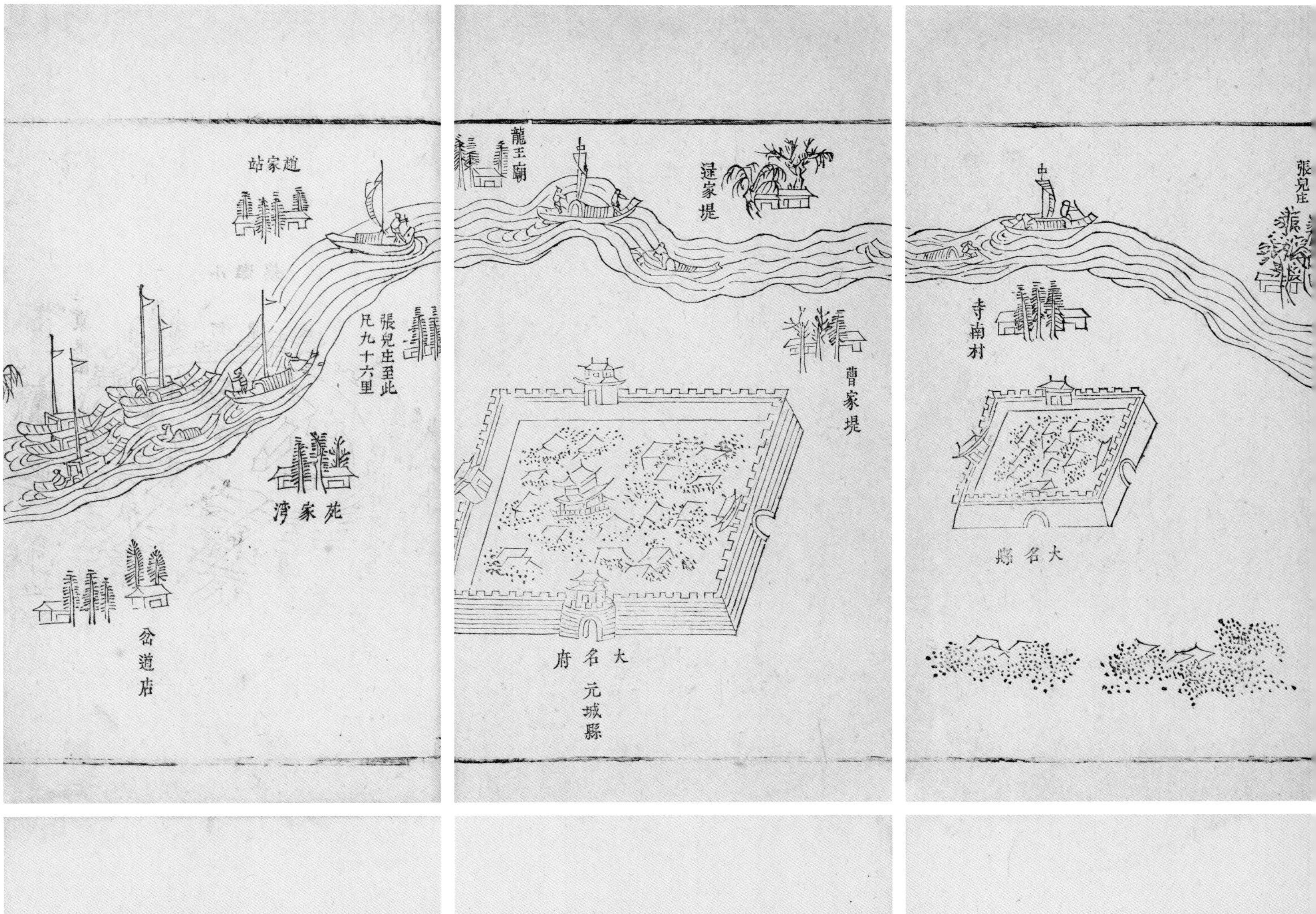
趙家站
張兒庄至此凡九十六里
苑家灣
岔道店
龍王廟
逞家堤
曹家堤
大名府
元城縣
寺南村
大名縣
張兒庄
汶水從東南流入臨清外城與衛水合
臨清外城
臨清州
北水口達通州入海
十九
東水口
善人橋
小閘
天橋
問津橋
鈔関橋
磚閘
板閘
南水口
白廟鋪
衛河
郭家鋪
吊家橋鋪
尖塚鋪
邊堤至此凡一百二十里

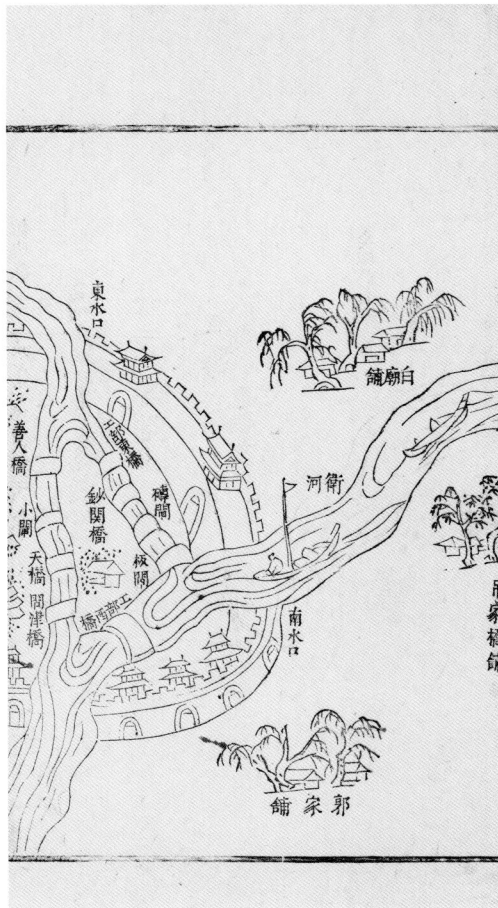

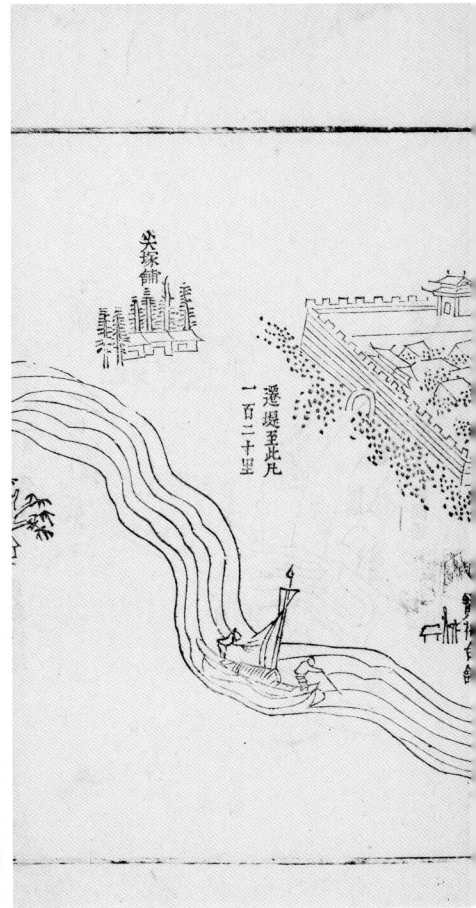

則靈潭圖

作　　者　不詳

年　　代　清光緒年間

類　　型　紙本彩繪

載體形態　一幅

尺　　寸　縱六九厘米，横九二厘米

索 書 號　20.124/074.2/1899

地圖采用傳統形象畫法，繪製現在位於北京北部密雲區燕山山脉上的風景名勝——白龍潭。相傳自漢代應龍致雨之説出現之後，人們就在白龍潭修建龍王廟，取名白龍潭。而白龍潭就是圖名中的『則靈潭』。明清時期，人們引用唐人劉禹錫在《陋室銘》中的名句『水不在深，有龍則靈』，將此潭命名爲則靈潭。則靈潭的東北方向，距離古代先民從華北平原前往東北平原和北方草原的重要關口——古北口約五十里，距離清代京師通往承德避暑山莊的御道約十餘里。所以，地處華北平原與燕山山脉交界山麓地帶的則靈潭，是清代帝王往來京師與避暑山莊的必經之地。於是，清代將皇家行宫修建於此。由於地處交通要塞，又有龍潭山的山靈水秀，奇峰叠潭，則靈潭早在成爲皇家行宫之前，已經成爲往來行人的主要落脚點。此處建築經過元、明、清的修建，纔形成後來的規模。宋遼對峙時期，文人蘇轍奉命出使遼國。在他所到之處，曾留下許多著名的詩篇。蘇轍途經則靈潭時，看到山峡秀色，曾寫下『白龍晝飲潭，修尾掛石壁。幽人欲下看，雨雹晴相射』的詩句。『白龍』與『幽人』，讓人聯想到京北白龍潭優美的自然風光。明代，退迴到燕山以北的韃靼、瓦剌成了明朝北方邊境上的心腹之患。修長城、築雄關、守京師成爲京北邊防最重要的任務。古北口，作爲燕山谷道的軍事門户，在明代曾大量屯兵守衛。光緒年間《重修密雲縣志》記載，明末兵備道許如蘭曾在古北口負責轄區守衛。在此期間，許如蘭也曾游覽則靈潭，并寫下《咏則靈潭》詩：『應龍卜宅豈尋常，天水爲簾玉作房。青鎖甲穿銀骨冷，白玻璃合夜珠光。心嫌瀚海風波急，身借重淵歲月長。游戲不倫摇尾事，屈伸姑樂水雲鄉。』這首詩描寫了守關將士看到的景色，同時反映了當時將士的心情。則靈潭與古北口，雖有一段距離，却分享着共同的歷史記憶。

《則靈潭圖》對則靈潭的描繪，更多反映了則靈潭在清人心中的印象。畫面近處是則靈潭，左下隅畫密雲縣城，遠處是石匣鎮和古北口。根據畫面構圖推測地圖的視角，是由靠近則靈潭的西南向東北方向遠眺。畫面主體是居於右側近處的則靈潭。山脚下由兩進院落組成的行宫。行宫正殿牌匾寫着『至大至剛』四個字。從行宫旁道路逐級而上是龍泉寺。從龍泉寺再向上登頂，是則靈潭建築群的至高點五龍祠。五龍祠前石牌樓上有乾隆皇帝御筆題寫『石林水府』的字樣。從五龍祠順山路而下，途經潭水壩，又有乾隆御筆題寫『飛聖境』『則靈潭』的字樣。潭水順山勢在奇石之間流過，形成自上而下的三池潭水，分别貼紅簽標注『頭潭』『二潭』『三潭』。畫面中間是綿延不斷的燕山山脉。遠方清晰可見明代長城，并貼簽標注『邊墻』。山間谷地是與長城相連的古北口關。畫面左上角，另繪明清時期潮河河畔的石匣鎮古城。這裏既是關内外貿易集散地，也是軍事重鎮。則靈潭、古北口、石匣鎮之間，用紅色短綫標繪道路。這條道路就是清代連接京師與避暑山莊的御道。

清代晚期，途經則靈潭的道路，仍是連接燕山南北的重要通道。從畫面精細程度和圖上貼簽標注的形式來看，這幅地圖很可能是光緒年間官繪的名勝地圖。後來，隨着密雲水庫的建成，地圖上繪製的石匣鎮周邊區域被淹没在水下。值得慶幸的是，通過《則靈潭圖》，我們仍然可以『遠眺』曾經繁忙的古老御道。

則靈潭圖

五龍祠
大佛殿
石橋
迎凉處
飛聖境
則靈潭
頭潭
二潭
三潭

古北口
邊墻
石匣鎮
密雲縣

湖南西路常辰沅靖河圖

作　者　（清）李洪斌繪

年　代　清光緒年間

類　型　紙本彩繪

載體形態　一幅

尺　寸　縱五七厘米，橫九五厘米

索書號　226/034.315/1906

本圖采用傳統形象畫法，描繪匯入洞庭湖的兩條支流——沅江和湘江，且對兩條支流流經的山脉、平原、各級治所、水師駐防等情况均有細緻標繪。

沅江，發源於貴州省東部苗嶺山脉斗篷山，向東流入湖南省。河道在湖南境内主體呈西南—東北走向，最終在沅江縣注入洞庭湖。沅江流經湖南省西部的懷化市、湘西土家族苗族自治州和常德市，成爲湖南省域範圍内第二大河流。沅江流經湘西地區，當地地形以山地爲主，苗族、土家族等衆多少數民族聚居於此。因山川形成天險，故當地交通不便。沅江因水量充沛，沿途又有舞陽河、辰水、武水、酉水等支流匯入，所以形成了一張深入湘西山區的水路網。因此，沅江成爲湘西地區最重要的水路交通幹綫，將湘西山區與湘北平原『八百里洞庭』連接起來，并通過洞庭湖，與湘江下游相連，由此形成溝通湖南東部腹地與西部山區的水道。因此，以長沙爲中心的湖南東部，可以通過水路，直接通往湘西地區。

明清時期，沅江水路的重要性便已顯見。此處地形險要，土匪出没，嚴重影響到水路通航安全。正因爲如此，爲保證水路暢通，沅江沿岸的軍事防御就顯得尤爲重要。《湖南西路常辰沅靖河圖》就是描繪這一區域的河道地圖，同時也是描繪沅江江防的軍事駐防地圖。地圖所繪的區域，以洞庭湖爲界，右半部分展現的是沅江所流經地區的山川與建置，左半部分展現的是湘江下游湘潭至洞庭湖的山川與建置。除山川地貌和行政建置之外，沅江沿途水軍駐防情况是這幅地圖標繪的重點。這幅地圖遵循上南下北、左東右西的方位。從地圖上看，沅江發源於地處貴州的山脉之中的清江河。清江河與靖州河匯流形成沅江。沅江在黔陽縣附近與舞水相匯，水量大增。黔陽縣以上河流，爲沅江上游。沅江經洪江市有巫水自南流入，經桐灣有溪河流入，經漵浦縣江口有漵浦水流入，經辰溪縣有麻陽河（辰水）流入，經瀘溪縣有武水流入，經辰州府城有酉水流入。黔陽縣至辰州府城段，爲沅江中游。沅江下游經桃源縣、常德府注入洞庭湖。凡沅江與支流交匯處，都是水師駐防重點，設置駐防汛地，布設長勝水師。在圖上，湘江入洞庭湖河道沿途的山脉河流支叉均已繪出。這段河道不是地圖標繪的重點，所以并未標注相關江防設施。

圖上另有紅簽圖説一則：『此圖東溯湘江，南由沅水，各河港汊，均會洞庭，今將長勝水師駐防汛地，自常德府下卡起，上至沅州府河與貴川玉屏縣交界止，西至永順河岔灘，南至靖州河托口止，共三十汛。内護木關厘卡十三處，縱横水程一千二百餘里。謹繪草圖以備查考。李洪斌呈。』説明了地圖所繪河道、四至以及軍事駐防情况。顯然，這幅地圖是光緒年間官繪的軍事河道地圖，隨相關文書一并上呈。地圖的編繪者李洪斌，爲光緒年間湖南補用都司。《清實録·光緒朝實録》記載：光緒二十一年（一八九五）八月，湖南補用都司李洪斌曾借調參與北洋水師事務。李洪斌作爲清代湖南布政使司的緑營武官，在參與北洋水師事務之前，曾在沅江軍事駐防中，積累了豐富的水上軍事經驗。《湖南西路常辰沅靖河圖》就是他在沅江駐防期間的重要成果。《湖南西路常辰沅靖河圖》是我們瞭解清末沅江和湘江下游河道的重要地圖資料，同時也是瞭解清末湖南河道軍事駐防的重要地圖資料。

此圖東湖湘江南由沅水各河港汊均會洞庭
今將長勝水師駐防汛地自常德府下卡起上
至沅州府河與貴州玉屏縣交界止西至永順
河眾窑灘南至靖州河托口止共三十汛內護
木關釐卡十三處縱横水程一千二百餘里謹
繪草圖以備查考李洪斌呈
長沙府治
常德府治
辰州府治
沅州府治
洞庭湖

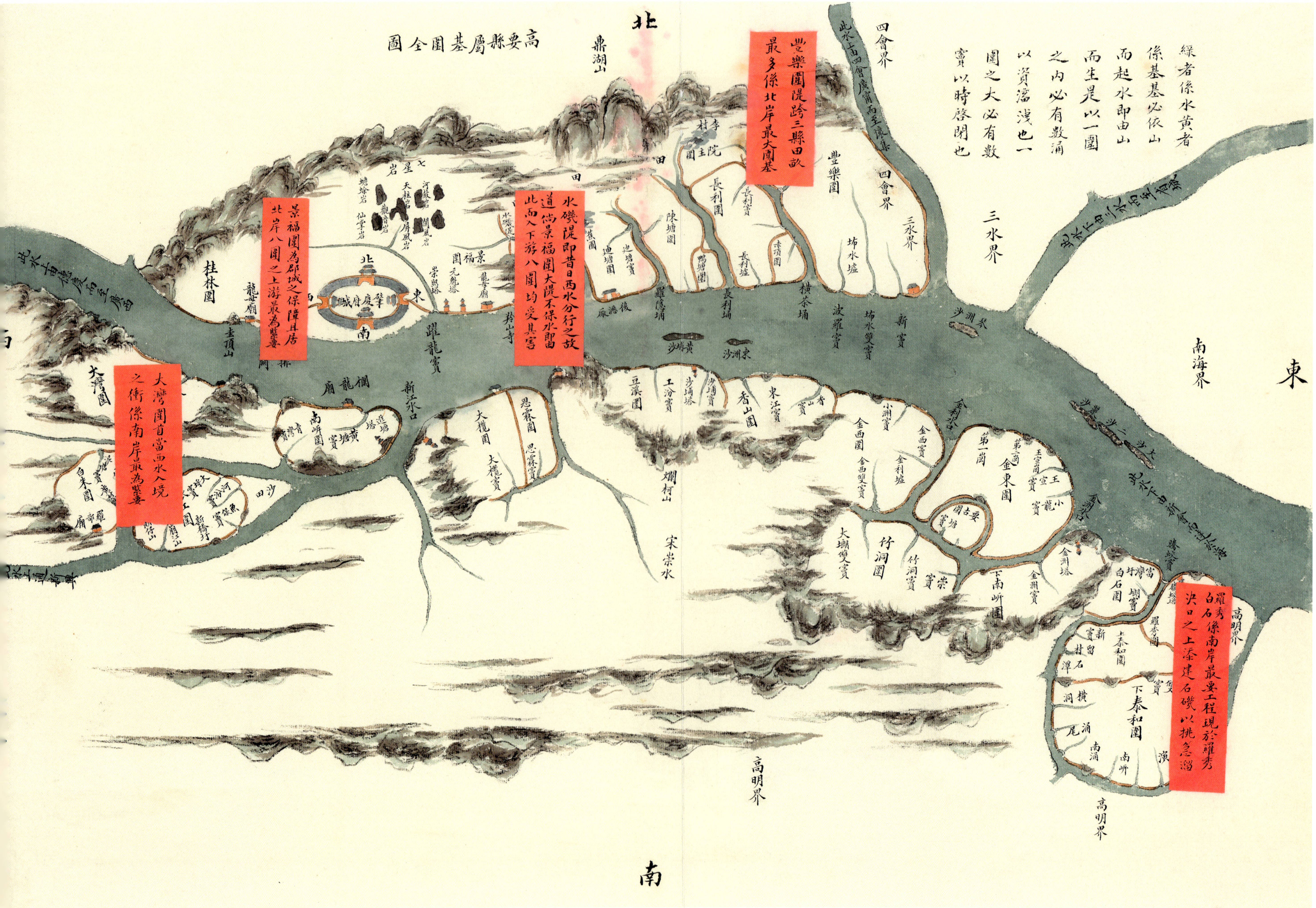
高要縣屬基圍全圖
北
南
東
綠者係水黃者係基基必依山而起水即由山而生是以一圍之内必有數涌以資瀉洩也一圍之大必有數竇以時啓閉也
豐樂圍隄跨三縣田畝最多係北岸最大圍基
水蠏隄即昔日西水分行之故道淌景福圍大隄不保水即由此而入下游八圍均受其害
景福圍為郡城之保障并居北岸八圍之上游最為緊要
大灣圍首當西水入境之衝係南岸最為緊要
羅秀白石係南岸最要工程現於羅秀洪口之上添建石磯以挑急溜
三水界
四會界
南海界
高明界

高要縣屬基圍全圖

作　者　不詳

年　代　清光緒末年

類　型　紙本彩繪

載體形態　一幅

尺　寸　縱三一厘米，横四九厘米

索 書 號　233.511/034.315/1908

全圖采用傳統形象畫法，繪出清代晚期肇慶府治所在地——高要縣的河流、山脉及基圍修建情况。

清代的高要縣是肇慶府治所在地，其轄區主體由現在的肇慶市管轄。肇慶市地處廣東省中部，地形以丘陵、山地、衝積平原爲主。以鼎湖山爲主的山地、丘陵大多分布在市區北部。珠江水系最長的河流西江，流過城南。由河流衝積形成的河谷平原，大多分布在市區的東部、南部。山地丘陵之間，衆多溪水河流，隨山勢而下，在山間的谷地、平原形成了匯入西江的衆多支流。在嶺南亞熱帶季風氣候的滋養下，流向西江的支流之間，形成了成片的農耕良田。《南越筆記》在記録魏晋時期這裏的地形時，曾説：『古時肇慶稱兩水夾洲，蓋西江之水，一從城南出羚羊峽，一從七星岩前出後瀝水，今此水淤塞，半爲田，半爲瀝湖。』西江水量充沛，容易淹没良田。爲防水患，人們在流向西江的河流沿途修築堤圍，保衛良田村莊。這些臨水而建的堤圍，被稱爲『基圍』。明清時期是基圍修築的高峰期。獨特的自然地理環境，影響了人們的生活景觀。這些與農事活動息息相關的基圍，成爲『以農爲本』的地方主政者管理的重要内容。於是，以基圍爲主體的傳統地圖，便出現在我們面前。

在清代，高要縣是珠江流域的經濟文化中心，也是廣府文化的興盛之地。這裏被主政者定爲『衝繁疲難』之地，足見此地的重要程度。流經高要縣的西江，既是溝通肇慶府腹地與沿海地區的主要水路，也是當地人賴以生存的母親河。《高要縣屬基圍全圖》遵循上北下南、左西右東的圖向，以清代高要縣轄區域爲主體，西起大灣圍，東到高要與三水、南海、高明交界，北至鼎湖山，南抵高明界。在轄區之内，以西江幹流爲中心，將高要縣境分爲江北和江南兩部分。無論江南江北，在山地與西江幹流之間，都分布有大小基圍田地若干。地圖以水爲主，以山爲輔，畫出基圍工程走勢、城池治所、風景名勝，并標注相關地名。圖上有圖説一則：『绿者係水，黄者係基。基必依山而起，水即由山而生。是以一圍之内，必有數涌，以資瀹泄也。一圍之大，必有數竇，以時啓閉也。』説明了建造基圍的地形地勢及功能作用。從地圖上看，江北基圍數量少、面積小，但因靠近肇慶府城和風景名勝，地位重要。江南基圍數量多、面積大，但缺少城池要塞，地位不及江北。判斷基圍的重要程度，并不僅僅依據良田面積大小，還要根據基圍所在地理位置，基圍内行政建置等級等因素綜合考慮。此時，基圍不僅是保護良田的工程，更是防御要衝之地水患的重要設施。因此，位於重要的地理位置的基圍附近，另有紅簽貼説。以景福圍貼説爲例：『景福圍爲郡城之保障，且居北岸八圍之上游，最爲緊要。』顯然，西江上游的地理位置和郡城保障是景福圍成爲緊要基圍的原因。清代晚期，高要縣屬地官民在西江南岸修建基圍的問題上曾有争執。《高要縣屬基圍全圖》對基圍的畫法，以及這幅地圖反映出來的基圍建設，都屬於主政者的觀點。

《高要縣屬基圍全圖》以基圍爲主體，既是展現清代高要縣的山川政區圖，又是描繪特定水利設施的專門圖。地圖繪製風格較爲清新簡潔，符合清代晚期傳統地圖的繪製特點。地圖上的重要位置另附紅簽貼説，體現了這幅地圖的官繪本屬性。《高要縣屬基圍全圖》是我們瞭解肇慶市歷史沿革的重要地圖資料，也是研究清代水利設施、水利組織和水利史的重要圖像資料。

永定河圖

作　者 不詳
年　代 清光緒末年
類　型 紙本彩繪
載體形態 經摺長卷
尺　寸 縱三〇厘米，橫六二〇厘米
索書號 211/034.315/1911-5

全圖分爲『簡明圖』和『源流全圖』兩部分，都采用傳統形象畫法，繪出永定河從管涔山源頭到匯入北運河，直至海河入海口的河道及相關支流。

永定河，海河流域的重要支流，上游由桑乾河和洋河兩條支流組成。一般認爲桑乾河是永定河的正源。從桑乾河源開始，永定河流經山西、内蒙古、河北、北京、天津五個省市區，是晋北、冀北乃至京津地區的重要水源。永定河以北京三家店村爲界，三家店以上流經地貌除大同盆地外，多是高原山地，三家店以下河段流經地區是開闊的華北平原。因此，永定河上游河道穿梭於黄土高原東部邊緣的山谷之間，河道相對穩定，同時携帶大量泥沙。從進入華北平原開始，又因地勢平緩，永定河水時常泛濫，河道無定。所以，在很長時間裏這條河道被稱爲無定河。金朝建中都城時，永定河成爲中都的重要水源，被引入城内。從此，永定河與後世王朝的都城建設聯繫在一起。元、明、清三朝，永定河水不但成爲供給京師的重要水源，同時還是補給漕運的水源。怎樣治理好永定河，以使京師免於水患，同時又可以最大程度地利用水量補給，用於都城供水和物資轉運，是統治者必須思考的問題。明萬曆十六年（一五八八），萬曆皇帝曾在謁陵巡幸途中巡視永定河。清康熙三十七年（一六九八），康熙命河臣治水。《清一統志·順天府》記載：『起良鄉之張家莊，至東安之郎城河，重開河道，遷流於東，由固安、永清之北，引流直出柳岔口、三角淀，達於西沽，築長堤捍之，賜名永定河。』人工改道後的永定河，將多餘的河水導入京師南側泄洪區，并修築河堤防止水患。爲紀念這一工程，永絶水患，康熙皇帝賜名『永定河』。此後，清廷長期治理永定河，并設有專門河官管理。

這幅《永定河圖》繪製的就是永定河從桑乾河源至康熙三十七年（一六九八）人工改道之後的河道地圖。地圖圖向大致遵循上南下北、左東右西的方位。由於永定河的河道流向，山地地區呈西南—東北走向，平原地區呈西北—東南走向，所以地圖圖向隨河道流向而變化，并不十分嚴格。從圖上看，永定河正源爲發源於山西寧武府管涔山北麓，匯入了衆多恒山山脉谷地的支流後形成的桑乾河河道。主河道途經朔州、應州、懷仁縣、大同府等地。另一支流洋河，在察哈爾正紅旗與大同府交界處發源，爲南洋河。南洋河經陽高縣、懷安縣、萬全縣，在萬全縣附近，與發源於察哈爾正紅旗的西洋河、東洋河相匯，形成洋河。洋河經宣化府，在鷄鳴山下鷄鳴驛與桑乾河匯合，形成永定河主河道。之後，河道向東南流入北運河。其中，鷄鳴驛至三家店段，河道仍處於山地。永定河流經的山地河段，正是明長城一綫。所以，地圖上的山脉、河流、長城、城址、村落都被一一標繪。三家店以下河道，進入平原。地圖表現的主體也隨之變化。人工改道之後的河道及河道兩側的堤壩、堤壩上的防汛、堤壩工程交界、汛署、閘口、月河等，與河工相關的要素是地圖繪製的主體。河道途經的城址、村落、名勝、其他河流都是被作爲永定河河道的參照要素而畫在地圖上。人工改道後的永定河經過盧溝橋、良鄉、涿州、固安等地，在天津府三岔河口匯入北運河，最終流入渤海。

《永定河圖》以河道爲主體，以山脉、城池、村落點綴其間，畫面清新淡雅，一目了然，既突出主體，又不失山川形勝。民國年間，梁各莊以下河道再次改道。後來，隨着官廳水庫建立，永定新河建成。清代的永定河河道早已成爲歷史。正因爲如此，清代《永定河圖》就顯得更加珍貴。《永定河圖》是清代晚期永定河地圖的經典代表，也是研究清代河務水利史的珍貴地圖資料。

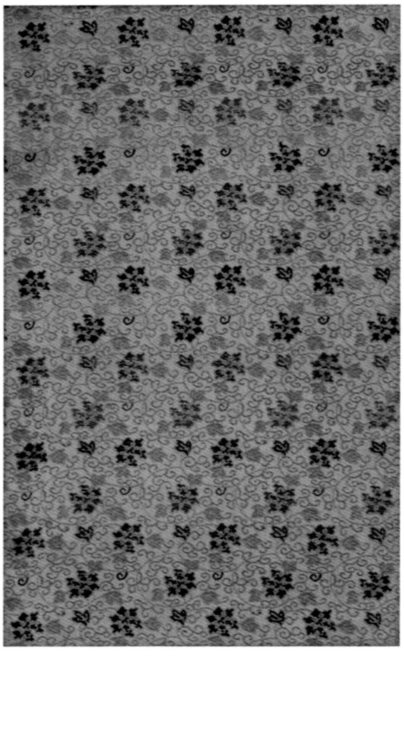

簡明圖
海
天津府
南運河
子牙河
大城縣
任邱縣
高陽縣
九龍泉
管涔山
望都縣
曲陽縣
文安縣
保定縣
趙北口
西淀
安州
保定府
完縣
天池
玉帶河
東淀
新安縣
中亭河
大激淀
安肅縣
紫荊關
雄縣
霸州
滿城縣
元池
葦淀
黃家河
容城縣
南易水
新城縣
雞爪泉
分水嶺
沙家淀
永清縣
南大隄
定興縣
易州
寧武府
固安縣
母豬泊
東安縣
北運河
涿州
淶水縣
陽方口
鳳河
東隄
武清縣
中易水
雁門關
北大隄
北村草壩
琉璃河
拒馬河
南苑
一畝泉
渾源河
黃水河
恢河
求賢草壩
金門閘
良鄉縣
廣昌縣
應州
香河縣
渾源州
山陰縣
朔州
京師
通州
三河縣
房山縣
蔚州
廣靈縣
薊州
順義縣
盧溝橋
拱極城
金龍池
馬邑縣
平谷縣
潮河
沿河口
桑乾河
寺海子
石景山
南金溝
北金溝
昌平州
懷仁縣
馬跑泉
密雲縣
西寧縣
小盧泉
黃道泉
古北口
懷柔縣
白河
居庸關
媯水
懷來縣
天鎮縣
延慶州
保安州
東城
懷安縣
大同府
十里河
陽高縣
龍門縣
宣化府
萬全縣
南洋河
東洋河
西洋河
清河
清水河
赤城縣
察哈爾正黃旗界
察哈爾正紅旗界

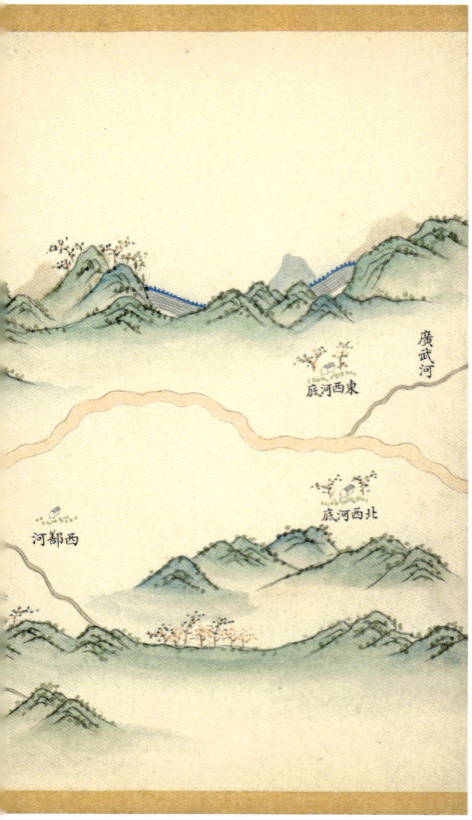
廣武河
東西河庄
北西河庄

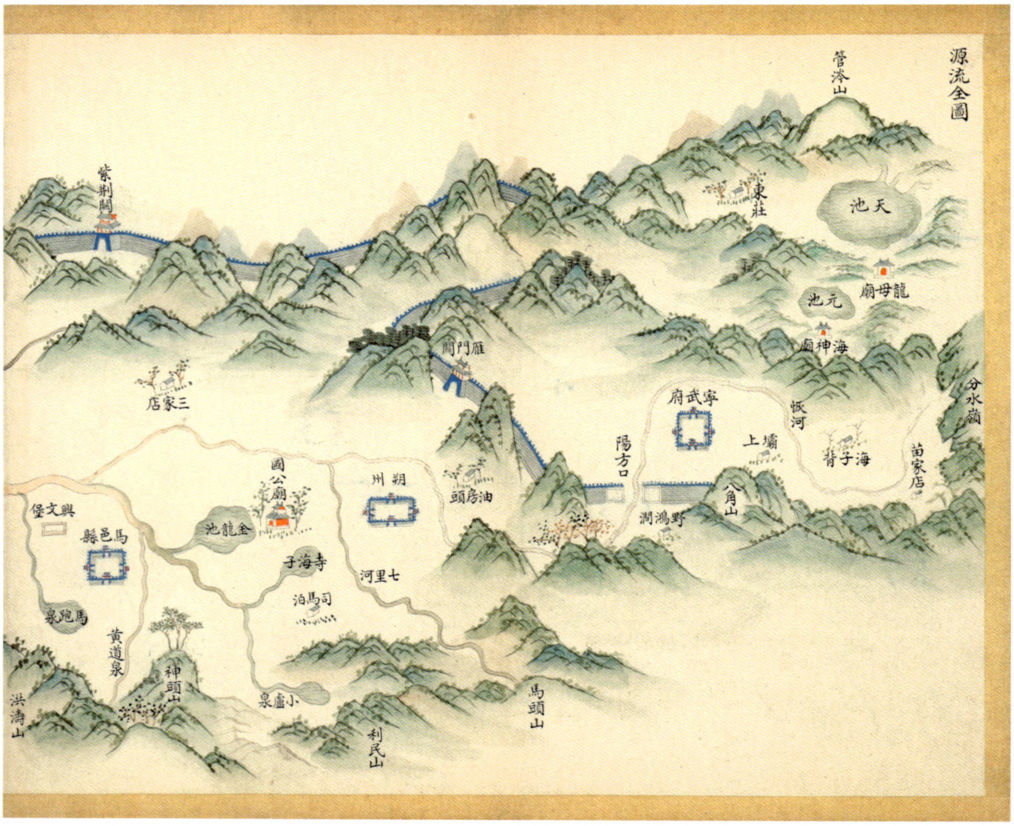
源流全圖
管涔山
東莊
天池
龍母廟
元池
海神廟
分水嶺
寧武府
恢河
苗家店
紫荊關
雁門關
三家店
國公廟
朔州
陽方口
八角山
興文堡
馬邑縣
金龍池
七里河
黃道泉
神頭山
馬頭山
利民山

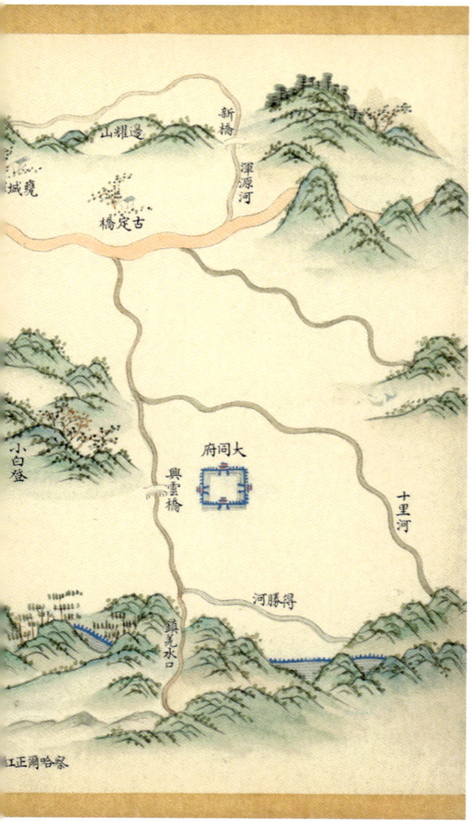
新橋
邊牆山
渾源河
古定橋
大同府
興雲橋
十里河
小白登
得勝河
鎮羌水口

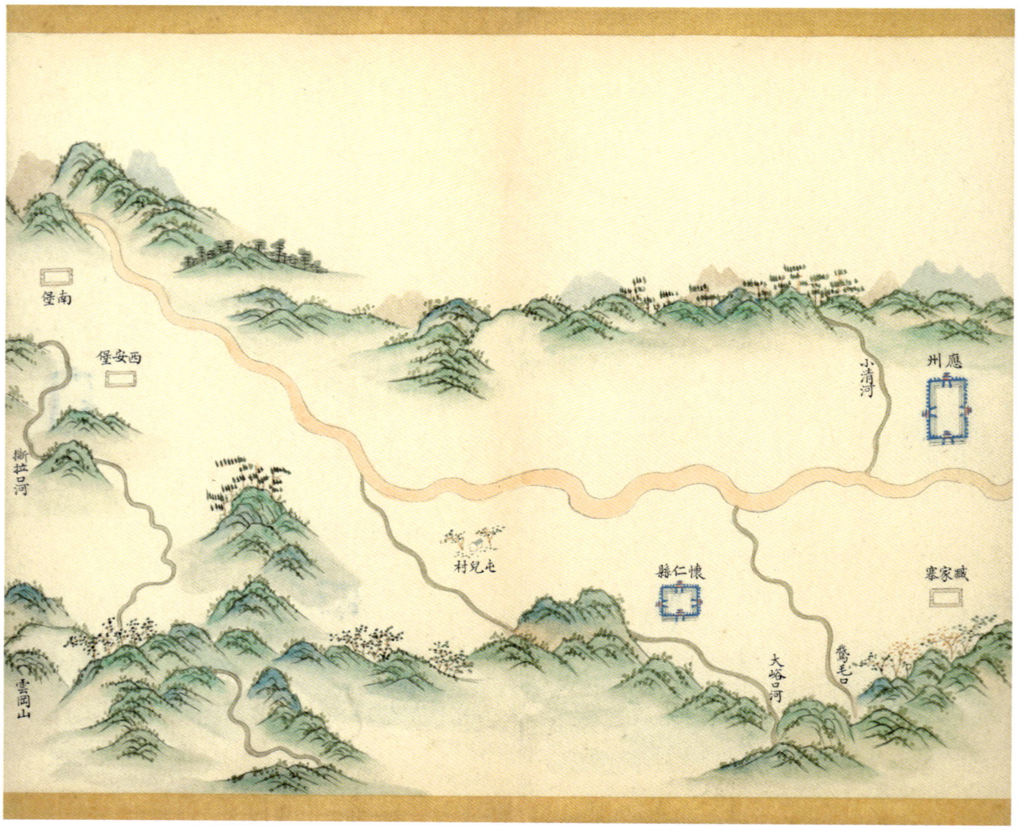
南堡
西安堡
應州
小清河
懷仁縣
臧家寨
大峪口河
鵝毛口
雲岡山

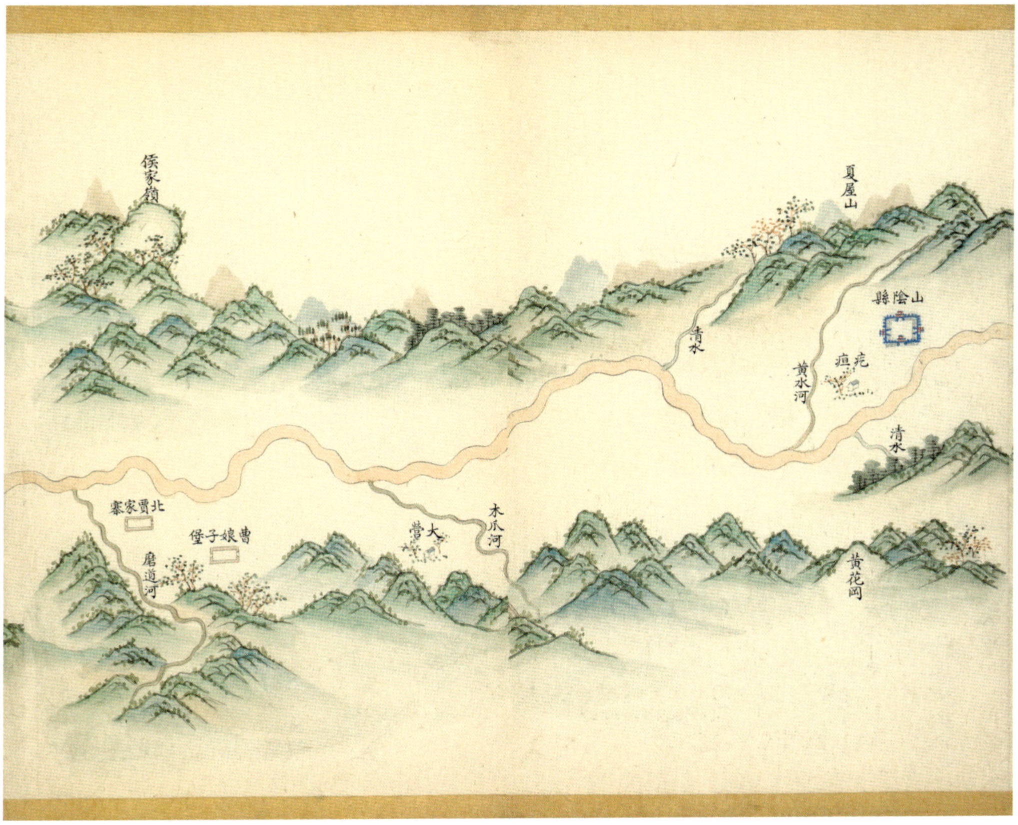

侯家嶺
夏屋山
山陰縣
清水
黄水河
莊窊
清水
北賈家寨
曹娘子堡
大營
木瓜河
磨道河
黄花岡

沙嶺
新莊子
西施院
羅家莊
安營子
陽堡河

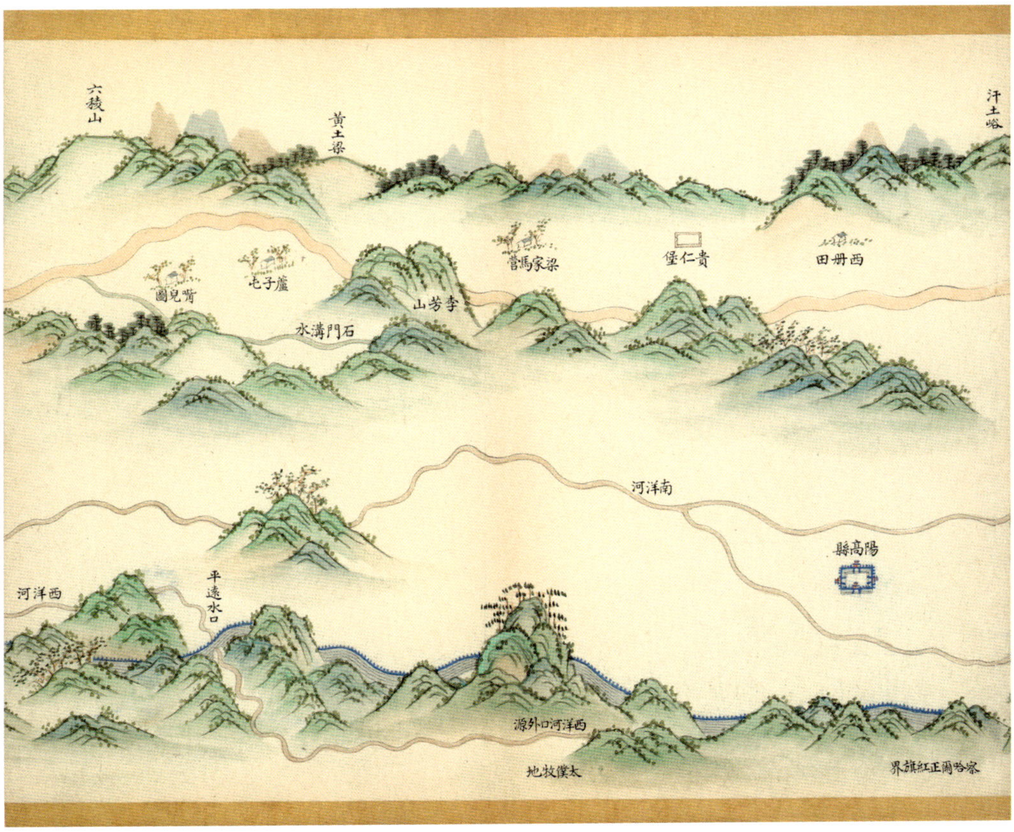

六稜山
黄土梁
汗土峪
背兒圖
盧子屯
李芳山
石門溝水
梁家馬營
貴仁堡
西册田
南洋河
西洋河
平遠水口
高陽縣
西洋河口外源
太僕牧地
察哈爾正紅旗界

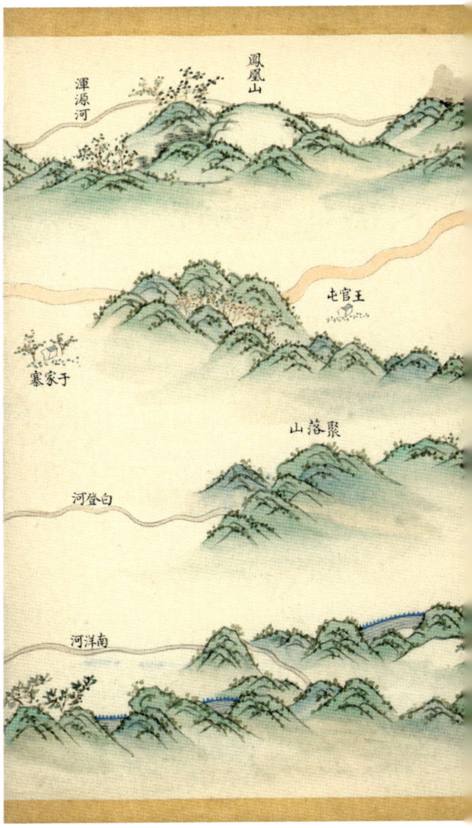

渾源河
鳳凰山
王官屯
于家寨
聚落山
白登河
南洋河

大渡口
太平河
壺流河
小渡口
西洋河堡
扶桑泉
蔚州
廣靈縣
石梯嶺
壺泉
石家泉
大白嘴
沙城堡
西寧縣
廟子溝
東城堡
懷安縣
天鎮縣
南洋河
西洋河
東洋河口外源
察哈爾正黃旗界
虎頭山
老君山
雞鳴驛
新安驛
西水泉
蘊家營
東水泉
溪水
八寶山
包家營
娘娘廟
雞鳴山
洋河
新寧堡
焦家營
洋河
煖泉

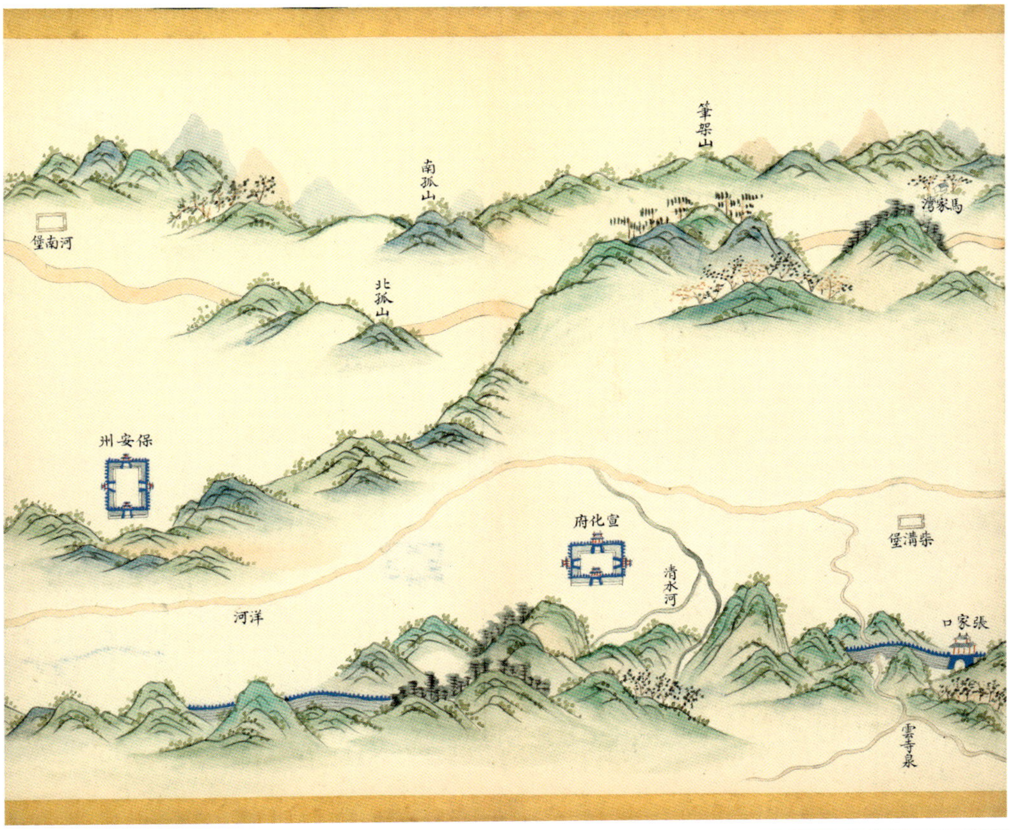
筆架山
南孤山
北孤山
河南堡
馬家灣
保安州
宣化府
柴溝堡
洋河
清水河
張家口
雲泉寺
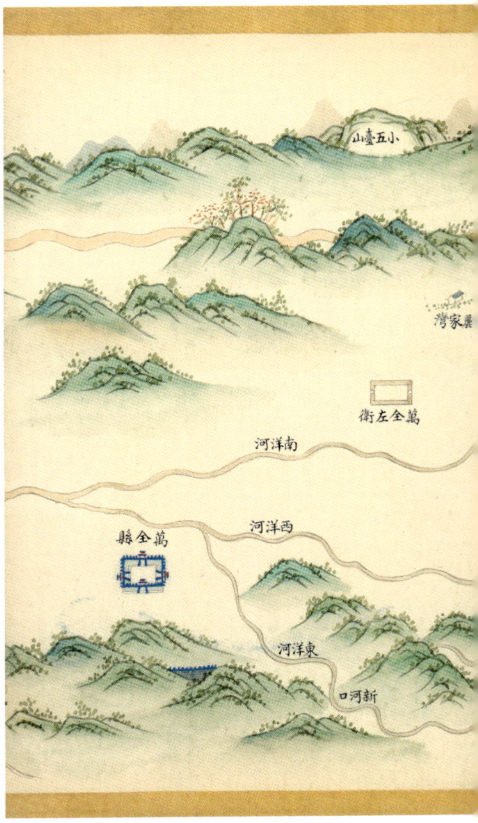
小五臺山
羅家灣
萬全左衛
南洋河
西洋河
萬全縣
東洋河
新河口

王門子
舊莊窠
橫嶺
後羊坡
水峪溝
清水
磨石嶺
舊有玲瓏寺今廢
四十五嶺
敵樓
敵樓
水關
小幽州
安家懸
大營
懷來河
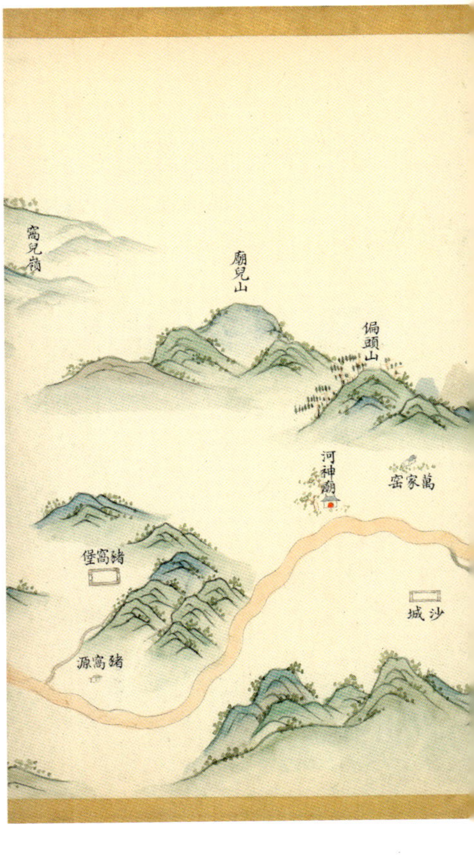
窩兒嶺
廟兒山
偏頭山
河神廟
萬家窑
豬窩堡
豬窩源
沙城

黃年山
青白口
溪水
下馬嶺
河南台
溪水
傅家台
犀魚口
菩薩巖
清水

險崖
旛杆山
石羊溝
小清水
林台子
墩台山
沿河口
信陽山
猪窩
信陽村
猪窩山

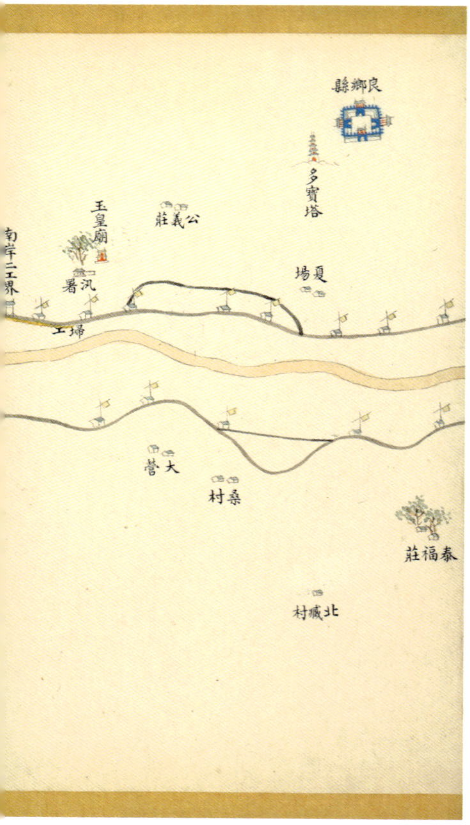
良鄉縣
多寶塔
公義莊
玉皇廟
南岸二工界
汛署
夏場
埽工
大營
桑村
泰福莊
北臧村

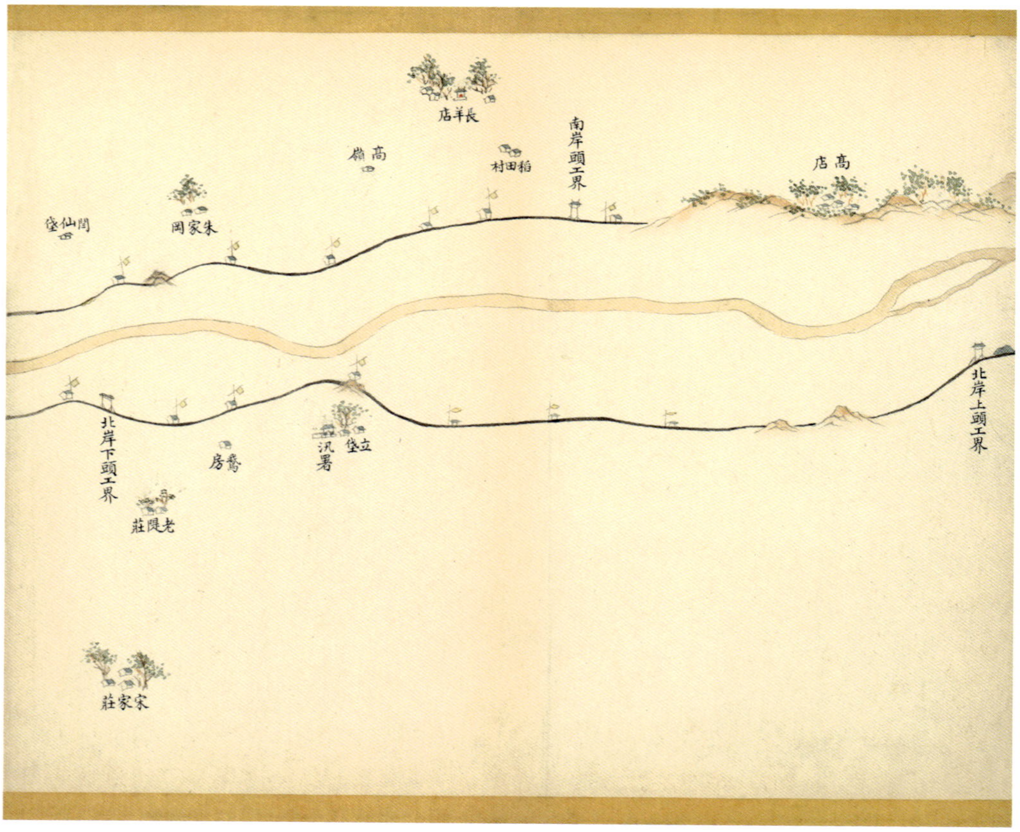
長羊店
高嶺
稻田村
南岸頭工界
閆仙垡
朱家岡
高店
北岸下頭工界
鶯房
汛署
立垡
北岸上頭工界
老隄莊
宋家莊

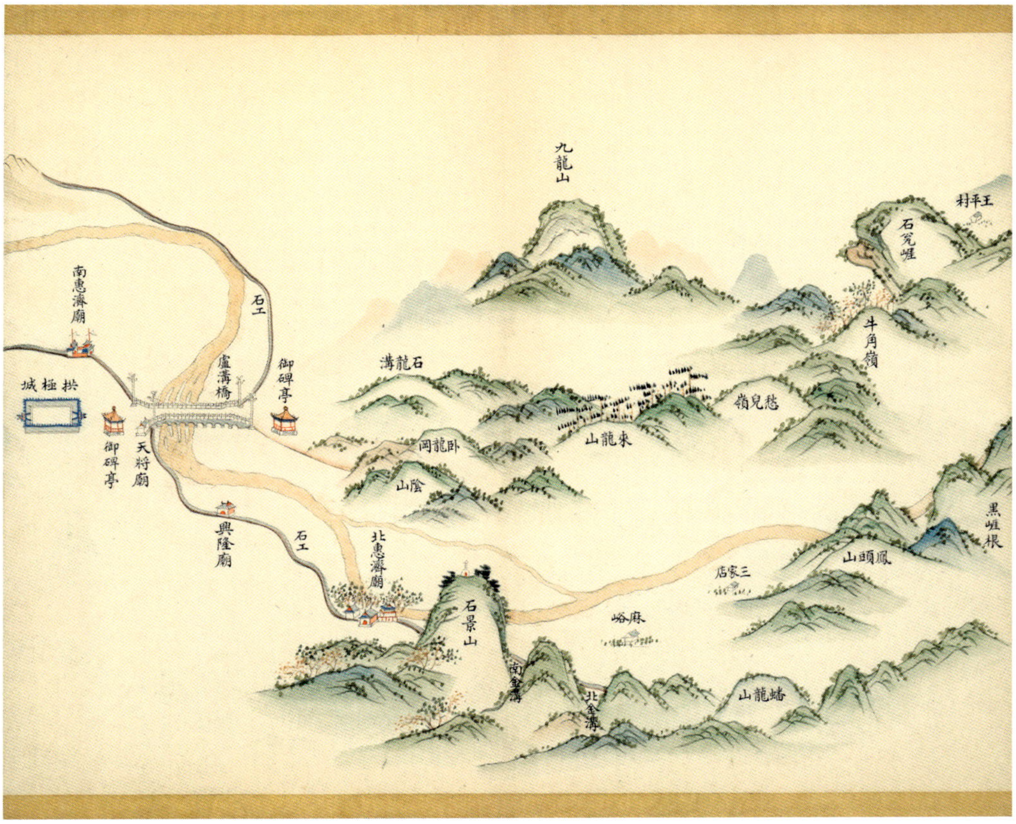
九龍山
王平村
牛角嶺
南惠濟廟
拱極城
石工
盧溝橋
御碑亭
御碑亭
天將廟
石龍溝
慈兒嶺
東龍山
臥龍岡
陰山
興隆廟
石工
北惠濟廟
鳳頭山
三家店
石景山
麻峪
蟠龍山

清水澗
北坡

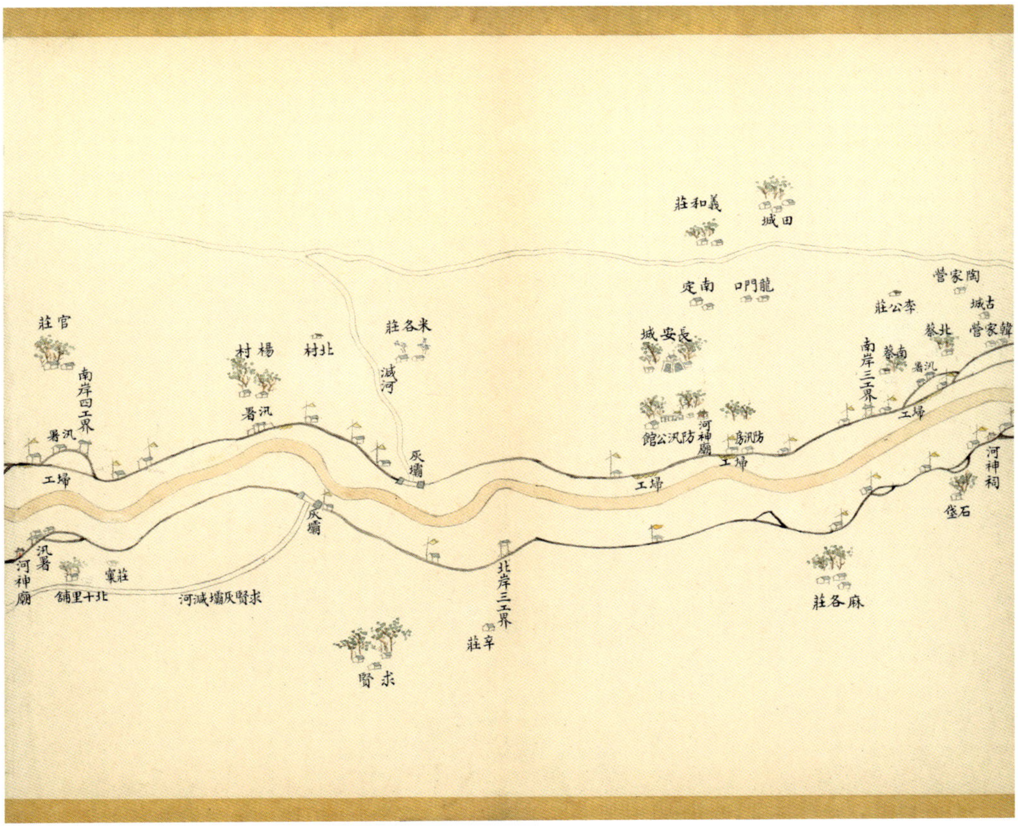
義和莊
田城
南定
龍門口
陶家營
李公莊
古城
韓家營
官莊
米各莊
楊村
北村
長安城
北蔡
南蔡
南岸三工界
南岸四工界
減河
汛署
汛署
汛署
河神廟
公館
汛防
工埽
工埽
工埽
工埽
灰壩
河神祠
石垡
灰壩
河神廟
汛署
北十里舖
窯莊
求賢灰壩減河
北岸三工界
辛莊
麻各莊
求賢

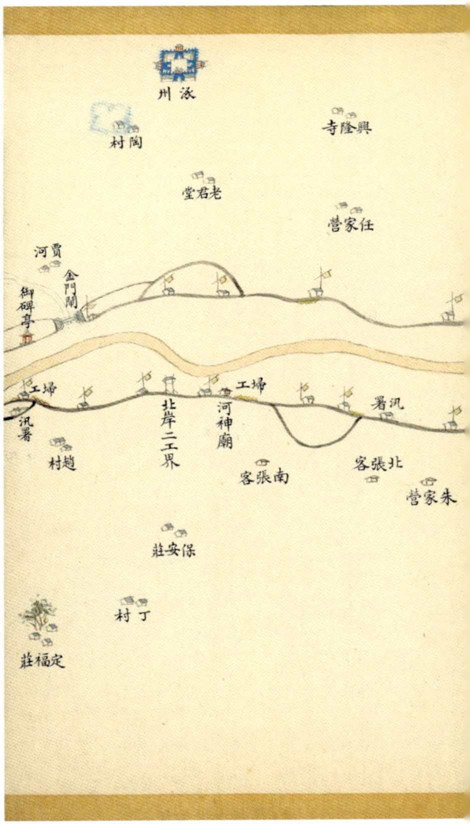
涿州
閻村
興隆寺
老君堂
任家營
賈河
金門閘
御碑亭
工埽
工埽
汛署
汛署
趙村
北岸二工界
河神廟
南張客
北張客
朱家營
保安莊
丁村
定福莊

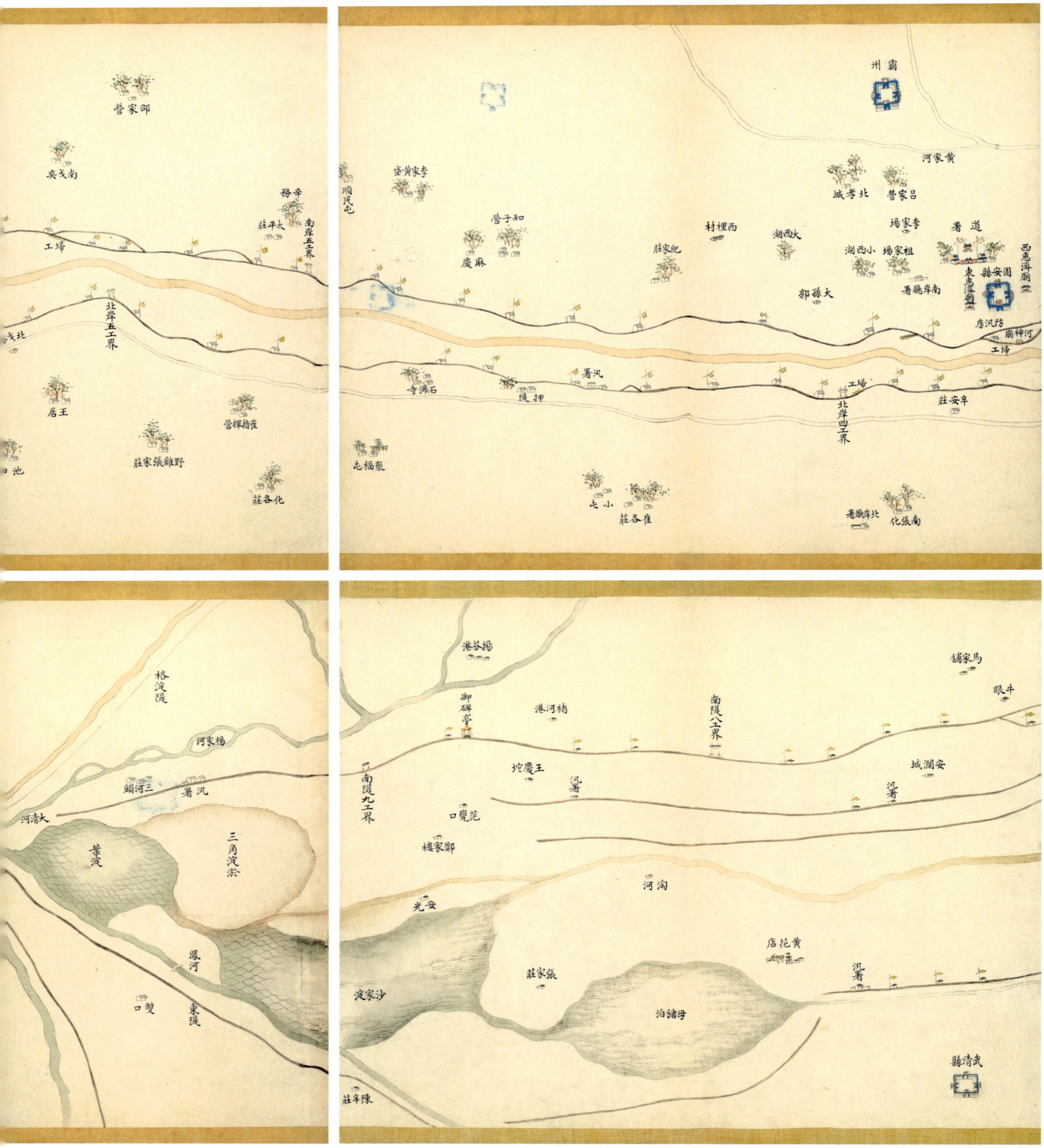

邵家營
南戈奕
辛務
太平莊
南岸五工界
埽工
北岸五工界
王居
崔指揮營
野雞張家莊
化各莊
順民屯
李黃家堡
知子營
麻慶
紀家莊
西裡村
大西湖
大孫郭
霸州
黃家河
北孝城
呂家營
李家場
道署
小西湖
祖家場
南岸廳署
固安縣
東惠濟廟
西惠濟廟
防汛房
河神廟
埽工
石佛寺
汛署
押隄
北岸四工界
辛安莊
聚福屯
小屯
崔各莊
北岸廳署
南張化
格淀隄
楊家河
三河頭
汛署
大清河
葉淀
三角淀淤
鳳河
雙口
東隄
楊芬港
御碑亭
楊河港
南隄八工界
馬家鋪
斗眼
王慶坨
安瀾城
南隄九工界
范甕口
鄭家樓
淘河
安光
黃花店
張家莊
沙家淀
母豬泊
陳辛莊
武清縣

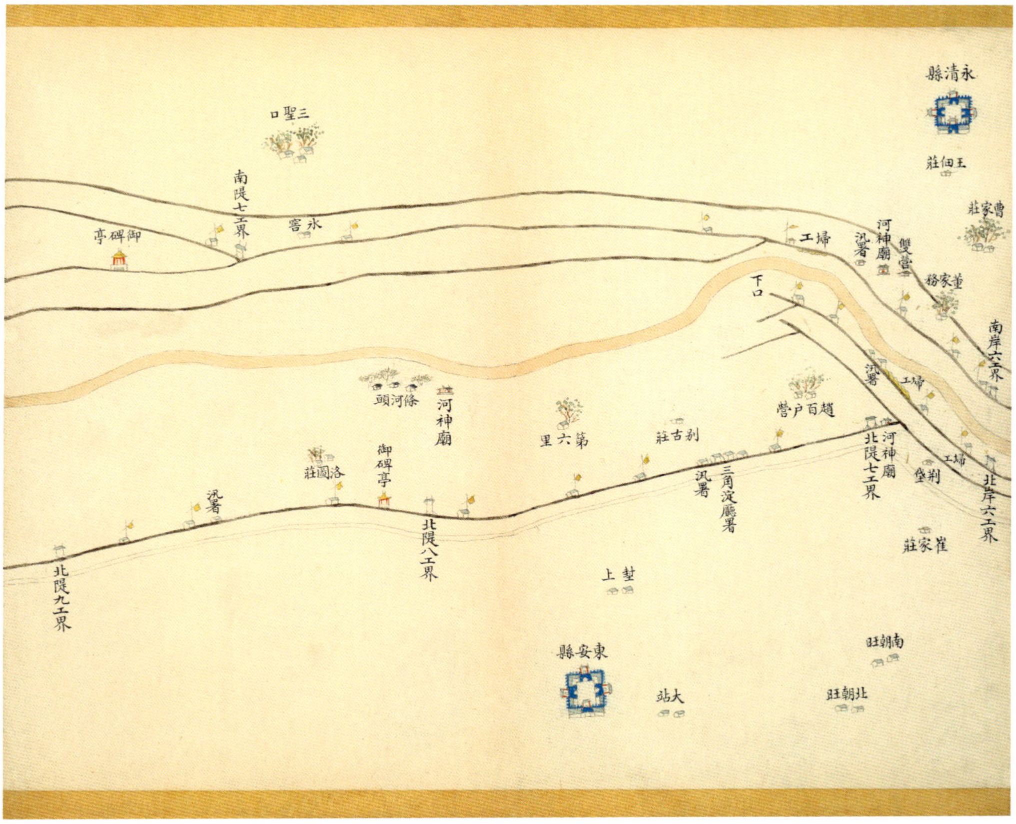
三聖口
南隄七工界
冰窖
御碑亭
條河頭
河神廟
洛圖莊
御碑亭
汛署
北隄八工界
北隄九工界
永清縣
王佃莊
曹家莊
埽工
汛署
河神廟
雙營
董家務
下口
南岸六工界
汛署
埽工
趙百戶營
第六里
別古莊
汛署
三角淀廳署
北隄七工界
河神廟
埽工
荊壘
北岸六工界
崔家莊
東安縣
大站
南朝旺
北朝旺

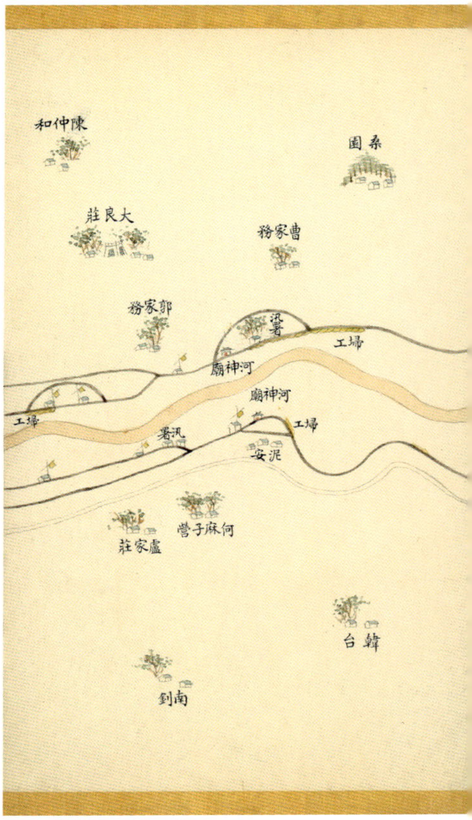
陳仲和
桑園
大良莊
曹家務
郭家務
汛署
埽工
河神廟
河神廟
埽工
汛署
埽工
泥安
何麻子營
盧家莊
韓台
南釗

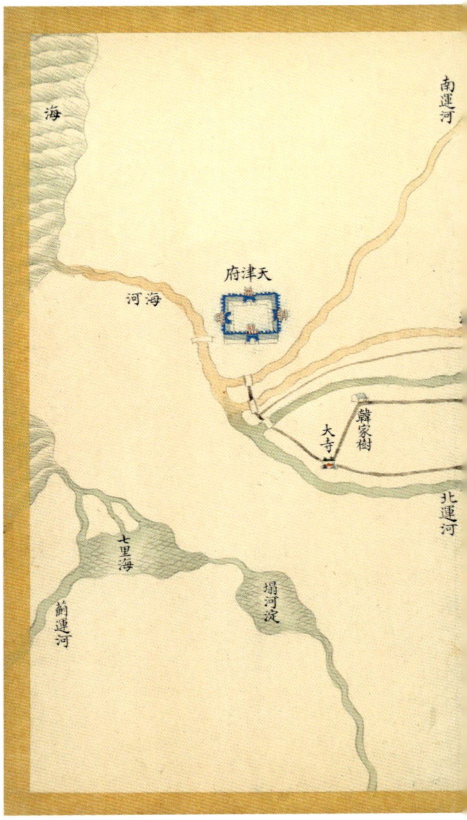
海
南運河
天津府
海河
韓家樹
大寺
北運河
七里海
薊運河
塌河淀

圖書在版編目（CIP）數據

問水：中國國家圖書館藏川圖集珍 / 饒權，李孝聰主編；張志清，鍾翀副主編．-- 上海：上海書畫出版社，2024. 7.

-- ISBN 978-7-5479-3414-2

Ⅰ. K928.4-64

中國國家版本館 CIP 數據核字第 2024A18V17 號

審圖號：GS（2021）362 號

問水：中國國家圖書館藏川圖集珍

饒　權　李孝聰　主編

張志清　鍾　翀　副主編

策　　劃　朱艷萍

責任編輯　李柯霖

編　　輯　居珺雯

特約審讀　李保民

裝幀設計　奈斯藝術

封面設計　劉　蕾

技術編輯　包賽明

出版發行　上海世紀出版集團　上海書畫出版社

地　　址　上海市閔行區號景路159弄A座4樓

郵政編碼　201101

網　　址　www.shshuhua.com

E-mail　shuhua@shshuhua.com

製　　版　杭州立飛圖文製作有限公司

印　　刷　浙江海虹彩色印務有限公司

經　　銷　各地新華書店

開　　本　889×1300　1/16

印　　張　17.25

版　　次　2024年8月第1版　2024年8月第1次印刷

書　　號　ISBN　978-7-5479-3414-2

定　　價　肆佰肆拾圓